Michael Kleff, Hans-Eckardt Wenzel (Hg.)

Kein Land in Sicht

Michael Kleff
Hans-Eckardt Wenzel (Hg.)

Kein Land in Sicht

Gespräche mit Liedermachern und Kabarettisten der DDR (1989–1992)

Ch. Links Verlag

Dieses Buch entstand in Kooperation mit dem Rudolstadt-Festival.

Die Deutsche Nationalbibliothek verzeichnet diese Publikation in der Deutschen Nationalbibliografie; detaillierte bibliografische Daten sind im Internet über www.dnb.de abrufbar.

1. Auflage, Mai 2019

Schönhauser Allee 36, 10435 Berlin, Tel.: (030) 44 02 32-0
www.christoph-links-verlag.de; mail@christoph-links-verlag.de
Umschlaggestaltung: Eugen Bohnstedt, Ch. Links Verlag,
unter Verwendung folgender Fotos:
Vorderseite: Liederfestival in der Ost-Berliner
Werner-Seelenbinder-Halle 1982 (Thomas Neumann),
Rückseite: Gerhard Gundermann (Thomas Neumann), Bettina Wegner
(Lutz Baumann / Archiv Troyke), Stephan Krawczyk (Thomas Neumann)
Lektorat der Interviews: Stefan Backes, Bad Kreuznach
Satz: Eugen Bohnstedt, Ch. Links Verlag
Druck und Bindung: Druckerei F. Pustet, Regensburg
Gedruckt auf säurefreiem, alterungsbeständigem Papier

ISBN 978-3-96289-038-4

Inhalt

Anhang

Michael Kleff

»Ist es Zeit zu bleiben? Ist es Zeit zu geh'n?« Lieder als Metaphern der Zeitgeschichte Ein Vorwort

»Während wieder Bomben fallen, kann ich nicht auftreten!« Bettina Wegner sprach am Vorabend eines Konzerts in Bonn aus, was die meisten der an einem großen Tisch bei Pasta und Rotwein versammelten Liedermacher aus der DDR dachten: Sollten sie überhaupt auftreten? Und wenn ja, wie? Es war der 18. Januar 1991. Wenige Tage zuvor hatten die USA mit Luftangriffen begonnen, die irakische Armee aus Kuwait zu vertreiben. In der Runde saßen neben Wegner noch Stefan Körbel, Steffen Mensching, Gerhard Schöne, Barbara Thalheim und Hans-Eckardt Wenzel. »Lieder aus einem verschwundenen Land« – unter diesem Titel war die Veranstaltung in der Werkstattbühne des Bonner Theaters angekündigt. Der vom Deutschlandfunk produzierte Abend war langfristig vorbereitet worden. Dahinter stand die Idee, ein Stück Vergangenheitsbewältigung im Hinblick darauf zu leisten, welche Rolle Lieder in der gerade untergegangenen DDR hatten. »Konnte Heimat sein, was uns bestochene Scholastiker als ›eigenständige Nation‹ zu verkaufen suchten? Konnte Hoffnung bleiben, wo Resignation und Lethargie wucherten? War da Widerstand möglich zwischen Zuckerbrot und Peitsche, gestopft mit gestütztem Brot, geblendet von byzantinischen Spielen? Hatte Sprache Sinn, angesichts des Gebetsmühlengeklappers lallender Greise mit Monopol auf Schußwaffengebrauch?« Mit diesen Zeilen führte Stefan Körbel in einer Broschüre in das geplante Programm ein. Doch mit dem Beginn des Golfkriegs hatte sich die Ausgangssituation für alle Beteiligten verändert. Über Nacht wurde ein neues Programm erarbeitet. In einer zu Beginn des Konzerts verlesenen Erklärung wiesen die Künstler darauf hin, dass das »kleine verschwundene Land noch kleiner, unsichtbar« vor dem Hintergrund des drei Tage alten Krieges werde. »Der Krieg gebiert andere Kriege, erobert die Welt. Er erobert unsere Vorstellungen, indem das noch vor wenigen Tagen

Unmögliche Alltag geworden ist. Der Krieg erobert unsere Sprache in den Headlines der Zeitungen, in den Computerspielen verwandten Berichten des Fernsehens. Jede formale Bearbeitung zugleich ein Stück Gewöhnung an das Ungewöhnliche. In diesem Augenblick erscheint es uns absurd, vom singenden, klingenden Untergang der DDR, der eigentlich mehr ein Abgang war, zu berichten, wo Städte und Hoffnungen real untergehen, Menschen sterben. Katastrophen halten sich nicht an Planungen.« Das Publikum verstand die Botschaft. Für mich war das Konzert ein Höhepunkt im Rahmen meiner Arbeit als Journalist mit Liedermachern aus der DDR.

Meine ersten persönlichen Erfahrungen mit der DDR hatte ich viele Jahre früher als Mitglied der Deutschen Jungdemokraten gemacht, einer bis Mitte der Achtzigerjahre der FDP nahestehenden politischen Jugendorganisation. Die Jungdemokraten waren unter den parteipolitischen Jugendverbänden der Bundesrepublik die erste (bürgerliche) Organisation gewesen, die offizielle Beziehungen zur FDJ aufgenommen hatte. Als Vorsitzender des Landesverbands Nordrhein-Westfalen war ich 1974 dabei, als zwischen den Jungdemokraten und der FDJ eine entsprechende Vereinbarung getroffen wurde. Zwei Jahre später gehörte ich einer Delegation des DJD-Bundesvorstands an, die auf Einladung von Egon Krenz, dem damaligen Ersten Sekretär des Zentralrates der FDJ, die DDR besuchte. Die Gastgeber taten dabei alles, um zu verhindern, dass wir direkten Kontakt mit Menschen hatten, die nicht Teil des offiziellen Besuchsprogramms waren. Ein »Aufpasser« sorgte dafür, dass unsere Fragen nur von den »FDJ-Berufsjugendlichen« beantwortet wurden. So war es unmöglich, ein realistisches Bild davon zu bekommen, was denn dieses andere Deutschland jenseits der politischen Parolen ausmachte. Allein die vermeintlichen Errungenschaften des Sozialismus standen im Mittelpunkt. Die Rolle von Kultur in der Gesellschaft der DDR spielte dabei keine Rolle. Und bis zu meiner ersten Begegnung mit Musikern aus der DDR sollten noch weitere zehn Jahre vergehen.

»Deutsche Volkslieder«, so war im August 1986 eine Tagung der Theodor-Heuss-Akademie der Friedrich-Naumann-Stiftung für die Freiheit in Gummersbach überschrieben. Zu den Teilnehmern gehörten auch Joachim Piatkowski und Wolfgang Rieck, die unter der Überschrift »Plattdeutsche

Lieder« über ihre Musik und ihre Arbeitssituation in der DDR berichteten. Piatkowski und Rieck sah ich dann 1988 wieder beim Bardentreffen in Nürnberg. Sie waren Teil eines DDR-Gemeinschaftsauftritts. Unter dem Namen »Liedercircus« standen sie neben Dieter Beckert und Jürgen B. Wolff vom Duo Sonnenschirm, Jürgen Eger, Detlef Hörold und Pension Volkmann auf der Bühne. Maike Nowak, die auch hätte auftreten sollen, konnte nicht ausreisen. Barbara Thalheim trat beim Eröffnungskonzert im Burggraben auf, das unter dem Motto »3 mal deutsch« stand. Dabei traf sie auf Konstantin Wecker aus der Bundesrepublik und Erika Pluhar aus Österreich. Thematisch ging es um Heimat, Grenzen und politisches Selbstverständnis. Diese beiden Konzerte weckten ein neues Interesse in mir. Bis dahin war die Folk- und Singer/Songwriter-Szene der USA mein Thema gewesen. Die Liedermacher, vor allem die aus der DDR, kamen hinzu, als ich im Februar 1990 über das 20. und letzte Festival des politischen Liedes berichten konnte.

Schon beim Auftakt sprachen zwei West-Berliner Chöre in ihren Liedern ein Thema an, das sich wie ein roter Faden durch fast alle Beiträge der Veranstaltung zog: die Diskussion um das »einig deutsche Vaterland«. Mit der Aufforderung »Hereinspaziert in den Supermarkt. Von der Wiege bis zur Bahre – alles und alle sind hier Ware« wiesen sie auf die andere Seite der Medaille der neu gewonnenen Freiheit für die Menschen in der DDR hin. Umjubelter Gast aus dem Westen war Konstantin Wecker. Er habe sich nicht »missbrauchen« lassen wollen, sagte er nach seinem Konzert vor fünftausend Menschen. Daher habe er bisher eine Teilnahme am Festival des politischen Liedes immer abgesagt. Dieses Mal sei er der Einladung gefolgt, »weil sich die Voraussetzungen geändert haben«. Weckers Auftritt war nicht die einzige spürbare Veränderung einer Veranstaltung, die 19 Jahre lang von der Staatsjugend FDJ in weiten Teilen zu Propagandazwecken benutzt worden war. Noch einen Monat vor dem Festival hatte es daher am Runden Tisch der Jugend Überlegungen gegeben, das Musikspektakel ausfallen zu lassen, zumal bekannte DDR-Liedermacher wie Barbara Thalheim und Gerhard Schöne abgesagt hatten. Doch da war es schon zu spät wegen der vertraglichen Verpflichtungen mit Künstlern aus 18 Ländern.

Der Bruch mit der Vergangenheit war überall zu spüren. »Rote Lieder für

50 Pfennig« – eine Musikbox im Foyer der Werner-Seelenbinder-Halle stimmte Oldies nach Wunsch an: »Rote Lippen soll man küssen ...« Treffender als mit dieser Persiflage auf das »rote« politische Lied hätte man die Stimmung bei der Eröffnung des Festivals gar nicht beschreiben können. Es gab auch keine politischen Resolutionen, keine Parolen – und keine FDJ-Embleme prägten das Bild. Stattdessen stellten sich Gruppen wie Umweltschützer, Fraueninitiativen oder Freidenker vor. Doch trotz dieser neuen Bewegungsfreiheit und internationaler Prominenz wie Ute Lemper, Inti-Illimani und Mercedes Sosa wollte sich keine rechte Jubiläumsstimmung einstellen. Im Vergleich zum Massenandrang der Vergangenheit ging es ziemlich ruhig zu. Die großen Hallen waren nur halb gefüllt, die einstigen Funktionärslogen blieben leer.

Ob auf den großen Bühnen oder in kleinen Clubhäusern, überall glaubte ich während der mehrtägigen Veranstaltung bei den DDR-Interpreten nach den deutsch-deutschen Ereignissen im November zuvor eine gewisse Ratlosigkeit über einen aufkommenden nationalen Provinzialismus und die Talfahrt ihrer Illusionen über einen selbstständigen DDR-Weg feststellen zu können. Gleichzeitig fragten sich viele Besucher und Künstler, ob ein Aus für das Festival nicht einen Verlust für die politische Kultur der DDR bedeuten würde. Zu einem Zeitpunkt, als die *Junge Welt* kommentierte, dass »ein deutscher Michel inzwischen gähnend die rote Jakobinermütze der Revolution aus den Novembertagen eintauscht gegen die geliebte Zipfelmütze, zwischen Einigkeitstaumel und Hartgeld-Euphorie des Bauches Segen erflehend«. Im Februar 1990 wusste niemand, ob die Tradition des Festivals des politischen Liedes eine Zukunft haben würde. Den Mitarbeitern des beim FDJ-Zentralrat angesiedelten Festivalbüros war bereits gekündigt worden. Mit einer Unterschriftenaktion wurde das Fortbestehen des Festivals gefordert. Das Neue Forum, Greenpeace, die DDR-SPD und viele andere Gruppen kündigten ihre Unterstützung an. Auf die Frage, wie er die Chancen für ein neues, von Parteien und Organisationen unabhängiges Kulturforum sehen würde, antwortete Jens Quandt von der damaligen Festivalleitung mit einem knappen »verhalten optimistisch«. Voraussetzung hierfür sei auch die interne Aufarbeitung der Festivalgeschichte, in deren Verlauf durch die Reglementierungen der FDJ »zu viele Lieder verloren gegangen sind«.

Für mich war das letzte Festival des politischen Liedes, über das ich für mehrere Printmedien und den Rundfunk berichtete, der Auftakt für eine drei Jahre lang dauernde intensive Beschäftigung mit DDR-Liedermachern. Möglich war das jedoch nicht ohne Hilfe. Einmal gab es mit dem Deutschlandfunk einen Sender, der sich für dieses Thema öffnete. Hier war es vor allem die damalige Leiterin der Abteilung Unterhaltung/Musik, Vera Miltner, die in ihr Programm nicht nur mehrere lange Featuresendungen aufnahm, sondern zwischen 1990 und 1993 auch zahlreiche Livesendungen produzierte, bei denen DDR-Künstler im Mittelpunkt standen. Und mit Ines Wuschek, die als Dolmetscherin beim Festival arbeitete, hatte ich jemanden kennengelernt, der mir half, Termine mit den Musikern zu vereinbaren, mit denen ich sprechen wollte. Ich hatte damals kaum Kontakte, und Informationen über die Rolle der Liedszene in der DDR waren in den alten Bundesländern ausgesprochene Mangelware. Dabei war die Szene ebenso vielfältig und widersprüchlich wie alles andere in der DDR auch. Hootenanny, Protestsong, Singebewegung, engagiertes Lied, Folkmusik, Liedtheater, Oktoberklub und Festival des politischen Liedes – das sind nur einige wenige Stichworte, mit denen sich ein kulturelles Phänomen in der DDR zwischen Anpassung, Kompromiss und offenem Widerstand beschreiben ließ. Wie in vielen anderen gesellschaftlichen Bereichen scheint es bis heute bei der Beschäftigung mit der DDR-Geschichte jedoch auch bei der Liedermacherkultur oft nur zwei Schubladen zu geben, in die alles hineingepackt wird: Täter oder Opfer, Widerstandskämpfer oder Opportunist.

»Sag mir, wo du stehst« hieß die anfängliche Hymne der DDR-Singebewegung, unzählige Male vom Oktoberklub angestimmt, der im Laufe der Jahre mehr und mehr von der FDJ vereinnahmt wurde. Der Oktoberklub und die anderen über viertausend Singegruppen der DDR erhielten als Quittung dafür von Wolf Biermann die Bezeichnung »Kaisergeburtstagssänger«. Doch zahlreiche Gruppen und Liedermacher befreiten sich, wie es mein Mitherausgeber Hans-Eckardt Wenzel einmal ausdrückte, aus dem »Getto der Singebewegung« und entwickelten eigene Veranstaltungsformen innerhalb des Systems. Diese Künstler lehnten Eingriffe der Staatsmacht in den künstlerischen Prozess ebenso ab wie die Ausreise in den Westen. Sie wollten die DDR nicht abschaffen, sondern verändern. Für viele Künstler gab es einen unaufhörlichen Kreislauf von Aufbruch und Einbruch. So folgte beispielsweise bei Dieter Kalka auf den Gewinn eines Preises bei den Chansontagen 1987 in Frankfurt (Oder) postwendend ein Auftrittsverbot. Es war nicht ungewöhnlich, heute geehrt und morgen verboten zu werden. Die Schwierigkeiten, mit denen die Liedszene in der DDR zu kämpfen hatte, lagen aber nicht nur im politischen Misstrauen der SED-Hardliner gegenüber einer im Laufe der Achtzigerjahre zunehmend kritischer auftretenden Gruppe von Liedermachern begründet, sondern schlicht auch in ganz gewöhnlicher Bürokratie, Unvermögen und verwaltetem Mangel. »Das Lied ist Lückenbüßer für eine nicht funktionierende gesellschaftliche Öffentlichkeit.« So formulierte Wenzel 1988 die Situation der Liedermacher in seinem Land. Gleichzeitig entwickelte er gemeinsam mit seinem Partner Steffen Mensching ein Konzept, mit dem er gleich auf mehreren Ebenen – Musik, Literatur und Theater – die Bedingungen in der DDR ausnutzte, um die Menschen wachzuhalten, Geist und Humanität in bestimmten Grenzen zu bewahren. Eine Aufgabe, die sich für Wenzel auch nach dem Fall der Mauer nur bedingt veränderte. Aussagen wie »das geht jetzt nicht, da gibts ganz sicher Probleme« haben für ihn bis heute auch im vereinigten Deutschland Gültigkeit – wenn auch unter veränderten politischen Bedingungen.

Im Sommer 1989 war der Zusammenbruch des Staates DDR bereits in Gange. Das Staatswesen war ausgehöhlt, hatte offenbar kaum noch Interesse an sich selbst. Das Land war gezeichnet von ökonomischem Bankrott, der Fluchtwelle, der Aktivität oppositioneller Gruppen, der Handlungsunfähigkeit der SED-Führung, den Folgen der Perestroika sowie von der Wirkung der Berichterstattung in den westdeutschen Medien. Wenzel bezeichnete es als eine »Illusion, dass die Wende oder die Änderung dieses Staatswesens eine subjektive Leistung gewesen wäre«.

Das Volkslieder-Seminar 1986, das Bardentreffen zwei Jahre danach sowie das Ende der DDR und das letzte Festival des politischen Liedes – vor diesem Hintergrund habe ich zwischen 1990 und 1992 über dreißig Interviews mit Liedermachern und Kabarettisten geführt. Auszüge daraus waren in verschiedenen Zeitschriften zu lesen und im Rundfunk zu hören. Unter anderem in einer mehrteiligen Featurereihe, deren Titel »Ist es Zeit zu bleiben? Ist es Zeit zu geh'n? Was weiß ich ...« einem Lied des Oktoberklubs entliehen ist. Zum ersten Mal liegen die Interviews jetzt mit diesem Buch in ihrer Gänze vor. Nicht genug danken kann ich an dieser Stelle Emily Smirr, die in mühevoller Arbeit die Tonbandmitschnitte abgeschrieben hat.

Die Atmosphäre der einzelnen Gespräche war von Termin zu Termin anders. Manchem Interview ist meine Unsicherheit als Fragesteller anzumerken. Bei anderen wiederum spürt man eine gewisse Zurückhaltung gegenüber dem Wessi mit seinem Mikrofon. Die schlechten Erfahrungen mit den eigenen Medien und das Feindbild vom Deutschlandfunk aus den Tagen des Kalten Krieges spielten da sicher eine Rolle. Durchgängig ist jedoch wahrnehmbar, welche tiefen Einschnitte der gesellschaftliche Umbruch für alle mit sich gebracht hatte. Bestimmte Gedanken kehren in fast allen Aussagen wieder: Wohin fährt der Zug der Zeit? Welche Rolle spiele ich mit meinen Liedern, mit denen ich meinen Lebensunterhalt verdienen muss? Welche Verantwortung habe ich rückblickend für das, was in der DDR geschehen ist?

Zwei Künstlerinnen haben die Zustimmung zum Abdruck ihrer Interviews leider nicht gegeben. Da ist einmal Maike Nowak. Nachdem sie schon Mitte der Achtziger mit der Frauengruppe Kieselsteine gearbeitet und mit Norbert Bischoff das Programm »No Mai – lieber April, Mann und Frau sind gleich berechnet« auf die Bühne gebracht hatte, war sie 1989 auf dem Amiga-Sampler *Madonna oder Clown. Weiberlieder* vertreten. Die Situation der Frau und Homosexualität waren einige ihrer Themen. Darüber haben wir auch wenige Monate nach dem Festival des politischen Liedes, wo ich sie gehört hatte, miteinander gesprochen. Dennoch war sie mit dem Abdruck unseres Gesprächs nicht einverstanden, da ich »einseitig und manipulativ« gefragt und ihr damit Inhalte in den Mund gelegt hätte, die sie so nicht lebe. Sie stünde allerdings für ein aktuelles Interview zur Verfügung. Das ist jedoch nicht der Ansatz dieses Buches. Denn es geht ja gerade um einen Blick in die Geschichte, auf einen besonderen Punkt, den man von heute aus (vielleicht) anders betrachtet. Es geht darum, einmal geäußerte Ansichten zu dokumentieren, auch wenn sie sich mittlerweile geändert haben. Nur so lässt sich das Verwischen von Geschichte verhindern. Auch Barbara Thalheim teilte mit, ihre Aussagen gäben mitnichten ihr damaliges, schon gar nicht ihr heutiges Denken wieder. Eines der beiden für dieses Buch vorgesehenen Interviews wurde übrigens ohne Einwände im Rahmen einer Titelgeschichte über Barbara Thalheim schon in der Ausgabe September / Oktober 1990 der Musikzeitschrift *Folk Michel* veröffentlicht. Und gerade mit ihr hatte ich viele und lange Gespräche, die neben dem Porträt im *Folk Michel* auch in mehreren Rundfunksendungen ausgestrahlt wurden. So stand die Künstlerin auch beim Bonner Konzert »Lieder aus einem verschwundenen Land« mit auf der Bühne. Ende November, Anfang Dezember 1991 begleitete ich Barbara Thalheim und ihre Band fast zwei Wochen lang auf einer Tournee im Osten Deutschlands und berichtete in der Zeit mehrmals live für den Deutschlandfunk von einzelnen Konzertstationen. Alles, was dort gesagt wurde, wäre es wert gewesen, in diesem Buch dokumentiert zu werden – als Momentaufnahme ohne Relativierung, ohne Kommentierung. Wie auch diese Aussage Barbara Thalheims vom Juni 1991: »Ich denke, dass es ganz legitim ist, sich darüber einen Kopf zu machen, ob es noch eine andere Chance als die des Anschlusses, die der totalen Kopie gegeben hätte. Und wenn man darüber nachdenkt, stößt man zwangsläufig mit Menschen zusammen, die die totale Kopie wollen. Man darf sich nicht darüber hinwegsetzen und auch nicht hinwegtäuschen lassen, dass es die Mehrheit ist. Die Mehrheit der Menschen in diesem Teil Deutschlands möchte so werden wie die Mehrheit der Westdeutschen. Ich möchte das nicht. Und ich möchte das öffentlich sagen dürfen.«

Die Absage der beiden Sängerinnen hat mich sehr beschäftigt. Lieder sind Metaphern für Zeitgeschichte. Dafür standen beispielhaft in der alten Bundesrepublik die Festivals auf der Burg Waldeck und in der DDR der Oktoberklub und das Festival des politischen Liedes. Liedermacher in der DDR boten – genau wie Schriftsteller – den Ersatz für eine nicht vorhandene Öffentlichkeit – als Berichterstatter und Kritiker der Verhältnisse zugleich. In den Liedern des Wendejahres 1989 waren Visionen und Ideale zu Hause. Nach dem Ende der DDR war es gerade Westlern nur schwer zu erklären, dass man dagegen war, aber auch dafür. Auch davon handeln die Texte in diesem Buch. Sie entstanden in einer Phase der Transformation, der Suche nach einer eigenen Identität. Es geht sowohl um historische Tatsachen und Illusionen als auch um Hoffnungen und Enttäuschungen. Die Erinnerung daran zu verweigern, macht all dies in gewisser Weise ungeschehen und verhindert die Aufarbeitung von Geschichte.

Wir alle sind älter geworden, das gilt auch für mich als Interviewer. Dreißig Jahre sind ins Land gegangen. Mit heutigem Wissen würde ich wahrscheinlich so manche Frage anders gestellt haben. Ähnliche Gedanken gingen auch den meisten Musikern durch den Kopf, als wir über das Buchprojekt sprachen. Die Kommentare reichten dabei von »Also frei nach Goethes Männerspruch ›Wer sich nicht selbst zum Besten haben kann, der ist gewiss nicht von den Besten‹« – über »rein ins Buch mit der ›Jugendsünde‹« bis zu »Ich war beim Wiederlesen des Textes ganz überrascht, wieviel vernünftige Gedanken da zu finden sind.«

»Die Zeit ist reif. Wenn wir nichts unternehmen, arbeitet sie gegen uns«, lautete die letzte Zeile der am 18. September 1989 verabschiedeten Resolution der DDR-Rockmusiker, Liedermacher und Unterhaltungskünstler. In der Resolution, die an jenem Septemberabend auf der Grundlage von drei Entwürfen von Jürgen Eger, Toni Krahl und Hans-Eckardt Wenzel diskutiert und verabschiedet wurde, hieß es unter anderem: »Wir, die Unterzeichner dieses Schreibens, sind besorgt über den augenblicklichen Zustand unseres Landes, über den massenhaften Exodus vieler Altersgenossen, über die Sinnkrise dieser gesellschaftlichen Alternative und über die Ignoranz der Staats- und Parteiführung, die vorhandene Widersprüche bagatellisiert und an einem starren Kurs festhält. […] Wir wollen in diesem Land leben, und es macht uns krank, tatenlos mit ansehen zu müssen, wie Versuche einer Demokratisierung, Versuche einer gesellschaftlichen Analyse kriminalisiert bzw. ignoriert werden.« Der beschlossene Text wurde in eine Reiseschreibmaschine getippt und für die Teilnehmer und Teilnehmerinnen des Treffens mithilfe eines von Gerhard Schöne eiligst herbeigeholten Kleinkopierers vervielfältigt. Es wurde ein Versandverteiler verabredet und zugleich vereinbart, dass jeder Kollege in eigener Verantwortung für die Veröffentlichung sorgt, indem er die Bühnen nutzt, die ihm jeweils zur Verfügung stehen. Das war eine Bedingung für die Unterschrift, um der Zensurmaschine zu entgehen.

Seitdem ist viel Zeit vergangen. Vieles spricht dafür, dass die Zeit den Kampf gewonnen zu haben scheint. Denn mit dem Abstand von drei Jahrzehnten haben viele Menschen längst den klaren Blick für das verloren, was damals wirklich in Deutschland geschehen ist. »Der heutige Tag ist ein Resultat des gestrigen. Was dieser gewollt hat, müssen wir erforschen, wenn wir zu wissen wünschen, was jener will.« An dieses Zitat von Heinrich Heine aus *Französische Zustände*, einer Artikelsammlung zur politischen Situation Frankreichs in den Jahren 1831 bis 1832, schloss Stefan Körbel 1991 in der Programmbroschüre für das Konzert »Lieder aus einem verschwundenen Land« die Frage an: »Was aber will er? Diese große Verdrängung bei den (meisten) Ostdeutschen, das Wegdrehen bei den (meisten) Westdeutschen?« Ohne Verstehen der Vergangenheit ist die Zukunft nicht zu haben.

»Wie Hefepilze fressen wir uns dem eigenen Ersticken entgegen«, sagte der Historiker Philipp Blom im Sommer 2018 in seiner Rede zur Eröffnung der Salzburger Festspiele. »Auf dem ganzen Globus entstehen autokratische Staaten, werden längst überwunden geglaubte autoritäre Strukturen und nationalistische Identitäten zum Programm oder zur Praxis, verlieren Wahrheit und Wissenschaft an Verbindlichkeit, greift freiwillige Verdummung Raum.« Populisten greifen Demokratie und Bürgerrechte überall in der Welt an. Es ist an der Zeit, dagegen aufzustehen. Das erfordert auch, aus der Geschichte zu lernen, die manches Phänomen von heute erklärt. Die hier dokumentierten Texte, die in einer historisch bedeutenden Phase Deutschlands entstanden sind, können keine Antworten geben. Sie können aber helfen, die Ereignisse rund um das Ende der DDR rückblickend besser zu verstehen, und einen Beitrag leisten zu einem demokratischen Dialog um die enormen Veränderungen in Kultur und Gesellschaft.

Hans-Eckardt Wenzel

»Unser Lied die Ländergrenzen überfliegt ...«

... so beginnt der Refrain vom »Lied der Weltjugend«, geschrieben 1947 aus Anlass des Weltjugendtreffens in Prag vom sowjetischen Komponisten Anatoli Nowikow und dem Textdichter Leo Oschanin. Es beschwört eine Zeit nach dem großen Krieg in der Hoffnung, dass die jungen Leute sich in Freundschaft verbunden sein mögen für die Neuordnung Europas. Der Kalte Krieg zog zwar bereits neue Grenzen durch den Kontinent, aber noch schien alles möglich. Ein europäischer Friedenstraum. Die *freie* deutsche Nachdichtung des Liedes besorgte der Arbeiterdichter Walter Dehmel, ein eigenwilliger Poet aus Berlin, der unter den Repressalien der Faschisten zu leiden hatte und sich mit großer Anteilnahme beim Aufbau der neuen Republik engagierte. Dieses Lied hat wahrscheinlich jeder Jugendliche der DDR mindestens einmal singen müssen in seinem Leben. Die zackige Marschmelodie besaß solch markante Kontur, dass selbst ein Mainzer Fastnachtsbarde nicht an ihr vorbeigehen konnte. Am 2. Februar 1964 erklang das Weltjugendlied, vorgetragen vom Dachdeckermeister Ernst Neger in Begleitung des Pianisten Toni Hämmerle, in der TV-Sendung »Mainz, wie es singt und lacht«. Allerdings hatte Herr Neger dem Lied, das die Ländergrenzen überfliegt, einen neuen Text verpasst, der ausgelassenen Stimmung im Wirtschaftswunderfasching um einiges angemessener: »Humba, Humba, Humba, Humba, Täterä!« Das Lied wurde ein Knaller und für Generationen zur Hymne bundesdeutscher Feierlaune. Die 60000 DM Tantiemen, die das Lied dem Komponisten einbrachte, musste er nicht nach Moskau an Nowikow überweisen. Die Welt war aufgeteilt. Aber der Gebrauch dieses Liedes verweist vielleicht hinterrücks auf einige Besonderheiten in der Geschichte von Ost und West.

Die Deutschen sangen immer gern – ob »unter der Linden« oder auf Wanderschaft, ob am Lagerfeuer der Freideutschen Jugend gegen den heraufziehenden Weltkrieg oder beim Hochzeitsfest oder in der Kirche. Der Gesang vermochte ihren ach so melancholischen Seelen ein wenig Licht zu stiften – sei es durch die in der Erinnerung bewahrten Lieder der Alten oder die Sehnsuchtswallungen der Romantik: all die großen Schmerzen, die Heinrich Heine in die kleinen Lieder packte oder Franz Schubert oder der bittere Spott Frank Wedekinds oder die klare, fast biblische Sprache Brechts mit den Melodien Eislers und Weills. Eine lange Tradition nachdenklicher Gesänge, aber auch harte, von Männlichkeit strotzende Soldatenlieder. All diese Lieder sprachen aus tiefstem Herzen, denn die Deutschen haben sehr, sehr tiefe Herzen, manchmal keine großen, aber sehr, sehr tiefe. Und wenn die Sehnsucht brannte, dann gab es ein Lied.

Doch die großen Kriege, die Deutschland im zwanzigsten Jahrhundert vom Zaune gebrochen hatte, hinterließen auch in den Liedern und im Gebrauch der Sprache ihre Spuren. In den Liedern lassen sich mit archäologischem Blick, ähnlich dem in die Erdschichten, die Indizien des wirklichen Lebens auffinden, in ihren Variationen oder Veränderungen des Gestus, in ihrer Kraft zur Verführung, denn sie begleiten den Menschen *atemnah* vom ersten bis zum letzten Ton auf seinem Weg. Die Verwüstungen waren enorm nach dem zweiten großen Weltkrieg, nach zwölf Jahren Nationalsozialismus, zwölf Jahre, in denen eine kulturelle Tradition der Moderne rigoros aus dem Land getrieben worden war und die Sprache großen Schaden genommen hatte. Die Dichter, bedroht und verfolgt, mussten fliehen, und das Leben ging ohne sie weiter im Land. Übrig geblieben war ein Surrogat aus »Sentimentalität und Brutalität«, wie es der Komponist Hanns Eisler beschrieb. »Nun muss sich alles, alles wenden …«, heißt es in Uhlands »Frühlingsglaube« (die schöne Melodie von Schubert klingt dabei mit!) – das war der Ausgangspunkt nach dem Ende der Schrecken, die erst Stück um Stück sichtbar wurden, dieses »nach Auschwitz«. Die Aussage, dass nach Auschwitz keine Gedichte mehr geschrieben werden könnten, stand im Raum. Die Vertriebenen kehrten teilweise heim und mit ihnen ein anderes Deutschland, und die Skepsis gegen die eigene Kultur war begründet, denn sie hatte die Barbarei nicht verhindern können.

Als trüge die Sprache Mitschuld, gab es auch ein Misstrauen gegen sie, gab es ein Misstrauen gegen den Reim, den Einklang, das Liedhafte. Günter Eich reimte nur noch »Hölderlin« auf »Urin«, mehr schien nicht mehr erträglich an Harmonie. Und Dichter, die der Liedform die Treue hielten, wie Theodor Kramer, galten als unmodern und wurden im Literaturbetrieb des Nachkriegslandes nicht ernst genommen. Kurz gesagt: Das Lied war verdächtig geworden. (Obwohl ein Medium nie etwas dafür kann, wie es gebraucht bzw. missbraucht wird!)

Als aus dem Zusammenbruch des Großdeutschen Reiches schließlich zwei Staaten entstanden, an der Nabelschnur ihrer jeweiligen Besatzungsmächte, entwickelten sich auch zwei Arten der Kultur und also auch der Lieder.

Das Verhältnis zur deutschen Sprache unterschied sich in Ost und West. Während im Westen die Muttersprache in ihrem konservativen Gebrauch durch die alten, neuen Eliten von den Jungen als Fortführung faschistischer Traditionen betrachtet wurde, gab es im Osten, gefördert durch eine Konzeption der Volksfront und ein Besinnen auf klassische Normen, eine andere Kontinuität. Man konnte Brecht oder Ernst Busch nicht vorwerfen, dass sie Faschisten waren. Ihre Sprache schien unbeschädigt auch für die Generation, die eben begann, ihren Weg zu finden. In der Bundesrepublik gab es bis weit in die Fünfzigerjahre einen Brecht-Boykott, in Österreich sogar noch länger.

So bewegte sich in der Bundesrepublik das politische oder engagierte Lied in Richtung Nordamerika. Nicht aus Opportunismus, weil es die kulturbestimmende Option der Besatzungsmacht war, sondern weil es neben dem Misstrauen gegen die Geschichte der Eltern eine Weltentdeckung bedeutete, die Entdeckung einer aufmüpfigen Tradition, sozialen und politischen Protestes, getragen von einer Sprache, die andere Musikalität für das Lied ermöglichte. Da gab es Phänomene, die dem europäischen Musikverständnis, das sich stark durch Harmonie und Kontrapunkt definierte, Neues zur Seite stellten: Groove. Der Swing als Welthaltung. Nicht die preußischen Achtelnoten, nein, es gab eine Hinwendung zu übergebundenen Triolen, die eine neue Dimension in das rhythmische Gefüge einzubringen imstande waren. Das war sexy. Sexy war auch die Gitarre. Es entstand eine globalisierte Jugendkultur, verwurzelt im Blues der Sklaven

Amerikas und aus den Neuansätzen der Folkbewegung vor allem durch Woody Guthrie. Ein kultureller Aufbruch fand statt in der westlichen Welt. Eine Initiation, die bis heute Pop- und Folkmusic bestimmt. Die Gravitationskraft dieser Musik machte auch vor dem Eisernen Vorhang nicht halt, obwohl der Osten stärker dem Einfluss slawischer Tradition ausgesetzt war. Vielleicht ist die verstärkte Hinwendung zu Moll-Tonarten ein Ergebnis dieser Öffnung nach Osten. Die angelsächsische Musizierweise aber strahlte Modernität aus und beeinflusste auch den Osten, obwohl dies begrenzt werden sollte, eine Option des Klassenkampfes gegen den »amerikanischen Imperialismus«. Schließlich gab es bis in die Achtzigerjahre in der DDR eine Quotierung für den Rundfunk und für Live-Auftritte von Rockbands, das sogenannte 60 : 40-Prinzip; es bedeutete, mindestens 60 Prozent der Darbietungen mussten deutschsprachig sein. (Im frisch vereinigten Deutschland gab es eine ähnliche Initiative von Künstlern! Aber Quoten lösen das Problem nicht, sie befrieden nur die Widersprüche.)

Der kulturelle Aufbau der DDR begann mit dem Versuch, die klassische Liedtradition und das Arbeiterlied gegen die Nazilieder zu setzen. Es gab einen großen Fundus aus dem spanischen Bürgerkrieg, den Kämpfen der Zwanzigerjahre. Aber ganz so einfach funktionierte diese Wiederbelebung nicht. Der große Sänger Ernst Busch wurde in den Fünfzigerjahren mit einem Auftrittsverbot belegt, und die Liedkompositionen von Eisler und Dessau gerieten schnell unter den Verdacht des »Formalismus« und kamen in die Schusslinie der Kulturfunktionäre.

Wo waren die Orte zum Singen in der jungen DDR? Im Volkschor, im Kirchenchor (mehr beargwöhnt als gefördert von staatlicher Seite), im Konzertsaal, bei der Armee. Das hatte eine altbackene Ästhetik und taugte nicht für die Suche der neuen Generation nach Sinn. In den Sechzigern entstanden, angeregt durch die ersten Beat-Gruppen im Westen, Combos mit E-Bass, Elektrogitarre und Schlagzeug, ein Andocken an die Welt, an Lieder, die über Ländergrenzen fliegen können. Beatles und Rolling Stones und andere Bands wurden gehört und übten einen stilprägenden Einfluss aus. Es ist also nicht verwunderlich, dass der Anstoß, das Lied in der DDR neu zu beleben, von einem Kanadier kam. Perry Friedman beschreibt diesen Vorgang sehr interessant in seinem Interview. Es ging darum, dem gemeinsamen Singen einen neuen Sinn zu geben, neuen Raum und neue Gründe. Aus dieser Hootenanny-Bewegung entstand schließlich das, was mit dem obskuren Begriff »Singebewegung« umschrieben wird. Plötzlich gab es neue Anlässe zum gemeinsamen Singen. Es entstand eine Volkskunstbewegung, die nichts vom Trachtenlook der Volkstanzgruppen hatte. Sie kam aus dem Empfinden der Jugend. Kein Schlager, keine aufgeblasenen Arrangements. Die Stimme stand im Zentrum, und das Instrument, meist die Gitarre, hatte eine klare Begleitfunktion, die sich auf leicht spielbare Harmonien beschränkte. Die harmonischen Strukturen der Volkslieder und Folksongs waren relativ einfach und mit geringer Instrumentenkenntnis zu spielen. Schubert oder selbst Eisler waren da komplizierter. Aber Kunst wurde in der DDR immer sehr ernst genommen, was gelegentlich zu ihrer Überschätzung führte und nicht immer ein Gewinn war. Also nahm die Freie Deutsche Jugend die Sache in die Hand und versuchte der Bewegung eine politische Richtung zu geben. Es entstanden an Schulen und Universitäten, in Kompanien und Betrieben kleine Ensembles, die sich auf ein professionell verbreitetes Repertoire stützen konnten und immer mehr auch eigene Lieder entwickelten. Für viele war dies der erste Kontakt zur Musik, zu selbstgemachter Musik. Ein nicht geringer Teil derer, die später in der DDR bei Pop oder Schlager, in der Klassik oder beim Rundfunk landeten, hatte diese Gruppen durchlaufen. Es gab Werkstattwochen, Lehrgänge und Ausscheide. Bedeutende Autoren und Komponisten, Interpreten und Arrangeure begleiteten diesen Prozess, sodass die Kompetenzen der Sänger und Liedschreiber wuchsen und eine größere Individualität sich Raum schaffen konnte. Neben den theoretischen konnten auch praktische Erfahrungen gemacht werden, denn es gab eine subventionierte, gut funktionierende kulturelle Infrastruktur von Jugendklubs, Kulturhäusern und Veranstaltungsreihen. Die Auseinandersetzungen blieben nicht aus, Diskussionen, Gängeleien, Verbote. Einige dieser Widersprüche sind mit Namen und Kampagne in die Geschichte der DDR tief eingeschrieben und werden immer noch gern benutzt als vollständige Erklärung des Landes. Aber ein genauerer Blick hat noch nie geschadet.

Die in diesem Band versammelten Interviews ermöglichen einen ungewöhnlichen Blick auf diese Geschichte. Hegels Satz, dass man den Sinn einer Sache erst an ihrem Schluss erkennen könne, sei vorangestellt, denn das Bezugssystem, in dem die Sänger lebten, gab es nicht mehr, als sie sich zu diesen Gesprächen bereit erklärten. Man scheint etwas Furcht zu spüren, in der besonderen Situation, dem Niemandsland etwas Falsches zu sagen, und dieses Gefühl hatte sich bis in das Jahr der Veröffentlichung gehalten. Alle wollten ihre Aussagen nachlesen, meist mehr aus dem Interesse, sich noch einmal zu begegnen in einer Zeit, da sich die Energien mehr auf erzwungene Neuorientierung konzentrierten. Das weist auf die Erinnerbarkeit dieses Zeitraumes hin. Er scheint keine Klarheit zu besitzen, das Bezugssystem war verloren gegangen, und man taumelte zwischen gesellschaftlich postuliertem Optimismus und Resignation. Aber diese Brüche sind es, in denen sich die Wahrheit versteckt. Ein eigensinniger Provinzialismus schwingt im Ton dieser Begegnungen mit.

Er schlägt sich in Fragen und Antworten nieder, wenn zum Beispiel die Solidarität mit anderen Ländern wie Vietnam, Chile oder Nikaragua wie Opportunismus verhandelt wird, als ob diese Haltung von Staats wegen befohlen worden wäre, als hätten die Sänger keine eigene Haltung zu Unrecht und Krieg gehabt.

Als ich für die Kinder in Vietnam Flaschen sammelte, widersprach das nicht meiner Lebensauffassung, und ich tat es aus freien Stücken. Es spricht wohl eher vom Unverstand einer auf Egoismus ausgerichteten Lebensmaxime, wenn Gemeinsinn nicht als Kultur der Gattung begriffen wird. In den Gesprächen wird vieles aus dem sogenannten Unrecht definiert. Auch in den Antworten spürt man einen Anflug von schlechtem Gewissen, dass man in der DDR gelebt hat. Und es bleibt ja dieser Vorwurf in allerlei Disputen bis heute bestehen. Es passiert mir gelegentlich in Diskussionen über die Kunst der DDR, dass mir von ausgereisten DDR-Bürgern meine Glaubwürdigkeit abgesprochen wird, weil ich nicht »weggegangen« bin. Ich antworte dann gern mit der Frage: Wer hätte denn die Wende machen sollen, wenn wir alle weggegangen wären? Diese Dispute verweisen auf ein Dilemma unserer jüngsten Geschichte. Man weiß vorher, was man wissen will. In der Danziger

Straße in Ost-Berlin, die früher Dimitroffstraße hieß, gab es an der Ecke zur Winsstraße einen Polsterer, der kurz nach der Vereinigung von BRD und DDR ein Schild in sein Fenster stellte, um den absehbaren Ruin aufzuhalten und Kunden anzulocken: »Aufarbeiten hilft immer!«

Das damalige Unterfangen von Michael Kleff versuchte diesem instrumentalisierten Blick zu entkommen. Er gehört zu den Wenigen, die wissen wollten, wie es war. Das gelegentliche Insistieren des Redakteurs auf Zensur und Unfreiheit in der DDR und dass es dort ja um einiges schwieriger gewesen wäre, die Wahrheit zu sagen, verweist auf das gesellschaftliche Klima, das Narrativ, wie man heute zu sagen pflegt, in dem der Prozess der Zusammenlegung der beiden deutschen Staaten stattfand. Nehmen wir nur den in Medien äußerst strapazierten Begriff der »kritischen Lieder«. Er wurde quasi als moralische Instanz eingeführt und beinhaltete eigentlich die Frage: Wie sehr war man gegen die DDR und wie sehr war man dafür. Diese Frage geistert durch die Antworten und Fragen der Gespräche. Eine Art Rechtfertigungszwang. Aber was bezweckt eigentlich der Begriff »kritische Lieder«? Was sind »unkritische Lieder«, wie definiert man diese? Nehmen wir mal an, wir würden diese Einteilung für Walther von der Vogelweide oder Paul Gerhard anwenden? Wir würden sehen, dass sie keinen Sinn hat, denn es gibt nur gute oder schlechte Lieder, Lieder, in denen Poesie eine Kraft entfalten kann, und solche, in denen ein übertriebener Anspruch die Kunst vernutzt. Oft sind ja die »kritischen Lieder« eben die poetisch schlechten. »Überpolitisierung in der Kunst führt zur Barbarei in der Ästhetik!«, meinte Hanns Eisler. Er war unumstritten ein höchst politischer Mensch, aber in seinem Kunstanspruch, geschult durch moderne Kompositionstechniken, sehr konsequent. Verweisen solche Begriffe wie »kritisch« vielleicht auch auf den Provinzialismus, der den Vereinigungsprozess dominiert hat?

Das Misstrauen in die Politik, das heute die Gesellschaft zu erodieren beginnt, hatte seinen Anfang in dieser Zeit. Heilige Ignoranz des Westens gegenüber den Erfahrungen des Ostens, Neuaufteilung der Welt, Globalisierung und die Auflösung kultureller Konventionen durch soziale Netzwerke und Politik sind nur einige der Ingredienzien für jenes, das sich nun als Protest formuliert und mit dem Begriff »Populismus« mehr als unscharf beschrieben wird.

Dass es diese Interviews gibt, ist ein Geschenk. Denn wir dürfen in den sich unablässig beschleunigenden Prozessen die Erinnerung nicht aufgeben, die Erinnerung an Details, denn die großen ideologischen Erzählungen, die man gemeinhin »Geschichte« nennt, haben stets den Zweck, der Macht einen Heiligenschein zu verpassen. Dafür werden sie gebraucht in den Momenten vor Wahlen, Umfragen oder Krisen. Es ist schön, dass Liedersängerinnen und -Sänger in diesem Diskurs eine Stimme bekommen und dass der Christoph Links Verlag dieses Material veröffentlicht. Denn das Lied ist die Sprache der scheinbar Machtlosen, manchmal leichtfüßig und verspielt, manchmal voller Schwermut und Trauer. Lieder brauchen und stiften Gemeinschaft und besitzen die Zauberkraft, Ländergrenzen zu überfliegen.

Norbert Bischoff

Berlin, 3. Mai 1990

Der Titel ist doch ein schöner Einstieg: Bischoff und Gesellschaft, »Sind wir noch zu retten?«*. Was meinst du damit?

Na ja, »zu retten« ist komisch. Bei etlichen Liedern, die ich vor ein, zwei Jahren schrieb, habe ich festgestellt, dass die inzwischen einen ganz anderen Kontext haben als früher. Sachen, die teilweise mehr auf die DDR bezogen waren, kriegen jetzt mehr Horizont – obwohl das bei dem Lied nicht unbedingt so war.

Nenn mal ein, zwei Beispiele.

Im Text heißt es ja: »Ach, was sind wir doch genial / In diesem Jubel-Jammertal, / Wir pfeifen auf dem letzten Loch, / Doch wir leben immer noch.« Das hat schon ein bisschen was von Endzeitstimmung, aber in einer Trotzdem-Haltung. Man muss natürlich sagen, dass in den letzten Monaten bei vielen Leuten, die ich kenne und die auch Lieder machen, eine wahnsinnige Ernüchterung passiert ist. Am Anfang war es nicht ganz leicht, damit klarzukommen. Es gab oftmals den Punkt, wo ich gedacht habe: Du schmeißt alles hin, du hörst auf, es hat ja eigentlich keinen Sinn mehr! Weil man vielleicht doch so blöd war, immer noch die Utopie als solche zu sehr in den Mittelpunkt dessen zu stellen, was man macht, und da vielleicht auch zu viel Blauäugigkeit dabei war. Trotzdem, man hatte ja eine schöne Funktion hier im Lande, wenn man immer ansingen konnte, der Gegner irgendwie greifbarer und, sagen wir mal, relativ ungeschickt darin war, gegen die Sachen vorzugehen. In einem solchen Fall ist es im Endeffekt eigentlich

* Der Titel findet sich auf der 1991 erschienenen ersten LP *Zwischen Bett und Barrikade* beim Amiga-Nachfolgelabel Zong. Posthum erschien 1994 im Verlagshaus Peter Gotthardt die CD *Ich will nicht länger warten ... Letzte Lieder.*

leicht, sich in dem bestätigt zu fühlen, was man macht. Und wenn man ab und zu Schwierigkeiten hat, entsteht schnell mal ein Mythos. Ich habe mich gerade gestern mit jemandem unterhalten, der auch meinte, dass das ziemlich schwierig gewesen ist für Leute, die weniger im Rampenlicht standen. Er ist freiberuflicher Übersetzer, und wir kamen auf das Thema, dass etliche Leute, die ähnliche Dinge gemacht oder gesagt haben wie wir, wesentlich schneller dafür vor Gericht oder sogar im Knast gelandet sind. Wenn Leute mich früher nach Konzerten gefragt haben, ob das nicht ein bisschen einfach sei, sich da hinzustellen, oder sagten, ich als Künstler oder Sänger könne mir auf der Bühne so ein bisschen Narrenfreiheit ja leisten, habe ich immer ziemlich leichtfertig gesagt: »Das ist Quatsch, ihr müsst selber was machen und könnt nicht immer nur auf die bauen, die da oben stehen und Sachen sagen, die eigentlich jeder weiß, sich aber nicht zu sagen traut.« So einfach war es vielleicht doch nicht – es gibt Leute, die für viel weniger viel mehr zu knabbern hatten und dann im Knast saßen. Bei dem Lied ist es im Prinzip so, dass es für mich einen immer globaleren Charakter kriegt. Die Probleme, die jetzt allgemein auf der Tagesordnung stehen, haben nichts mehr mit Sozialismus oder Kapitalismus zu tun. Die Frage ist, ob es möglich ist, in den nächsten zehn Jahren eine generelle Umkehr der allgemeinen gesellschaftlichen Logik zu erreichen, dass einer etwas für sich auf Kosten des anderen erreicht – diese Logik existiert nach wie vor. Und solange die nicht umgekehrt werden kann – ob überhaupt ist eine ganz andere Sache –, steht eben schon die Frage im Raum, ob nach dem Jahr 2000 überhaupt noch eine Menschheit existiert – und da sind Lieder völlig nebensächlich. In dem Zusammenhang frage ich mich schon manchmal, inwieweit Lieder wirklich noch nützlich sein können.

Diese Frage beantwortest du dir ja in gewisser Weise selbst …

Indem ich es trotzdem mache, klar, es ist ein Trotzdem. Ich denke mir auch, dass ein gewisser Grad an Ernüchterung vielleicht ganz gut ist. Inzwischen bin ich ganz froh, dass alles so passiert ist, weil dadurch zumindest erst mal wieder ein Zustand erreicht wird, wo sich was bewegt, egal in welche Richtung, ob positiv oder negativ. Es ist allemal besser als ein Zustand, wie er vorher war, wo es einen Status quo gab und eigentlich gesellschaftlich nicht viel passiert ist – zumindest hier.

Einer deiner Themenbereiche ist alles, was sich am Rand der Gesellschaft bewegt, auch was Menschen betrifft. Ist das nach wie vor eine Sache, die dich sehr beschäftigt? Und wenn ja, was beschäftigt dich daran?
Na ja, ich habe relativ schnell mitgekriegt, dass eine Sache bleiben wird, nämlich dass ich vorher irgendwo in einer Opposition gewesen bin oder mich zur Opposition gezählt habe und das in nächster Zeit genauso sein wird, auch wenn sich das im Augenblick immer mehr aufsplittert. Vorher war Opposition mehr etwas Homogenes, auch wenn das real gesehen vielleicht gar nicht so war, aber aufgrund dieses Zustandes hier, dass wir relativ wenig Möglichkeiten hatten, haben viele Leute was zusammen gemacht, die im Endeffekt anderer Meinung waren, wie man was machen sollte – Sozialismus, ja oder nein? Utopie, ja oder nein? Die ganzen linken Splittergruppen. Das Dumme ist, dass das die eigentlichen Verlierer sind. Die Leute, die vor dem Oktober letzten Jahres versucht haben, in der Gesellschaft was zu bewegen, stehen jetzt wieder hintenan. Das sieht man am besten am Wahlergebnis – wie viel Prozent Bündnis 90* oder solche Leute gekriegt haben, ist natürlich erschreckend. Es ist mir auch klar, dass meine Musik nach wie vor Musik für eine Minderheit ist, weil Leute, die solche Lieder hören, ebenfalls eine Minderheit sind. Man wird eben nicht mehr die Bedeutung haben wie vorher – das ist ja das Geschickte bei euch drüben, dass das einfach irgendwie vom System mit aufgesogen und teilweise vermarktet wird. Dadurch verliert es auch ein bisschen an Bedeutung. Man kann wesentlich mehr machen ... Wie ist es mit diesem Freiheitsbegriff, der mir in letzter Zeit immer mehr durch den Kopf geht? Was heißt das überhaupt, wenn man die Freiheit hat, alles Mögliche zu machen, aber im Endeffekt damit weniger erreicht.

* Bündnis 90 war ein Zusammenschluss von Bürgerbewegungen und Oppositionsgruppen in der DDR, der während der Zeit der Wende und friedlichen Revolution im Februar 1990 entstand und im September 1991 in eine politische Partei umgewandelt wurde. Im Mai 1993 ging Bündnis 90 gemeinsam mit Die Grünen in der heutigen Partei Bündnis 90/Die Grünen auf.

Was glaubst du denn, wie du jetzt unter diesem neuen Freiheitsbegriff und im Hinblick auf die musikalische Konkurrenz mit deiner Band klarkommen wirst? Welche Perspektiven hast du?
Es wird wohl ein bisschen mehr in Richtung Rockmusik gehen. Es ist eine Entwicklung, die seit ungefähr einem Jahr passiert ist und mich im Augenblick gewissermaßen ein bisschen rettet. Wenn ich weiterhin nur mit der Klampfe durch die Gegend ziehen würde, wäre ich heutzutage wahrscheinlich verraten und verkauft. Man versucht irgendwie, einen Weg zu finden, der das, was Zeitgeist oder Hörgewohnheiten ausmacht, nicht völlig ignoriert, weil man selbst ja auch davon beeinflusst ist, und auf der anderen Seite, nicht Dinge zu machen, die einem von außen diktiert werden. Mir macht es auch Spaß, Sachen, die man vielleicht als kommerziell abschreiben könnte, mit einzubauen. Wenn man andere Leute wie Konstantin Wecker oder so drüben sieht, deren Entwicklung interessant ist und die auch immer mehr in Richtung Kommerz gehen – die sind für mich trotzdem irgendwo noch akzeptabel. Ich nehme dem das ab und denke nach wie vor, dass er sich selbst schon mehr einbringt, als dass vielleicht irgendeine Plattenfirma sagt: Du musst das und das machen, damit wir die Scheibe verkaufen, und was du selber willst, ist erst mal nicht so wichtig, sonst musst du dir eine andere Firma suchen.

Du hast gesagt, dass du darüber nachdenkst, ob es überhaupt noch Sinn macht, weiter Lieder zu machen, und sagst jetzt: Na gut, trotzdem. Was steckt in diesem Trotzdem drin? Was sind denn jetzt in dieser Phase Sachen im Zusammenhang dieses Trotzdems?
Wenn das so einfach wäre ... Das ist genau der Punkt, wo ich im Augenblick mit mir selbst rumeiere. Wenn mich zum Beispiel jemand konkret auf Utopie anspricht, komme ich momentan ganz schön ins Stottern. Eigentlich sehe ich im Augenblick die Aufgabe mehr darin, konkret zu sehen, was passiert, und das irgendwie in Liedern, in Geschichten festzuhalten, die irgendwie mit mir zu tun haben. Was ich auf keinen Fall mehr will – das ist schon länger vorbei –, ist, dass ich Leute von der Bühne aus für irgendwas zu vereinnahmen versuche. Ich mag diese gegenseitige, diese tödliche Umarmung von Künstler und

Publikum überhaupt nicht. Ich mag, wenn für die Leute mit dem, was man auf der Bühne macht, ein bisschen Freiraum bleibt. Was ich auch im Augenblick in Liedern umzusetzen versuche, ist natürlich Ernüchterung und auf der anderen Seite ein bisschen – ich will immer dieses Wort nicht nehmen – Endzeitstimmung. Aber es hat schon ein bisschen was davon, wenn man sich in gewisser Weise über das lustig macht, was zum Teil passiert, ohne dass man die Leute damit denunziert. Ich halte auch nichts davon, dass man sich hinstellt und sagt: Die Leute sind alle doof, weil sie CDU gewählt haben! Das ist ein bisschen zu einfach ... Was jetzt passiert, ist in einigen Liedern auch eine Abrechnung mit mir selbst, damit, wie naiv man gewesen ist.

Meinst du als Künstler naiv oder als Bürger dieser Republik?
Das gehört zusammen, das kann ich nicht trennen, denn diese Naivität kann man natürlich mit wahnsinnig viel Entschuldigung damit erklären, dass man nur diesen Tellerrand hatte. Ich bin vor dem 9. November auch nicht rübergekommen und habe gemerkt, dass vieles, was ich vorher durchs Fernsehen oder Leute, die ich kenne, vom Westen wusste, eben nur die halbe Wahrheit ist. Ich hatte überhaupt keine Illusion, dass jetzt das Paradies ausbricht. Aber es geschieht eine Relativierung dahingehend, dass diese bürgerlichen Freiheiten doch mehr Möglichkeiten bieten und im Endeffekt besser sind als das, was für die meisten davor hier abgelaufen ist. Und dass man sich selbst nicht so wichtig nehmen darf mit den Vorstellungen von einer gerechteren Gesellschaft, die man hatte. Und dass man am Anfang, also nach dem 9. November, vielleicht ein bisschen sauer gewesen ist, als es für die meisten Leute erst mal wichtiger war rüberzugehen als zu gucken, was man hier machen muss.

Wie gehst du damit um? Du hast ja gerade gesagt, dass dir diese Umarmungsatmosphäre Bühne–Publikum zuwider ist. Wenn ich in dem Zusammenhang an das Festival des politischen Liedes vergangener Jahre denke, war das – zumindest in den offiziellen Teilen – eigentlich aber ja die Strategie des ganzen Konzepts, dass Publikum oder Bühnen mit erhobener Faust für die Solidarität der Welt oder für wen auch immer eingetreten sind ...

Ja, es ist schade, dass dieses Festival so irrsinnig schizophren war, dass es eben eine offizielle und eine inoffizielle Seite gab. Wenn ich da aufgetreten bin, war ich immer im Clinch mit Leuten, die mir vorgeworfen haben, dass ich da mitgemacht habe. Ich war dieses Jahr dabei und vor zwei Jahren. Abgesehen davon, dass dieses Jahr sowieso eine ganz andere Situation war, weil es viel Streit drum gab und gesagt wurde, dass man das eigentlich völlig abblasen sollte, war für mich, bezogen auf die vergangenen Jahre, dieses Inoffizielle wahnsinnig wichtig, die Tatsache, dass man Kontakt zu Leuten gekriegt hat, die eben ganz andere Erfahrungen eingebracht haben. Wenn Leute aus Afrika oder Südamerika gekommen sind und man die nachts im Haus der jungen Talente bei Sessions erlebte, hat man irgendwie eine ganz andere Nähe gekriegt als bei diesen Mammutveranstaltungen, die nur irgendwie nach außen was repräsentieren sollten. Die wurden von den meisten Leuten sowieso nicht so angenommen wie das, was im kleineren Rahmen passierte. Zu den Eröffnungsveranstaltungen sind viele Leute hingeschickt, teilweise mit Bussen angekarrt worden, die dann bei den entsprechenden Liedern anfingen, im Rhythmus mitzuklatschen und laut Sprüche wie »Frieden, Freundschaft, Solidarität« zu schreien – das war teilweise wirklich bestellt. Trotzdem glaube ich, dass es wichtig gewesen ist, das dieses Jahr weiterzumachen und auch zu retten, weil mit dem ganzen Ding auch ein Stück multikulturelle Bewegung verbunden ist und man damit in diesem ganzen deutsch-deutschen Getümmel, das im Augenblick passiert, den Horizont ein bisschen erweitert. Ich nehme auch an, dass das in irgendeiner Form weiterlaufen wird, wesentlich kleiner wahrscheinlich, nicht mehr mit so viel Geld und weniger spektakulär, aber es wird weiter passieren, und ich habe Lust, in den nächsten Jahren weiter mitzumachen. Das Dumme war eben nur, dass in den vergangenen Jahren viele Sachen gerade von DDR-Leuten einer Zensur unterlagen, wo man mit sich selbst ausmachen musste, wie weit man gehen konnte, überhaupt mitzumachen. Ich weiß noch, dass ich vor zwei Jahren den und den Titel nicht spielen sollte, und da bin ich nach der Technik verfahren: Du sagst erst mal Ja und machst es auf der Bühne dann trotzdem. Das ist relativ gut gegangen mit dem Ergebnis, dass man mich im Jahr darauf gar nicht erst angesprochen hat – das sind dann Konsequenzen, die man tragen muss. Und dieses Jahr gab es ja überhaupt keine Einschränkungen. Ich denke, man kann bei solchen Sachen so lange mitmachen, wie man das, was man macht, dort eben auch macht. Das ist für mich dasselbe, wenn ich bei der Kirche auftrete, bei Kirchentagen oder so, ohne dass ich religiös gebunden bin, da könnte man auch sagen: Was hat der da überhaupt zu suchen? Also, Sachen, die eher von der evangelischen Kirche aus passieren als von der katholischen. Aber im Endeffekt ist das für mich nicht so wichtig, weil ich weder für eine Partei noch für irgendeine politisch-ideologische Richtung singen will, sondern ich stehe einfach nur für mich und das, was ich sage, wenn ich auf die Bühne gehe. Das sind meine Gedanken, Erlebnisse, Erfahrungen, und dazu können Leute Stellung beziehen, indem sie sagen: »So was Ähnliches habe ich auch erlebt!« Oder sie sagen: »Ich sehe das ganz anders.« Ich gehe nicht mit dem Ziel auf die Bühne, dass alle sagen: »Ja, das ist die absolute Wahrheit!« Das wäre größenwahnsinnig, vermessen.

Im Hinblick auf die Musik hast du gesagt, deine Sache ist eher, wenn es Richtung Rockmusik geht. Was sind deine musikalischen Wurzeln? Wo würdest du die sehen? Welche Dinge interessieren dich oder haben dich mal interessiert?

Das geht völlig kreuz und quer, das merkt man auch ein bisschen an den Sachen auf der Platte. Da sind relativ viele Zitate drin, zum Beispiel von Tom Waits oder Lou Reed, aber auch von Jacques Brel oder Hanns Eisler. Ich habe mich als Konsument nie mit irgendeiner bestimmten musikalischen Richtung zufriedengegeben, das hat wirklich ein Spektrum von der Folklore bis zur Punkmusik. Ich glaube, dass das heutzutage, wo so vieles nebeneinander existiert, eine Möglichkeit ist, sich nicht nur in einer Gruppe zu bewegen. Wenn man jetzt zum Beispiel nur Punkmusik macht oder nur Folklore, dann hat man zwar sein gewisses Umfeld, aber der Horizont ist irgendwie ein bisschen begrenzt. Das andere ist wieder die Gefahr, dass man weder von den einen noch von den anderen richtig angenommen wird. Wenn man aus allen möglichen Richtungen versucht, zu klauen oder sich davon inspirieren zu lassen, ist das schon ein bisschen ein postmodernes Prinzip, aber im Endeffekt musst du sowieso das machen, was dir selber Spaß macht.

Kannst du zu ein paar Songs auf dem Album vielleicht ein bisschen was erzählen? Welche sind dir besonders wichtig, und wie sind sie entstanden?

Besonders wichtig ist mir zum Beispiel das Lied, in dem ich einem Neonazi in der Kneipe begegne. Da ärgere ich mich wahnsinnig, dass bei uns alles so zähflüssig ist, weil es nicht möglich war, vor Herausgabe der Platte noch ein paar Sachen zu ändern, denn am Schluss des Liedes heißt es: »Und in mir wächst diese Ohnmacht, / Wie viele Jahre ist das her. / Ich kenn das alles nur aus Filmen – / Behüte Gott die DDR.« Jetzt ist das so auf der Platte drauf, das ist aber die Sicht vom Frühjahr und vom Sommer letzten Jahres, und eigentlich ist das völlig vom Zeitgeist überholt. Inzwischen heißt es am Schluss eben: »Behüte uns Gott vor dem Vierten Reich!« Es ist eine bewusste Überspitzung, aber es ist ein Lied, das mir deswegen wichtig ist, weil ich glaube, dass viele Leute – gerade aus dem Westen – mir das irgendwie zu leicht vom Tisch wischen. Ich habe oft im Gespräch erlebt, dass immer wieder das Argument kam: Das ist doch bloß so ein kleines Häuflein, die muss man nicht ernst nehmen. Die Sachen, die jetzt hier bei uns gerade in dem Umfeld passieren, wo ich wohne, dass ständig alternative Läden belagert und Fenster eingeschmissen werden, oder letztens diese Aktion zu Hitlers Geburtstag – das finde ich ganz schön erschreckend. Bei mir im Briefkasten landeten auch schon Zettel zum Tag der Deutschen Einheit mit irgendwelchem Geschmiere drauf … Außerdem ist mir ein Lied ganz wichtig, das meine persönliche Philosophie im zwischenmenschlichen Umgang ausdrückt, es heißt »Ach, mein Junge«*. Da sind Zeilen drin, über die viele Leute einfach immer wieder stolpern. »Illusionen sind Spione der Verzweiflung« zum Beispiel. Da gibt es immer wieder welche, die nachhaken, wie das gemeint ist, aber mir gefallen solche Sätze, die man nicht so einfach schluckt, sondern die gerade deshalb einen Widerhaken haben. Ich glaube auch, dass die ruhigeren Sachen auf der Platte eigentlich gelungener sind. Es ist eine Mischung zwischen Trauer, Melancholie und kämpferischen Sachen, und diese kämpferischen Sachen funktionieren zwar in Konzerten

* Dieser Titel findet sich auf keiner der beiden Veröffentlichungen von Bischoff.

oft besser oder werden eher im Radio gespielt, aber im Endeffekt sind mir die ruhigeren die lieberen und die, die mir wichtiger sind – das ist inzwischen meine Sicht auf die Platte.

Noch einmal eine ganz persönliche Frage: Was geht in dir vor, wenn du jetzt auf der Bühne stehst oder wenn du interviewt wirst?
Viele Sachen, die ich sage, sind im Augenblick ein bisschen unsicher. Ich kann mich erinnern, dass in einem Interview, das vor einem halben Jahr gemacht wurde, das, was ich gesagt habe, viel sicherer rausschoss. Im Augenblick ist vieles in Bewegung und manches unsicher. Und wenn man auf die Bühne geht, ist es nicht so gut, wenn man zu viel davon zeigt – je knalliger irgendwas ist, auch wenn es falsch ist, überzeugt man die Leute damit viel leichter. Je mehr man von der eigenen Unsicherheit zeigt, desto schwieriger wird es. Ich weiß nicht, was daraus wird, ob diese Unsicherheit bleiben oder man zu einer anderen, neuen Form von Sicherheit kommen wird. Aber ich habe eigentlich keine Lust dazu, mich auf der Bühne hinzustellen und so zu tun, als ob ich die einfachen Wahrheiten wüsste, wo die Leute bloß noch applaudieren oder sich auf die Schenkel klopfen müssen. Da nehme ich lieber in Kauf, dass Leute weggehen oder sagen, es ist nicht so toll, weil es auch für die, die zuhören, immer schwieriger ist, auch für sich selbst zu akzeptieren, dass man Unsicherheiten in sich drin hat.

Das kann ich mir gut vorstellen, weil man auf der Bühne wahrscheinlich auch irgendwo Identifikationsgegenstand ist, und wenn die Figur, die da steht, schon unsicher ist, wie soll das dann einen selbst stärken?
Das ist so ein Punkt mit der Identifikation. Inwieweit ist das überhaupt legitim? Sollte man das auf der Bühne machen, sich als eine Art Guru hinzustellen? Ob man das will oder nicht, ich bin da immer ein bisschen skeptisch, wenn so Sätze rauskommen wie bei Heinz Rudolf Kunze: »Glaubt keinem Sänger!« Dann denke ich immer: »Außer mir.« So ungefähr. Und es gibt bestimmte Verabredungen im Showbusiness, die du einhalten musst, oder du gehst mörderisch baden. Wo hört da die Ehrlichkeit auf beziehungsweise wo

fängt sie an? Mich erinnert das immer an den Film *Breaking Glass* *. Der hat mich ein bisschen an die Story von Blondie erinnert, wo eine Frau antritt, ihre Musik völlig gegen den Kommerz durchzusetzen, sich politisch engagiert, Plattenfirmen total meidet und dann nach und nach in diese ganze Maschinerie hineingerät, ohne das selbst mitzukriegen, immer mehr verformt wird und zum Schluss nach wie vor in dem Glauben ist, sie macht eigentlich das, was sie am Anfang gemacht hat, dass sie sich irgendwie treu geblieben ist. Diese Eitelkeit gehört natürlich dazu – ohne Eitelkeit geht kein Künstler auf die Bühne, und eine gewisse Portion Exhibitionismus braucht man auch, sonst ist man überhaupt nicht glaubwürdig. Aber es ist eben schwierig auszumachen, wo man das, was man postuliert, tatsächlich auch durchhält. Die meisten, die so was machen wie ich, gehen mit dem Anspruch auf die Bühne, ehrlich zu sein und ein bisschen was anderes zu machen als der Kommerz. Manchmal sind das aber bloß Ansprüche, die aufgestellt werden, und im Endeffekt passiert halt doch das, was sie eigentlich nicht wollen.

* 1980 erschienener britischer Musikfilm

Annekathrin Bürger

Berlin, 23. September 1992

Wenn du heute mit Blick auf den 3. Oktober, den vor uns stehenden Tag der Vereinigung, zurückschaust, was hat sich für dich in deiner Arbeit in den letzten beiden Jahren verändert?

Wenn man nicht fest an einem Theater ist, ist man wieder auf dem Punkt null. Ich bin nach wie vor in der Volksbühne am Rosa-Luxemburg-Platz und wurde noch nicht wegen Strukturänderung entlassen, gehöre aber auch zu einem Ensemble, das auch in Westdeutschland nicht entlassen würde, weil ich schon länger als fünfzehn Jahre an dem Haus bin. Als Film- oder Medienschauspielerin hab ich meinen letzten Film 1990 gemacht, und es war ja eine ganze Menge, was ich im Laufe der Jahre da gemacht habe, um die siebzig Fernseh- und DEFA-Filme. Da hat sich geändert, dass wir wieder wie völlig unbekannte Anfänger von vorn anfangen müssen, weil unsere Studios nicht mehr existieren. Adlershof existiert nicht mehr, die Fernsehstudios wurden neu gegründet, Film, DEFA gibt es alles nicht mehr. Unsere Regisseure fassen langsam Fuß, können aber aufgrund der neuen Produktionsbedingungen, wo meistens die Produzenten entscheiden, wer spielt, schwer auf uns zurückgreifen. Für Frauen ist es sowieso sehr schwierig, und das heißt, ich stehe wieder völlig am Anfang. Jenseits der Mauer war absolutes Niemandsland. Während die Leute Richtung Osten – ob das die Russen waren oder die Tschechen – uns kannten aufgrund der Filme, die ausgetauscht wurden, ging das in die andere, die deutsche Richtung eher nach dem Motto: »Wer? Was? Wer ist das? Aha, nee, nie gehört.« Abgesehen von den West-Berlinern, wenn die mal ab und zu rüberkamen. Das ist eine Situation, die für viele wahnsinnig schwer ist, für mich eben insofern nicht, als ich noch das Theater habe, mein Stammhaus, und nicht gewissermaßen heimatlos geworden bin. Auffällig ist, dass die vielen Konzerttourneen, die man im Land hatte, in den ersten zwei Jahren völlig verschwunden sind, weil alles aufgelöst wurde. Erst jetzt konstituieren sich – mit sehr wenig Geld – so langsam wieder neue Kulturämter und Clubs und besinnen sich auf ihre Leute, die wir ja ganz regelmäßig gastiert haben und Anfragen hatten. Das liegt auch daran, dass die Agenturen neu gestaltet werden müssen. Man muss schon eine gewisse Portion Humor mitbringen und sich sagen: Es gibt immer noch Schlimmeres. Wenn man mal einen Drehtag zum Kennenlernen machen darf – bei *Praxis Bülowbogen* oder *Lehrer Dr. Specht* – und sich sagt: Na gut, bitte schön, okay, hier ist ein Abschnitt, hier geht was Neues los, dann fange ich eben wieder von vorne an und hab vielleicht die Chance, mich durchzusetzen, vielleicht aber auch nicht mehr. Dann kann ich für mich nur sagen: Na schön, ich hab meine Karriere gehabt, dann war es das eben. Aber eigentlich denke ich mir: Vielleicht packen wir es noch mal.

Würdest du sagen, dass diese Produzenten ausreichend Aufgeschlossenheit mitbringen, nicht einfach zu sagen: Den Osten haben wir jetzt, der interessiert uns aber nicht, wir machen mit unseren Leuten weiter? Gibt es welche, die offen sind, sich umschauen und fragen: Wer hat hier was gemacht?
Ich denke, das ist ein Prozess, der langsam in Gang kommt, wenn die erste Neuheit vorbei ist. Viele Produzenten und Programmchefs können die neuen Bundesländer einfach schon aus Cleverness nicht ganz ignorieren und damit auch nicht die Leute, die dort gern gesehen wurden und bekannt waren. Aus dieser Sicht heraus glaube ich, dass sie in manchen Dingen schon eine gewisse Aufgeschlossenheit annehmen werden – bei einigen guten Männern wie Ulrich Mühe* oder Armin Mueller-Stahl** ist das ja sowieso schon so, war es auch schon vorher. Männer haben es in der Beziehung eh immer ein bisschen leichter. *(lacht)* Ich glaube, das wird, man kann da einfach die Hoff-

* Friedrich Hans Ulrich Mühe (1953–2007) war Film- und Theaterschauspieler. Zu seinen größten Erfolgen zählt die Hauptrolle im Kinofilm *Das Leben der Anderen*, der 2007 den Oscar als bester fremdsprachiger Film erhielt.

** Armin Mueller-Stahl ist Schauspieler, Musiker, Maler und Schriftsteller.

nung nicht aufgeben, das wird schon weitergehen. Man muss natürlich auch eine gewisse Lobby haben, muss Leute kennenlernen, aber das kannst du meiner Meinung nach nur durch deine Leistung, und dazu musst du wiederum die Möglichkeit haben, Leistung zu zeigen. Ich weiß von meiner Agentin, dass einige Produzenten schon interessiert sind und denken, sie müssten mal was Gutes finden. Kann ich nur hoffen.

Unabhängig von den politischen Rahmenbedingungen: Wenn du auf die Waage legen würdest, was an künstlerischen Vor- und Nachteilen zu sehen ist bei dem, was sich seitdem ergeben hat, in welche Richtung schlägt das aus? Was hat sich im Positiven verändert? Wo sind Dinge weggebrochen, von denen du sagen würdest, es wäre gut, wenn wir diese Prinzipien noch hätten?
Ich kann nicht beurteilen, wie jetzt inzwischen bei reinen Spielfilmen gearbeitet wird. Ich weiß nur, dass der Art Arbeit, die wir hier in jedem Film machten – aber das kann ich nur für mich in Anspruch nehmen –, sehr genaue Besprechungen mit den Regisseuren und ein sehr genaues Betrachten der Drehbücher vorausgingen – was ich nicht wollte, musste ich nicht machen. Wenn man so lange Jahre Film gemacht hat, weiß man dramaturgisch ein bisschen Bescheid, und wenn Rollen so waren, dass sie mir nicht gefielen, konnte ich das sagen. Das ist, glaube ich, ein bisschen ins Hintertreffen geraten, und im Moment würde es mir wirklich noch so gehen, dass ich ganz froh wäre, wenn ich auf jemanden von *uns* treffen würde, wo ich weiß, mit dem kann ich mich abends ins Hotel setzen und sagen: »Du, pass mal auf, können wir an der Szene was machen? Das geht so nicht, das will ich nicht, das will ich nicht sprechen, das ist keine Figur.« Und könnte in dieser Arbeitsweise arbeiten ... Ich weiß aber, bei den Serien geht es früh los, ratzfatz runter mit dem Text, und ich denke schon, dass das zu einer gewissen Verflachung führt. Ich hoffe, dass man diesen Standard beibehalten kann, dass man sich nicht da einreihen muss, weil ich das für nicht sehr künstlerisch halte, das ist einfach flache Unterhaltungsbranchenware. Wobei ich dazusagen muss, dass es im Fernsehen im Moment nicht so aussieht, als ob es wirklich gute Fernsehspiele und Stücke gibt ...

Man hat von der DDR als »Leseland«, »Theaterland« et cetera gesprochen. Nun ist aber auch da ja – zumindest eine Zeit lang – Publikum weggeblieben, nicht nur aus finanziellen Gründen, das hat sich auch ausdifferenziert. Früher saßen ja eigentlich immer auch Menschen durchaus unterschiedlicher politischer Ansichten im Saal ...
Ich glaube, dass in Staatsformen, wo nicht alles erlaubt ist, Kunst ein Katalysator ist. Die Leute hier haben unglaublich Zuhören gelernt, und die Kunst lebte sehr lange davon, dass man ins Theater ging, wenn es ein interessantes Stück war, und in einen Chanson- oder literarischen Abend, weil da Dinge gesagt wurden, die man nicht offen sagen konnte. Ich hatte daher nie das Gefühl, dass man nicht machen konnte, was man wollte, aber das wäre vielleicht nur so lange gegangen, bis einer gesagt hätte: »Stopp! Was ist denn hier los?« Das ist natürlich alles weggefallen. Ich habe sehr viele Leute getroffen, die gesagt haben: »Wir waren so daran gewöhnt, jeden Monat zweimal ins Theater zu gehen, dass wir ein wahnsinnig schlechtes Gewissen haben, dass wir das nicht mehr machen, weil wir es uns a) nicht mehr leisten können und es b) so unsicher geworden ist – sprechen wir mal hier von Berlin –, dass wir uns einfach nicht mehr raus auf die Straße trauen.« Das ist etwas, das für DDR- beziehungsweise Neue-Bundesländer-Verhältnisse völlig neu ist. Das gab es nicht, und das spielt auch eine Rolle, wenn Konzerte sind, denn dann sagen die immer: »Wir wollen es mal nicht zu spät ansetzen, damit die Frauen noch heil nach Hause kommen.« Das sind alles Dinge, die ein bisschen komplizierter geworden sind.

Ansonsten ist alles möglich, wenn es sich anbietet, und man muss sich die nächste Königsebene suchen, sprich den nächsten satirischen Gegner rauspicken. Da gibt es auch genug zu kritisieren. Ich weiß gar nicht ..., es ist jetzt eine solch unglaubliche Vielfalt möglich, unter der ich auch viel Schrott, Manierismus und Möchtegernkunst sehe. Ich merke es auch bei uns am Haus, es ist so ein neuer Trend, der durchaus ganz erfrischend ist, und ich glaube, es ist im Leben immer gut, mal die eingefahrenen Wege zu verlassen. Es ist aber auch sehr schmerzhaft, wie ich schon am Anfang sagte. Und wir müssen das jetzt machen wie die Kollegen, die damals gegangen sind, völlig vor dem Nichts standen und komplett neu anfangen mussten – es aber auch gemacht haben.

Soweit man zu tun hat, am Theater ist, ein Konzert machen kann und noch was zu sagen hat, ist man in diesem Job schon ganz schön gut dran. Zudem muss man gewisse Maßstäbe nie anlegen, wenn man kein Star ist, der Millionen verdient, denn es geht hier um Dinge, die man gerne macht, weil es der Beruf ist. Und das ist natürlich das Problem: Da es mein Beruf ist, will ich auch arbeiten. *(lacht)* Schauspieler ist vielleicht einer der wenigen Berufe, bei dem du unbedingt arbeiten willst, weil du das brauchst, auch für dein Selbstwertgefühl. Das ist ein Punkt, bei dem ich weiß, dass viele Kollegen sehr darunter leiden, und es passiert einem selbst auch ab und zu, dass man sagt: »Mein Gott noch mal, du weißt doch, dass du das kannst! Wieso musst du denn jetzt wieder von vorn anfangen?« Aber das wird eines Tages schon wieder in die Reihe kommen, wenn es generell in die Reihe kommt und wir nicht von ganz anderen Dingen gebeutelt in diesem Land werden – die Situation rundum kann man ja nicht ausklammern, wir können uns nicht unter eine Glasglocke setzen.

Eine Frage habe ich noch bei dem Stichwort »Kollegen, die gegangen sind«. Es gibt ja darunter auch einige, die sehr kritisch auf all die blicken, die entweder nicht rausgeschmissen wurden oder nicht freiwillig gegangen sind. Und teilweise tun sie das mit ziemlich harter Kritik. Wolf Biermann* etwa schreibt regelmäßig im *Spiegel,* gerade wieder, und was er schreibt, ist schon unglaublich. Wie geht man damit um, weil man jetzt ja teilweise wieder mit solchen Kollegen in Kontakt kommt und vielleicht mehr in Kontakt, als das vor ein paar Jahren der Fall war?
Ich weiß es nicht, ich bin nicht sehr viel in Kontakt gekommen, aber das ist schon eine diffizile Sache. Da gibt es ziemlich viel Frust, und ich denke mir immer: Oh Gott, wie ist das damals mit denen gewesen, die vor fünfundvier-

* Wolf Biermann ist Liedermacher und Lyriker. Er schrieb 1959 erste Lieder und Gedichte, erste Veröffentlichungen folgten 1962. Gegen den späteren scharfen Kritiker der SED und der DDR wurde 1965 ein Auftritts- und Publikationsverbot verhängt. 1976 wurde ihm eine spätere Wiedereinreise aus der Bundesrepublik Deutschland nach einer zuvor genehmigten Konzerttour verweigert, und er wurde ausgebürgert.

zig gegangen sind – mit den Exilanten, den Mexiko-Emigranten, den Russland-Emigranten, denen, die geblieben sind ... Nun ist die Situation jetzt ein bisschen anders gewesen, aber man kann solche historischen Prozesse dadurch besser nachverfolgen. Das ist überhaupt das Verrückte an der jetzigen Zeit – das ist ja ein historischer Prozess, wie man ihn sonst nur aus Schulbüchern kennt, in dem man mittendrin steht und ihn jetzt plötzlich hautnah erlebt. Die Kontakte, die man zu älteren Kollegen wie Manne Krug* und Armin Mueller-Stahl hat, sind eigentlich normal. Natürlich haben es viele schon immer gewusst, dazu haben wir das alle miteinander zu hautnah erlebt, und es gibt viele Übersteigerungen und inzwischen auch Verklärungen, glaube ich, bei einigen Kollegen, die rübergegangen sind. Ich habe zu starke Kontakte gehabt, als dass ich darüber ein Urteil abgeben könnte. Ich weigere mich nur, mich dafür zu entschuldigen, dass ich nicht gegangen bin. Es kam für mich irgendwie nicht infrage, und dadurch, dass wir durch unsere Agentur sehr viele Konzerte oder Theatergastspiele draußen hatten – und so Westgeld reinbrachten –, kannte ich natürlich Westdeutschland damals schon. Das war nicht unbedingt mein Ziel, und ich genau wie viele meiner Kollegen hatte letzten Endes immer irgendeine Scheu, über die westlichen Medien bestimmte Dinge hier anzuprangern, weil man diese Loyalität zu vielen Leuten bei uns hatte und dieses Ideal – zugegeben ein bisschen sehr lange. Wir sind ja alle mal angetreten, weil wir was wollten, und da war dieses verdammte Problem, dass man immer wieder sagte: »Aber jetzt ist Gorbatschow, jetzt ändert es sich! Jetzt begreifen sie endlich! Jetzt geht's los! Jetzt wird es das, was wir eigentlich dachten, was es mal wird hier, da wird was wie Sozialismus!« Das war natürlich ein Trugschluss – auf der ökonomischen genauso wie auf der anderen Ebene. Aber wer sitzt schon bei historischen Abläufen wie ein Vogel oder der liebe Gott im Himmel und weiß, was unten los ist. Hinterher wissen es alle besser, aber wenn du mittendrin steckst, kämpfst, um dich schlägst, versuchst, kleine Dinge zu ändern, wenn du Leuten helfen willst ... – tja, dann bist du schon befangen. Aber zu dieser Befangenheit muss man stehen, und ich denke gar nicht daran, nicht dazu zu stehen. Als

* Manfred Krug (1937–2016) war Schauspieler, Sänger und Schriftsteller.

die Hausnummer Manne damals gegangen ist, waren wir alle wahnsinnig traurig über das Ausbluten, darüber, dass so viele Kollegen gingen – es war ja nicht nur Manfred. Wir waren alle irgendwo auch befreundet, Jurek Becker* und so. Aber wir hofften immer, dass es einen Ruck gibt, sie doch endlich mal begreifen und es besser wird. Konkret kann ich dir da, wie gesagt, nicht antworten, ich bin mit kaum jemandem zusammengerasselt. Ich weiß, dass diese Diskussionen aufkommen. Es kommt auf die Toleranz der Einzelnen und den Selbstdarstellungsdrang an *(lacht)*, und was Biermann betrifft – ich weiß nicht, ich glaube, das muss nicht sein. Aber es ist seins, es ist inzwischen sein Beruf geworden. Es gibt so viele Probleme jetzt, auch in diesem neuen Deutschland, dass man die alten zwar nicht beiseitelegen sollte, aber dieses kleinliche Gezänk müsste aufhören, denn es sind ja keine Kapitalverbrechen im Namen von uns, die wir hiergeblieben sind, geschehen. Ich kann es nun wirklich nicht mit der Hitlerzeit vergleichen, und deswegen fühle ich mich absolut nicht betroffen. Wenn andere diese Meinung haben, okay. Und von vielen Kollegen weiß ich, dass sie tatsächlich nicht ins Nichts gegangen sind – die wussten ganz genau, sie gehen, weil sie die Chance haben und den Film kriegen und so. Selbstverständlich, warum denn nicht? Was mich ärgert, ist nur, dass hinterher alle politisch verfolgt waren. Da, muss ich sagen, werde ich für mich sauer. Es ist ihr Problem, nicht meins, ich hab das nicht.

* Jurek Becker (1937 – 1997) war Schriftsteller und Drehbuchautor.

Gerd Eggers/Udo Magister

Bonn, 3. April 1990

Um mal mit dir anzufangen, Udo: Wovon werden die neuen Zeiten singen, wenn du das konkret auf dich beziehst?
Udo Magister: Ich habe meine Aufgabe immer darin gesehen – beziehungsweise wir unsere Aufgabe –, die konkreten Erfahrungen der Leute, die sozialen Prozesse, die jetzt ablaufen, künstlerisch zu begleiten. Es ist gerade eine sehr spannende Zeit, weil auf die Leute soziale Erfahrungen zukommen, die sie nicht kennen, und sie mit völlig neuen Situationen konfrontiert werden. Für mich ist sehr spannend, wie sie sich dazu verhalten werden, und das in Texten, Liedern zu begleiten, halte ich für eine wichtige Aufgabe.

Würdest du Liedermachen eher als Begleitungsfunktion ansehen? Welche Rolle spielst du selbst?
Udo Magister: Es geht nicht nur darum, dass man aufschreibt, was man gesehen hat, also nur um Authentizität. Die Art und Weise, wie ich darüber berichte, wird meine Haltung dazu schon mit einbringen. Das geht gar nicht anders.

Du hast mal gesagt, dein Ansatz wäre, in der Kritik konstruktiv zu sein. Was heißt das?
Udo Magister: Ich bin immer davon ausgegangen – und es hat ja auch ein paar Schwierigkeiten damit gegeben –, dass man eine Gesellschaft nur weiterbringen kann, wenn man sie wirklich kritisch betrachtet, und zwar von allen Seiten. Das bedeutet nicht, sich dagegenzustellen, sondern, um mitzuhelfen, diese Gesellschaft wirklich weiterzuentwickeln, jedes Detail auch kritisch zu sehen. Das war die Arbeitsweise, die in bestimmten Leitungsetagen natürlich nicht besonders gern gesehen wurde, aber meines Wissens haben

das bis auf wenige Ausnahmen eigentlich alle Kollegen gemacht. Leute, die sich mit politischer Kunst beschäftigt haben, konnten gar nicht anders denken, das ging gar nicht – ob das nun Theaterleute waren, andere Liedermacher, Kabarettisten, Filmleute, Literaten ...

Wenn du an deine Anfänge zurückdenkst – Singebewegung, erste Gruppe, die Verbindung von Arbeit und Musik oder Liedermachen ... In dem Buch *Liederleute wirst du an einer Stelle mit der Aussage zitiert, dass es für dich nicht mehr tragbar gewesen wäre, nur den materiellen Bereich der Produktionsprozesse und so zu betrachten, und dass auf einmal andere Dinge für dich wichtig geworden sind. Wann war das, und was hat das in Bewegung gesetzt?**

Udo Magister: Erst mal hatte ich dreieinhalb Jahre lang die eigene Erfahrung der Produktion, also richtig als Schichtarbeiter in einem Werk an einer Maschine zu arbeiten. Es hat mich wirklich sehr interessiert, was dort für Prozesse ablaufen. Ich wurde auch öfter als Abteilungsleiter eingesetzt, wenn jemand im Urlaub oder krank war, und musste dann wie alle anderen Abteilungsleiter jeden Morgen zu einem Rapport zum Betriebsdirektor, wo ich feststellen konnte, dass die Leute sich mehr oder weniger damit beschäftigten nachzuweisen, dass sie nicht schuldig waren, wenn etwas schiefging, anstatt Probleme wirklich anzugreifen. Das war eine so verrückte Atmosphäre, dass ich nicht anders konnte, als diese Stoffe zu sammeln und darüber zu schreiben. Dadurch verselbstständigte sich dieses Problem der Produktionssphäre ein wenig in meinen Liedern, und es war vielleicht auch ein bisschen etwas Proletenkulthaftes dabei. Als ich dann in diesem Betrieb aufgehört habe, um freiberuflich zu arbeiten, ist mir ziemlich schnell klar geworden, dass über die Arbeitswelt zu berichten sicherlich eine sehr wichtige Funktion ist, weil jeder Mensch nun mal acht bis neun Stunden jeden Tag an seiner Arbeitsstelle ist, aber dass das natürlich nicht das ganze Leben sein kann. Kunst, vor allem auch politische Kunst

* Petra Schwarz, Wilfried Bergholz: Liederleute, Lied der Zeit Musikverlag, Berlin 1989.

sowie das gesamte Feld des Lebens und der Einflüsse auf ein Individuum müssen ebenfalls eine Rolle spielen.

In dem Buch *Liederleute* ist auch zu lesen, dass ab einem bestimmten Zeitpunkt die Frage der Gattung Mensch auf einmal wichtiger für dich wurde als nationale und Klasseninteressen. Kannst du das ein wenig näher beschreiben?

Udo Magister: Es war ein ziemlich langer Prozess, bis ich zu diesem Denken gekommen bin. Da gab es auch viele Auseinandersetzungen unter anderem mit Freunden, die ich in der DDR habe, die teils aus ganz unterschiedlichen politischen Richtungen kommen. Wir haben, glaube ich, keine Chance, wenn wir die Klasseninteressen ausfechten wollen, diesen alten Kampf, ich weiß nicht, zwischen Ost und West – gut, den jetzt nicht mehr so sehr, das hat sich ja nun entschieden ... *(lacht)* Die eigentlichen Menschheitsprobleme, die wir haben und die sich mehr nach Nord-Süd aufgliedern lassen, haben wir bisher immer ziemlich aus den Augen verloren oder zumindest nicht mit der genügenden Notwendigkeit betrachtet, wie es hätte sein müssen.

Gerd Eggers: Aber glaubst du nicht, dass gerade jetzt ein Klassenproblem auf uns zukommt?

Udo Magister: Klassenprobleme haben damit natürlich zu tun. Wir sind uns zum Beispiel noch nicht einig, wirklich nicht. Bei uns haben Klasseninteressen wieder etwas damit zu tun, aber wieder in den Grenzen dieses Deutschlands, und das andere rutscht uns erneut hinten weg. Und es geht um ganz klare Überlebensfragen, wichtige ökologische Fragen, um die ungeheuer große Ausbeutung der Dritten Welt – völlig logisch, dass die versuchen, hierherzuströmen und an dem Reichtum hier teilzuhaben, was dann wieder Nationalismus hervorruft in bestimmten Kreisen der Bevölkerung und, und, und. Ich glaube, dass darin ein sehr großes Problem liegt, das die Menschheit dringend lösen muss, um überhaupt existieren zu können. Wenn die Menschheit irgendwann nicht mehr existiert, müssen wir auch nicht mehr über Klassenfragen nachdenken. Das ist meine Sicht.

Haben Liedermacher in der DDR eine Zukunft?
Udo Magister: Ob das immer Leute sein werden, die mit der Gitarre vorm Bauch oder am Klavier Lieder singen – die Formen werden sich sicher ändern. Einige sind auch dazu übergegangen, mit anderen Musikern zusammenzuarbeiten, sich eine Band in den Rücken zu stellen – Arno Schmidt seit einigen Jahren schon, Christian Krebs hat damit angefangen und andere Kollegen auch. Die Form ist, denke ich, nicht so das Wichtige. Wichtig werden Lieder, wenn sie das Lebensgefühl der Leute wirklich ernst nehmen und genau betrachten, dann werden sie eigentlich immer wichtig bleiben. Und Themen, über die es zu berichten gilt und wo es notwendig ist, die auch mit künstlerischen Mitteln festzuhalten, wird es immer geben, das ist nicht das Problem.

Als ich im Februar in Berlin beim Festival des politischen Liedes war, hatte ich ein wenig den Eindruck, dass vielen eurer Kollegen Frust und Ärger über das Zerbröseln der Vision eines eigenen Weges in der DDR nach den Oktoberereignissen des vergangenen Jahres richtig im Gesicht standen. Wie verarbeitet man das, beziehungsweise wie verarbeitet ihr das jetzt? Kommt man aus der Phase des Ärgers oder der Betroffenheit wieder raus und findet einen Weg, bei dem man sich sagt, dass man sich jetzt dieses oder jenes vornimmt?
Udo Magister: Ich kann jetzt nur für mich sprechen, dass ich damit noch nicht so richtig fertig bin. Der Schock vom Tag der Volkskammerwahl am 18. März, 18.00 Uhr, als die erste Prognose von Infas kam, sitzt immer noch ziemlich tief. Dass die Leute bei uns in solch einem starken Maße konservativ wählen würden, um schnell und möglichst billig an die Westmark ranzukommen, das hätte ich nicht gedacht. Und jetzt sind wir in einer ganz eigenartigen Situation: Da wird sich irgendwie eine neue Regierung bilden, man kann aber jetzt noch nicht sagen, was die im Einzelnen machen wird. Man ist eigentlich auf dem Sprung und bereit, sich einzubringen, wieder neu zu kämpfen, wenn es soziale Ungerechtigkeiten geben sollte und sicherlich geben wird. Aber es ist jetzt noch dieses Vakuum dazwischen – es gibt ein Wahlergebnis, aber passiert ist noch nichts.

Führt denn die Erkenntnis aus diesem Schock, dass ein ganzes Volk quasi ein Geldstück wählt, um bei diesem Bild zu bleiben, nicht auch zu einer gewissen Ernüchterung über die eigenen Möglichkeiten, was man mit den Liedern oder Texten, die man macht, erreichen kann?
Udo Magister: Wir hatten gerade im Vorfeld und Umfeld der Wahl sehr viele Veranstaltungen und damit eigentlich keine Probleme. Wenn man sich die Wählerzahlen bei uns anguckt, also wer links von der SPD gewählt hat, kommen da ja immer noch zwei, drei Millionen raus. Und das ist letztlich potenzielles Publikum. Darüber habe ich mir noch gar keine Sorgen gemacht, weil es bisher in der Praxis keine Rolle gespielt hat. Dass es sich jetzt differenziert und eine ganze Menge Leute freiwillig da nicht mehr hinkommen oder, wenn sie zufällig drin sind, nicht mehr so diszipliniert sind, wie es der DDR-Bürger halt war, und das über sich ergehen lassen, sondern jetzt auch reagieren, das halte ich für sehr wahrscheinlich und auch für gut und richtig. Bei einer Veranstaltung muss ein konservatives Ehepaar drin gewesen sein, die bei einem Lied, zwar nicht sehr laut Türen knallend, aber doch unter deutlichem Protest den Saal verlassen haben. Aber das ist in Ordnung. Warum nicht? Wenn sie so denken, ist das ihre Sache. Sie müssen sich das nicht anhören.

Bei dem Stichwort »Lied« fände ich es schön, wenn ihr vielleicht ein bisschen erzählt, welche Themen ihr in eurem Programm präsentiert, und vielleicht einfach ein paar Beispiele gebt.
Gerd Eggers: Es sind die Ereignisse, wie sie passiert sind beziehungsweise wie sie auf uns eingewirkt haben, also, wie wir das empfunden haben.
Udo Magister: Du hast es mal »Chronik« genannt. Ich halte das zwar für nicht so sehr treffend, aber es sagt schon etwas aus. Angefangen von den Ereignissen im Spätsommer neunundachtzig bis zum Wahltag am 18. März haben wir versucht, in uns selber genauer reinzugucken, wie wir denn auf bestimmte Dinge reagieren, die ein halbes Jahr vorher noch völlig unvorstellbar waren und die auf einmal zu einem Denken gehören mussten, das man gar nicht geübt hatte. Diese eigenen Gefühle und Erfahrungen, die man mit sich selbst in diesen Prozessen gemacht hat, haben wir, wie gesagt, vom

vergangenen Spätsommer bis zum 18. März verfolgt und immer in Texten und Liedern aufgeschrieben und umgesetzt.

Was passiert bei diesem Beobachten und In-sich-selber-Reingucken? Was habt ihr da bei euch gesehen? Musstest du einen Teil deiner Vergangenheit, auch deiner Liedervergangenheit sozusagen auf den Müllhaufen der Geschichte werfen, oder hat vieles an Prinzipien nach wie vor Bestand? Im Programm steht da ja unter der Darstellung deiner Person die Formulierung, dass man manche Ideale mittlerweile vergessen musste, die vielleicht auch nie welche waren ...

Gerd Eggers: Dazu musst du was sagen, das hast du formuliert. *(lacht)*

Udo Magister: Das habe ich formuliert, ja. *(lacht)* Wobei ich das nicht so sehr so sehe, dass ich Ideale wegschmeißen muss. Aber die Wege zu den Idealen sind natürlich sehr zu überprüfen – die sind weiter geworden, als wir je gedacht haben, und die Ziele dadurch für uns wahrscheinlich nicht mehr erreichbar.

Welche Ziele seht ihr?

Gerd Eggers: Das eines sozialistischen Landes zum Beispiel – eines wirklich sozialistischen, nicht eines monarchisch-vorsozialistischen.

Udo Magister: Wo plötzlich keiner mehr weiß, wie das überhaupt aussehen soll. Das, was wir immer als real verkauft haben, war eben kein Sozialismus, und in der Kürze der Zeit war es für wirklich linke Kräfte nicht möglich – wir haben da ja eine ganze Menge Wissenschaftler –, in den wenigen Wochen dieses Prozesses in der DDR sofort eine völlig neue Gesellschaftskonzeption hinzulegen. Ich weiß, dass Leute lange daran gearbeitet haben, aber es gab Denkstrukturen, von denen selbst die kritischen Linken in der DDR sich erst mal befreien mussten. In diesem Prozess hat man plötzlich mitgekriegt, dass da doch viele Dinge waren, die im Denken eine Rolle spielten, die einfach nicht gestimmt haben. Insofern haben wir uns durchaus von vielen Texten und Liedern verabschiedet.

Kannst du ein Beispiel nennen für ein Lied, wo du jetzt sagen würdest: Wie konnte ich das inhaltlich eigentlich singen?
Udo Magister: Ich habe damit keine Schwierigkeiten. Dass ich heute anders denke, halte ich für einen normalen Prozess. Ich würde mich dafür nicht nachträglich verurteilen, das war eben meine Art und Weise, Dinge aufzunehmen, zu verarbeiten und soundso zu denken. Ich habe zum Beispiel mal einen Monolog darüber gemacht, wie bei uns Arbeitsproduktivität entsteht und wie das im Westen der Fall ist, und habe das aus meiner eigenen Erfahrung heraus so sehr vereinfacht, dass ich gesagt habe, dass es über die Initiative des Einzelnen geht. Jeder Einzelne müsse also bei uns einfach mehr und verantwortungsvoller arbeiten, dann läuft die Kiste schon. Das war zu einem Zeitpunkt, wo ich absolut noch nicht durchschauen konnte, dass die Strukturen alle so verkommen sind, dass das gar nicht möglich ist. Man sagt immer so schön in der BRD, dass die Leute in der DDR vierzig Jahre lang eingemauert waren, wie im Gefängnis gelebt haben und im Denken einheitlich ausgerichtet wurden. Das mag, wenn man es von heute aus zurück betrachtet, vielleicht sogar zum großen Teil stimmen, aber es ist auf jeden Fall so, dass wir es nicht so empfunden haben. Und davon musste man sich jetzt auch verabschieden. Es war so, nur unser Denken war so ausgerichtet, dass wir es nicht so empfunden haben und dadurch das, was passierte, möglicherweise sogar als richtig begriffen haben.

Hans-Joachim Maaz, ein Psychotherapeut aus Halle, hat geschrieben, dass nach der gesellschaftlichen Revolution beziehungsweise dem Umbruch in der DDR jetzt eine psychische Revolution folgen müsste. Können Liedermacher oder Autoren so, wie ihr arbeitet, dazu einen Beitrag leisten?
Gerd Eggers: Ich denke, dass wir zur Selbstverständigung in der Gesellschaft beitragen können – als Dialogpartner, nicht als Belehrende. Wobei ich jetzt auch genauer wissen müsste, was dieser Mensch unter »psychischer Revolution« versteht. Therapieren können wir nicht.

Maaz meint im Grunde genommen, dass die DDR-Bürgerschaft, geblendet aus dem Spannungsfeld der eigenen Vergangenheit, gewisser-

maßen am Boden liegt, sozusagen das versprochene Wirtschaftswunder am Himmel und dazwischen kein eigenes Rückgrat und keine eigenen Möglichkeiten des Gehens, und dass jetzt irgendwas geschehen muss, dass die Leute aufstehen. Dazu eben meine Frage, ob nicht gerade der Liedermacherei beziehungsweise der Art der Präsentation von Texten nicht eine wichtige Rolle zukommt.
Gerd Eggers: Ich glaube, dass im Land eine Stimmung herrscht, wonach etwas mit uns gemacht wird, das wir nicht beeinflussen können. Unsere Aufgabe ist es wohl, das, was jetzt auf uns zukommt, kritisch zu verfolgen und zu begleiten, wie du vorhin gesagt hast, und zu versuchen, möglichst Eigenständigkeit und Stolz zu bewahren.

Damit sind wir vielleicht auch ein bisschen bei eurer Zusammenarbeit. Wie seid ihr denn zueinandergekommen, über welche Umwege?
Gerd Eggers: Wir waren beide in der Singebewegung aktiv, ich habe – auch schon vorher – für Gruppen geschrieben, er hat in Gruppen gearbeitet, aber wir kamen irgendwie nicht direkt zusammen.
Udo Magister: Jeder wusste von der Existenz des anderen, aber persönlich kannten wir uns nicht, bis zu dem Punkt, als Perry Friedman ein sehr interessantes Projekt vorschlug, das er mit Kollegen machen wollte, nämlich eine Beziehung zu einer Brigade aufzubauen, die im Kupferbergbau unter Tage arbeitete. Es ging darum, die Arbeitsbedingungen dort, die Leute, den ganzen Betrieb kennenzulernen und natürlich auch zu versuchen, eine Menge von ihrer Arbeit und ihrer Denkweise zu verstehen, möglicherweise sogar darüber zu schreiben, was wir dann am Ende auch gemacht haben. Da hat er die Leute angerufen, die er kannte, und da waren eben Eggers und Magister dabei. So haben wir uns persönlich kennengelernt, dann auch verschiedene Veranstaltungen mit anderen Kollegen wie Heinz Kahlau oder Wolfgang Protze, die auch dabei waren, gemacht und haben bemerkt, dass das, was wir beide machen, möglicherweise ganz gut zusammenpasst und wir doch mal probieren sollten, dass nur wir zwei das machen. So ist das im Laufe von inzwischen bestimmt sechs Jahren zusammengewachsen.

Welche Bedeutung hat für dich bei dem, was ihr zusammen macht, die Musik? Ist das reine Untermalung, oder hat es aus deiner Sicht auch einen eigenen Wert?
Udo Magister: Ich arbeite eigentlich auf zwei Ebenen. Wenn ich als Liedermacher mit der Gitarre vor Leuten stehe, geht es mir natürlich mehr um die Inhalte, die durch die Musik dann zwar wieder gefärbt und ein wenig geformt werden können, sie spielt aber bei mir keine so große Rolle, wie sie möglicherweise könnte. Ich schreibe aber auch gelegentlich für Gruppen, wo Gerd die Texte schreibt und ich, weil ich an der Musikhochschule Komposition studiert habe, die Musik mache, und da hat die natürlich einen ganz anderen Stellenwert. Da habe ich dann auch meistens eine ganze Band oder manchmal sogar ein Streichorchester zur Verfügung.

Wo sind im Hinblick auf das Musikalische deine Interessen oder Wurzeln?
Udo Magister: Da bin ich eigentlich nicht so festgelegt. Manchmal ist es so, dass ich danach arbeiten muss, welches Instrumentarium eine Singegruppe überhaupt zur Verfügung hat und wie der Grad der Beherrschung der verschiedenen Instrumente bei den einzelnen Leuten ist. Ansonsten habe ich auch für den Rundfunk Produktionen gemacht, wo ich mit Profimusikern im Studio gearbeitet habe. Da lasse ich mich immer auch ein bisschen von der Stimmung des dazugehörigen Textes leiten und kann nicht sagen, dass ich einer bin, der grundsätzlich mit Rockmusikelementen arbeitet oder mehr aus der Popmusikszene kommt oder so. Dass es auf jeden Fall im Unterhaltungsbereich bleibt und keine E-Musik ist, was ich mache, ist klar.

Die ganze Veränderung jetzt bleibt natürlich nicht ohne Auswirkung auf die Kommerzialität von Musik und Liedermacherei. Nun hast du, wie du selbst sagst, das Komponieren von der Pieke auf gelernt. Mein Eindruck ist in dem Zusammenhang, dass die Leute, die in der DDR Musik machen – ob als Liedermacher oder Rockmusiker –, im handwerklichen und theoretischen Sinne im Hinblick auf den Umgang mit Musik alle erheblich weiter sind als viele hier, was das Beherrschen des

gesamten Repertoires betrifft. Ist das ein Ergebnis der Tatsache, dass man in dem alten System nur anerkannt und zugelassen wurde, wenn man bestimmte Wege gegangen ist? Oder woran liegt das?

Udo Magister: Wenn man erst mal voraussetzt, dass das so ist – ich sehe das vielleicht noch gar nicht so –, hast du im theoretischen Bereich möglicherweise Recht. Das gilt aber sicherlich nur für die, die ein bisschen bekannt sind – es gibt auch eine Szene von Amateurbands und so, wo das furchtbar ist. Das Ganze ist sicherlich ein Ergebnis dessen, dass man erst irgendwas richtig studiert haben oder eine bestimmte Musikschule absolviert und die Prüfung bestanden haben musste, um einen Ausweis zu bekommen und freiberuflich tätig zu sein. Dass Leute kamen, die einfach nur Lust dran hatten, zu Hause gesessen und geübt haben und irgendwann handwerklich so weit waren, dass man das anbieten konnte, war praktisch überhaupt nicht möglich in der DDR. Aber ich habe eben gemerkt, dass es genau das ist, was unseren Leuten fehlt, nämlich irgendwo auch ein bisschen fanatisch und den ganzen Tag mit seinem Instrument zusammen zu sein, zu üben und zu machen, meinetwegen auch draußen auf der Straße, um gleich mal zu horchen, was die Leute denken, wie sie reagieren, wenn sie vorbeigehen. Und in Bezug auf das instrumentale Handwerk, finde ich, sind vergleichbare Gruppen in der BRD wesentlich besser als unsere. Die Puhdys zum Beispiel sind alle keine Musiker, die haben kein Handwerk, die können doch nicht spielen, oder? Da wusste jeder Einzelne von denen, dass er die Band niemals wird verlassen können, weil kein anderer ihn nimmt. Haben sie auch eingesehen. *(lacht)* Aus den wenigen Möglichkeiten, die sie hatten, haben sie eine dufte Show gemacht, aber gute Musiker waren das nicht.

Was glaubt ihr denn, wie sich die Liedermacherszene in der DDR weiterentwickeln wird? Gibt es da viele Kontakte, auch untereinander? Tauscht ihr euch darüber aus?

Udo Magister: Erst mal haben wir versucht, eine Interessensvertretung für uns zu gründen, die ein bisschen genauer an unseren Interessen dran ist als bisher die Generaldirektion beim Komitee für Unterhaltungskunst, wo wir als eine Sektion mit angegliedert waren. Da hatte man einfach das Pferd von hinten aufgezäumt und eine Art Dachverband gegründet, bei dem sich dann jeder mit einer Sektion anschließen konnte. Es kam also nicht von unten, und entsprechend wurde da reglementiert – es war nicht unsere Interessensvertretung. Wir haben als Liedermachervereinigung sehr guten Kontakt zu unseren Rockmusikern, mit denen wir ja auch gemeinsam Resolutionen verfasst, damals Konzerte gegen die alte Regierung gemacht und Leute vom Neuen Forum zu Gesprächen eingeladen haben. Da ist die Idee entstanden, dass die Rockmusiker und die Liedermacher im weitesten Sinne sich zu einem neuen Berufsverband zusammenschließen, und da hat bereits ein Gründungskongress stattgefunden. Andere Genres in der Kunst sollten das auch tun, und wenn irgendwann mal ein Dachverband – wirklich von unten her – nötig wird, kann man so was ja einrichten. Aber man ist schon wieder dabei, erst oben was zu machen – da haben wir uns rausgehalten, da treten wir nicht ein.

Peter Ensikat

Berlin, 9. September 1992

Wenn Sie heute an diesem Punkt eine Art Bilanz ziehen, wo Sie mit Ihrem kabarettistischen Schaffen gerade stehen, auch mit dem Blick zurück zu diesem Bruch, der für Sie wahrscheinlich ebenfalls einer war, wie fühlen Sie sich da?

Ich fühle mich eigentlich gar nicht viel anders als vorher, denn ich bin wieder da angelangt, wo ich vorher schon einmal war, mache mich schon wieder richtig unbeliebt. Wenn ich zum Beispiel von einem unserer ostdeutschen Fernsehsender höre, dass ich politisch nicht tragbar sei, fühle ich mich wieder richtig zu Hause, das kenne ich von früher. Mir persönlich geht es verglichen mit vorher viel, viel besser. Ich kann meinen Beruf jetzt so ausüben, wie ich mir das immer erträumt habe, und zusätzlich kann ich auch noch meinen Traumberuf ausüben. Ich wollte eigentlich mal Journalist werden, hab aber damals die *Lausitzer Rundschau* gelesen und wusste schon als Sechzehnjähriger: Das kann Journalismus nicht sein! Was blieb mir übrig, als zum Kabarett zu gehen? Aber eigentlich gehörte meine stille Liebe immer dem Journalismus, und das mache ich jetzt nebenbei als Hobby auch. Ich bin ein ganz untypischer Ossi, mir geht es wirklich viel besser. Auch der Seele geht es viel besser, auch wenn natürlich dieser Verlust an Identität, von der ich gar nicht genau weiß, worin die wirklich bestand, sagen wir also mal, der Verlust an gewohnter Umgebung, mir schon zu schaffen macht – wir sind ja in ein neues Land gekommen, ohne die Wohnung zu verlassen. Aber viel befreiender ist für mich, endlich dieses Gefühl der Aussichtslosigkeit, der Bewegungslosigkeit los zu sein. Ich erinnere mich, dass man in den letzten Jahren eigentlich nur noch an der Schreibmaschine saß, trist vor sich hin guckte und sagte: Es wird sich ja doch nie etwas ändern. Nur hat sich alles geändert und gleich ein bisschen viel, aber für mich – und da muss ich sagen, dass ich sicher eine Ausnahme bin – ist zuerst mal die große Chance des Neuanfangs da, eine Chance, um die mich die Westler eigentlich beneiden müssten. Tun sie nicht, weiß ich genau, sie sollten es aber. Ich bin gezwungen, mal zurückzugucken und zu überlegen: Was habe ich denn in diesen vierzig Jahren falsch gemacht? Ich muss es einfach, ich brauche das für mich selbst, und da sammelt sich natürlich eine ganze Menge. Wer vierzig Jahre DDR erlebt hat, der muss Fehler gemacht haben, das geht gar nicht anders. Wobei ich glaube, wer vierzig Jahre Bundesrepublik erlebt hat, der wird auch Fehler gemacht haben, aber der muss jetzt nicht mit sich abrechnen. Ich muss mit mir abrechnen lassen, und ich muss mit mir selbst abrechnen, und das ist etwas, das man tun sollte, so schmerzhaft es bei manchen Dingen ist. Es ist aber vielleicht auch etwas sehr Heilsames.

Wie fließt das in Ihre Arbeit ein?
Davon handeln eigentlich fast alle meine Texte. Das ist für mich etwas Merkwürdiges: Ich meine ja meine Texte, über die immer alle lachen, furchtbar ernst, und ich schreibe eigentlich, auch wenn ich von ganz bösen Dingen schreibe, immer von mir. Das sind die Möglichkeiten, die auch in mir sind. Wenn ich mich zum Beispiel mit diesem neu erwachten Rassismus auseinandersetze – wobei, neu erwacht ist er ja nicht, er traut sich jetzt nur richtig raus –, dann ist das auch ein Stück Auseinandersetzung mit dem Rassisten in mir, vor dem ich wahnsinnige Angst habe, weil ich weiß, den gibt es auch. Das ist vielleicht etwas, das uns von Westkabarettisten unterscheidet: Wir sagen immer »wir« und haben auch ein bisschen eine andere Haltung, wir sind nicht die Beobachter. Das fand ich schon zu DDR-Zeiten den großen Unterschied zwischen dem West- und dem Ostkabarett – das Westkabarett ist mehr beobachtend und urteilend, und das Ostkabarett hat eigentlich immer mehr das Betroffensein und das Sich-mitschuldig-Fühlen ausgemacht.

Können Sie diesen Ansatz auf die neue Situation übertragen? Wir leben ja jetzt sozusagen in einer anderen Gesellschaft. Wie fließt das ein? Können Sie jetzt auch noch »wir« sagen, oder sind Sie auf einmal in der

Position, dass Sie etwas beschreiben, nämlich Ihre Auseinandersetzung mit diesem neuen Deutschland?
Da ist für mich etwas ganz Merkwürdiges eingetreten. Früher habe ich mich immer nur für die DDR zu schämen brauchen, jetzt kann ich mich für ganz Deutschland schämen. Ich finde schon, ich bin mit betroffen, wenn ich die Rassenkrawalle in Rostock, Hünxe oder wo auch immer erlebe. Ich setze im Grunde dieses »Wir-Sagen« fort im Wissen darum, dass ich ja nicht etwa gut bin, das zeichnet mich ja überhaupt nicht aus. Ich bin vielleicht nur ängstlich und hab vielleicht ein bisschen mehr Fantasie als andere Leute, aber auch in mir stecken ganz schreckliche Möglichkeiten. Nehmen wir mal an, ich wäre Millionär, ich wäre zufällig – Zufall der Geburt – ein Herr Breuel*, der hier die Treuhand hätte, ich weiß nicht, ob ich mich so viel anders verhielte als sie. Das ist eine komische Sache, die uns vielleicht eingeimpft worden ist. Bei uns gab es mal diese schreckliche Losung »Vom Ich zum Wir«, die natürlich nie funktioniert hat, außer in einer Sache, zumindest bei uns Kabarettisten: Wir haben uns immer noch geschämt für das, was wir eigentlich gar nicht zu verantworten haben.

Wie ist Ihr Verhältnis zur Macht heute? Kultur, gerade Kabarett, war ja in der DDR eine Art Ventil, insofern in gewisser Weise auch immer nah an der Macht. Heutzutage werden Sie vom Westkabarett wissen, dass hier oft – wie etwa von Dieter Hildebrandt – Politiker durch den Kakao gezogen werden, die vorne in der ersten Reihe sitzen und sich lachend auf die Schenkel hauen …
Das gibt es ja nicht mehr. Wenn damals in den ersten Fernsehsendungen der Lach- und Schießgesellschaft die auf der Bühne Attackierten unten im Publikum saßen, dann sitzen die schon längst nicht mehr da. Das war übrigens auch etwas, was in der DDR so gut wie nie passierte – Nähe zur Macht

* Eine Anspielung auf die CDU-Politikerin Birgit Breuel. 1990 wurde sie in die Geschäftsleitung der Treuhandanstalt gewählt, ein Jahr später folgte sie dem ermordeten Detlev Rohwedder als Präsidentin der Treuhandanstalt nach. Sie schied 1995 aus diesem Amt.

war nicht, die Macht wollte uns gar nicht hören. Ich habe es einmal erlebt, dass ein Bezirksvorsitzender der Partei in einer meiner Premieren war, und wir mussten dann am nächsten Tag alles umändern, weil ihm das natürlich nicht gefallen hat. Also, Nähe zur Macht stimmt nicht. Ich habe sogar jetzt noch mehr Angst vor dieser Macht als früher, denn so etwas korrumpiert, ob man es will oder nicht. Das sind auch unbewusste Vorgänge, wenn man auf einmal jemanden persönlich kennenlernt und merkt, das ist eigentlich ein netter Kerl. Dann ist man sehr schnell versucht, Dinge zu entschuldigen, die man nicht entschuldigen darf und kann.

Inwiefern ist die neue gesamtbundesrepublikanische Realität auch ein Leidensmoment, wenn Sie jetzt Texte schreiben? Wo sind die Dinge, die Sie jetzt wieder neu attackieren, die sich nicht sehr von dem unterscheiden, was Sie früher gemacht haben?
Um erst mal auf den Unterschied einzugehen: Es ist so, dass wir im Kabarett selbst wirklich keinerlei Zensur mehr haben. Da gibt es nur noch die Zensur, die man im Kopf hat – der Kopf denkt auch an die verkauften Karten, denn die schönste Botschaft nützt uns nichts, wenn keine Zuschauer drinsitzen. Die Macht der Mark ist also wesentlich realer, als die Macht des Politbüros es je war, denn am Politbüro vorbeischreiben konnte man, es so schreiben, dass nur das Publikum verstanden hat – das war eine gute Schule für uns. Jetzt hat es sich insofern auch im Zuschauerraum verändert. Früher ging man davon aus, dass wir alle einer Meinung sind – ich, der ich oben auf der Bühne bin oder der ich für die Bühne schreibe, und das Publikum unten. Wir waren uns alle gegen die da oben einig. Das war ein Grundkonsens der DDR-Bevölkerung, man war gegen die da oben. Selbst Leute, die zum Oben gehörten, lachten gern über die da oben. Diese Einheit ist plötzlich völlig weg. Wir haben im Zuschauerraum jetzt sehr viel differenziertere Reaktionen, allerdings von einem Publikum, das von uns nicht mehr die feine Anspielung erwartet, sondern den groben Keil auf den groben Klotz. Und das hab ich am Anfang als eine Schwierigkeit empfunden, weil das nicht gerade meins ist. Ich find es auch nicht saukomisch, dass man dem Kanzler vorwirft, dass er so fett ist oder so, aber darüber lachen die Leute immer noch am lautesten. Ich glaube

aber, dass der Kabarettist, der sich beschwert, dass sein Publikum nur über grobe Sachen lacht, selber daran schuld ist, wenn er dem Publikum dann so etwas Grobes anbietet. Ich glaube schon, dass das Publikum sich auch sehr gern zum Denken verführen lässt, denn der Weg zum Lachen muss ja eigentlich über den Kopf gehen.

Besteht da heute ein Unterschied in der Reaktion zwischen altem Ost- und neuem Westpublikum?
Es ist jetzt spannend, bei uns in der Distel im Zuschauerraum zu sitzen. Anfangs, kurz nach der Wende, hatten wir fast nur Westpublikum, und man merkt es genau am Lachen, merkt es schon am Äußeren, sie unterschieden sich äußerlich. Jetzt unterscheiden sich Ost und West äußerlich sehr wenig – wenn jemand sehr westlich aussieht, kommt er meist aus dem Osten. Aber das Lachen ist schon unterschiedlich. So wie ich zu beschreiben versucht habe, wie ich arbeite, indem ich »wir« sage, bemerke ich es auch immer wieder bei unserem Publikum, denn Lachen ist viel weniger das Auslachen, sondern das Lachen des selbst Betroffenen. Das sind wir einfach, das hat diese Umwelt hier mit uns gemacht, so sind wir geworden, und das verbindet uns schon. Im Zuschauerraum der Distel passiert jetzt etwas für mich Wunderbares, da lacht sich Ost und West näher. Und indem sie übereinander lachen, begreifen sie einander auch. Der größte Fehler, der mit dieser Wiedervereinigung passierte, ist, glaube ich, dass hier wirklich der Liebe vor dem ersten Blick gefolgt wurde, und nun lernen wir uns kennen und lieben uns gar nicht mehr, ganz klar. Aber die Möglichkeit, sich übers Lachen kennenzulernen, ist eine wunderbare, und da sehe ich auch einen Sinn in meiner Arbeit. Dass man mit Satire letztlich nichts bewirkt, stimmt auch. Aber wenn ich bewirke, dass Menschen mehr voneinander wissen, erfahren und erfahren wollen, bin ich sehr froh. Ich gehe manchmal wirklich ganz glücklich aus Distel-Vorstellungen raus, besonders wenn da Schulklassen reingetrieben worden sind. Jeder weiß, dass eine Schulklasse nicht freiwillig ins Kabarett geht, die würden viel lieber in eine Disco gehen, und ich bemerke, dass die nach den ersten Minuten immer gebannter werden und keiner in der Pause in die Disco rennt, sondern dass die alle

dableiben und sich für das interessieren, was wir Ossis da auf der Bühne sagen. Es sind ja fast immer Schulgruppen aus dem Westen, für die das wahrscheinlich zum Lehrplan gehört, ich weiß nicht, auf jeden Fall wäre das kein schlechter Lehrplanpunkt. Und wenn ich sehe, dass das funktioniert und wir nicht nur eine ihnen verständliche Sprache sprechen, sondern wir auch sie interessierende Dinge sagen, dann finde ich meine Arbeit zumindest nicht sinnlos.

Wenn Sie sagen, man lacht sich näher, wie ist es denn um Ihr künstlerisches Ost-West-Verhältnis bestellt, also was die Zusammenarbeit oder Konkurrenz mit den Kollegen betrifft – wächst da was? Wo liegen eventuell die Probleme?
Natürlich finden wir uns gegenseitig relativ sympathisch. Ich bin sehr stolz, dass Dieter Hildebrandt und ich Freunde sind, dass ich befreundet bin mit Leuten wie Volker Ludwig, Martin Buchholz oder Werner Schneyder. Das ist für mich ungeheuer wichtig. Es gibt aber doch etwas, das sich verändert hat: Früher waren wir Partner, jetzt sind wir Konkurrenten, da können wir machen, was wir wollen. Wir sind wirklich Konkurrenten, denn der bundesdeutsche Kuchen ist eigentlich aufgeteilt. Wir sitzen noch ein bisschen am Katzentisch dabei, wenn ich mir die Medien angucke – meines Wissens gab es beim »Nachschlag« in der ARD noch keinen Ostkabarettisten, die kommen gar nicht darauf. Das hat aber vermutlich viel weniger mit Ost-West zu tun als mit der üblichen Faulheit der Redakteure. Die kennen eben nur das, was sie kennen, und das senden sie. Da würde ich gar nicht erst mal was Bösartiges unterstellen. Andererseits sind für mich jetzt Gespräche und relativ regelmäßige Treffen mit Dieter Hildebrandt, Richard Rogler, Martin Buchholz, Volker Ludwig zunehmend wichtig, und ich höre von ihnen eben auch, dass es für sie wichtig ist, dass wir uns jetzt von Gleich zu Gleich begegnen. Das heißt in diesem Fall, wir verdienen alle gleich viel Geld. Sonst war es immer schrecklich, wenn wir mal rüberkamen, denn wir waren darauf angewiesen, dass die uns einluden, und das produziert schon ein Verhältnis, das nicht von Gleich zu Gleich sein kann.

Sie kennen ja die Szene im ganzen Land. Wie ist es denn um die Kabarettszene außerhalb Berlins bestellt – Berlin war ja immer eine gewisse Nahtstelle, wo man hingekommen ist und weiter hinkommt. Aber wie ist es in Gera, Leipzig oder Halle, wo es auch überall Gruppen gibt?
Ich muss gestehen, dass ich nicht mehr so viel weiß, wie ich früher wusste. Zu DDR-Zeiten gab es eine Solidarität unter den wohl zwölf Berufskabaretts, man verteidigte sich gegenseitig und hielt zusammen gegen diese blöde Zensur. Dadurch informierte man sich auch, das Telefon klingelte unentwegt bei mir, und wenn irgendwo ein Verbot drohte, baten mich die Kollegen, dahin zu kommen und ihnen möglichst Argumente zu liefern und so. Man weiß jetzt weniger voneinander. Meines Wissens geht es jetzt allen Kabaretts ähnlich wie der Distel, das heißt, sie müssen sich privat machen, was nicht unbedingt ungesund ist, aber eben zur Folge hat, dass sie total vom Erfolg beim Zuschauer abhängig sind. Wir sind uns ein bisschen fremder geworden, wissen weniger voneinander als früher. Und das war schon eine DDR-Spezialität, diese Art des Ensemblekabaretts – von der Struktur her waren das kleine Stadttheater, samt Verwaltung und so. Dass sich das alles auflöst, finde ich gar nicht schlecht, solange die produktiven Gruppen zusammenbleiben oder sich auflösen und neu zusammenfinden. Fürs Kabarett sind schlechte Zeiten ja immer goldene Zeiten, ich habe da wenig Angst um die weitere Existenz. Wenn die Kabaretts gut sind, werden sie vermutlich auch ihr Publikum finden, und wenn sie ihr Publikum finden, haben sie auch ihr Geld, können also überleben.

Sie haben gesagt, dass im Moment die Gefahr beim Schreiben ist, dass eine wachsende Zahl Zuschauer eher den groben Klotz erwartet als die fein- oder hintersinnige Art. Ist es aber nicht auch so, dass die politische Realität zunehmend so ist, dass man sie satirisch eigentlich kaum noch überbieten kann?
Man braucht sie im Grunde nur noch zu zitieren und kann gar nicht so schwarzsehen, wie es nachher immer wird, das ist ja das Erschreckende. Ich erlebe es aktuell aus erster Hand. Wir hatten gerade ein Reprisenprogramm in der Distel, in dem Nummern gespielt wurden, die ich vor zwei Jahren ge-

schrieben habe. Damals haben mir alle gesagt: Du siehst zu schwarz. Heute lachen sich alle halb tot darüber, worüber sie früher gar nicht lachen konnten, weil sie sagten: Das ist zu schwarzgesehen. Die Wirklichkeit überholt uns, ohne uns einzuholen, denn unfreiwillige Satire ist ja noch keine Kunstgattung, für die man auch noch Geld bezahlt. Was uns die Politik an Realsatire liefert, bringt keinen Menschen zum Lachen, das bringt die Leute nur zum Heulen. Und wir tun im Grunde das, was wir in der DDR auch getan haben: Wir bringen die Leute zum Lachen über ihre eigene Misere. Über das, worüber sie im Leben heulen möchten, können sie im Saal lachen, und das ist auch eine Art Befreiung, wenn man merkt, dass man nicht nur selbst diese furchtbaren Probleme mit sich rumschleppt. Wenn man sie dargestellt bekommt, noch dazu auf eine komische Art, kann das hilfreich sein, glaube ich. Aber ich rede jetzt so optimistisch über das, was man mit Satire machen kann, hätten Sie mich anders gefragt, hätte ich ganz anders geantwortet ... *(lacht)*

Nun galt die DDR ja immer als ein Land, in dem viel gelesen wurde, die Theater voll, die Liedermacher beschäftigt waren. Dies war sicherlich auch deshalb so, weil ebendieser Freiraum notwendig war und letztlich unter der Hand ja auch staatlich gefördert wurde. Jetzt ist es so, dass viele Häuser leer sind, ob Theater oder wenn Liedermacher auftreten. Wie ist es aus Ihrer Sicht um die kulturelle Situation dieses Landes beziehungsweise dieses Teils von Deutschland derzeit bestellt? Es hat ja nicht nur mit Geld zu tun, also damit, dass die Leute überlegen: Zahle ich die 30 Mark, oder zahle ich sie nicht?
In der DDR hatten die Künste eine Rolle, die gar nicht ursächlich mit Kunst zu tun hatte. Sie spielten eigentlich die Opposition. Das, was man in der Zeitung zu lesen bekam, sah man im Theater – selbst bei Shakespeare konnte man die DDR wiederfinden. Es wurde alles benutzt, um Kritik anzubringen, und damit ersetzten wir zum Beispiel im Kabarett auch eine freie Presse. Diese Funktionen sind jetzt einfach weggefallen. Und nach dieser Euphorie der Vereinigung, von der sich alle erhofften, jetzt würde alles besser gehen, ist eigentlich eine solche Depression bei vielen Leuten eingetreten, dass sie

das, was sie früher im Theater suchten, wenig suchen und auch sehr wenig finden. Es ist ganz schrecklich, dass Theater eigentlich immer unpolitischer wird, was übrigens auch fürs Kabarett gilt. Wenn ich vorhin das mit dem groben Keil auf den groben Klotz sagte, gibt es im Kabarett eigentlich eine für mich viel größere Gefahr, wenn ich mir die gesamtdeutsche Szene angucke: Das weicht immer mehr in Comedy aus. Hauptsache, man bringt die Leute zum Lachen, worüber ist völlig egal! Dass einer noch eine politische Meinung auf der Bühne vertritt, ist die Ausnahme, und wenn man beispielsweise das »Satirefest« im Sender Freies Berlin sieht, ist das Jux und Tollerei, hat aber mit Kabarett überhaupt nichts zu tun. Ich habe überhaupt nichts gegen Jux und Tollerei, bloß soll man es dann bitte schön nicht Kabarett oder Satire nennen. Und was nun die Gesamtszene, die Theaterszene in der ehemaligen DDR betrifft – die droht wegzubrechen. Das liegt zum einen daran, dass es wirklich zu viele Theater gab, wenn man das auf die Bevölkerung aufschlüsselt, und Theater – aus den von mir vorhin geschilderten Gründen – ganz andere Funktionen mit zu erfüllen hatten, die jetzt einfach weggefallen sind. Zum anderen hat es aber natürlich auch damit zu tun, dass die Leute wirklich die Eintrittspreise nicht mehr bezahlen können, deren Höhe auch nicht einsehen bei etwas, das sie früher immer fast umsonst bekommen haben. Daran gewöhnt man sich, und das war ja das Erschrecken der Leute nach der Währungsunion, als sie merkten, dass sie plötzlich auch Kartoffeln und Theaterkarten mit Westgeld bezahlen mussten. Ich glaube, das wird ein sehr langsamer Umgewöhnungsprozess. Ich habe nur die Hoffnung, dass die Leute, wenn sie dann mal alle ihre Videos angeguckt haben, in den Bars waren und sehen, dass sich das alles wiederholt, dass sie dann doch wieder zurück ins Theater, Kabarett oder auch in die Konzertsäle kommen.

Würden Sie heute sagen, dass durch die entstandenen Brüche zwar Sachen weggebrochen, aber auch neue Möglichkeiten entstanden sind und man gewisse Dinge jetzt anders machen kann als früher?

Ja. Wenn ich allein ans Kabarett denke, war es völlig unmöglich, dass irgendjemand einfach sein eigenes Kabarett gründete oder als Solokabarettist rumzog – es musste ja alles in Strukturen eingebettet werden. Kreativität war eigentlich sehr wenig gefragt. Da hat jetzt der, der noch jung genug ist, Ideen hat und wirklich etwas will, auch die Chance, etwas zu tun. Dass wir selbst etwas tun, ist etwas, woran wir uns erst gewöhnen müssen. Wer, wenn nicht wir? Es kommt kein Jugendclubhaus mehr und sagt: »Macht doch mal was!« Aber ich kann irgendwohin gehen und mich selbst anbieten. Das Selbstanbieten und auch das Umsetzen von eigenen Ideen haben wir sehr wenig gelernt. Es gab in der DDR den typischen Satz: »Das geht nicht, ich hab das schon versucht.« Und jetzt gibt es leider wieder einen typischen Satz, der heißt: »Ich sag gar nichts mehr.« Das ist eigentlich eine Fortsetzung alter Verhaltensweisen unter neuen Umständen. Aber so schnell verändern die Umstände die Verhaltensweisen nicht, da müssen wir mit uns und die anderen mit uns noch ein bisschen Geduld haben.

Eingangs sagten Sie, Sie wären vielleicht in einer Ausnahmesituation, dass Sie sagen können: Eigentlich fühle ich mich besser, freier und kann bestimmte Dinge jetzt machen. Das steht in gewisser Weise in krassem Kontrast dazu, dass zum Beispiel viele Künstler gesagt haben, sie bilden das Komitee für Gerechtigkeit, weil auch im kulturellen Bereich alles so fürchterlich ist. Wo sind denn da die Knackpunkte?
Der Knackpunkt ist, dass ich durch meinen Beruf privilegiert war und bin, dass ich mit meinem Hobby auch noch Geld verdiene und das, was ich tue, gefragt wird. Die Situation ist natürlich für jeden völlig anders, dessen Arbeit nicht mehr gefragt wird und der jetzt plötzlich weniger verdient als vorher, aber viel mehr Miete bezahlen muss, der für alles, fürs alltägliche Leben so viel bezahlen muss, wie er gar nicht verdient. Das ist gerade unter Künstlern so – bei den bildenden Künstlern gibt es ganz viele, die wirklich am Abgrund stehen, kein Bild mehr verkaufen und sich in dem Kunstmarkt nicht zurechtfinden. Ich hatte das große Glück, dass mein Name auch bei den westlichen Medien vorher schon bekannt war. Aber nehmen Sie mal einen Schriftsteller … Ich habe gerade einen sehr bekannten Lyriker aus der DDR wieder getroffen, der wirklich ein guter Lyriker ist – der ist zweiundsechzig Jahre alt und muss glücklich sein, dass er Vorruhestandsgeld bekommt. Es gäbe sicher noch Leser für seine Gedichte, aber es gibt keinen Verlag mehr, der das

Risiko auf sich nimmt und Lyrik druckt. In der subventionierten Kulturlandschaft der DDR gab es durchaus vieles, was eigentlich erhaltenswert gewesen wäre, weil es auch die Genres unterstützte, die von sich aus schwach sind. In welchem Land der Welt ist es möglich, seinen Unterhalt mit Lyrik zu verdienen? Hier in der DDR war es das, und ich wünschte es allen Lyrikern, dass sie von ihrer Arbeit leben könnten, wie ich von meiner Arbeit leben kann.

Würden Sie insofern dann doch einschränkend sagen, dass der Markt neben den neuen Bewegungsmöglichkeiten und der Möglichkeit, Kreativität ganz anders zu entfalten als vorher, offenbar auch Einschränkungen mit sich bringt, in denen »Randbereiche« sozusagen vom Gleis fallen?
Ja, einmal das, und der Markt hat noch eine andere furchtbare Wirkung, die ich nur in diesem DDR-Sozialismus vermutet hatte: Er fördert ungeheuer das Mittelmaß. Das, was allen gefällt und keinem wehtut, wird gefördert. Wenn ich da vorhin von der Tendenz vieler Kabaretts zur Comedy sprach, dann ist das auch ein Ergebnis dieses Marktes. Das, worüber alle lachen können, wird auch am besten bezahlt. Nicht etwa das Beste wird besser bezahlt, es wird das bezahlt, was gängig ist. Und das ist für mich etwas, das man uns anders gesagt und das ich auch anders geglaubt hatte. Ich dachte schon, dass Marktwirtschaft Leistung wirklich belohne, aber in der Kunst ist das keinesfalls so. Avantgarde hat es ganz schwer, und ohne Avantgarde hat Kunst überhaupt keine Zukunft.

Perry Friedman

Berlin, 8. Februar 1991

Als der Hootenanny-Klub im Februar 1966 gegründet wurde, war das kein Akt, der sich von heute auf morgen ereignete, sondern es hatte eine Idee und eine Vorlaufphase gegeben, die wesentlich von dir mitgeprägt worden waren …

Ich bin neunundfünfzig, zwei Tage vor dem 1. Mai in die DDR gekommen und habe eine Reihe von Leuten kennengelernt, die auch Liedersänger waren. Die waren schon etwas älter. Da waren Leute wie die jüdische Sängerin Lin Jaldati, die leider vor drei Jahren gestorben ist, Sänger wie Hermann Hähnel und eine ganze Reihe von anderen. Die haben hauptsächlich Lieder von Brecht und Eisler gesungen, von Erich Weinert*, aber auch manche DDR-Komponisten wie Heinz Kahlau und einige andere. Als bekannt wurde, dass ich da war, und wir uns kennengelernt hatten, war es klar, dass wir miteinander arbeiten werden, und so lief das auch. Dann kam die Frage: Was kann man in der DDR machen, um Gesang populär zu machen, die Jugend für Lieder zu gewinnen? Ich kam auf die Idee, diesen Hootenanny-Klub zu gründen, und wir fingen an zu überlegen, wie man das machen könnte und überhaupt, was ein Hootenanny unter deutschen Bedingungen ist. Und wir haben tatsächlich den ersten Hootenanny organisiert. Das erste Konzert wurde am 28. Januar 1960 in der Sporthalle in der damaligen Stalinallee in Ost-Berlin durchgeführt. Beide sind nicht mehr existent. Und die FDJ, die da verantwortlich war, war sehr skeptisch – es gab überhaupt keine Reklame und so. Da habe ich jemanden kennengelernt, der bei der *Berliner Zeitung am Abend* gearbeitet hat und der sagte: »Mensch, das ist eine tolle Idee!«

* Erich Weinert (1890 – 1953) war Schriftsteller und ab 1943 Präsident des Nationalkomitees Freies Deutschland.

Und ich sag: »Komm, setz dich auf den Schreibtisch.« Ich spielte was, die haben geknipst und jeden Tag was in der Zeitung über diese Hootenanny-Geschichte gebracht. Mit einem Mal war die Sporthalle bombendicht mit Anrufen: »Wo kriegt man Karten für diese Veranstaltung?« Es endete damit, dass die Veranstaltung vollgepackt war. Das Konzert war so was von schön, und die Idee war geboren.

Daraufhin haben wir zusammen mit immer mehr Leuten in der ganzen Republik diese Konzerte durchgeführt, und sie fanden großes Interesse besonders bei jungen, aber auch bei älteren Leuten. Das lief so, und es kamen die Beatles und verschiedene andere Einflüsse. Ich habe dann hier in Berlin eine Gruppe von jungen Leuten kennengelernt – unter anderem Lutz Kirchenwitz und Jörn Fechner* –, die zusammen zur Schule gingen, und die baten mich, dahin zu kommen und ein Programm mit ihnen zu machen. Diese Leute waren mit einem Mal so etwas wie Verbündete. Aber inzwischen waren sechs, sieben Jahre vergangen, und wir haben überlegt, wie wir das weitermachen können. Und wir haben gesagt: »Lasst uns einen Hootenanny-Klub aufmachen.« Ich bin dann mit dem Sekretär für Kulturarbeit von der Bezirksleitung der FDJ durch Berlin gelaufen, und wir haben versucht, einen Saal zu finden. Wir fanden das Klubhaus International über dem gleichnamigen Kino und haben dort den Hootenanny-Klub gegründet. Dann ging es los, es kamen viele Leute, und alles war sehr einfach. Die Leute kamen, um mitzusingen, zuzuhören, und jeder konnte aufstehen und ein neues Lied singen, das er geschrieben hatte – oder auch nicht geschrieben hatte. Man konnte Volkslieder singen, und es war eine sehr schöne Atmosphäre. Wir waren voller Hoffnung, dass etwas aus dieser Geschichte werden würde.

Du sagst, dass deine Idee hinter dem Ganzen war, eine Brücke zu schlagen zwischen dem, was du hier entdeckt hast, also altem deutschen Liedgut, und dem Schaffen einer neuen Liedkultur …

* Jörn Fechner war 1966 Mitbegründer des Hootenanny-Klubs Berlin (1967 umbenannt in Oktoberklub), ab 1975 Mitglied der Gruppen Jahrgang 49 und BarbaRossa. Er arbeitete als Programmgestalter.

Als ich in der DDR landete, wunderte ich mich, dass kaum Volkslieder gesungen wurden, vor allem von der Jugend nicht. Mir wurden viele Erklärungen dafür gegeben, von denen eine war, dass die Volkslieder während der Zeit des Dritten Reichs missbraucht worden seien, und ich habe gesagt: Na gut, aber die Volkslieder sind nicht verantwortlich dafür, dass sie missbraucht wurden. Die Leute, die sie missbraucht haben, waren verantwortlich, aber viele Volkslieder bleiben das, was sie waren: schön und gut. Eine Idee hinter dem Hootenanny-Klub war auch, dass wir die Möglichkeit hätten, eine Brücke zu dem zu bauen, was früher da war – zum Volkslied und besonders zum demokratischen deutschen Volkslied, zu Brecht und Eisler und allen anderen, die in den Zwanziger-, Dreißigerjahren wichtig waren. Aber auch zu dem, was neu war in dieser sozialistischen DDR. Das war aus meiner Sicht die wichtigste Aufgabe, die ich innerhalb dieser Bewegung sah. Und als nach den ersten paar Wochen dieser Club voll und das Interesse da war, dachte ich, wir sind auf dem Weg, genau das zu erreichen. Natürlich geht das Leben nie so, wie man denkt, und es gibt immer Änderungen, Abzweigungen … Mit einem Mal hörte ich von einem Funktionär, der nicht viel zu sagen hatte, aber dem die Aufgabe zugetragen worden war, mir zu sagen, dass der Hootenanny-Klub geändert wird und nicht mehr Hootenanny-Klub heißen soll. Ich fragte: »Warum?« Und er sagte: »Schau mal, die deutsche Sprache ist so groß.« Ich sagte: »Das stimmt.« Er sagte: »Wir haben Goethe.« Ich sagte: »Das stimmt auch.« Und er sagte: »Es muss möglich sein, innerhalb der deutschen Sprache ein Wort zu finden, das deutsch ist und genauso gut wie ‚Hootenanny'.« Da habe ich gesagt: »Ich hätte nichts dagegen, wenn du so etwas finden würdest.« Ich wollte erklären und versuchte dann später auch zu beweisen, dass das Wort Hootenanny in Wirklichkeit aus dem Deutschen stammte. Es gab viele Leute aus dem Erzgebirge, die nach Amerika gingen und einen Teil ihres kulturellen Lebens mitnahmen, und eines dieser Dinge war ein »Hutzenabend«, der dem Hootenanny auch in der Form sehr ähnlich war. Da habe ich gesagt: »Hör mal zu! ›Nanny‹, ›Hootenanny‹, ›Hutzenabend‹, ›Hootezenabend‹ – wahrscheinlich ist da eine Verbindung.« Aber das kauften die mir nicht ab. Es war für mich natürlich bitter, wo ich jahrelang an dieser Bewegung gearbeitet hatte, dass die Führung es nicht für nötig hielt, zumindest mit mir zu reden und zu sagen: Hör mal zu, wir haben ein Problem und wollen versuchen, das und das zu machen. Ich wäre vollkommen einverstanden gewesen. Lange auch bevor die Bewegung angefangen hat, habe ich gesagt: »Hören Sie zu, ich bin Kanadier. Ich kann diese Bewegung nicht führen. Wenn das Ding läuft, muss das irgendwann von den anderen übernommen werden.« Das fand ich richtig. Aber es so zu machen, wie sie es dann gemacht haben, fand ich nicht in Ordnung. Und viele andere meinten das auch. Lutz Kirchenwitz war einer von den Leuten. Ich glaube, das hat ihn irgendwie gestört, viele andere ebenfalls. Ich kriegte auch Anrufe von Leuten, die ich nicht kannte, denn inzwischen war es so, dass ich kaum mehr Arbeit kriegte. Es kam ein Punkt, da haben sie gesagt, wieso eigentlich amerikanisch-kanadische Lieder, und auf einmal hatte ich überhaupt keine Arbeit mehr. Ein Freund vom Rundfunk sagte mir: »Ich darf dir das nicht sagen, aber ich sage es dir: Du wirst nicht mehr im Rundfunk gespielt.« Ich fragte: »Wieso?« Und er sagte: »Weil du amerikanische Lieder singst.« Ich sagte: »Kaum, ich singe meistens deutsche Volkslieder.« Er sagte: »Ja, aber mit Akzent.« Es war aus. Zwei Jahre gingen vorbei, und was passierte? Ich war vollkommen raus aus dieser neuen Geschichte. Der Hootenanny-Klub wurde dann umbenannt in »Oktoberklub«, und ich hatte zu dieser Zeit kaum was zu sagen.

Da ist dann ja auch dieses Modell »DDR konkret« entstanden, also der Versuch, die Gesellschaft beziehungsweise die Entwicklung der sozialistischen Gesellschaft in Liedform zu umschreiben. Wobei es da zwei Wege gibt: einmal die Möglichkeit, dass man das kritisch begleitet, und einmal die, dass man das, was von oben vorgegeben wird, positiv besingt. Ich war nicht für »DDR konkret«, was natürlich nicht toll für meine Popularität bei der FDJ damals war. Ich meinte, dass man, wenn man diesen Weg geht, die Möglichkeiten verengt, die wir hatten, breiter zu sein. Zum Beispiel ist ja die Frage, von wo man lernt, diesen neuen Weg zu gehen. Man lernt bei älteren oder anderen Beispielen, die wir haben. Und da das politische Lied sowohl in Nordamerika als auch in Deutschland immer mit dem Volkslied zu tun hat, war es für mich klar, dass das Volkslied wichtig war für die Weiterentwicklung des politischen Liedes. Es hat eine Form und einen Inhalt, und man hätte die Möglichkeit gehabt zu lernen, wie man schöne Melodien schreibt, mit Texten umgeht, und genau das war dann zu einem großen Teil verloren. So hat jeder seine Lieder gemacht – manche waren gut, natürlich, es gab auch sehr begabte Leute, aber die meisten waren nicht gut. Und da es nur auf dieses »DDR konkret« ankam, was nicht unbedingt kritisch war und sich als Loblieder auf die DDR auswirkte, hatte man wenig dabei gewonnen. Außerdem scheint mir, dass das Volkslied in seinem Inhalt wie das politische Lied eine Art oppositionelles Lied ist. Und natürlich waren oppositionelle Lieder in der Zeit nicht möglich. Oftmals haben die Leute dann gelernt, wie man diese oppositionellen Lieder mit anderen Texten umschreiben oder Dinge zwischen den Zeilen sagen konnte. Aber zu der Zeit hat das keinem geholfen, denn alle waren am Anfang.

Ich sage das jetzt mal aus der Sicht eines Außenstehenden: Was die weitere Entwicklung des Oktoberklubs und des Festivals des politischen Liedes betrifft, hatte das Ganze ja doch auch einen sehr ambivalenten Charakter. Einerseits war da der Versuch, eine demokratische Liedkultur zu schaffen, auf der anderen Seite aber auch der Zugriff von Partei, FDJ und anderen Gremien, die es so zu steuern versuchten, dass es gewissermaßen als Aushängeschild der Partei dienen konnte.

Trotz der auch negativen Dinge, die eine Rolle gespielt haben und die hauptsächlich vom Verband und von der Partei gekommen sind, gab es etwas Wichtiges und Tolles in dieser neugeborenen Bewegung, wenn man es so nennen will: Die Leute waren voller Enthusiasmus und Glauben, dass das, was sie machten, richtig und gut war. Und es ist erstaunlich, was für eine Energie sie mit dem, was sie machten, aufbrachten, um es zu verbreiten. Es dauerte nicht lange, und durch ihre Energie und ihr Beispiel schafften sie etwas, womit sich die Leute identifizieren und was wir in den alten Tagen nicht schaffen konnten – wahrscheinlich, weil die Zeit dafür reif war … Zum Beispiel gab es beim Oktoberklub eine ganze Reihe von Leuten, die zur Gitarre griffen und versuchten, so gut es ging, ihre neuen Lieder zu singen, die aber auch alte Lieder hervorholten – es bestand schon eine sehr interessante

Bewegung in der DDR. So groß, so wichtig war diese Bewegung, dass sie die ganze Schlagerindustrie durcheinanderbrachte, denn trotz alledem kam es zu neuen Werten über Lieder. Das heißt, die Schlagerleute, die immer ihre Schlager, manchmal auch fünf oder zehn am Tag gespielt haben, standen vor dem Problem, dass sie bessere Texte und bessere Musik liefern mussten, und das war ein riesiges Problem. Sie mussten sich ändern und bessern und mit diesen neuen Leuten konkurrieren. Ich fand das enorm interessant, und es zeigte mir: Da ist schon was drin in dieser Bewegung. Ich war auch stolz, dass ich mit der ganzen Geschichte etwas zu tun hatte, auch wenn ich nicht mehr dabei war. Und das nächste, was sie machten, war, dass sie gedacht haben: Lass uns mit einem Festival anfangen! Einem Festival des politischen Liedes! Ich war ebenfalls eingeladen, beim ersten Festival habe ich gesungen. Und das wuchs und wuchs, und die Energie blieb und blieb. Mit einem Mal hatte man eins der bedeutendsten Festivals der Welt für politische Lieder hier in Berlin, wo Sänger – sagen wir Folksänger, weil ich das Volkslied nicht vom politischen Lied trennen will – kamen, und natürlich gab es eine Menge oppositionelle Lieder zu hören. Nicht gegen den Sozialismus, aber gegen das Unrecht, das es auf dieser Welt gab.

Aber war das nicht gerade der entscheidende Knackpunkt, dass zwar jedes Unrecht auf dieser Welt vom Oktoberklub auf dem Festival des politischen Liedes besungen wurde, gleichzeitig aber kein Unrecht besungen wurde, das es in der DDR gab?

Es gab Leute, die das gemacht haben, aber nicht lange. Eine der berühmtesten Geschichten ist Wolf Biermann. Es ist egal, was man von Biermann hält, ob man ihn gut oder schlecht findet, aber er ist diesen Weg gegangen, und er war wie ein Stachel im Fleisch des Politbüros. Das musst du dir überlegen – sie wussten wirklich nicht, wie man mit ihm fertigwird. Natürlich waren sie auch deshalb unsicher, wie sie damit umgehen sollten, weil er sehr vom Westen unterstützt wurde. Es zeigte, wie sensibel die Geschichte in Wirklichkeit war. Sie konnten das nur mit einer Art Machtdemonstration verhindern, wobei viele von diesen Leuten später ebenfalls vorsichtig angefangen haben, kritische Lieder zu singen. Die Leute sind ja nicht doof, sie haben gesehen, was mit Biermann und anderen Leuten, die aufgemuckt haben, passiert ist, und versuchten einen anderen Weg zu gehen, versuchten, ihre kritischen Bemerkungen zu dieser Gesellschaft anders vorzustellen und aufzuschreiben. Die Probleme, die wir alle hatten, wenn wir als Künstler, die mit dem politischen Lied zu tun hatten, über Politik reden wollten, warfen die Frage auf: Dieser Sozialismus ist nicht hundertprozentig so, wie wir uns ihn erhofft hatten, aber was ist die Alternative? Und deshalb waren die meisten Leute sehr vorsichtig mit ihrer Kritik in diesem, wie wir hofften, sozialistischen Land, sodass wir den Sozialismus in Wirklichkeit nicht kaputtmachen konnten. Ob das ein Fehler war, weiß ich nicht. Auf jeden Fall ist es so, wie es ging, dann doch kaputtgegangen. Es war einfach nicht möglich, hier zu leben und wirklich kritische politische Lieder zu machen. Ich hatte eine Theorie entwickelt, der ich nachgehen wollte. Sie lautete: Was sind die neuen Arbeiterlieder in der DDR unter sozialistischen Bedingungen? Ich schlug vor, dass wir in bestimmte Betriebe gehen und Diskussionen mit Arbeitern führen. Wir waren in verschiedenen Bergarbeitsgebieten, sind unter Tage gegangen, guckten die Arbeit an und haben versucht, da etwas zu machen, wurden aber immer blockiert. Die wollten das nicht. Die hörten das Wort »Kritik«, und schon waren die Türen zu. So war es. In Wirklichkeit ist es schon beachtlich, was diese jungen Leute trotz aller Schwierigkeiten schafften und auch trotz des Umstands, dass die Geschichte mit Biermann so ging, wie sie dann ging, denn irgendwie hatte er Einfluss auf bestimmte Leute, die nicht unwichtig waren. Die Tatsache, dass es trotzdem nicht kaputtgegangen ist, als Biermann rausgeschmissen wurde, ist, finde ich, ein Zeichen von guten Gedanken von vielen guten Leuten.

Es gibt aber auch Leute, die sehr verbittert sind. Bettina Wegner ist eine Person, bei der ich gespürt habe, dass sie bis in die Grundfesten ihrer Seele verbittert ist über die FDJ und über viele Kollegen. Sie hat mir erzählt, dass sie dort* zum ersten Mal seit Jahren wieder konzeptionell mit diesen Leuten auf der Bühne stand und dass sie im Grunde genommen

* Lieder aus einem verschwundenen Land, Konzert in Bonn, 10. Januar 1991.

auch erst dort wieder ihren Frieden mit Barbara Thalheim und Lutz Kirchenwitz gemacht hätte. Du hast das durch die Situation, wie sie dir widerfahren ist, ja gewissermaßen auch erlebt, dass man dann feststellte: Der Kollege ist Kanadier, und mit diesen englischen Sachen halten wir ihn jetzt erst mal ein bisschen raus, und überhaupt will der ja was anderes ... Wie bist du denn damit umgegangen?
(Lacht) Wenn mir das jetzt passieren würde, würde ich anders damit umgehen als damals. Ich war erst mal unsicher, war natürlich sehr jung und dachte mir: Okay, es geht nicht nur um mich. Ich bin irgendwie ein Opfer dieser Geschichte, aber wenn ich anfange aufzumucken, wird das für die ganze Bewegung nicht so toll sein. Und ich dachte: Ach, du steckst das ein, es kann dir sowieso nicht sehr viel passieren. Verbittert war ich, natürlich, ich bin auch nur ein Mensch. Aber in politischer Hinsicht war ich der Meinung, man sollte nicht meine Person nehmen, um eine große Geschichte daraus zu machen, die letzten Endes dieser Bewegung schaden konnte. Da habe ich zurückgesteckt. Ich habe auch woanders gearbeitet, teilweise in anderen Ländern. Ich habe damals viel in der Bundesrepublik gearbeitet, sodass ich nicht vollständig in Not war. Dann merkte ich, dass sich nichts ändert, und es änderte sich nichts, weil die Leute, die diese Geschichte ins Leben gerufen hatten, vollkommen vergessen hatten, dass es überhaupt etwas gab – soweit es um sie ging, war alles klar, bloß ich kriegte keine Arbeit. Da habe ich angefangen und bin zu ein paar Leuten gegangen, denen ich gesagt habe: »So, die Geschichte läuft jetzt seit zwei Jahren. Wenn das nicht in Ordnung gebracht wird, bin ich gezwungen, die DDR zu verlassen.« Natürlich war ihnen das peinlich. Es war nicht so gedacht, dass das passiert. Und drei, vier Monate nachdem ich mit den Leuten gesprochen hatte, sagten sie: »Wir werden versuchen, das in Ordnung zu bringen.« Und vier, fünf Monate später war das dann in Ordnung, so eine Art Rehabilitation. *(lacht)* Danach konnte ich wieder im Rundfunk arbeiten, Fernsehen war nicht drin. Aber an und für sich konnte ich arbeiten, das blieb auch so.

Und dann kam ich in eine Zeit in meinem Leben, wo ich dachte, ich muss wieder nach Hause gehen. Ich muss sehen, wie es zu Hause ist, ich bin zu lange weg. Und ich habe diese Zeit genutzt, bin zurück nach Kanada gegangen, was für mich enorm wichtig war – trotz der Tatsache, dass Kanada eine ziemliche Kulturwüste ist, da passiert wirklich nicht viel. Aber ich konnte da im Rundfunk und Fernsehen arbeiten. Tourneen oder Konzerte zu machen war schwer, weil das Land riesig groß ist. Und wenn du nicht so bekannt bist, ist das sowieso nicht möglich. Nach fünf Jahren hatte ich genug, und es gab dann auch auf einmal keine Arbeit mehr, denn die ganzen Strukturen in den Medien hatten sich geändert. Ich hatte sowieso Sehnsucht nach Europa und habe gesagt: Dann komme ich zurück. Aber ich wusste nicht wohin. Ich dachte, möglicherweise gehe ich in die Bundesrepublik. Ich hatte viele Freunde, bin sehr gut befreundet mit vielen von den Sängern dort, hatte jahrelang mit denen gearbeitet. Und dann sprach ich mit einem hier in der DDR, der sagte: »Du hast hier so viele Jahre gelebt, hast hier so viel getan, hast so viele Verdienste in diesem Land, an und für sich gehörst du hierher.« Es ging mir runter wie Butter. Da habe ich gesagt: »Da hast du Recht! *(lacht)* Und ich bin wieder in die DDR gekommen.

Ich habe all diese Dinge überlebt, habe das auch verarbeitet – ich packe das alles in ein Buch, das ich gerade schreibe.* Ich bin hiergeblieben, weil ich wirklich tolle Freunde hatte und weil ich nicht unglücklich hier war. Nicht alles war so beschissen, wie man sagt. Es gab schöne, wunderbare Sachen hier, wo wir wirklich glücklich und froh mit waren. Besonders durch bestimmte Illusionen, die wir hatten. Selbst wenn es Illusionen waren, es war nicht schlecht, wie es uns ging. Auch was moralische Dinge anging und so – zum Beispiel in Bezug auf den Krieg in Vietnam, die echte Solidarität für die Chilenen, die es in diesem Land nach dem Putsch gab, die Solidarität mit Angela Davis, die wirklich großen Einfluss hatte, auch was später ihre Entlassung in die Freiheit anging. Da war eine ganze Reihe von Dingen, wo man sagen könnte: Ja, dieses Land hatte trotz all seiner Schwächen auch Stärken. Und man kann diese DDR nicht einfach so abschreiben, dass sie nur ein düsteres, schwarzes Loch war. Neulich kam jemand von der BBC zu mir und wollte ein Interview mit mir machen. Er sagte: »Es war so furchtbar

* »Wenn die Neugier nicht wär'«: Ein Kanadier in der DDR, Dietz-Verlag, Berlin 2004.

hier während der Zeit der Mauer ...« Und ich sagte: »Nein, wir haben gelebt, wir haben weitergelebt. Gut, es hat uns gestört, aber das Leben ist weitergegangen.« Da haben sie mit dem Interview aufgehört, das passte nicht in ihr Konzept.

Aber war nicht diese Sache mit der Solidarität irgendwo auch Teil der Illusion? Von einigen war es vielleicht wirklich so gemeint, aber wenn man in die Breite schaut, zeigt es sich ja jetzt, dass es sich wie eine Seifenblase auflöst ...

Weißt du, die Menschen sind genial. Sie hatten keine Möglichkeiten, auf die Straße zu gehen und oppositionell zu sein. Die einzige Möglichkeit, die sie hatten, das zu machen, war in ihrer Solidarität mit Leuten, die gegen das Unrecht kämpften. Das ist schon genial. Und deshalb war Solidarität so wichtig und so weit oben auf der Tagesordnung in diesem Land. Was wir heute erleben, ist natürlich etwas ganz anderes, diese Form der Solidarität existiert nicht mehr, wenn man sieht, was in diesem Land los ist, und das ist wirklich traurig. Aber damals wurde sie auf eine Art und Weise politisch genutzt, die den Leuten zumindest Hoffnung gegeben und geholfen hat. Sie hatten das Gefühl, dass sie ein Teil der ganzen Welt sind, dass sie nicht so isoliert waren, wie diese Mauer sie glauben gemacht hat. Und ich finde das ist enorm. Findest du das nicht?

Ich habe da aus meiner Sicht ein unsicheres Gefühl, weil ich eben glaube, dass diese Solidarität in gewisser Weise aufgesetzt worden ist ...

Du meinst, dass die Sache manipuliert wurde, und ich sage dir, dass es diese Manipulation bestimmt gab. Sie war bestimmt von der Führung gewünscht, aber es war mehr als das, denn die Leute sahen das, wie ich gesagt habe, als eine politische Möglichkeit. Für sie als Menschen in dieser beschissenen Welt war es ein bestimmtes Erlebnis, eine bestimmte Sache, die wertvoll war.

Nur fragt sich jetzt, warum das wie weggeblasen ist. Die Vietnamesen, mit denen man diese Solidarität auch hatte, sind jetzt für viele hier Untermenschen ...

Genau da versuchen wir, unsere Köpfe größer zu machen, dass wir das verstehen. Es ist wahrscheinlich zu verstehen, wenn man überlegt, in welche Lage die Leute gekommen sind – die Unsicherheit, die Arbeitslosigkeit … Andererseits war diese tiefgehende Solidarität in der DDR nur eine Übergangslösung für bestimmte Probleme, die es in einer bestimmten Situation gegeben hat. Weil wir keine Tiere sind, sind wir Menschen in der Lage, uns zu ändern, manchmal positiv, manchmal negativ.

Vielleicht abschließend eine Frage zur Bewertung dieser ganzen Entwicklung – Hootenanny, Oktoberklub, Festival des politischen Liedes. Letzteres ist ja Geschichte, im Grunde genommen war die Jubiläumsausgabe letztes Jahr de facto die letzte, es wird dieses Jahr keine weitere geben. Es hat sich zwar eine Unterstützungsgruppe gegründet, und vielleicht machen die was im Mai im Haus der jungen Talente, das ist aber noch unklar. Welche Bedeutung aber hat das alles für die kulturpolitische Situation dieses Landes gehabt, wenn du das jetzt beurteilen würdest?

Zu deiner ersten Frage in Bezug auf das Festival des politischen Liedes: Ich war seit einer ganzen Reihe von Jahren unzufrieden mit diesem Festival, weil nichts Neues kam. Es wurde zu einer Starparade, und das war nicht die Idee dieses Festivals gewesen. Meiner Meinung nach war der größte Schwachpunkt des Festivals immer, dass es in Wirklichkeit kein DDR-Festival war. Das heißt, es hätten mehr DDR-Leute bei diesem Festival vertreten sein müssen, und es hätten neue Ideen entwickelt werden müssen, um die Veranstaltung interessanter zu machen und zu gestalten. Das wurde nicht gemacht. Im vorigen Jahr war ich ziemlich entsetzt, weil ich der Meinung war, dass, nachdem viele von uns Sängern so viel in den letzten Jahren getan hatten, um bei dieser Wende dabei zu sein, man das Festival eigentlich zu einer Veranstaltung zu Ehren dieser Leute hätte machen müssen, und das war nicht passiert. Da dachte ich mir schon, dass es das letzte Festival sein wird, weil die Leute sich nicht mehr darüber im Klaren sind, was dieses Festival sein soll. Ob ich recht habe oder nicht, darüber kann jeder mit mir streiten und sagen, dass ich weit weg von jeglicher Realität bin, aber ich glaube es nicht. Ich bin stolz auf das, was wir in mehr als zwanzig, von mir aus dreißig Jahren aufgebaut haben, weil ich glaube, dass wir etwas ins Leben gerufen haben, was nicht kaputtgehen wird, auch wenn heute nicht viel passiert. Ich glaube, dass die Leute ihre eigene Rolle in der Kultur als Macher sehen, anders als vor dreißig Jahren. Und ich glaube, dass die Leute nicht unbedingt auf einer Bühne sein müssen. Wahrscheinlich werden viele dieser Leute, die Kinder haben, für ihre Kinder singen, und ihre Kinder werden möglicherweise mit Liedern aufwachsen. Es wird zu einer ganz normalen Geschichte, dass man singt. Ich glaube auch nicht, dass diese Bewegung tot ist, selbst wenn hier in der DDR kaum jemand mehr singt oder zu einem Konzert geht. Es ist nicht weg, es ist nicht tot, es ist da, und ich bin sicher, dass es in der nächsten Zeit – das kann zwei, drei oder auch fünf Jahre dauern – wiederkommen wird. Und ich glaube, dass wir irgendwann eine Art Volksliedrevival in der DDR erleben werden, aber in einer Breite, die wir nicht vorhersehen oder beeinflussen können. Das glaube ich, weil so viele Leute gesungen haben. So viele Leute waren dabei. Das kann nicht weg sein, und das ist nicht weg!

Matthias Görnandt

Berlin 2. Mai 1990

Wenn man Menschen vorstellt, mit dem, was sie tun, finde ich immer ganz interessant, wie sie eigentlich dazu gekommen sind. Deshalb fange ich mit der Frage an, was aus Matthias Görnandt den gemacht hat, der er heute ist.

Matthias Görnandt ist irgendwann in Thüringen in der Nähe von Oberhof geboren worden, also richtig im Thüringer Wald. Er ist in Eisenach zur Schule gegangen und hat dann drei Jahre in Jena Theologie studiert. Nach drei Jahren fand dieser Görnandt aber, dass die Theologie oder das Berufsbild Pfarrer nicht so das Richtige für ihn wäre, das hatte nichts mit seinem Weltbild zu tun. Da hat er die Kanzel lieber mit der Bühne oder der Leinwand, auf der er was malen wollte, ausgetauscht. In dieser Sturm-und-Drang-Zeit Achtundsechzig bis Einundsiebzig, wo auch bei uns in der DDR an den Universitäten im Kleinen ein bisschen was los war, habe ich wesentliche Kontakte zu Freunden gehabt, die ich zum Teil auch jetzt noch habe, unter anderem zu Johannes Schlecht, der Pianist von Circus Lila ist. Da haben wir unsere ersten Plänchen gemacht, und ich habe angefangen, mich mehr mit grafischen Dingen und Malerei zu beschäftigen. Ich bin dann über verschiedene Umwege und ein privates Meister-Schüler-Verhältnis mit einem Weimarer Maler in den damaligen Verband Bildender Künstler gekommen, was in den Siebzigerjahren nötig war, um überhaupt als Künstler, Maler und Grafiker arbeiten zu können. Das habe ich bis Ende der Siebzigerjahre getan und zum Hausgebrauch immer mal Anekdoten und Geschichten aufgeschrieben oder Lieder gemacht, merkte aber, dass ich kompositorisch nicht so fähig bin, als dass ich nicht Partner brauche, die mich dabei bedienen. Dabei kam ich auf meinen ehemaligen Studienfreund Johannes Schlecht zurück, der die Theologie auch hatte sein lassen, derweil in der eindeutigen Unterhaltungskunst arbeitete, was ihm auch nicht mehr so gefiel, und auf Bernd Rönnefarth, einen Chemiker aus Jena, der ebenfalls aus seinem Beruf ausgestiegen war. Wir machten eine Gruppe auf, die erst Görnandt & Rönnefarth hieß, weil wir beide als Duo anfingen. Ich war der Texter, er der Komponist, und ein paar Dinge habe auch ich kompositorisch beigesteuert. Dann kam Johannes Schlecht, der noch ein richtiges Kompositions- und Musikstudium gemacht hatte, dann in Weimar an der Musikschule gewesen war, und so entwickelte sich der Circus Lila.

Aller Anfang war eigentlich der, dass ich mich immer ärgerte, dass in diversen Ausstellungen, in die ich ging, oder meinen eigenen irgendwelche Kunsthistoriker kluge Sachen erzählten, wie sie meinten, die aber sehr langweilig waren und mit den Bildern oder dem, was da ausgestellt war, eigentlich überhaupt nichts zu tun hatten. Ich dachte immer, man muss da vielleicht ein adäquates Kunstereignis dazusetzen, wenn man schon so was macht wie eine Eröffnung oder eine Vernissage. Da habe ich anfangs bei meinen eigenen Ausstellungen Musik gemacht. Das merkten die Kollegen, und viele kamen zu mir und sagten: Kannst du nicht auch bei meiner Ausstellung zur Eröffnung singen oder ein kleines Programm machen? So hat sich das ergeben. Und Einundachtzig fuhren wir dann zu den Chansontagen in Frankfurt (Oder), dem nationalen Festival für Chanson im Ländle, und sangen da einfach mal so vor. Wir waren völlig unbeleckt und, siehe da, gewannen den Plattenpreis! Wir konnten dadurch – für DDR-Verhältnisse in den Achtzigerjahren unverhältnismäßig schnell – nur ein halbes Jahr, nachdem wir uns gegründet hatten, die erste Schallplatte machen. Die hieß *Frag mich Fragen,* und da waren eine Menge Lieder in thüringischer Mundart drauf, also in dem Dialekt, den man in dem Dreieck Erfurt-Jena-Rudolstadt spricht. Das verwendeten wir aber nicht im heimattümelnden Sinne, sondern ich habe versucht, das als poetisches Mittel einzusetzen. Es war auch keine authentische Mundart – in Ilmenau spricht man ja anders als in Weimar –, ich habe mir eine Art Kunstdialekt zurechtgelegt, den ich mal an einem Beispiel demonstrieren kann. Wenn man in einem Liebeslied »Du bist schön!« singt, dann hat das diese typische deutsche Hölzernheit, aber der Thüringer sagt: »De bist schien!« Das singt sich auf einmal, und auf diesem »schien« kann man sich ausruhen. Oder »abwärts« heißt »ongerheen« und aufwärts« heißt »offerheen«. »Ongerheen und offerheen geht es mit mir und dir« war damals so ein Anfangliebeslied, daran kann ich ein bisschen demonstrieren, was mich an dieser Sprache gereizt hat. Die war auf einmal so melodisch, und man konnte sie viel besser versingen als dieses hölzerne Hochdeutsch. Erst sehr viel später habe ich gelernt, auch mit dem Hochdeutschen so lässig umzugehen, dass es nicht gestelzt zum Kunstlied wird oder langweilig. Das waren die Anfänge.

Nun haben Sie sich ja mit dem Trio sehr auf eine Mischung aus Theater und Singen konzentriert. Was war der Impetus zu sagen: Wir wollen da eine Kombination? Hatte das was mit der Zielgruppe zu tun, weil eins Ihrer Programme jetzt auch für Kinder war?
Der Impetus war eigentlich der, dass mich von Anfang an nicht befriedigt hat, am Klavier zu leben oder die Gitarre vorm Bauch zu haben und Liedermacherei pur zu machen. Wir haben sofort mit Piano, Geige und Gitarre angefangen und die Instrumente auch immer ziemlich unkonventionell eingesetzt. Zweitens bin ich von der Malerei her ein Augenmensch und wollte das ziemlich schnell auch in eine optische Variante umsetzen. Drei Menschen können auf der Bühne ja viel miteinander machen, wir haben also ziemlich bald – in unserem zweiten Programm schon – angefangen, mit Masken zu arbeiten, kleinen Sketchen dazwischen und einer Art Bühnenbild. Das war immer auf den Tourneebetrieb ausgerichtet, damit man variabel sein konnte und sich nicht alles aus drei Koffern entwickeln musste. Daneben immer auch den akustischen Reiz zu setzen, hat es uns manchmal schwer gemacht, Lieder für das reine Hörerlebnis auszuwählen. Eigentlich haben sich unsere Programme immer im Bogen über anderthalb Stunden entwickelt, und oftmals war eine optische Aktion der Anlass für ein Lied oder umgekehrt, ein Lied musste in einer optischen Aktion enden. Diese Lieder waren dann alle zum Beispiel nicht für eine Platte verwendbar, weil man sie dann nicht kapierte oder weil sie wirklich auf die Aktion hin komponiert und gedichtet waren.

Das hat uns einfach Spaß gemacht und war weniger eine Zielgruppenerwägung. Mit Karls Enkel gab es noch so ein experimentelles Theater, da waren Hans-Eckardt Wenzel und Steffen Mensching die Macher, die sich in der Zwischenzeit ja auch als Solisten durchgesetzt haben. Die haben ebenfalls versucht, »Theater auf Tour« zu machen, dies aber sehr von der Strecke des politischen Liedes her, während wir als Circus Lila mehr eine Mischung aus Lied und Elementen des Cabaret waren. Mich hat es auch immer gereizt, traditionelle Showelemente zu verwenden, sie aber dabei zu verulken oder zu reduzieren – also, wo man eigentlich zwanzig Menschen braucht, die eine Treppe runtergehen, das mit nur dreien zu machen und somit einen neuen Hintersinn zu entwickeln. Daraus ist auch entstanden, dass wir uns mit Kindern beschäftigt haben, und so kam es zum Namen Circus Lila, denn das war der Titel unseres ersten Kinderprogramms, das 1983 rauskam. Wir haben gesagt, wir machen jetzt zu dritt einen riesigen Zirkus und brauchen dazu nichts außer unseren kleinen Masken oder Accessoires. Wir stellen uns in immer neue Figuren um, spielen uns die Attraktion selbst, dass auch Kinder kapieren, das sind ja nur drei, die verstellen sich nur, die werden zum rechnenden Hund oder zum Seiltänzer. Eigentlich ist es immer derselbe, der geht nur raus und kommt wieder als neue Figur, man weiß im Publikum mehr als die da oben – so ungefähr, und das ist ganz angenehm. Diese Mittel haben wir dann auch für die Abendprogramme ausgenutzt, und da sich »Circus Lila« besser in den Köpfen einhakte als diese komplizierten Namen Görnandt & Rönnefarth mit noch einem Pianisten in der Ecke haben wir den eben für das Gesamtunternehmen genommen. Wir spielten dann eigentlich auch immer für Kinder und Erwachsene hintereinander, weil sich das Publikum ergänzte – Leute, die viel zu uns kommen, sind eben Leute zwischen zwanzig und vierzig, die wiederum Kinder im Alter zwischen fünf und zwölf haben.

Hat sich bei den Kinderprogrammen durch die Veränderungen im Land etwas geändert?

In den Kinderprogrammen nicht. Im Abendprogramm hat sich Wesentliches geändert, weil wir – also, alle Liedermacher mehr oder weniger – im letzten Jahr eine Art Stellvertreterfunktion hatten. Was in den Medien oder öffentlich nicht mehr verhandelt wurde, wurde in den Programmen verhandelt, und man war gezwungen, tagesaktuell auf Sachen zu reagieren. Es kam zu Pointen, die man selber manchmal regional gar nicht ahnte, die nach dem Oktober jetzt natürlich alle hin und vorbei sind. Zum Glück, denn vieles hat sich erledigt, und jeder kann jetzt über alles reden, während man früher gezwungen war, an vielen Stellen in Andeutungen zu reden beziehungsweise zu versuchen, mit Mitteln der Kunst ein klares Wort zu sprechen. Bei uns hat sich so oder so eine Entwicklung abgezeichnet, dass wir schon vor einem Jahr beschlossen hatten, in diesem Jahr – Neunzig bis ein bisschen Einundneunzig – als Circus Lila nur für Kinder zu spielen, weil wir alle drei Soloprojekte vorhaben. Bernd Rönnefarth macht ein Abendprogramm allein, ich mache eines mit Johannes Schlecht am Piano und habe vor, ein paar Sachen in der bildenden Kunst zu machen, wozu ich einfach auch Zeit brauche. Und Johannes Schlecht komponiert ein paar Filmmusiken. In meinem Soloprogramm versuche ich weiter, schnell zu reagieren, besonders, wenn ich in die Noch-Bundesrepublik, muss man ja fast schon sagen *(lacht),* fahre. Das ist hochinteressant. Als ich im Oktober auf der Bühne stand, schlug einem als DDR-Bürger eine total andere Stimmung entgegen, als es jetzt der Fall ist. Das macht sich so bemerkbar, dass einen im Oktober und Anfang November alle beglückwünschten, wie schön das wäre, dass man käme und dass man nun da ist. In der Zwischenzeit haben meine Landsleute, muss ich sagen, auch einiges in ihrer Weise als DDR-Bürger angerichtet, etwa, den Westen vorurteilslos anzunehmen, zu bewundern oder zu übervölkern. Das geht bis dahin, dass hier, zehn Minuten um die Ecke am Übergang Sonnenallee, die Leute die Ossis nicht mehr leiden können, weil die Kaufhallen jetzt übervölkert sind und man überall Schlange stehen muss. Ich habe auch schon einen Reifen zerstochen bekommen, weil ich noch mein DDR-Schild hinten am Auto dranhatte. Man ist auf einmal, und das ist für uns eine neue Erfahrung, Mitglied einer Rasse, nämlich DDR-Bürger, ganz egal, was man vorher gedacht hat oder jetzt oder in Zukunft denkt, und das schlägt sich im Programm nieder. Ich habe da so einen Sprechtext, der heißt »Warteland«, wie also ein Land, die DDR, seine Sorgen exportiert. Also in der DDR musste man immer warten – aufs Reisen, auf ein Auto, auf sonst was –, und jetzt nehmen sie ihre Wartehaltung, dieses Sich-überall-Anstellen mit in den

Westen. Sie exportieren das, und das Warten ist ansteckend, jetzt müssen sie auf einmal drüben auch immer warten. Und sie warten: Na warten wir es ab, was passiert. »Wir sind erwartungsvoll«, sagt der Bundeskanzler. Viele Verhaltensnormen werden transportiert, und auf einmal merkt die andere Hälfte des Landes: Wir haben immerzu nur von einer abstrakten Einheit gesungen und geschwafelt, und jetzt, wo sie ganz konkret wird, hat das auch was mit Mühe und Arbeit zu tun. Und das will man eigentlich nicht so gern, was ich auch wieder verstehen kann, umgekehrt wäre das ganz genauso. Das sind die neuen Dinge, auf die man zurzeit eingehen muss, die Leute in Ost und West erwarten das geradezu, wenn man auf die Bühne geht. Es gibt die kristallisierten Punkte, und da bin ich ganz froh, dass wir immer Lieder gemacht haben, die einen gewissen überzeitlichen Wert hatten und sich nicht sofort verbrauchten. Da merkt man, dass man die wirklich guten heute noch genauso singen kann wie 1978, und sie haben auf einmal einen neuen Sinn, bleiben aber als Lieder erhalten. Da gibt es zum Beispiel dieses Mundartlied von den bürgerlichen Gewohnheiten oder eines, auch in Mundart, von einem alten Mann, der innerhalb einer Woche einfach so wegstirbt und was die Nachbarn und seine Frau und man selbst dabei so denken. Das kriegt in solchen Situationen auf einmal etwas Gleichnishaftes, wo man ganz neue Parallelen zieht. Etwas Altes ist vorbei, etwas Neues kommt, und was hält einen dabei so auf? Oder, ich habe mir mal das Kirchengesangsbuch, das mir noch sehr gegenwärtig war, hergenommen und aus diesen alten Chorälen neue säkularisierte Lieder gemacht, und solche Sachen überdauern einfach. Das hat Johannes Schlecht kompositorisch auch so gemacht, dass er sich von einer alten Melodie nur hat anschieben lassen und dann ganz woanders hingegangen ist. Und ich habe das mit den Texten ähnlich gemacht. Es gibt ja ganz tolle Sätze in diesen Chorälen, zum Beispiel: »Kann sein, bald wird das Lachen teuer, / Wenn alles wird vergeh'n im Feuer.« Das habe ich in eine Umweltproblematik übertragen. Aber so ein Satz, der geht direkt in den Bauch rein – »Kann sein, bald wird das Lachen teuer …« Das ist eine irre Geschichte, die sich 1990 wahrscheinlich anders erschließt als im Mittelalter – bei »teuer« denkt man an Geld, also, Lachen kann man sich kaum mehr leisten, weil eine Katastrophe kommen kann. Solche Lieder sehen wir als die Perlen in unserem Programm, und dazwischen muss ich zurzeit verhältnismäßig offen sein und aktuell mit den Leuten reden, plaudern oder aus der Situation heraus eine Pointe entstehen lassen. Da wird es oft auch sehr komisch und lustig, aber wir erklären zwischendurch nicht, warum es nun wieder ernst wird und nun wieder lustig ... Diesen penetranten roten Faden kann ich nicht leiden, und ich merke auch immer, dass das Publikum bei so harten Schnitten eigentlich gern mitgeht.

Ist das dann eine Mischung aus Bedürfnis zu unterhalten und ab und zu aber auch etwas zum Nachdenken mit nach Hause zu geben?
Ja, unbedingt. Ich sage immer: Wir machen Unterhaltung mit Klimmzugeffekt! Das ist ein bisschen wie aktive Erholung. Man kann sich einfach am Wochenende den ganzen Tag in den Liegestuhl setzen und sagen: Jetzt ruhe ich mich mal so richtig aus! Und ist hinterher doch schlapp. Oder man wandert zwanzig Kilometer, ist abends richtig müde und wird hinterher erholter sein. In dem Sinne also eine aktive Unterhaltungshaltung.

Die aktive Erholung im Kopf, sozusagen.
Und im Bauch und was weiß ich, wo das alles so passiert. *(lacht)*

In einem Gespräch für das Buch *Liederleute* sagen Sie, dass Lieder für die Kultur eines Landes sehr wichtig sind. Das wird dann nicht weiter konkretisiert, daher würde mich interessieren: Was bedeutete das vor zwei, drei Jahren, und was bedeutet es jetzt?
Also, ich muss das im Umfeld vielleicht mal ein bisschen erklären. Ich habe mich seit ungefähr fünfundachtzig mit der Sektion Liedermacher beschäftigt, war deren Vorsitzender. Es gab das Komitee für Unterhaltungskunst und darin Sektionen, die ein bisschen die Funktion hatten, in einer unheimlich komplizierten, dirigistischen kulturpolitischen Situation, die besonders beim gesprochenen oder gesungenen Wort mit aktuellen Bezügen sehr aufmerksam war, eine Art Interessenvertretung aufzubauen. Es ging darum, den Balanceakt zu schaffen zwischen dem absolut Nötigen auf der Bühne und den Leuten, die hinter der Bühne als Kontrolleure standen, darum, ein Bindeglied

herzustellen, damit überhaupt etwas machbar war und nicht so fürchterliche Sachen passierten, wie sie doch immer mal wieder passiert sind. Wie mit Stephan Krawczyk, aber es hätte genauso gut Gerhard Schöne, Barbara Thalheim oder uns treffen können. Dazu war die Sektion da, und deshalb war es damals immer ganz wichtig, weniger den Liedermachern –, die wissen das eh – sondern den Leuten, die Kultur verwalteten, einzuhämmern, dass diese Art von Liedern verdammt noch mal dazugehören und dass eben das Lied immer auch Widerspruch heißt. Und man verwechselte ja damals penetrant Widerspruch mit Staatsfeindlichkeit, Widerspruch war sofort gefährlich, musste unterbunden werden, deshalb ist das alles auch so kulminiert. Und als Vorsitzender einer solchen Sektion hatte man eben immer die idiotische und beschissene Aufgabe, bei Menschen dafür zu werben, dass andere etwas eigentlich völlig Normales machen wollen und auch können. Aber es gab damals keine andere Möglichkeit, und deshalb stehe ich auch voll dazu, dass ich das gemacht habe. Ich muss auch sagen, dass ich im damaligen Staats- und Parteiapparat Gesprächspartner hatte, die ich akzeptieren konnte, die was kapierten. Aber ich hatte natürlich auch immer wieder Partner, wo man einfach nur ganz deprimiert von dannen laufen konnte und ich anderen Leuten sagen musste: Da ist einfach nichts zu erreichen. Hier liegt noch ein Schriftwechsel vor, den ich mit Kurt Hager* wegen Gerhard Gundermann hatte, der immer nicht in den Westen reisen durfte, obwohl er schon Texter von Silly war. Der Schriftwechsel lief dann zum Schluss aus, Hager antwortete überhaupt nicht mehr, setzte sich nur auf dem Kongress der Unterhaltungskünstler mit Gundermann an einen Tisch und ließ sich fotografieren – ein Foto, das damals durch alle Zeitungen ging. Da wurde Gundi ein langes Gespräch versprochen, weshalb ich dann noch ein halbes Jahr als Sektionsvorsitzender gekämpft habe, dass dieser Typ da mal hingeht. Aber es war einfach eine Werbeshow gewesen – der große Hager kümmert sich um den aufmüpfigen Gundermann. Nichts ist passiert, und das wirkt

* Kurt Hager (1912–1998) war Mitglied des Zentralkomitees (ZK) und des Politbüros des ZK der Sozialistischen Einheitspartei Deutschlands (SED) und hat die Kultur- und Bildungspolitik in der DDR maßgeblich mitbestimmt.

heute ziemlich lächerlich, aber damals hat es uns sehr beschäftigt, und für Gundermann war es einfach unheimlich bescheuert, in dieser Zwickmühle zu sitzen. Jetzt würde ich sagen, dass Lieder für die Kultur eines Landes gut sind, man kann sie heutzutage ein bisschen als Korrektiv in diesem plötzlich aufspringenden Kommerz- und Einheitsrummel sehen. Ich glaube schon, dass auch in den nächsten Jahren Lieder, die nur in den Ecken sein und keine große Popularität haben werden, sehr wichtig für die Identität sein werden, und zwar eine gesamtdeutsche Identität. Es gibt bestimmt Leute aus Ost und West, die sich in einem Grundkonsens finden, und das wird oft auch in Liedern deutlich. Ein Lied muss in drei Minuten alles bringen, und wenn es gut ist, dann hält das auch.

Wie sieht es denn überhaupt um die Zukunftschancen der Liedermacher Ost aus? Wobei ich den Begriff »Liedermacher« jetzt weit fasse. Sie haben das ja selber erwähnt, dass eine Zeit lang bei einem Liedermacher das Wort sehr im Mittelpunkt stand, weil über das Wort transportiert werden musste, was sonst auf dem »freien Markt« nicht zu erhalten war. Diese Funktion ist jetzt in der Form erst mal weg, und der Anspruch der Zuhörer an künstlerische Qualität, Begleitung, Arrangement und all diese Dinge wird wachsen. Das wird sich doch sicherlich auf den einen oder die andere erheblich auswirken.

Für den klassischen Liedermacher, der immer was zu sagen hat, aber handwerklich nicht so gut ist, sieht es ganz schlecht aus. Der wird zu einem Mauerblümchen und wird das nebenher machen. Es wird aber auch hart für die Leute, die immer schon sehr gut waren, anspruchsvolle Arrangements und tolle Kunst gemacht, aber nur eine kleine Zahl an Liebhabern erreicht haben. Es fällt in der DDR vollständig dieser Hebel weg, der bis vor Oktober da war, dass man gerne zu solchen Veranstaltungen ging, weil man ahnte, da ist jemand gegen was, und ich bin ja eigentlich auch dagegen, da gehe ich mal da hin, da sind wir irgendwie zusammen. Da stellt sich jetzt schon raus, dass sich das Publikum viel eindeutiger scheidet. Zu Barbara Thalheim zum Beispiel ging vor der Wende ins Landestheater einer Provinzstadt wie Eisenach ein großes Spektrum von Leuten – vom Zahnarzt über den Apotheker bis hin zur alternativen Szene. Weil die alle wussten: Die Thalheim ist ein standhaftes Mädel und ist so dagegen, da gehen wir hin! Und die klatschten auch alle wild. Derweil hat der Zahnarzt DSU gewählt, der Apotheker CDU und halten sie alle für eine rote Emanze. Innerhalb der alternativen Szene hat sich das auch geschieden, also gehen nur noch die hin, die wirklich Bärbel Thalheim für gut halten, und die anderen gehen, was weiß ich, zum Freibier, das aus Bayern eingeflogen wird. Es ist also eine völlig andere Situation. Das heißt, es werden weniger Leute in Liedermacher- oder freie Theatergruppenkonzerte gehen, aber diese Leute werden eindeutiger dazuhalten. Die kommerzielle Komponente müssen wir erst rauskriegen. Uns selbst als Circus Lila geht es so, dass alle Kinderkonzerte, die für dieses Jahr in der Bundesrepublik geplant sind, stehen, und die in der DDR haben bis jetzt zu neunzig Prozent stattgefunden. Man weiß nicht, wie das im Herbst ist. Unser Standbein ist nicht mehr die DDR, einfach auch, weil man planen muss, denn man hat mit Technik und sonst was zu tun. Die Mechanismen von Sponsoren oder Subventionen gerade für Kinderprogramme sind bei uns erst mal völlig zusammengebrochen und müssen sich neu ordnen, das wird eine Zeit dauern. Wobei es im Kinderprogramm noch günstig ist, weil das unter Soziales fällt – wir weisen die Stadträte immer darauf hin, dass es nicht das Ergebnis von Wende sein sollte, dass es keine Schülerkonzerte mehr gibt. Oft wird dann gesagt: Ja, das hat der Betrieb immer bezahlt, aber den Betrieb gibt es nicht mehr, also machen wir das nicht mehr. Da muss erst neu gedacht werden, wie Gelder kommunal verteilt werden, und ich weiß von Kollegen, dass die Abendkonzerte oft ausfallen oder bloß fünf Leute da sind, weil die gerade lieber den Fernsehtalk über die Währungsunion hören. Die Menschen der DDR interessiert zurzeit auch viel anderes, konkret aber eigentlich nur ihr dummes Geld.

Für mich war das ja angenehm, dass sich die meisten Leute, die Musik oder Kabarett machen beziehungsweise in die Richtung arbeiten, alle in Berlin konzentrieren. Angenehm, weil ich dann nicht so weit zu fahren brauchte, um alles zusammenzukriegen. Aber wie sieht es in der Provinz aus? Stichwort »Thüringen«. Als ich erfahren habe, dass eine Sendungs-

reihe vom Deutschlandfunk mit Thüringen anfängt, habe ich überlegt, wer mir einfällt, den ich kenne. Erst mal fiel mir gar niemand ein, dann kam ich über das Liederleute-Buch auf Circus Lila und Gerd Krambehr. Aber mehr fiel mir dann auch schon nicht mehr ein. Wie ist die Situation in der Provinz? Wenn die Leute hier in Berlin derzeit schon andere Sorgen haben, könnte ich mir vorstellen, dass es irgendwo da draußen noch stärker so ist.

In der Provinz ist das noch schwieriger entstanden als in Berlin, weil dort Kulturpolitik noch härter und finsterer war. Die hatten noch mehr Mühe, mit kritischen Liedern eine Zulassung zu kriegen, um überhaupt singen zu können. In Thüringen selbst gibt es die Bezirke Erfurt, Suhl und Gera. Gera und Suhl waren kulturell völlig finster, weil die Kulturpositionen dort mit Idioten besetzt waren – das waren auch schon damals die Bezirke, mit denen man als Sektion den meisten Ärger hatte. Wir selber, Görnandt & Rönnefarth, stammten aus Gera und haben nur durch Hilfe aus Berlin – durch Gisela Steineckert* – überhaupt geschafft, dass wir aus üblen Diffamierungskisten rauskamen, wir wären irgendwelche Konterrevolutionäre ... Es war ganz schlimm damals. Wir hätten das über den Bezirk Gera nie geschafft, aber wir waren mobil und kamen raus, viele schafften das nicht. Erfurt war ein bisschen offener und hatte das Theater in Erfurt und Weimar, da haben einige Schauspieler mehr das gemacht, was klassisches Chanson und Liedermacherei betrifft. Da gab es Hans Radloff, der war so ein bisschen der Reinhard Mey Thüringens und ist dann vor einiger Zeit auch in den Westen gegangen. Es gab und gibt immer noch Thomas Schneider, einen guten Schauspieler, der gute Programme macht. Bayon war eine Rockgruppe, die aber auch sehr poetische Lieder gemacht und mit Theaterleuten zusammengearbeitet hat. Also, dieses Spektrum ist in Thüringen eigentlich ganz gut vertreten. Torsten Schlingelhof hat eher jazzrockige Lieder gemacht. Es gibt jetzt auch eine Platte von ihm, aber der hatte es auch sehr schwer im Bezirk Erfurt. Dann hört es eigentlich schon auf. Bezirk Suhl hatte eigentlich überhaupt nieman-

* Gisela Steineckert ist Schriftstellerin und Lyrikerin. Sie war von 1984 bis 1989 Präsidentin des Komitees für Unterhaltungskunst.

den außer einer singenden Ärztin, die drei Lieder spielte und dann immer hochgehalten wurde. Die war ganz lieb und nett, wollte aber eigentlich nur nebenher singen. Kurios war das alles und ist es immer noch ein bisschen. Ich kann nichts darüber aussagen, was in Thüringen konkret Neues entsteht, innerhalb dieser Sektion waren das aber eigentlich schon die Leute, die man nennen könnte.

Vielleicht können Sie noch ein bisschen über das aktuelle Programm von Circus Lila »Lieber Mensch« erzählen, dass wir mal ein paar Mosaiksteinchen herausgreifen.

Der Titel »Lieber Mensch« signalisiert, dass ich das ganz ernst meine, weil ich meine, dass die Menschen alle nur weiterkommen, wenn sie »lieb« zueinander sind. Hat aber im Programm die Spanne zwischen »Du lieber Mensch.« bis zu »Mein lieber Scholli.« In dieser Waage bewegt sich das und ist aber auch so ein bisschen das Anliegen. Ich nehme facettenartig viele Ereignisse und Anregungen, die ich in der Welt gehabt habe, erzähle davon, provoziere damit und setze das alles dieser Grundaussage gegenüber, dass man bei allem Intellekt und mal harten Umgang miteinander immer wieder merken muss, dass der andere eben auch ein mit tausend Fehlern behaftetes Stückchen Fleisch ist, damit man zu diesem »lieben Menschen« irgendwie wieder hinkommen kann. Das hat zum Beispiel auch eine ziemliche Brisanz gehabt in der Zeit, wo in der DDR fast Ausschreitungen in Richtung Stasi passiert sind. Selbstverständlich ist da eine Unmenge Fürchterliches passiert, einem selbst ist es so gegangen. Ich hatte zum Beispiel einen Vater in der Bundesrepublik, und als der todsterbenskrank war, durfte ich nicht dahin fahren. Ich habe meine ganz konkreten Leute, die ich kenne und von denen ich auch heute noch weiß, wo die sitzen und in welchen Ämtern, die damals ganz furchtbar mit mir umgegangen sind. Trotzdem weiß ich, dass man nicht eine halbe Million Menschen aus diesem Land in die Oder oder ins Haff schmeißen kann, sondern man wird leider mit ihnen leben müssen, muss eine positive Energie dagegensetzen und sagen: Ich bin stark genug, um diese Leute an einem bestimmten Punkt wieder anzunehmen, ihnen eine Chance zu geben. Da ist christliches Gedankengut im Hintergrund. Ich empfinde mich ein bisschen als einen konfessionslosen Christen, ich kann mich nicht mit irgendeiner Kirche oder dieser ganzen Sache anfreunden, aber mit den Grundwerten des mitmenschlichen Umgehens miteinander gehe ich sehr konform, und das heißt für mich auch »Lieber Mensch«. Dieses Thema variiert eigentlich das Programm und ändert sich zurzeit auch immer ein wenig, es kommen neue Lieder dazu, andere gehen weg, und es kommen besonders eine Menge neuer kurzer Sketche oder Sprechtexte dazu.

Ich habe noch eine Frage zum Musikalischen. Wo liegen da die Vorlieben, oder was sind die musikalischen Vorbilder?
Das ist schwierig zu sagen, weil wir uns ja ganz bewusst auf eine Musizierhaltung auf der Bühne reduzieren, die mit zwei Naturinstrumenten, also einem Piano, einer Geige und manchmal einer Gitarre auskommt. In meinem Soloprogramm gehe ich eigentlich auf die klassische Verabredung Piano und Mensch ein, der dazu singt oder spricht, wobei wir eigentlich eine Berg-und-Tal-Fahrt machen – das geht zum Beispiel von dem, was ein Herman van Veen macht, bis hin zu Herbert Grönemeyer oder so, also dem, was wirklich das Rockige hat oder den geradlinigen Song, den man auch mit einem anderen Instrumentarium umsetzen kann. Wir haben auf unserer neuen Platte noch mit einem Keyboarder und ein paar Instrumentalisten zusammengearbeitet und haben dadurch einen Weg vollzogen, dass wir das, was wir sonst optisch auffüllen, akustisch mit einem Sound rüberbringen. Ich hoffe, das ist uns gelungen, es gibt ja oft die Liedermacher, die erst ihr Liedchen zum Klavier oder zur Gitarre machen und es dann ein bisschen aufarrangieren – das ist dann meistens kärglich und dünn. Es sind jetzt Lieder entstanden, die von vornherein auf das größere Arrangement aus gedacht sind, also mehr Musik. In dem Spannungsfeld zwischen van Veen und Grönemeyer oder dem, was Heinz-Rudolf Kunze früher mal gemacht hat.

Vielleicht eine Frage noch, was die Bundesrepublik betrifft. Sie sagen, die Circus-Lila-Programme stehen im Grunde für dieses Jahr. Vor ein paar Wochen habe ich Barbara Kellerbauer in der Alten Oper in Frankfurt am Main gesehen und dann Gerhard Eggers und Udo Magister in

Bonn. Beide Male waren dreißig oder fünfunddreißig Leute da. Das war irgendwie eine traurige Situation für alle Beteiligten, für diejenigen auf der Bühne, aber auch für die Besucher. Und da habe ich mich gefragt, wie eigentlich das Westpublikum jetzt vorbereitet wird, um sich auch ein wenig mit dem Angebot, das aus dem Osten kommt, auseinandersetzen zu können. Ich habe den Eindruck, Barbara Thalheim kennt man vom Namen her auch bei uns ganz gut, aber da hört es dann eigentlich auch schon auf.

Das liegt erst einmal daran, dass wir bisher keine Möglichkeit hatten, für uns zu werben. Und da bin ich eigentlich ganz zuversichtlich, dass Leute, die etwas draufhaben, sich mit dieser neuen Situation anfreunden und versuchen werden, sich in diesem ohne Zweifel sehr schwierigen Markt einen Namen zu machen. Gleichzeitig muss man durch solche peinlichen Situationen durch, es bleibt uns keine andere Wahl. Wir haben so was auch schon gehabt, das lag dann oft daran, dass man aus der DDR das Management oder die Werbung noch nicht so steuern konnte, wie es nötig gewesen wäre, um so etwas zu machen. Es ist zurzeit zudem kompliziert. Für die Abendprogramme zieht nicht mehr dieser News-Wert nach dem Motto: »Da ist eine Gruppe aus der DDR, mal gucken, was die machen.« Nun sind die überall, und warum soll man da noch hingehen? Dieses Level fällt einfach weg. Ich rede in vielen Passagen des Programms auch eigentlich nicht mehr darüber, dass ich aus der DDR bin. Ich bin Görnandt und fange jetzt an und mache mein Ding – die Grenzen sind sowieso schon völlig verschwommen. Bei den Kinderprogrammen ist das anders, da spielt das nicht so eine Rolle. Kinder kommen entweder oder kommen nicht, das ist eine Frage dessen, wie gut der Veranstalter das organisiert hat. Wenn es genügend Kinder wissen, sind die auch da.

Vielleicht noch eine allerletzte Frage zur DDR. So wie die Verhandlungen zwischen Bonn und Berlin ablaufen, kann da der Liedermacher im Moment eigentlich irgendetwas ausrichten? Was für eine Funktion hat er im aktuellen Spiel der Kräfte mit Blick auf die Bevölkerung?

Der Liedermacher kann gar nichts ausrichten. Die Mehrheit unserer Bevölkerung hat sich am 18. März sehr eindeutig artikuliert, und ich glaube, dass diese Mehrheit sich von uns stoppeligen Liedermachern zurzeit überhaupt nichts sagen lässt. Auch nicht aus dieser Position heraus. Wir sind ja für sie partiell auch so Befleckte. Circus Lila oder ich durften eben schon zwei, drei Jahre in die Bundesrepublik fahren, und ich konnte natürlich immer sagen: »Nun überlegt euch das doch mal, das und das ist richtig so, aber es gibt auch diese und jene Schattenseiten, machen wir das doch vielleicht etwas vorsichtiger.« Dann sagen die mir: Du hast gut reden, dir ging es ja gut. Die alte Gleichmacherei ist ein bisschen von der neuen Gleichmacherei abgelöst worden, es wird auch alte Inkompetenz an vielen Stellen von neuer Inkompetenz abgelöst. Ich finde das auch sehr bedauerlich, aber man sollte nicht larmoyant darüber werden, weil ich glaube, dass sich in kürzeren Zeitabschnitten, als sich das in der vierzigjährigen Geschichte einer Bundesrepublik entwickelt hat, bei uns neue Kräfteverhältnisse, auch im alternativen oder im Bürgerbewegungsbereich, entwickeln werden, die schon ihre Menschen um sich sammeln. Leider Gottes haben wir eine Vielzahl von Menschen, die – das meine ich nicht böse – wirklich provinziell und ahnungslos in die große Freiheit tappen und denen es dabei nicht gut gehen wird. Man darf die Ursachen nicht vergessen, daran ist auch unser altes System schuld, und Belehren hilft da überhaupt nicht – das Kind muss sich eben erst mal die Finger verbrennen. Wobei ich damit nicht sagen will, dass all das, was auf uns zukommt, schlecht ist im Sinne eines großen Wehklagens, ganz und gar nicht. Ich halte es für gut, dass das alles so gekommen ist, ich halte nur den letzten Überschlag, diesen doppelten Salto mortale, den wir jetzt versuchen, für ein bisschen gefährlich. Das hätte ich mir klüger vorgestellt.

Gerhard Gundermann

Berlin, 30. April 1990

Machst du eigentlich mittlerweile nur noch Musik, oder steckst du noch in deinem Arbeitsleben drin?
Ich stehe noch drin. Das soll eigentlich auch so bleiben. Meine Theorie ist immer die von zwei Beinen, eins in der materiellen Produktion, eins in der geistigen. Das muss nicht unbedingt der Beruf sein, ich kann mir auch was anderes vorstellen, aber es ist so und soll so bleiben.

Wie ist denn in dem Zusammenhang für dich das Verhältnis Arbeitswelt – Singen? Wie geht das zusammen, Lieder schreiben und arbeiten?
Na ja, ich ziehe das, was ich singe, da aus der Innenwelt raus. Und durch das Auf-Bühnen-Stehen, Rumkommen und Mit-anderen-Leuten-Reden habe ich immer einen anderen Blick auf das, was bei uns passiert. Eigentlich bringt also das eine dem anderen eine Menge.

Wie bist du überhaupt dazu gekommen?
Schon seit ich vierzehn war, wollte ich immer »House of the Rising Sun« spielen. Das hat mir ein Kumpel beigebracht, und dann waren die Harmonien so schwer, mit F und so, da habe ich dann selber was geschrieben mit den Harmonien, die ich spielen konnte. *(lacht)*

Was waren denn von den Texten her die ersten Sachen, die du gemacht hast? Oder gab es ein Ereignis, wo du gesagt hast: Da schreibe ich jetzt was drüber!
Das Erste, wozu ich was gemacht habe, war Vietnam. Mich hat aufgeregt, wie weit menschliche Grausamkeit gehen kann, und das habe ich für mich versucht, über ein Lied zu klären. Ich kann mich nicht mal mehr erinnern,

wie der Text war, ich weiß bloß, dass es das Erste war, was ich jemals geschrieben habe.

Viele deiner Lieder haben damit zu tun, mit dem Alltag zu leben, mit den Träumen, den Wünschen, die man hat. Kennst du diese inneren Widersprüche, die in den Menschen zu finden sind, bei dir selber auch?
Ich singe ja drüber, also sicher.

Na ja, viele Leute singen oft über Dinge, ohne dass sie selbst davon betroffen sind. Wenn du vielleicht an zwei, drei Beispielen was zur Entstehungsweise eines Liedes bei dir erzählen könntest?
»Halte durch« zum Beispiel, wo ich singe, dass ich eigentlich an der Front gegen die Umwelt stehe, nehme ich als Bergmann. Ich arbeite im Berg- und Tagebau, mache da die Kohle weg. Der offensichtliche Zwiespalt bei mir ist, dass ich genau auf das Haus zu baggere, in dem ich wohne. Die Bergleute sind Leute, die an dem Ast sägen, auf dem sie sitzen, und das bezahlt kriegen. Und wir können uns aussuchen, ob wir den Ast erhalten oder ob wir uns irgendwie weiter von unserer Arbeit ernähren wollen, und das ist ziemlich schwierig. Jetzt entscheiden das offensichtlich andere Umstände für uns, und das finde ich auch ganz gut. Um diesen Zwiespalt also geht es in dem Lied. Ich wollte mich dem auch nicht entziehen, indem ich aufhöre, im Bergbau zu arbeiten und das für mich kläre. Deswegen hört ja der Prozess nicht auf. Der Punkt war für mich immer, wenigstens zu versuchen, dass Heimat, da wo ich bin, so effektiv wie möglich verheizt wird und ich andere Leute, die den Kopf dazu haben, ermahne, sich was auszudenken, dass wir das nicht mehr machen müssen. Das war immer der Punkt.

Bei einem Lied, das du heute als Letztes gespielt hast, war der Punkt: Wir sind hier hineingeboren, jetzt haben wir es am Hals! Was hat dich bewogen, das so und nicht anders zu schreiben?
Na ja, es ist so, dass ich die ganze Zeit das Gefühl habe – nicht aus diesen Ereignissen im letzten halben Jahr heraus, sondern überhaupt –, dass meine Generation ein wenig übersprungen wird. Wir haben immer viele Ideen ge-

habt und konnten nie ans Ruder, weil immer die Alten drangesessen haben, egal in welchen Etagen. Und jetzt ist es so, dass die nach uns auch schon Ideen haben und bereits hinter uns schubsen, sodass wir als Generation gar nicht dazu kommen, unsere Ideen zu realisieren, die vielleicht nicht schlecht gewesen wären. Zudem kommt dazu, dass nach diesen Dingen, die bei uns passiert sind, alles, was wir uns mal ausgedacht haben, sowieso erst mal Essig ist. Und das ist so ein Punkt, der mich aufregt. Ich hätte gerne, dass wir mit dem, was wir haben, noch eine Weile umgehen, dass wir nicht alles wegschmeißen, sondern hier erst mal das machen, was uns möglich ist. Abgesehen davon, dass es für mich unmoralisch ist, sich an ein anderes Volk wie ein Rucksack dranzuhängen, auf das man vorher mit dem Finger gezeigt hat nach dem Motto: »Ätsch, ihr habt Arbeitslosigkeit und solche Sachen.« Und dann auf einmal zu sagen: »So, nun tragt uns mal mit, gebt uns eure harte Kohle und macht, dass es uns auch so gut geht!« Das kotzt mich irgendwie an. Auch wer schon diese Lösung individuell für sich gesucht hat … – das käme für mich nicht infrage, außer wenn ich absolut am Hungertuch nagen würde. Aber dass sich ein Land sozusagen geschlossen aufgibt, das ist irgendwie eine Eigenart. Ich wollte das immer abbremsen, wollte darüber reden, das zumindest immer sagen und gucken, bei wie vielen Leuten das Resonanz findet. Hätte ja sein können, dass es die Mehrheit ist. Es war nur nicht die Mehrheit.

Hat dich das überrascht?

Ja, doch, ein bissl. Wobei, ich wusste das schon, als das alles anfing. Das habe ich damals auch gesagt, wenn wir eine Diskussion hatten – ich habe da immer mit einem Haufen Leute zusammengesessen. Ich habe ihnen gesagt: Ihr müsst weg von euren Stühlen, denn noch stehen dort Personen zur Disposition, keine Strukturen, und wenn ihr das nicht begreift … Heute sage ich noch, das ist unsere Verantwortung, ab morgen lehne ich die Verantwortung für das hier ab und habe keine Lust, neben euch an der Laterne zu hängen. Denn mit viel Glück kommen wir zu einem sozialdemokratischen Modell, wenn das hier alles vorbei ist, mit weniger Glück wird es was anderes. Ich habe es also schon gewusst, aber man hat ja immer seine Flausen und seine eigenen Wünsche.

Auf die Frage, was du gerne machen würdest, hast du einmal so schön geantwortet: »Mein Gitarrenspiel wird sowieso nicht mehr besser, aber ich könnte mir vorstellen, noch mal was zu studieren.« Und da sagtest du unter anderem Wissenschaftlichen Kommunismus.« Willst du das noch?

Jetzt eigentlich gerade! Sagen wir mal so: Dass ich das gesagt habe, ist schon ein paar Jahre her. Es ist natürlich idiotisch, aber es ging zum Beispiel auch darum, dass ich die Leute, die mir laufend bewiesen haben, dass ich falsch liege, einfach mal auf ihrer Strecke schlagen wollte. Es hat mich angekotzt, dass die mir immer irgendwelche Halbbildung vorgeworfen haben. Ich hab in diesen Büros gesessen und gegen die Leute gebläkt und rumgeschrien, weil sie es nicht gecheckt haben, aber ich konnte nicht argumentieren. Ich wollte Argumente bringen, weil ich annahm, man kann mit ihnen argumentieren. Die zweite Sache ist die, dass ich nicht studieren würde, um das vielleicht zu realisieren, sondern um zu gucken, wo denn nun eigentlich wirklich die Potenzen liegen. Man hat ja nie so richtig an sich geglaubt, hat immer gesagt: Wir müssten mal und so ... Eigentlich hätte man aber die Stücke oder die Filme schreiben und das alles schon machen müssen. Man hätte es aus der Schublade ziehen müssen, jetzt, wo es gebraucht wird. Aber wir haben es nicht gemacht. Ich habe es nicht gemacht. Ich denke, irgendwann werden wir die bürgerliche Demokratie als Volk durchexerziert haben – als Kurzlehrgang. Es muss ja irgendwie weitergehen, und die Fragen, die die Welt heute stellt, sind nicht mehr alleine mit bürgerlicher Demokratie zu lösen, auch da geht es um eine Weiterentwicklung. Ich glaube, dass es wichtig ist, eine Idee zu haben und nicht alles wegzuschmeißen oder die Bücher zu verbuddeln, sondern nachzugucken, sich selber die Grundlagen zu schaffen und darauf aufbauend seine eigenen Dinger reinzuziehen – also argumentieren zu können und wirklich Modelle aufzubauen, Möglichkeiten, die vielleicht irgendwann in fünfzehn Jahren gefragt sind.

Welche Rolle könnten dabei Liedermacher spielen?

Ich finde, dass Wissenschaftler und Künstler von der Gesellschaft dafür bezahlt werden, dass sie ein bisschen vorneweggehen, auskundschaften und melden, was sie sehen, welche Wege offen sind, welche vielleicht nicht. Irgendwo verarbeitest du da die Gesellschaft, weil es ja eine Menge Leute sind, die Vorschläge machen, und die Gesellschaft sucht sich dann ein Optimum raus. Denke ich jedenfalls, dass das ein Ideal wäre. Ich werde sozusagen dafür bezahlt, dass ich Vorschläge mache und dass die Leute, wenn sie eine Frage haben, von mir eine von tausend möglichen Antworten kriegen können.

Als du vorhin beim Konzert in deinen Koffer gegriffen und diese Panzergeschichte erzählt hast, sagtest du, dass du achtzehn Jahre gebraucht hast, um von der einen Ecke zur anderen zu kommen. Wenn du mit wachem Blick durch diese Gesellschaft gelaufen bist – und das bist du ja wohl, sonst hättest du keine Lieder geschrieben –, wo war da der Punkt für dich, wo du selber in Probleme kamst? Wie formuliere ich ein Lied, wenn ich bestimmte Dinge sehe? Kann ich sie so formulieren, wie ich sie sehe, oder verpacke ich sie in Metaphern?
Das habe ich, ehrlich gesagt, nie gemacht. Ich habe immer gesagt, was ich dachte. Es gab unterschiedliche Möglichkeiten, das zu äußern, und ich habe das auch immer getan. Mal wurde es gefördert, und mal wurde versucht, es zu verhindern, aber es ging immer. Ich kann mich nicht beklagen, dass ich zehn Jahre mundtot war oder so, das ist nicht der Fall.

Wie siehst du die Zukunft der DDR-Liederszene, ob das mehr Richtung Rock gehen wird oder Richtung Folk oder ganz woandershin? Glaubst du, dass es schwer werden wird, auch unter dem Gesichtspunkt kommerzieller Konkurrenz, die es in der Form wie jetzt ja nicht gegeben hat?
Wir hatten ja – das ist schon oft besprochen worden – auch Ersatzfunktionen. Wir haben immer auch Nachrichten überbracht, sozusagen Ersatzpolitik gemacht – das ist alles gestrichen, das brauchen wir nicht mehr so. Und nun wird sich zeigen, wer von uns in dieser neuen Phase der Gesellschaft was anbieten kann und wer nicht. Da wird es sicher welche geben, die wieder versuchen werden, das zu machen, was sie mal gelernt haben, also Physik, Elektrik oder so. Und es hindert sie ja keiner daran, ihre Lieder zu singen. Es

wird aber auch welche geben, die wichtig für die Zukunft sein werden, wo ich aber glaube, dass die meisten von denen, die ich kenne, nicht so unbedingt kommerziell erfolgreich sein wollen. Sie wollen in der Lage sein, ihre Lieder zu machen, und sie hoffen darauf, dass die von den Leuten gebraucht werden. Es muss sich jetzt nicht unbedingt toll verkaufen.

Wovon werden denn die neuen Zeiten singen? Wenn du jetzt auch an dich denkst, was glaubst du, wie Liedermacher die weitere Entwicklung inhaltlich begleiten werden?
Das ist verschieden. Das ist ja genau dieses Publikum. Bevor sich diese Dinge entwickelt haben, war das so: Wenn der Liedermacher auftrat, ist die gesamte Opposition hin, und am Abend kamen verschärfte Sachen. Jetzt ist es so, dass der Gegenspieler weg ist und die Opposition sich aufgefächert hat in verschiedene Leute mit verschiedenen Zielen, verschiedenen Methoden. Entsprechend werden sich sicher auch die Liedermacher auffächern – der eine hat so eine Meinung, der andere so eine und der Dritte wird sagen: »Jetzt habe ich meins gemacht, jetzt kann ich vielleicht auch dazu übergehen, den Leuten Schlager zu singen.« Ist alles möglich, es gibt nicht die eine Richtung, die dominiert. Weil der allmächtige Gegenspieler weg ist, wird es auch die einseitig ausgerichtete Opposition nicht mehr geben, auch nicht in der Kunst. Prognosen dafür habe ich keine.

Und wo siehst du deine eigene Zukunft im Schreiben?
Ich kann das nicht in einen Satz fassen. Wenn ich das könnte, bräuchte ich keine Lieder machen und keine stundenlangen Programme spielen. Es geht um viele Dinge. Ich denke, wir sollten versuchen, Katastrophen so lange und weit wie möglich rauszuschieben, bis wir sie verhindern können. Das betrifft viele Sachen – die Umweltbombe, die Nord-Süd-Bombe oder anderes. Ich denke auch, dass so ein Satz, dass die neuen Menschen sich nach den Umbrüchen formen, nicht stimmt. Das ist ja nicht so, die neuen Menschen haben sich vorher geformt und dann die Verhältnisse so für sich umgewandelt, dass sie darin existieren können. Die Verhältnisse, die wir jetzt haben, sind ein sehr krasses Spiegelbild unseres Volkes, und da sind wir wieder dran,

irgendwie mit den Leuten ins Gespräch zu kommen und an dieser Arbeit mit dem neuen Menschen für die nächste Phase was zu tun.

Glaubst du, dass das gelingen wird? In einem Lied singst du doch: »Die Führer kommen, die Führer gehen, aber das deutsche Volk bleibt ...
... doof! *(lacht)* Du, ich glaube gar nichts. Ich will etwas und gebe meine Kraft dafür. Ich wollte auch, dass bei den Volkskammerwahlen mehr Linkes ist ... Ist nicht, das heißt aber nicht, dass ich jetzt traurig bin. Ich habe alles gegeben, ist nicht, na gut, dann das Nächste. Ich glaube an nichts, sondern ich versuche mir das, was ich will, zu erarbeiten.

Ich habe noch eine Frage zur Musik. Wenn ich jetzt an das Festival im vergangenen Februar denke, glaubst du, dass sich auch musikalisch was ändern wird? Wie du gerade gesagt hast, war die Funktion des Liedermachers hier ja oft auch, Nachrichten zu überbringen, die man sonst nicht bekam. Insofern war der Text im Vordergrund, eine Funktion, die zumindest nur noch eingeschränkt von Bedeutung ist. Die Frage nach der ästhetisch-künstlerischen Verpackung wird also einen neuen Stellenwert bekommen.
Klar, das wird sich auch auffächern. Es wird sicher Leute geben, die sich sehr stark irgendwelchen Kunstliedelementen oder Jazzsachen und so zuwenden, das gibt es ja woanders auch. Dieses Nachrichten-Überbringen nach dem Motto »Schnell heute Abend ein Lied machen, das man morgen mit der Gitarre – trallali – singen kann« wird sicher aufhören beziehungsweise sich nicht mehr machen lassen oder höchstens noch in einem begrenzten Maßstab. Die Leute werden die Sachen für sich finden und sich musikalisch in verschiedene Richtungen entwickeln, das ist schon klar.

Du bist auch weitgehend aus der Singebewegung raus, wenn ich das richtig sehe. Wo sind denn deine musikalischen Interessen oder Hintergründe? Hast du musikalisch oder inhaltlich irgendwelche Vorbilder gehabt?
Wenn wir damals im Klub eine Fete hatten, haben wir immer die beiden Platten von Renft und die beiden Platten von Manfred Krug gespielt. Da-

zwischen spielte es sich ab. Als Werbung für unser Unternehmen heute hier läuft das so, dass wir die Tankstelle sein wollen zwischen Herman van Veen und den Rolling Stones, also mehr in der Mitte, sehr viel Härte und sehr viel Zärtlichkeit.

Edgar Harter

Bonn, 1. Juni 1990

Die ganzen Veränderungen sind wahrscheinlich gerade für Kabaretts sehr einschneidend, denn in der DDR hat man als Kabarett ja auch eine Zeitungsfunktion gehabt. Es kamen also im Prinzip Leute, die etwas erwartet haben, was sie selbst auch dachten, sich aber nicht zu sagen trauten, und fanden das auf einmal auf der Bühne. Das ist weg.

Ich finde, die Probleme sind sogar existenziell. Für uns vielleicht noch nicht so sehr, aber es gibt ja eine ganze Reihe von Kabaretts in der DDR, fast in jeder Bezirkshauptstadt eins. Wir in Berlin haben einige Autoren, die für uns schreiben, und befinden uns in einer politischen Umgebung, die sehr viel Sympathie für linke Gedanken hat. Das ist, wie bekannt, nicht in jedem Teil der DDR so. Im Süden weht ein etwas anderer Wind als im Norden, und ich denke, dass die Kollegen, die dort Kabarett machen, das auch sehr deutlich spüren. Aber wir hatten ein knappes Jahr vor der Wende schon mal einen ganz kritischen Punkt erreicht, was die Existenz der Distel betraf. Wir hatten ein Programm in Vorbereitung, bei dem die Premiere bevorstand, haben es dann aber nur bis zur Generalprobe geschafft, denn es wurde schlicht und einfach verboten. Das heißt der Vorgang des Verbots war eigentlich sehr viel komplizierter. Es gab niemanden, der gesagt hätte: Ihr dürft nicht. Es wurde schon viele Jahre sehr differenziert gearbeitet, und unser damaliger Direktor kam dem Verbot letzten Endes zuvor – wenn wir es nicht selbst zurückgezogen hätten, hätte man den Laden dichtgemacht, zumindest für dieses eine Programm. Da waren wir mit einem Programm genau auf den Punkt gekommen, der alle DDR-Bürger zu der Zeit beschäftigte. Es ging um die Wahlen, überhaupt um unser Demokratieverständnis, und da sind wir zwei Schritte zu weit gegangen, und sie haben uns den Hahn zugedreht. Ich bin seit nunmehr fünfzehn Jahren dabei, und es war eigentlich seitdem das erste Mal, dass die Partei so vehement Nein gesagt hat.

Schauen wir mal auf die jüngere Vergangenheit. Da fiel mir besonders bei den Liedermachern sehr stark auf, dass die was über jemanden schrieben, und am nächsten Tag war der schon nicht mehr im Amt. Es war also so, dass einem die Themen wegrannten …

Das ging uns ganz genauso, wir sind im Prinzip atemlos der Zeit hinterhergelaufen. Und die Dynamik der Ereignisse hat ja noch nicht nachgelassen. Man wird es heute Abend in der Vorstellung sehen. Wir glauben zwar, dass wir auf der Höhe der Zeit sind, aber das bedeutet für uns einen völligen Wechsel in der Produktionsweise. Vor der Wende war es so, dass wir zehn Wochen lang probieren konnten, dann gab es die Premiere, und dann haben wir etwa anderthalb Jahre lang ein Programm fast ohne Veränderung spielen können. Jetzt sind wir sozusagen in einem rollenden Verfahren, das heißt, wir wissen, eine Nummer geht nur bis dann und dann, und danach muss wieder was Neues da sein. Wir wissen also, dass das Programm, wie wir es heute Abend spielen, nur bis zum 1. Juli so geht. Nach der dann erfolgenden Währungsunion wird alles anders sein, und wir müssen vielleicht zwei Drittel unseres Programms wegschmeißen. Das Problem ist aber, dass natürlich jetzt noch kein Autor was schreiben kann. Man kann Dingen nicht vorgreifen, die noch nicht passiert sind. Das heißt, die Gefühle der Menschen, die Handlungsweisen der Leute kann man nicht voraussehen. Wir machen aktuell sehr stark auf die Probleme aufmerksam, die die DDR-Bürger im Augenblick haben. Wir haben den Eindruck, dass es vielen viel zu schnell geht, dass sie emotional überfordert sind. Das ventilieren wir sehr stark im Programm, aber ab dem 1. Juli ist es eine neue Situation für uns. Zum Glück liegt der Urlaub dazwischen, aber nach dem Urlaub, am 14. August, geht es wieder los, und wir haben noch keine Texte auf dem Tisch. Wir haben aber das Glück, dass wir eine ganze Anzahl an Textern haben, sodass es nicht so sein wird, dass wir nicht spielen können.

Nun ist es ja so gewesen, dass man in den letzten Monaten sehr schnell alles das, was tabu war, aufs Korn genommen hat. Jetzt sind die neuen Politiker dran, die sich in der DDR einnisten und sich in gemachte Betten à la BRD legen, und wahrscheinlich geht es dann auch um den an die Tür klopfenden, real existierenden Kapitalismus.

Ja, die erste Stufe nach der Wende war die Schelte gegen die alten Politiker. Es war auch für das Publikum notwendig, das Vergangene noch mal abzuarbeiten. Jetzt sind wir dabei, sozusagen den augenblicklichen Zustand festzustellen und uns auf die neuen Politiker einzuschießen, was nicht ganz einfach ist, weil vieles noch zu indifferent ist. Aber ein paar haben sich schon sehr gut für Kabarettisten positioniert. Der Innenminister* ist zum Beispiel ein dankbares Objekt und das, was das rechte Spektrum unserer Parteien ausmacht, natürlich auch. Und ich weiß nicht, ob man es toll finden oder für einen Witz in der deutschen Geschichte halten soll, dass ein Pfarrer Verteidigungsminister ist** – auf jeden Fall aber ist es satirewürdig.

Es gibt ja hier viele politisch interessierte Menschen, die zusammensitzen, diskutieren und fassungslos sind über die Art, wie da etwas übergestülpt wird. Alle sagen zwar auch: »Endlich ist dieses System weg!« Aber so wollte man es eigentlich nicht. Was kann Kabarett tun? Kann Kabarett etwas aufhalten oder in den Köpfen bewusst machen? Ich meine jetzt nicht in der BRD, sondern in der DDR …

Nein, aufhalten kann Kabarett überhaupt nichts. Man kann ein bisschen das Bewusstsein für Dinge schärfen, die schon da sind. Das, was an sich schon die Leute bewegt, ein wenig offener machen und in eine satirische Form packen. Ändern können Kabarettisten überhaupt nichts. Das ist ja die Frage, die oft gestellt wird: Was kann Kunst verändern? Minimal etwas, und wenn es uns gelingt, dass die Leute anderthalb oder zwei Stunden in diesem Programm sitzen und noch zehn Minuten danach ein bisschen in sich gehen und das überlegenswert finden, was wir sagen, dann ist eigentlich schon erreicht, was Kabarett leisten kann.

* Gemeint ist Peter-Michael Diestel. Er war im Kabinett von Lothar de Maizière der letzte Minister des Innern der DDR.

** Gemeint ist Rainer Eppelmann. Er war Minister für Abrüstung und Verteidigung in der letzten DDR-Regierung.

Vielleicht doch noch mal eine Frage mit Blick zurück. Du bist seit 1975 bei der Distel dabei. Gibt es durch die veränderte Situation auch mal Augenblicke, wo man allein mit sich zu Hause sitzt, Revue passieren lässt und überlegt, wie man eigentlich selbst den Grat in diesem Staat gegangen ist?

Ja, das überlegt man sehr stark. Es gibt manche Leute heute in der DDR, die sich gewissermaßen zu Widerstandskämpfern machen. Ich gehöre überhaupt nicht dazu. Als Achtzehnjähriger bin ich in dem guten Glauben beziehungsweise der Überzeugung, dass ich irgendwas bewegen kann, in die Partei eingetreten und habe dann natürlich meine Frustration erfahren, wie es jeder im Berufsleben erfährt oder vielleicht auch jeder, der sich parteipolitisch engagiert. Ich habe aber nie den Schritt geschafft, aus dieser Partei wieder rauszugehen, weil die Vermutung oder das Gefühl da war, dass das Konsequenzen hätte, vielleicht auch berufliche. Da ich es aber nie probiert habe, kann ich das demzufolge auch nicht belegen. Ich habe mich immer bemüht, mich im Rahmen meiner Tätigkeit in der Distel gesellschaftlich einzubringen. Ich habe in der Gewerkschaft und ziemlich stark im Theaterverband mitgearbeitet und dachte immer – denke das eigentlich nach wie vor –, dass ich das bewältigt habe, ohne meine Integrität zu beschädigen. Aber ich bin schon unsicher dabei, denn letztendlich habe ich das System einfach auch durch meine Mitgliedschaft gestützt. Jetzt neigen wir dazu, alles und jeden infrage zu stellen, was in der DDR passiert ist, und das ist ganz gewiss falsch, denn Tatsache ist, dass wir sehr hoch subventioniert wurden – wir konnten sehr gut leben mit unserem Kabarett. Das ist die Ambivalenz dieser Geschichte, und ich gehöre jedenfalls nicht zu denen, die die Fahne in den anderen Wind hängen, das muss ich schon sagen. Als die politischen Zustände immer unangenehmer wurden, habe ich mich sehr bemüht, innerhalb meines kleinen Theaterchens bestimmte Veränderungen herbeizuführen, unter anderem auf der gewerkschaftlichen Ebene. Ich habe eigentlich nie aufgehört, mich gesellschaftlich aktiv zu verhalten, aber ich frage mich, ob ich nicht – aus moralischen Gründen vielleicht – auch einen Moment hätte stillhalten sollen.

Wie wird denn so etwas verarbeitet? Sitzt man da jetzt in diesen Tagen oder Wochen auch mit Kollegen und Kolleginnen zusammen und berät, wie man damit umgeht? Das ist ja ein Stück Vergangenheit, das man mit sich rumschleppt und jetzt in eine neue Gegenwart oder Zukunft einbringt – da muss man ja auch mit sich selbst irgendwie klarkommen.
Ich glaube, dass die Leute im Moment sehr stark auf das Äußere fixiert sind, darauf, wie sie mit den äußeren Umständen klarkommen. Es bleibt wenig Zeit, um die Dinge zu verinnerlichen. Sehr stark beschäftigt einen natürlich, wie es mit der Arbeit werden wird, denn die Arbeitsplätze, das ist bekannt, sind nicht gesichert, und unser Theater ist zu groß. Wir sind etwa sechzig Mitarbeiter, was sich kolossal viel anhört, aber man muss dabei sehen, dass wir zwei Spielstätten in Berlin haben und von der Organisation und Struktur her nicht mit der Lach- und Schießgesellschaft oder den Komödien zu vergleichen sind. Insofern müssen wir schon mehr Leute haben, aber sechzig ist natürlich viel zu viel, und wir denken, dass wir ungefähr mit der Hälfte der Belegschaft überlebensfähig sind. Das hat jeder im Kopf, aber passiert ist bis jetzt noch gar nichts. Wir mussten noch nicht zu Konsequenzen kommen, aber die sind unvermeidlich. Ich will mal sagen, dass das sehr viel Raum im Kopf einnimmt, sodass sehr wenig Zeit bleibt, das andere zu reflektieren. Und jeder verarbeitet das auch auf seine Weise. Mich persönlich beschäftigt das schon sehr, aber ich kann nicht für andere sprechen.

Letzte Frage: Wie kann man heute, nach vierzig Jahren DDR-Geschichte, eigentlich als Kabarett auf die Bühne gehen und ein Stück DDR-Selbstbewusstsein präsentieren – egal ob es die DDR ab 1. Juli noch geben wird oder nicht und ob es da eine Abstimmung für die Verfassung geben wird oder nicht?
Es ist nicht ganz leicht, muss ich zugeben, denn wir kommen hier in eine Umgebung oder haben auch ganz stark das Gefühl, sozusagen alles falsch gemacht zu haben. Das wird uns ja auch unentwegt signalisiert, und zwar von den Westdeutschen. Und der Augenschein tut sein Übriges. Bei der oberflächlichen Betrachtung der Wirklichkeit scheint es auch wirklich so zu sein, dass im Westen alles viel besser funktioniert. Da ist es nicht ganz leicht,

Oberwasser zu behalten beziehungsweise sein Selbstbewusstsein nicht zu verlieren. Ich denke aber, dass es abgesehen vom äußeren Glanz noch andere Werte im Leben gibt … Im Allgemeinen sagt man, dass bei uns vielleicht die Beziehungen der Menschen untereinander ein bisschen intensiver und nicht ganz so vom Konsumdenken geprägt waren. Ich weiß nicht, ob das vielleicht eine Besonderheit der DDR-Identität ausmacht.

Dieter Kalka

Burg Waldeck, 12. April 1990

Ich habe mich seit einigen Monaten ein bisschen intensiver mit der deutschen Liederszene beschäftigt. Eigentlich liegt mein Schwerpunkt auf amerikanischen Songwritern, aber auf die Liedermacher habe ich mich jetzt mehr oder weniger draufgestürzt, war auch beim Festival des politischen Liedes im Februar. Mich interessieren generell Umbrüche, auch unter dem Gesichtspunkt »Lied«, also im Hinblick darauf, was mit den Liedern passiert. Bevor ich deshalb einen Blick zurück auch in deine Liedergeschichte werfen will, erst einmal die Frage, wovon denn die neuen Zeiten, die jetzt anbrechen oder angebrochen sind, singen werden, wenn du jetzt mal von dir ausgehst.

Ja, viele Kollegen müssen jetzt schnell neue Lieder schreiben. Sachen von mir, die kritisch und extrem waren, liegen schon eine Weile zurück. Ich hatte ein Programm mit dem Titel »Die Freiheit zu leben«, das gewissermaßen meine persönliche Abrechnung mit den Zuständen bei uns war. Es war auch hart, denn ich habe es in einer Zeit gemacht, in der die Situation bereits geladen war, und wenn ich es gespielt habe, gab es danach meistens harte Auseinandersetzungen und Diskussionen. Manchmal passierte es auch, dass die Leute plötzlich ihre Lebensgeschichte erzählten. Das Programm, das ich jetzt mache, heißt zufällig »Sonnenwende«. Die Idee hatte ich schon vor über einem Jahr, und zwar hat mich meine Gesangslehrerin – die übrigens in Mainz geboren wurde – darauf gebracht. Sie erzählte mir, dass sie deswegen ein Siebenmonatskind geworden ist, damit sie zur Sonntagskantate auf die Welt kommen und daraufhin Sängerin werden konnte. Da sagte ich: »Na hören Sie mal, ich bin zur Sonnenwende geboren und warte schon mein Leben lang auf die Wende!« Das sind zum größten Teil ziemlich fröhliche Sachen, mit denen ich meinen Anspruch äußere, und zu einem großen Teil auch Liebeslieder. Es hatte im November in Leipzig Premiere, und die Situation ist ja sehr angespannt, unsicher, geladen, teilweise sogar unterschwellig aggressiv, da hat man gerade mit den Liebesliedern was, wo man wieder Halt findet. Und während ich zu den finsteren Zeiten durchaus meine Aufgabe als Kritiker gesehen habe, sehe ich sie jetzt eher darin, dass ich Menschen, die sich parteipolitisch die Schnauzen einhauen, einfach verbinde. Das meine ich ganz ernst.

Brauchen die Menschen nach den fundamentalen politischen Veränderungen Hilfe, ein neues Selbstbewusstsein zu finden? Siehst du da auch eine Aufgabe für die Liederleuteszene?
Da kann ich nur für mich sprechen. Ich finde das richtig, denn es geschieht sehr viel, und was am meisten geschieht, ist, dass die Eigentumsformen verändert werden. Es passiert also schon eine Veränderung, während die Menschen aber dieselben bleiben. Und wir haben ein Volk, das sehr devot, sehr unterwürfig, sehr still ist, es verdrängt alles, und gleichzeitig bleiben die Menschen dieselben. Wer immer unter einem Führer gelebt hat, der wird – und so habe ich es auch beobachtet –, kaum, dass der Führer weg ist, und das ist das Schlimmste, was passieren kann, gleich nach einem neuen Führer schreien. Das ist es, was Maaz meinte: Die Menschen müssen sich verändern, um daraufhin politische Zustände zu ändern. Aber wenn man es genau anguckt, passiert eigentlich nichts. Die Eigentumsformen werden verändert, und es ist was unglaublich Spannendes, wenn man was verliert und der andere gewinnt was – damit kann man sich sehr gut darüber hinwegtäuschen, dass eigentlich nichts passiert. Das ist ein Täuschungsmanöver.

Und welche Rolle können Liedermacher in so einer Phase spielen?
Es gibt so ein blödes Ideal: dass man über Menschen redet. Oder man macht ein paar oder viele Lieder über Menschen, dann geht es immer darum. Jeder neugeborene Mensch hat eigentlich alles, aber es wird ihm durch Erziehung und alles Mögliche weggenommen oder zerstört. Deswegen glaube ich schon, dass es wichtig ist, sich diesem Ideal anzunähern und darüber zu reden, dass es das vielleicht gibt oder mal gab.

Was heißt das in der jetzigen Situation für dich? Was kannst du für Menschen tun, wenn du sagst, dass der Mensch sich eigentlich ändern muss, um das, was man theoretisch haben könnte – Demokratie, Freiheit, ähnliche Dinge –, mit Leben zu füllen?
Ich kann versuchen, das ein Stück weit bewusst zu machen, aber ich weiß selbst, wie schwer es ist. Denn es ist als Künstler doch fast das Größte, das man erreichen kann. Ich habe an mir selbst beobachtet, wie schwer es ist, das erst mal selbst zu finden und es dann noch anderen als Botschaft zu vermitteln, nicht bloß pauschal als Satz zu sagen, sondern so, dass es als Gefühl übrig bleibt, wenn man nach Hause geht. Das ist sicher mit das Schwerste.

Du machst ja schon länger Musik und schreibst, insofern ist die Vergangenheit der DDR und wie man in dem Staat gelebt hat ein Teil deiner Biografie. In welcher Situation fühlst du dich jetzt? Hast du auch gewissermaßen einen Berg vor dir, den du noch einmal umgraben musst ...?
Der Berg ist sicher nicht ganz hinter mir beziehungsweise hinter uns. Ich komme noch dazu aus einer Braunkohle-Gegend – ich sage es im Nachhinein ein bisschen übertrieben: Es war so was wie ein kleiner Slum, und da musste ich erst mal raus. Es ist nicht ganz so schlimm wie in Bitterfeld, aber wenn ich dahin zurückkomme, die Umgangsformen und das alles erlebe, erschreckt mich das immer wieder neu. Es ist für mich eine wahnsinnige geistige Armut gewesen, ich wäre dort sicher krachen gegangen. Für mich war immer meins, dass ich mir ein Stück inneren Reichtum gesucht habe, und jetzt in dieser politischen Umbruchssituation wird es eigentlich richtig deutlich, dass diese Armut in den Menschen eigentlich landesweit da ist. In der Beziehung bin ich vielleicht ein kleines Stück weiter, und möglicherweise ist es gerade das kleine Stück, wo ich immer wieder geben muss, habe ich das Gefühl – ich bin nach einem Auftritt völlig alle, vollkommen am Ende. Teilweise hänge ich dann wie ein Schluck Wasser im Stuhl und muss schweigen, weil ich nicht mehr reden kann. Ich habe das Gefühl, immer geben zu müssen, und selten kommt was zurück. Aber das ist etwas, wo ich glaube, begriffen zu haben, dass ich dafür da bin, dass das mein Job und einfach wichtig ist.

Machen wir einen kleinen Schwenk. Was, denkst du, können in der Phase, wo diese Vereinigung, die herbeigerufen, -geschrien, gefordert wird, noch nicht da ist, Begegnungen zwischen Autoren oder Liedermachern, wie hier auf der Burg Waldeck, aus den beiden deutschen Staaten bringen?
Von Vorteil ist natürlich immer, dass man Menschen kennenlernt und wir aus unserem Provinzgefühl rauskommen. Ich war das erste Mal am Rhein, ich war heute auch das erste Mal an der Mosel, und das ist schon was Irres, einfach daran vorbeizufahren und das mal anzusehen. So klein, wie die DDR war – fünfhundert mal zweihundert Kilometer –, war das auch ein Stück Kleingeist. Literatur war für mich immer, von weit fern ein Stückchen Welt in meinen Kopf oder meinen Bauch zu holen. Hier kriege ich nun mit, dass die Menschen auch nicht anders sind – wir unterhalten uns zwar über Literatur, aber eigentlich lernt man Menschen kennen, die so spezifisch anders gar nicht sind, und das ist schon etwas Wichtiges. Was wir hier gemacht haben, war eine unheimlich horrende Auseinandersetzung. Wir wollten über das deutsch-deutsche Verhältnis und über Stalinismus und DDR reden, da habe ich mitgekriegt, dass das letzten Endes immer an Menschen, an Persönlichkeitsstrukturen festgemacht wird, dass man das alles in sich trägt und eigentlich immer wieder darüber reden muss.

Worüber ich viel nachgedacht habe beim Lesen von Texten, beim Hören von Liedern, war eine Aussage, wie du sie eben auch gemacht hast: »Ich habe gesungen oder angefangen, mitzusingen, weil ich das, was mir im Kopf herumging, nicht veröffentlichen konnte.« Das mag in der Zusammenfassung vereinfachend sein, aber ist das etwas, was eine Rolle gespielt hat, dass viele Leute Texte für Liedermacher gemacht oder selbst gesungen haben, weil es so einfacher war, Sachen letztendlich doch an die Öffentlichkeit zu bringen?
Sicher. Aber es hat viele Aspekte. Wir waren damals eine Gruppe von Lyrikern – Bernd Igel, Thomas Böhme und Wolfgang Hilbig* gehörten im weitesten Sinne auch mit dazu, und ich habe mitgekriegt, wie lange die brauchten.

* DDR-Lyriker der Achtzigerjahre

Manche schrieben zehn Jahre, bevor sie das erste Mal was veröffentlichten – zehn Jahre! Und ich hatte mich von der Gruppe inspirieren lassen, denn bei uns war das so: Nicht wer das meiste Bier trank war der Größte, sondern wer die längsten und besten Gedichte schrieb. Ich habe mich also inspirieren lassen, dachte aber: Zehn Jahre wartest du nicht; das ist ja idiotisch, zehn Jahre zu schreiben und dann erst mal ein kleines Bändchen herauszubringen oder in einer Anthologie zu erscheinen. Da ich Gitarre spielen konnte – das Bandoneon habe ich mir selbst beigebracht –, habe ich dann gesagt: Das vertonst du einfach, du kannst doch Lieder schreiben! Das ist sicher ein Ausweg gewesen. Ich sehe mich schon eher als Dichter denn als richtigen Liedermacher. Zudem ist ja in diesem Vierteljahr auch fast ein Jahrhundert an uns vorbeigestrichen, und alle Themen, die ich bis jetzt nicht bewältigen konnte oder die mich nichts angingen, weil ich davon nichts erlebt oder durchlebt hatte, sind jetzt reif und warten in mir. Deswegen will ich auch wieder viel schreiben.

Wie siehst du vor diesem Hintergrund die Rolle beziehungsweise die Situation von Liederleuten in der DDR? Viele Leute, die auf der Bühne gestanden haben, drückten ja wahrscheinlich etwas aus, was die, die zuhörten, selbst nicht ausdrücken konnten oder wollten, aber ebenfalls dachten. Und aufgrund der Tatsache, dass Texte sehr wichtig waren, hat die musikalische Begleitung dann bei vielen eher eine sehr untergeordnete Rolle gespielt. Das wird sich wohl in der Situation ändern, wo jeder theoretisch frei reden kann, sodass der Text beziehungsweise die Spannung im Text wohl etwas verliert …

Da ist natürlich der politische Zündstoff raus, die Pointen funktionieren nicht mehr. Ich hatte mir das Stück Narrenfreiheit erkämpft, nachdem sie mich ein paar Mal verbieten wollten. Dass einer Dinge für viele aussprechen durfte, ist auch weg. Es ist aber auch der Zwang weg – das war ja fast manisch –, das machen zu müssen. Laufend in die kritische Ecke gedrängt zu werden, ist anstrengend, und das hat mir dann keinen Spaß mehr gemacht. Deswegen fühle ich mich in der Beziehung eher befreit. Am liebsten mache ich meine Liebeslieder, und da man nicht nur Liebeslieder machen kann, macht es mir

Spaß, mich auch mal richtig auszulassen. Was musikalisch nun passiert? Die Grenze hat vielleicht auch etwas Bewahrendes gehabt: Die Synthesizer sind rar, und ich habe bis jetzt nur mit Naturinstrumenten gespielt, ohne irgendwelche Effekte. Da ist es natürlich schwierig, in die Medien zu kommen, ich habe auch überhaupt keinen Überblick, was tendenzmäßig laufen wird. Bei den vielen Liedermachern, die in der DDR sind, geht es zurzeit, auf Deutsch gesagt, darum, wer überlebt. Das ist so. Es haben einige eine gute Startposition, die früher die angepassten Leute waren. Manche fliegen auch auf die Nase, weil die Leute endlich mitgekriegt haben, dass es halbseiden war, was sie gemacht haben. Deswegen bin ich auch von vielen gar nicht so begeistert, weil ich mitgekriegt habe, wie die sich durch Honnis* Paradies durchgesungen haben – Hofsänger, so richtig grün bin ich mit vielen nicht. Es hat sich auch eine ganz komische Sache entwickelt. Die Diktatur ist wirklich wie eine Pyramide, und wer eine Platte oder irgendwas haben wollte, musste nach Berlin gehen. Die Leipziger waren immer der Arsch der Welt, von den Leipzigern hat auch bloß ein einziges Duo eine LP gekriegt. Selbst auf dem Weg hat die Hierarchie funktioniert.

Wer hat die LP gemacht?
Das Duo Sonnenschirm.

Von denen ja nur einer aus Leipzig ist.
Jaja, wieder bloß einer aus Leipzig.

Apropos Leipzig. Es gibt dort ja auch Tanzhaus-Folk, wozu mir als Stichwort »Folklore« einfällt. In Deutschland-West ist zum Beispiel seit einiger Zeit festzustellen, dass die volkstümliche Welle schwappt, die Leute begeistert sind von Heino und Co., was ja mit Volksmusik nichts zu tun hat. Das ist volkstümlich, und am Abend der Volkskammerwahl im März hat irgendein privater Fernsehsender aus der DDR berichtet – da war ein Riesenkonzert, unter anderem eben mit Heino, und die Leute

* Gemeint ist Erich Honecker.

mit ihren Deutschlandfähnchen und Ähnlichem waren begeistert. Da würde mich deine Einschätzung interessieren, welche Rolle die Folklore spielt. Ist das etwas Heimelndes, oder liegt da auch ein Potenzial drin?

Diese urtümliche Folklorebewegung mit Mandolinen, Dudelsäcken und so gab es Ende der Siebzigerjahre auch in der DDR, und Leipzig war damals mit ein Zentrum dafür. Da haben Folklorewerkstätten stattgefunden, und das waren einfach ausgeflippte Leute, die sich nirgends so richtig einordnen ließen, ihres machten, die kritischen Lieder aufgriffen und dann halt den Pfaffen verhöhnten. Die Leute wussten, dass eigentlich der Bonze gemeint ist, der Wasser predigt und Wein säuft. Es gibt eine aus meiner Sicht ganz tragische Entwicklung, dass vierundachtzig zu dieser Folklorewerkstatt mehr Stasi als Folkloristen da waren und den Leuten wirklich gezeigt wurde, dass sie nichts im Land zu melden haben. Da ist eine einzige Unterdrückung gelaufen, es sind richtige Drohungen ausgesprochen und Leute verboten worden. Seitdem ist auch die Folklorewerkstatt nach Ilmenau, richtig tief in den Thüringer Wald verlegt worden, wo keiner gern hinfährt, und ich glaube, das hat eine sehr nachteilige Auswirkung auf die Folklore gehabt. Was Progressives gab es dann nicht mehr, teilweise spielen die Leute das Repertoire von vor zehn Jahren, neues Kreatives ist nicht viel passiert, Leute machen ihren Volkstanz oder Mittelalterfolklore, und so ist eigentlich die Spitze abgebrochen worden. Ich halte das für wirklich tragisch, denn die Folklore hätte eine sehr positive, kritische, progressive Funktion haben können. Das auszutreiben, ist etwas, was die Bonzen damals echt geschafft haben, die Leute zu spalten, richtig gegeneinander aufzubringen. Jürgen Wolff* zum Beispiel ist so bitter und enttäuscht gewesen über die Sache, dass er sich aus der Szene ausgeklinkt hat und nichts mehr damit zu tun haben will.

Und was ist mit Gruppen wie JAMS, die eher traditionelle Folklore machen, oder Aufwind mit ihren jiddischen Sachen?

Das lebt, hat sicher Berechtigung und ist einfach gute Musik. Das ist so der

* Jürgen Wolff ist Grafiker und Musiker. Er war 1976 Mitbegründer der Folkband Folkländer und bildete 1986 mit Dieter Beckert das Duo Sonnenschirm.

Rest, der übrig geblieben ist. Das war damals mit großer Hoffnung verbunden, eine ganz tief in einer kompletten Generation verwurzelte Sache. Das ist leider kaputt. Manche Gruppen haben es überlebt und machen das richtig professionell, aber das habe ich damit nicht gemeint.

Du hast es vorhin schon angesprochen: Jetzt geht gewissermaßen der Überlebenskampf los. Manche werden bleiben, manche werden gehen. Glaubst du, dass dieser wohl zwangsläufig eintretende Existenzkampf auch eine Chance ist, dass sich unter Umständen Qualitäten stärker herausbilden?
Das ist eine schwierige Frage, weil zurzeit die Manager großen Aufwind haben, und da ist auch wieder nichts, da gilt der Verkauf. Ich würde es beinah verneinen, bin manchmal fast so weit, zu sagen, es hatte soundso viele Jahre seine Berechtigung und war wichtig in dem Land. Jetzt ist es das nicht mehr, jetzt müssen wir was anderes machen. So stelle ich mir manchmal die Frage, ich weiß es einfach noch nicht. Was Qualität betrifft ... – für meine Idealplatte, wie ich sie mir vorstelle, bräuchte ich so viele Musiker, das könnte ich alles gar nicht bezahlen beziehungsweise da wüsste ich gar nicht, wie ich das machen und wo ich die Studiokapazitäten hernehmen sollte. Dazu müsste ich mich an irgendeine Firma wenden, aber dazu habe ich keine richtige Lust. In der Beziehung ist die Startposition schon schwierig, auch im Hinblick vielleicht auf eine europäische Konkurrenz.

Vielleicht noch mal zu dir selbst und deiner Musik. Du hast gesagt, Liebeslieder sind eigentlich das, was dir von innen heraus am meisten Spaß macht, dir was sagt, dir Bedeutung gibt und was du auch gerne präsentierst ...
Ja, im weitesten Sinne. Wie orientierten uns früher immer an einem Leitbild wie François Villon ... Wenn ich ein Programm anfange, muss ich gleich richtig loslegen, und gerade das Publikum der DDR braucht erst mal Power. Ich habe hier teilweise mitgekriegt, dass ich das nicht so machen brauche, die Leute sind hier nicht so zu. Bei uns muss man erst mal richtig reinhämmern, hier sind die Leute ein bisschen offener. Das ist mein Eindruck, aber das kann

auch trügen. Und dann mache ich eigentlich gerne richtig schöne Liebeslieder. Gerade jetzt, wenn ich in der DDR mit Zügen gefahren bin und die Leute laufend über Geld und Ausreisen geredet haben, diese ganzen Fahnen – mich hat das schockiert. Eigentlich wollte ich daraufhin ein Deutschlandliederprogramm machen, habe das auch angefangen, ich wollte diese ganze deutsche Sache über den Tisch ziehen, hab mir dann aber auch gesagt: Das ist so ein Sumpf, das lässt du jetzt erst mal sein. Das andere, was ich jetzt mache, finde ich wichtiger. Vielleicht ist das dann aber schon das Nächste, das muss sich entwickeln. Aber eigentlich weiß ich noch nicht, was ich dann mache.

In dem Zusammenhang, Stichwort »Deutschlandlieder«: Ist mein Eindruck richtig, den ich zum Beispiel im Februar beim Festival des politischen Liedes in Berlin gewonnen habe, dass unter deinesgleichen, ob nun Autor, Liedermacher oder wie auch immer, bei aller Unterschiedlichkeit doch irgendwie eine tiefe Betroffenheit oder auch Frust und Enttäuschung darüber herrscht, wie sich die Dinge entwickelt haben? Stefan Körbel hat das in einem Interview recht deutlich zum Ausdruck gebracht, dass die Illusion mit diesen neu gewonnenen Möglichkeiten aus Freiheit und Demokratie verpufft ist und in einer Gemeinschaftsaktion von hier von den eigenen Leuten plattgemacht wurde.

Es ist natürlich bitter, bloß für mich war das, was im Oktober passierte, eigentlich so was wie das achte Weltwunder, weil ich mir gedacht habe, das wäre einmalig in der deutschen Geschichte, die Deutschen hätten ihre eigene Geschichte durchbrochen. Ich dachte, ich lebe in historischen Zeiten. Und nachher der Rückschlag, der dann kam ... Ich habe das nur in Leipzig miterleben können und habe mir gesagt: Mensch, jetzt hast du wieder Boden unter den Füßen, jetzt erlebst du die Leute wieder so, wie du sie eigentlich immer gekannt hast. Ich habe zwar die Illusion oder den Wunsch für mich, selbstständig zu sein, brauche keine Fremdherrschaft, auch keine von Kohl* oder so, und deshalb war das für mich erst mal eine tolle Sache:

* Der CDU-Politiker Helmut Kohl war von 1982 bis 1998 Bundeskanzler der Bundesrepublik Deutschland.

Jetzt kannst du das und das endlich machen, deine Ideen einbringen, nicht die von Fremden! Dann aber habe ich gesagt: Es ist doch aber die Wahrheit, die Leute sind hier so. Und so habe ich es eigentlich mein Leben lang gefühlt in Bezug auf die Gegend, aus der ich gekommen bin. Es wäre für mich einfach ein Wunder gewesen. Deswegen bin ich nicht so sehr enttäuscht wie die anderen. Zum Beispiel gerade das politische Festival. Ich wollte dort spielen, halte mich wirklich für einen politischen Liedermacher, habe dort auch hingeschrieben, aber die haben mich nicht eingeladen. Das ist eine komische Clique. Ich bin auch teilweise ganz anderer Meinung als die – die machen sich was vor in Berlin. Honni hat doch Berlin ausgestattet und ausgebaut wie seinen Hofstaat, und die Berliner brauchten nie was zu meckern. Den Leipzigern in der Provinz ging es allen dreckig – kein Wunder, dass die am lautesten »Deutschland!« gerufen haben, in der Beziehung kann ich die Leute sogar verstehen. Die Berliner haben doch vom Kommunismus was gehabt, denen ging es doch absolut dufte. Dass die sich das erhalten wollen und gar nicht begreifen, was im Land gelaufen ist, das ist nun wieder eine andere Sache.

Letzte Frage vielleicht zum Stichwort »politische Kultur«. Was würdest du denn aus deinen schreibenden, gesungenen Erfahrungen, aus deinen Erlebnissen mit Menschen in der DDR heraus sagen, an welchen Sachen man festhalten sollte? Was würde es an Lebensumgangsprinzipien zu verteidigen gelten im Zusammenhang mit der aktuellen Verfassungsdebatte? Gibt es da etwas, wo man sagen könnte, das fehlt dieser BRD-Welt, davon haben wir aber ein bisschen gehabt, und wir sollten es uns bewahren?
Also, mir ist es oft passiert, dass die Menschen hier im Westen unheimlich geladen und aggressiv sind. Und manchmal komme ich mir auch benutzt vor. Die Leute hier haben es ab und zu mal raus, Menschen zu benutzen, während der DDR-Bürger sehr zurückhaltend ist, freundlicher, vielleicht auch dadurch, dass er unterdrückt war. Diese Nähe, die wir haben, in Gruppen, in Cliquen zu leben, ist mir angenehm. Zur politischen Kultur: Wir hatten das erste Mal in Leipzig diese alternative Buchmesse gemacht, das war mehr

oder weniger meine Idee gewesen, und wir haben das mit Freunden zusammen gemacht, eine Gruppe von zehn Leuten hat das organisiert – ich wollte damit auch ein kleines Zeichen setzen. Da war nämlich alles dabei – wir haben das auch mal durchgezogen, keinen auszuladen. Und weil wir ein paar Sekten mit drin hatten, gab es unter den Ausstellern auch Stunk, dass wir die ebenfalls eingeladen hatten. Wir haben dann gesagt: Pass mal auf, wir haben jetzt jahrelang hier mit Verboten gelebt, und es hat sich immer jemand angemaßt, was besser zu wissen beziehungsweise zu wissen, was für andere gut ist. Wir haben die hier eingeladen, die kann man begutachten und sagen: Na ja, die sehen interessant aus, aber wir gucken mal, was das für Leute sind. Wenn man denen gleich in die Arme fällt, dann ist es schwierig, da wieder loszukommen. Dieses Stück Toleranz haben wir durchgezogen. Dieses Stück Welt, dieses Stück, dass alle Gedanken, Weltprojekte, Ideologien – okay, die Rechten waren nicht da – nebeneinanderstehen, in einem Haus zusammen sind. Und so ist eigentlich auch die Welt aufgebaut: Wir müssen alle miteinander leben, die Nationen, die verschiedenartig denkenden Menschen. Und das war das Stück Botschaft, das wir hatten, und vielleicht war das mit das Wichtigste.

Speziell fällt mir jetzt zu deiner Frage nichts ein, da gibt es viele Sachen … Die sozialen Gefüge waren nicht das Schlechteste. Es gab bestimmte Freundschaften oder Hilfscliquen, die sich aus bestimmten sozialen Defiziten entwickelt haben, wo ich jetzt mitkriege, dass die Menschen sie nicht mehr brauchen, wo sie freier werden. Da wird dann im Nachhinein sichtbar, dass das vielleicht nur eine Krücke war, obwohl es ja unheimlich schön war. Mit verschiedenen Menschen zusammenzuleben, ist immer eine Bereicherung, genauso wie Nähe, Vertrautheit, das Aufeinander-angewiesen-Sein und das Einander-Helfen. Jetzt beobachte ich, dass das ein bisschen zerfällt, und zwar von alleine, ohne Streitereien, man ist plötzlich freier. Deswegen kann ich nicht ohne Weiteres sagen, was ich bewahren wollte. Bei mir ist es zurzeit so, dass ich eher überall hingucke, was ich eventuell an Neuem für mich verwenden könnte. Ich lese Bücher teilweise auch unter dem Gesichtspunkt, welches Weltkonzept oder welche Ideen die denn ausprobiert haben und was das für mich ist. Jetzt vergleiche ich das, und wenn ich das tue, finde ich, dass wir gar nicht so schlecht gelebt haben und gar nicht so wenig Durchblick hatten. Wir konnten eben bloß nicht raus. Das muss ich austesten, bin erst mal offen für alles, und vielleicht habe ich in ein, zwei Jahren oder so die Nase voll und mache wieder mein Konzept …

Barbara Kellerbauer

Frankfurt am Main, 8. April 1990

Ich würde ganz gerne mit dem anfangen, was heute ist. Sie haben gesagt, eigentlich ist es Zeit für eine neue Platte. Wovon werden denn die neuen Zeiten für eine engagierte Liedersängerin singen?
Sie werden Mut machen. Aber das ist nur das, was ich fürs nächste halbe Jahr sehe. Was dann wieder kommt, werden die Probleme zeigen – die Probleme bedingen die neuen Aufgaben, und ich bin einfach nicht fantasiebegabt genug, jetzt schon zu wissen, was noch alles kommt. Ich kann es mir nicht vorstellen und eigentlich immer nur auf das reagieren, was momentan passiert. Ich will mich schon sehr darum kümmern, dass die Frauen in unserem Land nicht so weit nach hinten abrutschen, ich werde für die Stadtbezirksversammlung in Berlin kandidieren und versuchen, vieles für Kultur und Frauen zu tun. Ich hab das zum Teil auch jetzt schon immer probiert, manchmal mit wenig Erfolg, aber das ist hoffentlich jetzt anders möglich, das wird sich zeigen. Neue Einsichten, Kraft und Mut werden wir brauchen – ich glaube, darauf wird es hinauslaufen.

Gehen wir dann mal einige Jahre zurück. Als Sie angefangen haben zu singen, waren Sie noch auf der Musikhochschule – oder haben Sie vorher schon gesungen?
Gesungen habe ich schon als Kind. Mit sechzehn hatte ich dann meinen ersten Fernsehauftritt.

Aber es gab Wettbewerbe, da wurde man von Kreis zu Bezirk und Bezirk zu DDR-Maßstab delegiert, wenn man gewonnen hatte. Ich hatte zweimal gewonnen, und der Rundfunk sagte mir, dass es an der Hochschule in Dresden eine Ausbildung für Unterhaltungskunst geben würde – Chanson, Lied, Musical, was auch immer. Da hatte ich schon meinen Beruf als medizinisch-technische

Assistentin und sagte mir: Was willst du mehr, und was kann schöner sein als das Hobby zum Beruf werden zu lassen? Ich bin dann zur Aufnahmeprüfung gefahren und dachte anfangs: Na ja, wenn nicht, ist auch wurscht. Als ich aber das zweite Mal eingeladen wurde, habe ich schon gedacht, dass es jetzt aber schade wäre, wenn es nicht klappen würde. Es klappte aber, ich war die Einzige, die aufgenommen wurde, und wurde sozusagen versuchsweise zusammen mit der Opernsängerklasse ausgebildet. Schon im zweiten Studienjahr haben wir dann einen eigenen Lehrplan entwickelt, und jedes Jahr kam jemand dazu, bis es nach fünf oder sechs Jahren wirklich eine eigene Fachrichtung geworden war. Das war ganz interessant, hatte natürlich auch Probleme, aber das fachliche Grundwissen war mir schon sehr lieb. Was ich noch lernen musste, war, wieder zu mir selber zu finden, natürlicher zu werden und tatsächlich die Technik der Stimme nur als Technik zu nutzen und die ästhetischen Prinzipien der Gesangsausbildung schnell wieder wegzustecken, weil man die dann nicht so braucht in diesem Bereich. Das hat ein bisschen gedauert.

Ich habe gelesen, dass Sie sich in der Zeit schon mit Hanns Eisler oder Mikis Theodorakis beschäftigt haben, was hat Sie dazu gebracht?
In der Zeit entstand die Singebewegung, und ich habe mich mit der Singegruppe der Technischen Universität Dresden zusammengetan. Dort haben wir das erste Theodorakis-Programm in der DDR überhaupt gemacht. Wir hatten mit Peter Zacher* aus Dresden einen Leiter, der übrigens heute noch die Verbindung zu Theodorakis hält, der das Material bekommen hatte, und das hat uns so interessiert und fasziniert, dass ich Theodorakis eigentlich da erst kennenlernte. Wir haben dann ein Programm gemacht, und irgendwie bin ich seitdem immer drangeblieben.

Wenn ich Ihr Programmblatt sehe, steht dort: »Eine Vertreterin der lebendigen, engagierten DDR-Liedkunst.« Das würde mich natürlich interessieren …

* Peter Zacher (1939–2014) war Musikkritiker, literarischer Übersetzer und Dolmetscher.

Eine blöde Formulierung. Die hab ich nicht erfunden, die hat mich damals schon geärgert. Ich hab diese Zeile nie gesehen, und das darf es eigentlich nicht geben … Gut, man kann es so sagen, klar bin ich eine engagierte Person, war ich immer schon – nicht umsonst haben meine Nachbarn mich in die Stadtbezirksversammlung wählen lassen beziehungsweise vorgeschlagen, dass ich dorthin gehen soll, weil ich eine bin, die Gerechtigkeit mag und sich immer eingemischt hat, und das werde ich auch nicht sein lassen. Ich muss einfach sagen, dass es mir nicht reicht, auf eine Bühne zu gehen und zu singen, ich will einfach mehr tun. Zum anderen meine ich, dass die Leute, die mein Publikum sind, mich ja im weitesten Sinne interessieren müssen, nicht nur als Rezipienten dessen, was ich da oben zu singen habe, sondern ihr Leben muss mich interessieren. Und wenn ich zudem noch jemand bin, der gebeten wird, sich vielleicht mal hier oder dort einzubringen, und dann merkt, da muss mal einer ran, der was sagt oder was auch immer – in dem Sinne bin ich durchaus engagiert, das würde ich nie wegstecken. Warum auch? Das ist schon in Ordnung. Aber »lebendige DDR-Liedkunst«? »Liedkunst« ist zum Beispiel ein Wort, das mich sehr gestört hat. Und »lebendige DDR«? Was soll so was, das ist doch dämlich. Aber wissen Sie, man kann deswegen solche Poster auch nicht gleich wegwerfen, muss ich leider sagen, weil die erstens eine Menge kosten und es zweitens langwierig ist, bis man wieder neue kriegt. Da nehme ich das eben mit und sage mir: Vielleicht schmunzelt man ja drüber. *(lacht)*

Sprechen wir über Ihre erste Gruppe, Thuja, der Lebensbaum …
Das waren Musiker, mit denen ich mich zusammentat, und von dem Moment an blieb es bei der kammermusikalischen Form, wurde immer mehr das, was ich eigentlich wollte. Mit den Leuten reden, Verschiedenes ansprechen, Spaß, Nachdenklichkeit, Betroffenheit. Ein bisschen Kraft geben auch. Wie es weitergeht, weiß ich nicht, das lässt sich schwer sagen. Ich möchte immer, dass es wichtig bleibt, das halte ich für sehr wesentlich.

Sie schreiben Ihre Texte nicht selbst, sondern sagen: »Ich bin immer auf der Suche nach jemandem, der so schreibt, wie ich es denke oder fühle oder möchte.« Was denken, fühlen und möchten Sie denn? Was sind

Eckpunkte, die Ihnen wichtig sind, wo Sie möchten, dass Ihnen jemand von der Seele oder aus dem Kopf raus schreibt?

Da gibt es manchmal ganz unterschiedliche Erlebnisse, von denen ich meine, dass man ein Lied draus machen sollte. Es gibt für mich immer wichtige Themen, die das Miteinander im weitesten Sinne berühren und die Frau in der Gesellschaft, die Frau in der Familie, die Frau im Zusammenhang mit Beruf, Kind, Partner. All diese Dinge, die schwer genug sind, bewältigt zu werden, waren für mich schon immer wichtig, aber das ist ja im Moment nicht das Einzige. Aktuell zählen ganz andere Fragen wie: Wo finde ich meinen Platz? Ich kann nur sagen, wenn die Frauen nach den Konzerten zu mir kommen und sagen: »Ich bin zwar gerade entlassen worden, aber was Sie gemacht haben, hat mir wieder Mut und Kraft gegeben!«, dann ist das eine ganz wichtige Sache. Und da möchte ich eigentlich weitermachen. Ansonsten ist mir nach wie vor das Verständnis der Leute füreinander sehr wichtig. Ich kann nicht verstehen, warum man sich bekriegt, bekämpft, was auch immer – das sind eine Menge moralische Werte. Vielleicht auch, weil man selber den Dingen, dem Leben überhaupt gerecht werden will.

Sie haben einmal gesagt: »Ich singe Chansons.« Aber irgendwann sagte der Begriff wohl nicht mehr das aus, was Sie meinten. Jetzt sagen Sie: »Ich bin Liedersängerin.« Wo machen Sie da den für sich wichtigen Unterschied fest?

Ich gehe davon aus, dass für den Deutschen der Begriff Chanson etwas sehr Elitäres hat, manchmal auch etwas Intellektualisiertes. Es ist eben nicht dieser normale, natürliche Begriff, der es für den Franzosen ist. Für uns ist es eben das Lied, und ich bin immer schon jemand gewesen, der sich eigentlich nicht festlegen will. In meinem Programm tauchen ganz verschiedene stilistische Dinge auf, und das möchte ich mir auch weiter bewahren. Deshalb ist das melodiebetonte Lied eigentlich das, was es am ehesten trifft, aber mal ist es auch eins, wo die Melodie überhaupt keine Rolle spielt, sondern allein der Text wesentlich ist. Ich halte mich da sehr offen und würde mich freuen, wenn das Publikum genau so offen bleibt. Offenheit, auch den anderen Genres gegenüber beziehungsweise die Verknüpfung der verschiedenen Genres ist überhaupt eins meiner großen Anliegen. Das ist eine Sache, für die wir uns auch in dem Arbeitskreis Lied, Chanson, Kleinkunst eingesetzt haben. Ich finde, das kann alles so viel voneinander profitieren. Dass man da nicht weit genug denken kann ... Diese Bretter haben den Kopf der DDR-Bürger irgendwo mit eingeengt, da fehlt es doch an vielen Stellen, und ich tue schon immer sehr mit an dieser Sache, weitgreifend zu denken.

Bei uns ist schon seit Jahren eine Welle des Volkstümlichen – nicht der Volksmusik, der Begriff ist für mich positiv besetzt – im Gange, und das schwappt jetzt auch gerade aus der DDR rüber. Am Tag der Volkskammerwahl vor drei Wochen sendete 3sat eine Liveveranstaltung aus Leipzig oder Dresden, bei der Heino aufgetreten ist, und die Begeisterung, die ich da gesehen habe, hat mich erschreckt. In dem Zusammenhang die Frage, welche Rolle die Musik bei Ihnen spielt. Auf ihrem neuen Album sind zum Beispiel eine ganze Reihe traditionelle Folklorestücke aus Zypern, Schweden und anderen Ländern ...

Eine große Rolle, aber eben nicht die vordergründige. Ich muss erst mal sagen, dass mir der Text etwas bedeuten muss. Mit diesen nachgedichteten Volksliedern ist es so, dass ich zuerst die Lieder gesucht und dann gebeten habe, dass man mir Nachdichtungen macht. Aber die Musik spielt keine untergeordnete Rolle. Ich habe Musik studiert, allein das erklärt es schon, und ich habe eine Stimme, die ich einsetze und auch einsetzen möchte, aber eben vielfältig. Wobei ich dazusagen muss, dass ich zwar mal eine Melodie schreibe oder so, aber die Kollegen für die musikalische Verarbeitung zuständig sind, und da vertraue ich ihnen auch. Wir versuchen einfach, jedem Lied das Richtige zu geben, und deshalb werden sie auch sehr unterschiedlich. Ich hoffe jedenfalls, dass das so bleibt, denn das ist mir schon sehr wichtig.

Sie haben auch einmal gesagt, »Mich einmischen, das habe ich schon immer gewollt.« Sie waren im Musikbusiness der DDR in gewisser Weise aktiv als Mitglied der Zentralen Honorarkommission. Wie Kollegen sa-

gen, war das im Endeffekt auch ein Zensurinstrument – in diesen Etagen wurde entschieden, wer auf die Bühne gehen, Honorar verlangen darf und wer nicht. Wie geht man mit dem um, was einen im Herzen und im Kopf bewegt, wenn man selbst da sitzt?
Das ist ein schwieriges Thema. Ich habe mich um diesen Posten nicht gerissen, bin von meinen Kollegen aus der Sektion vorgeschlagen worden, und das hatte sicher seinen Grund darin, dass ich verschiedene Stilistiken und Macharten respektieren kann. Auch wenn es mir geschmacklich nicht unbedingt gefällt, bin ich doch in der Lage, zu abstrahieren und zu sagen: Das ist trotzdem gut. Beziehungsweise noch anders: Die Frage, ob etwas gut ist, wird ja vom Publikum und von den Machern verschieden beantwortet. Das muss man in Übereinklang bringen, und ich muss sagen, dass ich unseren Leuten in dieser Funktion sehr geholfen habe. Ein einziger Fall ist mir bekannt, wo wir nicht höhergestuft haben. Natürlich ist der Inhalt auch wichtig gewesen, aber es war nie so, dass man gesagt hat: Der singt Lieder gegen unser Land, den werden wir nicht auftreten lassen oder höherstufen. Dass zum Beispiel Stephan Krawczyk nicht singen konnte, hatte mit der Honorarkommission nichts zu tun, das war eine ganz andere Ebene und wurde dort überhaupt nicht verhandelt. Das ist ärgerlich genug, und da gab es Dinge, von denen ich sagen muss, dass ich die nicht singen würde. Ich würde sie ihm deshalb nicht verbieten zu singen, aber ich würde sie nicht singen. Das ist seine Sache, und die Auseinandersetzung wollte er auch nicht.

Aber, wie gesagt, was anderes angeht: Es ist immer schwierig zu sagen, da verhandelt jemand über die Gelder anderer. Das war nie sehr sympathisch. Insgesamt aber war das eine Gruppe, die sich damit nicht leichtgetan hat, und ich fand schon gut, dass ich die Sorgfältigkeit, mit der vorgegangen wurde, mitgekriegt habe. Ich hoffe, wir waren gerecht. Natürlich, wenn jemand abgelehnt wird, wird er immer sagen, das war nicht gerecht, aber andererseits finde ich diese Art Einstufung etwas sehr Sauberes. Ich habe mich damit wohler gefühlt, und ich war wahrlich nicht immer sehr hoch eingestuft. Irgendwann hat es sich dann ergeben, aber selbst wenn ich nicht viel kriegte, habe ich mich wohl gefühlt damit, dass ich sagen konnte: Soundso viel kriegen wir, und wenn wir runtergehen wollen, ist es unser Bier. Das Verhandeln um Gelder, das jetzt beginnen wird, werde ich lernen müssen. Ich habe mich auch sehr viel mit der Leitung der Sektion beraten, wenn Fälle besprochen wurden, die ich nicht kannte. Sicherlich war es auch so, dass unsere Liederleute einfach bescheiden und klug waren und es Hand und Fuß hatte, wenn sie sich für eine höhere Einstufung beworben haben. Da sind in dem Sinne wenig Spinner drunter, die sich wahnsinnig überschätzen, und insofern gab es wenige Probleme, würde ich denken. Ich hatte da mal eine Statistik gemacht – 0,5 Prozent oder so wurden verschoben oder abgelehnt. Das war in anderen Bereichen ganz anders.

Aber abschließend will ich dazu sagen: Diese Sache mit der Honorarkommission, in die ich delegiert wurde, hat natürlich nicht nur Freunde gebracht, das ist völlig klar. Ich möchte nur meinen, es waren vorhandene Strukturen, die wir übrigens innerhalb der Kommission auch oft angezweifelt haben. Ich glaube ganz sicher, dass das für jeden Außenstehenden immer ein sehr dummes Gefühl ist, wenn er weiß: Da beraten welche über meine Gelder. Und das ist auch eine blöde Sache. Aber vorwerfen muss man sich da, glaube ich, nichts. Ich bin mir sicher, dass mir das, wie gesagt, nicht nur Freunde gebracht hat, aber dazu stehe ich eigentlich.

In einem Text vorhin auf der Bühne haben Sie gesagt, dass Sie schon immer den Mund aufgemacht haben, und nachher stellten Sie dann die Frage, wie weit. Haben Sie sich das jetzt gesagt oder gefragt?

Das fragt sich jeder. Aber ich habe meinen Mund schon aufgemacht. Ich hatte auch Ärger damit. Gut, ich hatte andererseits auch eine Art Selbstzensur in mir, über die man natürlich verschieden urteilen kann. Da kann man sagen: Warum hat sie die? Was Lieder angeht, ist es mir mal passiert, dass ich Texte irgendwohin schicken musste, wo dann gesagt wurde: »Was haben Sie denn da gesungen?« Aber mit meinen Möglichkeiten habe ich eigentlich ziemlich viel gemacht und mir auch Ärger eingehandelt. Ich meine aber durchaus auch mich mit diesem Text, das ist schon richtig.

Als im September vergangenen Jahres eine ganze Reihe von Künstlern als Reaktion auf den Entwurf des Neuen Forums* die erste Resolution der Rockmusiker und Liedermacher beschloss, haben Sie sich damit auch beschäftigt?
Damit beschäftigt, ja, aber als das geschrieben wurde, war ich gerade nicht im Lande, wobei ich mich ja hinterher hätte eintragen können. Ich war damals noch Mitglied der SED, und wir haben im Oktober eine Resolution an Kurt Hager geschrieben, die am 9. bei ihm abgegeben wurde. Das waren unsere Möglichkeiten, uns einzumischen. Und dann kam die Resolution vom 16. Oktober**, die ich unterschrieben habe, die fand ich richtig, die habe ich vertreten.

Sie haben auch von den Ängsten gesprochen, die jetzt aufbrechen, auch durch den ... – wie war der Text noch mit dem Lego-Stein?
Das große dicke und das kleine dünne Land.

* Das Neue Forum war eine der Bürgerbewegungen, die in der Zeit der friedlichen Revolution in der DDR entstanden sind und die Wende wesentlich mitprägten. Ein Teil des Neuen Forums ging später im Bündnis 90 und schließlich in der Partei Bündnis 90/Die Grünen auf.

** Am 18. September 1989 hatten sich mehr als 50 bekannte Unterhaltungsmusiker der DDR im Maxim-Gorki-Klub im Ost-Berliner Stadtteil Weißensee getroffen, um eine Resolution zur Lage der DDR zu verfassen und zu unterzeichnen. Zu ihnen gehörten Gerhard Schöne, André Herzberg, Hans-Eckardt Wenzel und zahlreiche weitere Künstler wie Steffen Mensching, Jürgen Ehle, Toni Krahl, Tamara Danz und alle weiteren Mitglieder von Silly, Frank Schöbel, Angelika Weiz, Lutz Kerschowski, Conny Bauer, Charlie Eitner, Kurt Demmler sowie Mitglieder von Stern Meißen und Karat. Zu den Initiatoren gehörte auch Norbert Bischoff. Toni Krahl, Sänger von City und damaliger Vorsitzende der Sektion Rockmusik im Komitee für Unterhaltungskunst der DDR, hatte das Treffen mit der Mitbegründerin des Neuen Forums Bärbel Bohley abgesprochen. Die Vollversammlungen der Sektion Rock des Komitees für Unterhaltungskunst am 16. Oktober 1989 und der Sektion Lied und Kleinkunst am 19. Oktober bekannten sich dann nachdrücklich zur Resolution der Unterhaltungskünstler vom 18. September und ergänzten sie mit konkreten Vorschlägen und Forderungen.

Genau. Ängste also, die dadurch auch provoziert werden. Ist nach der gerade erfolgten gesellschaftlichen Revolution jetzt nicht auch eine psychische Revolution notwendig, gerade was Rückgrat und Aufrechtgehen betrifft?

Das ist das, was ich mit Trauerarbeit meinte. Ich habe wirklich eine lange Zeit gebraucht und bin auch noch nicht fertig damit nachzudenken: Wo hast du dich in früheren Zeiten verrannt? Ich habe niemandem wehgetan, nichts Unrechtes gemacht, auch keine Privilegien ausgenutzt. Ich habe keine Privatreisen mit meinem Reisepass gemacht oder um irgendwelche anderen Dinge geschachert. Wenn ich Parteimitglied gewesen bin, bin ich trotzdem nicht irgendein Chef geworden oder habe deshalb eine Schallplatte bekommen oder irgendwelche Dinge. Als Künstler war das alles anders. Ich bin Mitglied dieser Partei geworden, weil ich mich einmischen wollte. Das hat einfach damit zu tun, dass ich die vorhandenen Strukturen genutzt habe und nutzen wollte. Natürlich glaubte ich zum anderen, dass das noch was Ordentliches werden kann mit uns. Und genau da setzten die Enttäuschungen ein – wo ist man dumm gewesen, wo hat man etwas vertreten, was eigentlich nicht zu vertreten ist? Ich bin immer schon jemand gewesen, der für Gerechtigkeit ist, und dafür habe ich gerangelt. Aber das reicht ja nicht, und damit muss man einfach innerlich klarkommen. Und die andere Geschichte ist die, was diese Gedanken der Freiheit betrifft, des Nutzenkönnens der Freiheit, des Verkraftenkönnens – da bin ich nicht viel anders als die anderen DDR-Bürger auch. Ich kann nicht sofort Richtung Westen rennen, auch nicht irgendwo anders hin und sagen: Jetzt klappt das nicht, jetzt mache ich das. Ich bin da nicht sehr wendig, brauche meine Zeit. Und das ist schon richtig, die Psychologen kriegen zu tun, glaube ich, und sind darauf vielleicht nicht vorbereitet.

Was können Liedermacher oder Liedersänger und -sängerinnen wie Sie in diesem Prozess leisten?

Drüber reden. Dass ich vielleicht Stadtbezirksabgeordnete werde, ist ein Stück aktive Tätigkeit am Wohnort selbst, am Kiez, wo es um die Leute geht. Da kann man was leisten. Was man als Liedermacher leisten kann? Was vermag ein Lied? Wenn man diese Frage stellen wollte, muss ich sagen, dass man das nicht sehr groß beantworten kann. Es vermag, Kraft zu geben, gedanklich zu läutern, was bei uns gerade sehr wichtig ist, aber ich weiß nicht, ob es viel mehr kann. Was meinen Sie denn, was ein Lied kann?

Ich glaube schon, dass Lieder dazu beitragen können, Menschen zu ermutigen, Kraft zu geben, wenn man an die Sechzigerjahre und die Bürgerrechtsbewegung denkt.
Darin sind wir uns einig. Das sehe ich auch so.

Deswegen ist meine Frage, inwieweit Sie im Interesse des Landes gegebenenfalls schneller stark sein müssen als andere, um sozusagen die Kraft, die man selber wiedergewinnt, weiterzugeben.
So ähnlich sehe ich es auch. Das wäre doch schon was.

»Der Traum vom Fliegen«, was ist das für ein Lied?
Das hätte ich heute fast noch gesungen, der Text ist von Heinz Kahlau. Da geht es wieder um das, was mir wichtig ist – die großen und die kleinen Bäume, gemeinsam miteinander ist das der Wald. Jeder Baum ist zwar jeweils für sich, aber eigentlich ist das Ganze da. Es geht mir um das Solidarische. Und darum, sich nicht wieder zu verrennen. Ich werde zum Beispiel nie wieder einer Partei angehören oder mich einer Parteidisziplin beugen. Ich werde meine Meinung sagen … Gut, die habe ich eigentlich immer gesagt, aber wenn man Mitglied einer Partei ist, wird man auch als solches gemessen, in dem, was man sagt, das wird mir nicht mehr passieren.

Ich habe noch eine Frage zur Situation der DDR-Bürger. Vergangene Woche habe ich einen Dozenten der Humboldt-Universität kennengelernt, der früher für die Beobachtung der rechtskonservativen Bewegung in der Bundesrepublik zuständig war. Jetzt muss er den Blick ins eigene Land lenken und stellt auf einmal fest, dass da auch eine Menge los ist, was man viele Jahre zwar vielleicht gesehen, über das man aber nicht geredet hat. Was rechte Gruppierungen betrifft, bricht das ja aus vielen Leuten jetzt raus, etwa in Bezug auf Ausländer, den Umgang mit Polen … Ich weiß

nicht, wie Sie es sehen. Ich mache mir da meine Sorgen, dass ein gewisses Potenzial an einer Mischung aus Duckmäusertum, nicht gelerntem Aufrechtgehen, Hass, Vorurteilen gegen Fremdes zu uns rüberschwappt und sich mit dem aufaddiert, was wir hier schon davon haben.

Es geht, glaube ich, erst mal darum, ganz anders sein und etwas ganz Außergewöhnliches, in die ganz andere Richtung Gehendes, möglichst Schockierendes tun zu wollen. Ich bin mir nicht so darüber im Klaren, ob das wirklich tiefgehendes faschistoides Gedankengut ist oder nicht einfach nur der Wunsch, zu rebellieren, und sich diese Inhalte da eben anbieten. Letztlich ist es wurscht, es passiert, und das ist schlimm genug. Es aufhalten geht nur mit allen Menschen gemeinsam und auch nur durch Aufklärung, aber dass das alles kommt, schließt sich in diese Ängste mit ein, die wir haben. Das sind ja nicht nur diese, da könnte man ganz viele Dinge nennen, und das ist eigentlich das, wovon ich zu Beginn sprach, dass ich noch gar nicht weiß, worüber ich singen werde und muss, weil ich einfach nicht weiß, was noch alles kommt. So vertraut bin ich mit dem Leben hier nicht – seit der sogenannten Wende bin ich erst das zweite Mal für ein Konzert hier. Ich bin mit vielen Dingen überhaupt noch nicht gedanklich am Ende, ich merke auch, dass ich heute hier unheimlich herumstottere, was sonst gar nicht meine Art ist. Das liegt daran, dass ich noch mitten in einem Prozess stecke und eine Menge bisher nicht verkraftet habe, zum Beispiel auch dieses Rechtsradikale. Ich habe große Probleme, die Menschen zu verstehen, und eigentlich muss man dafür den Sozialismus, so wie er gelaufen ist, verantwortlich machen. Das ist tragisch genug, denn dass das alles plötzlich solche Kehrtwendungen nimmt, liegt ja daran, dass das Gewesene so schrecklich für viele war, weshalb sie nun ganz betont und ohne nach rechts oder links zu schauen erst mal in die generell andere Richtung laufen. Und dieser Vorwurf ist sehr hart und sehr schlimm, das muss ich schon sagen.

Mir ist beim Festival des politischen Liedes im Februar aufgefallen, dass da schon bei vielen Besuchern und Künstlern, mit denen ich gesprochen habe, ein unheimlich tiefer Frust über die sich nicht abzeichnenden Gebilde eines eigenständigen DDR-Weges deutlich war.

Ja, auch mich macht es wahnsinnig traurig, dass das so gelaufen ist und dass die Wahlen nun auch so gelaufen sind und die Bürger sich wirklich entschieden haben zu sagen: Ich mache jetzt die Hand auf, Wohlstand, komm her! Ich habe wirklich Schwierigkeiten, manche unserer Leute zu verstehen beziehungsweise in dem Fall sogar sehr viele. Ich habe richtig Probleme damit, aber was soll ich dazu sagen? Es ist so gelaufen, ich muss das respektieren. Aber auch das ist wieder die Unbedarftheit vieler Menschen, die überhaupt nicht wissen, was auf sie zukommt. Dass sie die Ersten sein werden, die auf der Straße sitzen, wenn die Währungsreform so schnell kommt. Es ist mir andererseits aber auch klar, dass die kommen muss, weil die Schachereien mit dem Geld und der Ausverkauf irgendwann aufhören müssen. Ich weiß hier einfach keine Lösungen. Die weiß von uns kaum einer so richtig, und deswegen werden die bundesrepublikanischen Lösungen, die eben die aktiveren sind, übernommen werden müssen. Ich war nie jemand, der sehr passiv ist und mit sich machen lässt, was gemacht wird, jetzt plötzlich aber ist es so. Ich wollte auch nie im Westen leben, ich hätte es ja immer gekonnt. Dieses Soziale, das ich bei uns für sehr wichtig gehalten habe, ist natürlich eine ökonomische Bremse, andererseits ist nun davon gar nichts mehr da. Wie ich im Konzert schon sagte: Es fehlte vieles im Land, aber die Leute wussten, sie werden gebraucht, sie werden nicht einfach auf der Straße liegen, wir werden auch keine Obdachlosen haben und so weiter – das war für mich sozial sehr wichtig zu wissen. Nicht, dass die Semmel nur 5 Pfennig kostet, diese Stützung hätte man längst verändern müssen. Das Soziale ist nun weg und viele andere Dinge dazu – das macht den Menschen zu schaffen. Aber Lösungen weiß ich nicht.

Noch mal zurück zum Musikgeschäft, das sich rasend verändern wird. Vor allem im Rockgeschäft ist es deutlich zu beobachten, wie sich von beiden Seiten Hände ausstrecken und man schaut, wie man zum besser dotierten Plattenvertrag kommt. Was glauben Sie, wie sich das auch auf die Qualität der Lieder auswirkt? Stefan Körbel, glaube ich, hat das beim Festival des politischen Liedes gesagt, dass einem die Themen wegrennen. Gestern hatte man die Leute noch mit einem frechen Lied über die Stasi auf seiner

Seite, heute ist das als Liedthema weg, und es geht alles so schnell, dass man gar nicht zur Besinnung kommt. Sie haben selbst gesagt, dass man das alles nicht so verarbeiten kann. Wie sehen Sie in dem Zusammenhang die Zukunft der Liedersänger und -sängerinnen der DDR?
Das schließt alles die Frage mit ein, die Sie schon in ähnlicher Form gestellt haben: Was kann ein Lied? Worüber sollen die nächsten Lieder gesungen werden? Ich weiß, dass ich noch eine ziemliche Zeit der Besinnung brauche, bis ich sagen kann: Jetzt ist wieder alles irgendwo rund in mir. Im Moment ist überhaupt nichts rund, und das bringe ich auch auf der Bühne zum Ausdruck. Und da das ohnehin das Gefühl der meisten Leute ist, trifft es sich wieder mit dem, was man da unten empfindet. Wenn nicht, kann ich es nicht ändern, ich kann einfach nur von dem ausgehen, was ich denke und meine. Insofern wird es mit den Liederleuten so weitergehen, dass die sich ganz genauso einen Kopf machen müssen: Was kann mich wichtig machen für die Gesellschaft? Die Frage müssen wir uns als Künstler immer stellen, nicht nur jetzt, das war immer schon so. Und wie es weitergehen muss? Ich kann Ihnen nicht sagen, ob das Lied stirbt oder nicht, das unterliegt sicher auch internationalen Entwicklungen, wo ich nicht sagen kann, wo wir uns einklinken werden. Ich glaube, es wird immer bedeutsam sein, dass man sich in kleiner Runde verständigt und dass die künstlerische Form eine gute ist. Das wird sogar immer wichtiger werden, und die Konzertsäle werden sich wieder füllen, sobald die Leute das Bedürfnis haben, wieder aus sich herauszugehen, sich zu versammeln. Bei vielen setzt jetzt erst mal eine Isolation ein, was ich durchaus verstehe, abgesehen von der Sorge, die um viele Dinge da ist. So könnte ich es mir vorstellen. Die Gilde der Liederleute ist ja eine kluge, und insofern glaube ich, dass sich die ganze Sache mit klugen Gedanken fortsetzen und auch sehr wichtig sein wird. Die Frage ist nur: Wie kriegen wir die Leute alle dahin, dass sie sich zusammenfinden?

Noch eine Frage nur zur Musik. Sie haben gesagt, dass Sie im Grunde genommen musikalisch eigentlich fast alles interessiert, dass Sie schauen, was zu einem Text die richtige Begleitung ist. Trotzdem die Frage nach Ihren Vorlieben.

Es ist eigentlich schon das Leise. Lange Zeit habe ich immer als eine Freundliche gegolten, inzwischen weiß ich, dass nicht alle Lieder nur freundlich sein sollten, sind sie bei mir inzwischen auch schon nicht mehr. Man muss das sicherlich trennen und sagen: Was möchte ich singen, und was möchte ich mir mal anhören? Ich tanze auch sehr gerne. Es muss gut sein, und da könnte man wiederum ansetzen: Wann ist etwas gut? Das sind die ästhetischen Grundsätze, die wir ja heute gar nicht so erörtern wollen. Ich halte mich offen für viele Dinge und lasse mich durch vieles inspirieren.

Wie kommt es, dass auf der neuen Platte bis auf ein oder zwei Stücke von der Musik her alles weitgehend aus dem Folklorebereich kommt?
Weil ich Volkslieder immer schon gemocht habe. Wenn wir im fremdsprachigen Ausland gespielt haben, gab es auch immer sehr viele deutsche und internationale Volkslieder in den Programmen, und für mich hat nach wie vor ein Volkslied eine ganz große Bedeutung, weil es etwas Überliefertes, Ursprüngliches, Echtes, Unverfälschtes und oft sehr schön ist – das möchte ich nicht missen. Auf der ersten Platte hatten wir keine, was teilweise kritisiert wurde. Das habe ich mir beim zweiten Mal zu Herzen genommen und gesagt: Dann teilen wir das ein bisschen auf. Auf der einen Seite werden die Weiberlieder sein und ein Teil zumindest nachgedichtete Volkslieder, die ich für sehr melodisch und sehr schön halte.

Letzte Frage in Bezug auf »Traum vom Fliegen«: Wenn Sie jetzt einen Traum im Sinne eines Wunsches formulieren würden, wie würde der lauten?
Dass wir jetzt nichts tun, was wir wahnsinnig bereuen müssen, aber ich fürchte, dazu ist es schon zu spät, da wird einiges sein. Dass das Miteinander der beiden Deutschlands etwas Vernünftiges wird. Das ist mein Wunsch, wobei ich mir nicht sicher bin, ob das was wird. Also, ob es das wird, was ich mir vorstelle, und ob es diesen Dingen genügen kann. Irgendwas wird es, aber ob es was Vernünftiges wird?

Barbara Kellerbauer

Berlin, 9. September 1992

Vielleicht knüpfen wir da an, worüber wir sprachen, als wir uns in Frankfurt getroffen haben. Ich will gar nicht auf die einzelnen Fragen zurückkommen, aber ich erinnere mich an eine Antwort von Ihnen, wo Sie meinten, dass sie eigentlich nicht genau sagen können, was jetzt anders ist und anders wird, weil die Ereignisse so über einen hereingestürzt sind, dass alles noch zu sehr im Fluss ist und man sich erst mal selber sortieren muss. Darüber sind zwei Jahre vergangen, und insofern ist es vielleicht ein guter Punkt nachzufragen, wo Sie heute stehen, auch mit dem Blick zurück. Was hat sich für Sie persönlich in Ihrer künstlerischen Arbeit verändert?

Künstlerische Arbeit und Persönlichkeitsentwicklung gehören ja irgendwo zusammen, so verstehe ich Ihre Frage zumindest. Es hat sich eine Menge geläutert, ohne Frage. Vor zwei Jahren war unser Interview für mich insofern wichtig, als die Art der Fragestellung plötzlich das Problem von einer anderen Seite an mich herantrug. Auf der ganzen Rückfahrt habe ich darüber nachgedacht, und tatsächlich konnte ich in der Zeit danach nur noch abblocken, was alles auf uns zu- und auch an wirklich schlimmen Dingen hochkam. Das, was man nicht wusste und wo man sagte, das hätte man vielleicht ahnen können in einem Land, das man ja gewollt hat. Zu sehen, wie das alles zusammenfällt, und völlig machtlos danebenzustehen … – ich hab mich wirklich völlig machtlos gefühlt. Und eigentlich jemand zu sein, der sonst immer sagt »Was kannst du tun?«, war eine Sache, die man verkraften musste. Ich habe es verkraftet, nicht leicht, aber ich habe es andererseits auch zugelassen. Ich war der Meinung, ein Mensch zu sein, der vielleicht immer viel Glück hatte. Ich hab mich nie nach Dingen gedrängelt, gewisse Projekte oder Aufgaben kamen auf mich zu, und ich habe sie entweder gemacht oder nicht. Ich habe auch sehr gute Chancen verpasst – in künstlerischer Form zumindest, von der Liebe wollen wir ja heute nicht reden … *(lacht)* Es ging immer ein Stückchen aufwärts, irgendwie kam immer was Neues, ein weiteres interessantes Projekt. Und natürlich hat man sich einen Kopf gemacht, was man tun will, aber dann kamen eben Projekte auf mich zu, das Fernsehen kam plötzlich mit einer Sendereihe, was eine sehr interessante Aufgabe war. Aber das starb nun alles auf einmal, der Rundfunk auch, und die Platte erschien – völlig idiotischerweise – im Frühjahr neunzig, also zu einer Zeit, wo kein Mensch auf so was geachtet hat. Das ist alles schon schade gewesen, und ich hab es, wie gesagt, zugelassen, hab gedacht: Vielleicht brauchst du einfach mal diese Luft. Ich meine, ich habe Familie und war im Komitee für Unterhaltungskunst engagiert, da gab es eine Menge zu tun. Ich hatte eigentlich in dem Sinne keine Freizeit, jedes Telefonat hat manchmal gestört. Und plötzlich ist das alles weg, und Sie stehen in diesem luftleeren Raum und wissen nicht mehr, wovon Sie sich künftig ernähren sollen. Ich hab es also zugelassen und gedacht: Das brauchst du jetzt als Persönlichkeit, das muss jetzt durch dich hindurch. Ich wünsche es aber keinem, schön ist das alles nicht. Ich hatte auch keine neuen Ideen. Ab Sommer neunzig liefen ja kaum noch Angebote, weil sämtliche unserer Häuser schlossen und das eine ganze Weile so ging. Ich hatte ein paar Konzerte in den alten Bundesländern und dann ab und an auch mal hier, aber das war schon schwierig.

Sie fragen, wie es mir jetzt geht. Ich habe wieder Ideen, auch Projekte und Aufgaben, und das ist, was mich irgendwo aufrecht gehalten hat. Ich bin mit mir in vielen Dingen noch nicht ganz ins Reine gekommen, weiß aber nun manches mehr und fühle mich wieder engagiert, zumindest, was meine Aufgaben betrifft, und das finde ich wichtig. Konkret ist, dass ich ein Programm mache mit dem Titel »Mein Laster ist Freundlichkeit«. Ich habe da viele Texte von Heinz Kahlau im Programm, werde auch mit ihm zusammen etwas unternehmen, ansonsten dieses Programm als Soloprogramm führen. Dann habe ich vor einem Jahr begonnen, ein Programm mit drei Kolleginnen ins Leben zu rufen, und zwar mit Annekathrin Bürger, Uschi Brüning aus dem Jazzbereich und der Kammersängerin Carola Nossek. Wir vier Weiber machen jetzt was, das auch vom Kulturfonds unterstützt wird, mit zwar geringen Mitteln, die uns aber doch sehr helfen, dass wir einen Komponisten und einen Autor beschäftigen und Werbematerial erstellen können. Das wird am 31. Oktober hier in Berlin zu einem Literaturfestival im Palais am Kastanienwäldchen Premiere haben, dann werden wir es zu den Tagen des Chansons in Frankfurt (Oder) aufführen. Eine völlig andere, aber sehr interessante Aufgabe erwartet mich diesen Samstag, da gibt es im Deutschlandsender Kultur eine Ratestunde, die ich moderieren werde, zumindest das Eröffnungskonzert. Ob es dann weitergeführt wird, muss man sehen, denn auch dort gibt es Probleme, neue Dinge einzuführen. Dort wird man versuchen, die traditionelle, sogenannte klassische Musik – für mich gibt es eigentlich nur gute und schlechte Musik, ich möchte das gar nicht so genremäßig unterteilen –, mit einer gewissen Unterhaltsamkeit eben in einer Rätselform zu verbinden. Das gab es schon mal so ähnlich, wir haben jetzt hier noch mal ein bisschen was Neues erdacht und sitzen da über den Texten mit dem Rundfunk-Sinfonieorchester. Das Ganze findet im großen Sendesaal in der Nalepastraße statt, danach wird man weitersehen.

Sie waren vor den Veränderungen hier nicht nur auf der künstlerischen Seite tätig, sondern kennen auch das Innenleben der Kulturverwaltung in gewisser Weise, dadurch, dass Sie in der Honorarkommission saßen. Wenn Sie diese Einrichtung und Strukturen, wie sie hier im Kulturbereich waren, mit der heutigen Situation vergleichen – auch auf Ihre eigene Arbeit bezogen: Was ist an Schlechtem weggefallen, welche neuen Möglichkeiten haben sich eröffnet, oder wo würden Sie auch Bereiche sehen, wo es vielleicht für Ihre Arbeit oder Ihre Kolleginnen und Kollegen besser wäre, wenn das eine oder andere noch in irgendeiner Form existieren würde?
Ich glaube, dass diese Gemeinsamkeit, die durch das Komitee für Unterhaltungskunst gegeben war, wichtig für uns alle war. Auch die Nähe, die dadurch gegeben war, dass wir uns ein-, zweimal im Jahr getroffen haben, miteinander reden konnten, gemeinsame Projekte gemacht haben. Ohne das Komitee hätte es die Chanson-Werkstätten, die Tage des Chansons und so weiter damals nicht gegeben. Diese Nähe war wichtig für uns. Wir hatten

dadurch relativ wenig Feindschaft untereinander, weil vieles ausgesprochen werden konnte. Natürlich ist jeder im freischaffenden Bereich Freiwild, und das beobachtet man derzeit ganz besonders. Ich finde dieses Immer-hinterher-Gucken ganz fürchterlich. Ich weiß nicht, warum sich Leute mit so etwas beschäftigen, es gibt ganz andere Sachen. Das war so eigentlich nicht wirklich nötig, dadurch, dass wir uns öfters trafen. Und dann sollten wir nicht verschweigen, dass auch eine ganze Menge Mittel bereitgestellt wurden, um Programme zu erstellen – da gibt es eine ganze Reihe von Künstlern, auch richtig großen, namenhaften, die sich ihre Programme bezahlen ließen, das ist doch keine Schande. Jetzt wird es auf andere Weise gemacht, aber das hat man hier noch nicht so ganz entdeckt. Wo sie aber die Honorarkommission angesprochen haben, da ist es eigentlich ganz gut, dass die weggefallen ist. Wir waren damals schon der Meinung, dass das eine blödsinnige Einrichtung ist, aber es gab sie nun mal, und sie musste ja gemacht werden. Ich bin gewählt worden, und ich glaube, ich habe das ganz gut gemacht, denn ich habe in den drei Jahren, die ich drin war, bis auf zwei Leute alle durchgekriegt, habe sogar selbst welche zur Erhöhung des Honorars vorgeschlagen. Ich war auch nicht allein drin, denn es war eine Sache, von der wir wussten, dass die eigentlich nicht lange bestehen kann. Andererseits, warum wollen wir darüber schimpfen, dass die Honorare festgelegt waren? Jetzt im Westen gibt es freies Honorar, das steigt in Zahlen, die uns nur staunen machen, und unsere Leute hier zu Hause in der DDR damals, die waren immer der Meinung: Die Künstler, die kriegen es, wer weiß wie. Aber da sind die Summen in den jetzigen Ländern doch ein bisschen anders. Okay, man kann sich drüber streiten, und ich glaube, das ist kein großer Verlust, dass das jetzt weggefallen ist. Aber die Nähe zueinander war schon gut. Wir werden sehen, was bei den Tagen des Chansons passiert, ob wir dort wieder ein bisschen zueinanderfinden. Und was die sonstigen Einrichtungen betrifft, klar kannte ich den Kulturbetrieb. Es gab diese bezirklichen Agenturen, die eigentlich ganz wichtig waren, aber wie sich das jetzt aufbaut, weiß ich nicht. Das wird vielen so gehen, dass es noch nicht bekannt ist: Wie viele Bereiche gibt es nun, und wer macht was? Das ist eigentlich die große Frage, die Informationslücke, die entstanden ist.

Wie würden Sie denn die Situation einschätzen? Wie ist das Klima hier jetzt für anspruchsvolle Kultur, sei es im Liedermacherbereich oder in angrenzenden Bereichen?

Der Anspruch hat es immer schwer, das wissen wir, und Leute, die etwas leichter geschürzt daherkommen, haben jetzt, glaube ich, nicht zu klagen. Ich meine, dass der Bedarf vorhanden ist, dass da aber noch Berührungsängste sind und die Leute natürlich auch ihr Geld zusammenhalten – die Eintrittspreise sind nun mal gestiegen – und sich deshalb fragen: Will ich das jetzt wirklich? Bleibe ich nicht doch lieber zu Hause und spare die 10 Mark? Andererseits merke ich, wenn wir das Publikum da haben und ins Gespräch kommen, wie wichtig es den Leuten ist, einfach darüber zu reden, was da so allgemein auf uns zukam. Wir spüren uns einfach in Einklang mit den Problemen, die die Zuschauer haben. Es kommt hier so viel Veränderung auf uns zu ... – na gut, mittlerweile ist es nicht mehr ganz so, man ist ja nicht doof, findet sich irgendwie zurecht. Aber es betrifft uns halt alle, und wir sitzen in einem Boot, während man doch sonst von den Künstlern immer gesagt hat, sie wären ein bisschen abgehoben. Es gibt einfach so vieles, über das man noch mal reden, über das man sich mal lustig machen kann, und das wiederum hilft bei der Bewältigung des Problems. Oder sich vielleicht auch mal andere Fragen zu stellen, als der andere sie sich gestellt hat, übers Leben überhaupt. Also auch die warmen Töne, die Freundlichkeit reinzubringen, die man mir ja immer, wohl nicht zu Unrecht, nachgesagt hat, die ja manchmal auch langweilig werden konnte und ein Makel sein kann. Da ist es schon folgerichtig, dass ich das neue Programm »Mein Laster ist Freundlichkeit« nenne. Das hat dann irgendwann auch nachgelassen, weil das ja auch Dummheit sein kann, wenn man zu freundlich ist. Sich im entsprechenden Moment zu wehren, habe ich in den letzten sechs, sieben, acht Jahren dann doch gelernt. Aber dieses Erlebnis, an die Hand genommen zu werden und einfach ein Stück Wärme weiterzugeben, vielleicht auch ein Einverständnis zu haben, das ist etwas, das bei uns immer mehr fehlen wird. Ich glaube, es besteht eine große Notwendigkeit, das zu machen, was wir tun, und das ist natürlich auch eine Hoffnung, die wir haben.

Eine Zeit lang war es für viele DDR-Künstler durchaus interessant, im Westen aufzutreten, das wurde auch nachgefragt, weil man es ja nur teilweise kannte. Diese Phase dürfte vorbei sein. Konzentriert man sich jetzt eher wieder auf das alte, eigene Publikum?
Auf jeden Fall, weil wir auch spüren, dass die Leute im Westen sagen: »Ach, das ist uns alles so egal.« Ich hoffe, das lässt irgendwann wieder nach. Es ist ja nicht so, dass jeder dort damit einverstanden ist, wie es läuft. Sie sind andererseits ebenfalls hilflos und sagen: »Das tut uns auch alles so leid, und da wollen wir doch lieber nicht diesen Kontakt mit den Menschen haben. Wir können doch auch nichts ändern.« Und diesem Gefühl begegne ich da sehr oft. Ich glaube, sie müssen erst mitkriegen, dass wir mit dem Problem einigermaßen selbstverständlich umgehen und es irgendwie und irgendwann auch bewältigen. Es gibt natürlich auch in den alten Bundesländern diejenigen, die sagen: »Ohne meinen Solidarbeitrag hätten die es nie geschafft!« Das gefällt uns dann wiederum nicht, wenn wir als Bittsteller dastehen, weil wir es zum Teil doch ein bisschen anders sehen. Und wenn man mich fragt, was ich für die Einheit bezahlt habe – na, prost Mahlzeit! Wenn man im Jahr 1990 die gesamten Verträge für das ganze Jahr zurückgeschickt bekommt und einundneunzig kommen erst mal fast keine, dann kann sich jeder ausrechnen, was das an Problemen bringt. Aber das interessiert in diesem Fall alles erst mal nicht, und ich glaube schon, dass wir da wieder zusammenkommen werden. Im Moment sehe ich das so, dass das Interesse nicht ganz so groß ist. Ich denke aber auch, dass wir künstlerisch ganz schön was zu bieten haben, und deswegen glauben wir an uns.

Was glauben Sie, warum die Tatsache, dass Sie und Kolleginnen und Kollegen von Ihnen künstlerisch etwas zu bieten haben, nicht durchschlägt? Es gibt ja durchaus auch ein paar Kulturwissende im Westen. Ist es der Markt?
Ich glaube, es ist das Konkurrenzdenken, dem wir jetzt voll ausgesetzt sind, während wir damals als Exoten galten und nicht kommen konnten, wann wir wollten. Es musste drüben etwas organisiert sein, man war nicht frei verfügbar für den westlichen Markt. Mein Pass lag in der Künstleragentur,

und wenn eine Anforderung kam, konnte ich reisen. Privat bin ich übrigens nicht ein einziges Mal gereist, wie manch andere möglicherweise, was mir aber auch egal ist. Man wusste doch, man ist nicht so verfügbar und galt nicht als echte Konkurrenz. Wir hatten ja auch andere Themen. Die haben wir jetzt auch noch, aber irgendwann werden die sich angleichen, und man wird merken, dass das doch in der Familie losgeht und die Arbeitsbereiche ganz genauso betrifft. Wir sind einfach nicht clever genug, die Mechanismen zu durchschauen, und ich habe auch keine Lust, die zu durchschauen. Wir versuchen, was zu machen, aber die Plätze sind eigentlich belegt. Das Künstlerpotenzial in den alten Bundesländern war doch ein hervorragendes, warum soll das andere jetzt plötzlich noch dazukommen müssen? Ich weiß also nicht, wie es laufen wird und was da werden kann.

Stefan Körbel

Berlin, 3. Mai 1990

Ich gehe erst mal zurück in deiner Geschichte, von der Tanzmusikkapelle bei der Armee hin zum Liedermacher – vielleicht setzen wir da mal ein …

Die Tanzmusikkapelle lief eigentlich nur nebenbei, das hab ich immer gerne mal mit angesagt, wenn nach biografischen Dingen gefragt wurde. Ich habe es halt gemacht, das war bei der Armee auch eine andere Geschichte, da musste man irgendwas machen, um aus der Stupidität rauszukommen. Und als ich das erste Silvester Wache stand und meine Musikerkollegen aus der damaligen Singegruppe Tanzmusik machten, habe ich mir schon überlegt, ob ich meine ästhetischen Scheuklappen nicht doch überwinden sollte … Wir haben mit Freude Beatles- und Stones-Titel gespielt und so – in Uniform. Das war ganz lustig, hatte aber keine größere Bedeutung. Ich hab das danach auch nie wieder gemacht.

Hast du denn vorher schon Musik gemacht?

Ja, ich habe traditionell Geige gelernt, so wie man das lernt – mit sechs, sieben Jahren angefangen, unter Tränen und Schmerzen. Als das Mode wurde, habe ich mir eine Gitarre gekauft – vielleicht sogar im Achtundsechzigerjahr, das könnte zeitlich hinkommen – und war dann im Singeklub. In der DDR gab es eine Singebewegung, wo alles gesungen hat, ich halt auch, und da stehe ich auch dazu. Schon von Hause aus war ich zudem relativ interessiert an politischen Dingen, so kam das zusammen. Da waren dann verschiedene Truppen, in denen ich spielte, zum Beispiel MTS*, die es jetzt noch gibt und

* 1973 von Detlef Bruno Melzer, Herbert Treichel und Thomas Schmitt gegründete Berliner Band.

die sich ein wenig nach dem Vorbild von Insterburg & Co. sehr dem Ulk verschworen hat. Dann wiederum hat mich sehr stark lateinamerikanische Musik interessiert, dann nordamerikanische – das wechselte immer ein bisschen, und je nachdem wechselte auch das, was ich selbst so versucht habe. Richtig ernsthaft wurde es 1976, als ich anfing, an der Humboldt-Uni Kulturwissenschaft zu studieren. Da lernte ich Leute kennen, mit denen wir eine Truppe aufmachten, die sich Karls Enkel nannte. Wir machten zunächst Liedprogramme mit szenischen Einlagen, wie das damals durchaus üblich war, und entwickelten uns dann in Richtung eines musikalischen Theaters oder Kabaretttheaters, wie es das so in der DDR eigentlich noch nicht gab. Das machten wir zehn Jahre mit ziemlichem Erfolg, weil wir auch sehr ruppig, borstig und kritisch waren und trotzdem eine eigene Stilistik oder eigene Kunstsprache gefunden hatten, die sehr von Widersprüchen, Dissonanzen und unterschiedlichen Handhabungen musikalischer und textlicher Dinge geprägt war. Wir hatten mit Steffen Mensching und Hans-Eckardt Wenzel zwei sehr begnadete Schreiber dabei und waren alle Musiker auf mehreren Instrumenten – das war eine sehr spannende Sache. Das hat mich auch ungeheuer geprägt, deswegen erzähle ich davon immer noch mit Herzblut. Einundachtzig habe ich dann angefangen, mich alleine mit der Klampfe hinzustellen, was eigentlich auch mit Karls Enkel zusammenhing. Wir waren da manchmal so produktiv, dass wir Lieder hatten, die nicht in ein jeweiliges Stück oder Programm passten und liegen blieben. Da war's mir schade drum, und ich dachte: Jetzt geh ich mal allein auf die Bühne und singe diese übrig gebliebenen oder vergessenen Lieder. Was damals ging, weil die Zeiten nicht so schnelllebig waren – wenn da ein Lied zwei Jahre lag, war das noch nicht alt. So machte ich meine ersten Soloprogramme, und das ging dann eigentlich ohne größere Brüche weiter.

Ich habe dich leider beim Festival des politischen Liedes im Februar nicht sehen können, aber wie ich aus dem Zusammenhang mitbekommen habe, verstehst du dich als politischer Liedermacher.
Ja, durchaus.

Nun ist es ja so, dass das politische Lied – oder, sagen wir, das »rote« Lied – gewissermaßen out ist. Beim Festival gab es diese schöne Persiflage mit den Studenten, die eine Hitparade der roten Lieder machten. Die stellten einen Karton mit einer Schiebetür auf, wo man sich rote Lieder wünschen konnte, Sachen wie »Wenn bei Capri die rote Sonne im Meer versinkt« oder »Er hat ein knallrotes Gummiboot«. Wenn man zwei Groschen reinwarf, ging der Vorhang hoch, und drei Leute, die dahinter saßen, sangen die gewünschten Lieder. Ich fand das eine gut gemachte Persiflage auf das Problem.

Das Problem ist ja nicht erst in diesem Jahr entstanden. Es gab in der DDR in den letzten zwanzig Jahren immer Leute, die politische Lieder gesungen haben. Sehr viele von denen waren starken Restriktionen ausgesetzt, viele fanden aber auch für sich persönlich einen Weg, im Land zu bleiben und trotzdem ihres zu sagen, meistens unter Ausschluss der Medien. Da würde ich auch das engere Umfeld hinzuzählen, in dem ich mich bewegt habe. Karls Enkel zum Beispiel ist in den ganzen zehn Jahren nie in den Medien aufgetaucht, wurde aber immer als Geheimtipp gehandelt, absurderweise auch von hochkarätigen Kulturfunktionären. Das spielte sich immer in wahnsinnig spannungsvollen Verhältnissen ab. Ich will es nicht dramatisieren, es war nicht so, dass wir dauernd um unsere Freiheit oder unseren Landesaufenthalt bangen mussten, und einigermaßen davon leben können haben wir auch, aber es war schon für jeden, der es ernsthaft betrieb, eine ziemliche Gratwanderung. Insofern gab es auch diese Identität nicht, die das Festival scheinbar nach außen für viele hatte, innerlich war das schon sehr brüchig, und es gab Momente der wirklichen Gesellschaftskritik, die leider unter sehr vielen repräsentativen und großen Dingen verschüttet waren. Vor allem Geschichten, mit denen sich die FDJ ihren Internationalismus aufmotzen wollte, um ihn der DDR-Jugend glaubhaft zu machen. Was an DDR-Lied in den letzten zehn, fünfzehn Jahren passiert ist, war, wo es gut war, auch kritisch und durchaus nicht staatshörig oder so. Insofern habe ich eigentlich mit dieser Geschichte keine Probleme. Ich habe immer irgendwie mit diesem Festival zu tun gehabt, zum Teil in der Leitung, zum Teil als einer von denen, die voriges Jahr verboten waren – in dieser ganzen Spannbreite. Andere haben das vielleicht anders empfunden. Andere, die frühzeitig Schwierigkeiten gehabt haben, aus denen sie nicht rausgekommen sind, würden sicher ganz anders darüber reden als ich jetzt. Das war auch Spaß, denn es gab auch Streit, und da war Kampf – irgendwie war das unsere Art und Weise, Widerstand zu leisten und uns zu wehren.

Dass das nicht viel gebracht hat, ist nun, wo alles anders ist, offenbar. Und was jetzt auch deutlich ist: Wir haben immer gesagt, dass, wenn wirklich mal Glasnost in der DDR einzieht, wir eigentlich auf dem Ast sitzen, an dem wir sägen. An so was, was jetzt passiert ist, war gar nicht zu denken, aber wir ahnten schon lange, dass es irgendwie nicht vermeidbar sein könnte, so lange gegen den neuen Wind aus dem Osten zu mauern, bis das Schiff fast am Untergehen war. Wir dachten eigentlich, dass die Zwänge der Welt und die sanfte Gewalt der Vernunft vielleicht schon früher was erwirken könnten. Aber nun ist der Ast ab, und wir sind in unserer Funktion natürlich auch ein bisschen hin- und hergeworfen. Wo Presse, Medien, Öffentlichkeit und Demonstrationen da sind, ist schon klar, dass die Stimme der Kunst erst mal nicht mehr die Bedeutung hat, die sie vorher hatte, weil sie in der DDR immer mit diesen ganzen Problemen beladen war. Es gab eigentlich nur die Kirche und die Kunst als öffentliche Akteure, die irgendwas abgehandelt haben, ansonsten fand alles im Privaten statt. Und das hat die Kunst zum Teil überlastet und überfrachtet, wo einige Schreiber und andere Leute gar nicht so glücklich drüber waren. Heute sagen sie: »Jetzt können wir endlich wieder ohne diesen ganzen Verantwortungsdruck schreiben, ohne dauernd dem Volk und irgendwelchen Interessen, die gar nicht literarisch sind, entsprechen zu müssen.« Bei uns war es vielleicht noch ein bisschen verzwickter, weil wir immer diese Geheimtipps waren nach dem Motto: »Gehen wir mal zu den Liedermachern, die sagen wenigstens noch was.« So war manchmal der Grundtenor. Für viele meiner Kollegen war das auch ein bisschen eine Existenzberechtigung, und jetzt ist es ganz schwer, wie man da weitermacht, ob überhaupt oder ob nicht.

Wovon werden denn die neuen Zeiten schreiben, jetzt auf dich bezogen?
Ich hoffe vor allem, dass sie nicht wiederholen müssen, was in der BRD schon abgearbeitet worden ist. Ein bisschen mit einem spannenden Blick

sehe ich, dass wir jetzt Frauenbewegungen oder die Grünen haben, und beobachte, ob die jetzt sozusagen noch mal von Kindesbeinen anfangen müssen oder ob in diesem einheitlichen Staatsgebilde vielleicht beiderseitig Erfahrungen einfließen können, dass man nicht alles noch mal sagen muss. Andererseits denke ich mir, bestimmte Sachen werden sicher auch erneut gesagt werden müssen. Aber was konkrete Themen sind, kann ich dir noch nicht sagen.

Aber was bewegt dich jetzt in diesen Tagen? Wenn du an deinem Schreibtisch, im Bett, im Zug oder wo auch immer sitzt, geht dir doch sicher was durch den Kopf, wo du meinst, das schreibst du dir jetzt auf.
Das sind wahnsinnig viele Sachen. Wobei ich dazusagen muss, dass es mir im Moment schwerfällt, Texte zu schreiben. Ich bin ein langsamer Arbeiter, brauche ein paar Tage an einer Idee und wieder ein paar Tage, um sie aufzuschreiben – das dauert immer eine Weile. In den letzten Wochen war es einfach so, dass einen alles überrollt hat, ich habe wenige Lieder richtig fertiggekriegt – wenn einige Zeilen standen, war ich eigentlich schon von den Ereignissen überrollt und habe gedacht, das kann ich gleich wieder in den Papierkorb legen. Themen gibt es eine Menge. Ich denke zum Beispiel sehr darüber nach, wie oder ob es überhaupt für Leute meiner Generation und meiner Herkunft möglich sein kann, irgendetwas positiv aus diesen Erfahrungen in der DDR mit rüberzunehmen. Oder anders gesagt, ob es uns überhaupt gelingen kann, da produktiv was draus zu machen, oder ob es nicht alles Ballast ist. Es ist ja gelebtes Leben, das ist nicht einfach wie eine Schublade, wo man Dinge drin hat, die man auch weglegen kann … Bei vielen macht sich jetzt so ein Schuldsyndrom bemerkbar, das sich ganz eigenartig umdreht, mit allem nichts mehr zu tun gehabt zu haben. Und die Zwanzigjährigen brüllen: »Vierzig Jahre betrogen!« Eine ganz komische Geschichte ist das. Ich denke schon, dass diese DDR-Identität, die eine merkwürdige mit absurden und schlimmen Momenten war, wie jedes Leben auch etwas Schönes hatte. Ich kann mir nicht vorstellen, dass hier jemand nur unglücklich war und nur gelitten hat. Es war auch hier ungeheuer viel möglich. Solche Sachen wie Kontinuität oder Diskontinuität interessieren mich schon, wie da

Dinge von Leuten rübergenommen werden, die wirklich vierzig Jahre hier gelebt haben, so wie ich.

Das wäre ein Thema. Mir war vor drei, vier Jahren schon bewusst, dass eine Lösung für DDR-Probleme – und dass wir dringend einer Lösung bedurften, war damals bereits klar – eigentlich eine internationale, grenzüberschreitende Sache sein müsste, die möglichst mit einem vielleicht mit Gorbatschow verbundenen neuen Sozialismusmodell umsetzbar wäre. Dass jetzt was ganz anderes kommt, nämlich ein dumpfer und irrationaler Nationaltaumel, ist schon eine Sache, die schwer zu begreifen ist und wo man versuchen muss, dahinterzukommen: Wo kommt das her? Und ist es überhaupt so dumpf? Oder ist es vielmehr eine rationale und gesunde Sache, die da bei den Leuten passiert? Ich bin im Moment dabei zu begreifen, was da sein konnte, dass das so rasant hochgekommen ist. Das Wahlergebnis bei den Volkskammerwahlen am 18. März hat für mich zum Beispiel damit zu tun, dass es vielleicht eine Art kindlicher Effekt ist nach dem Motto: Man hat jahrelang was verboten bekommen, und nun macht man das, was man endlich darf. Es spielt, glaube ich, durchaus so was in der Art eine Rolle, ähnlich wie es vielleicht nach fünfundvierzig gewesen ist – man will es nicht gewesen sein und jetzt ganz schnell zu denen gehören, die es besser wissen oder es schon immer besser gewusst haben. Das sind eigenartige sozialpsychologische Phänomene, die ich, die wir alle versuchen zu begreifen. Das könnten Themen von Liedern sein, wenn sie nicht nur allgemein dastehen, sondern man auch eine poetische Idee dazu hat. Das ist ja der eigentliche Knackpunkt für ein gutes Lied, dass es nicht nur eine bebilderte Allgemeinheit ist.

Du hast es gerade angedeutet, dass über Jahre hinweg die politischen Liedermacher auch die Funktion hatten, Zeitung zu sein. Also, dass eigentlich das Wort das Wichtige war, die Leute gekommen sind, weil sie wussten, da konnte man sich drauf verlassen, da bekam man entweder News oder eine Attacke, die man selbst im Kopf oder im Herzen hatte, aber nicht loswerden konnte. Da wurde sie ausgesprochen, und man konnte sich damit identifizieren. Das ist nun weg, das heißt die Ansprüche an diejenigen, die auf der Bühne stehen, verändern sich,

das Verhältnis von Wort und künstlerischer Qualität, musikalischer Begleitung, Arrangement und all diesen Dingen wird sich völlig neu definieren. Glaubst du, wenn du dich auch mal selbst betrachtest, dass die Garde der Liedermacher, die da ist, mit dieser neuen Konkurrenz fertig wird beziehungsweise sich darauf einstellen kann?
Für mich gesprochen, schwanke ich zwischen Optimismus und ein bisschen Angst. Angst, weil wir alle, die wir hier gearbeitet haben, Marktmechanismen nicht gewöhnt sind – obwohl Kunst bei uns, anders als andere Bereiche, auch eigene Marktmechanismen hatte, aber längst nicht so wie das, was auf uns zukommen wird. Es war ja absurderweise so, dass Clubs subventioniert worden sind, was für uns natürlich auch eine Stütze war. Wir kriegten dort Honorare, egal ob zehn, zwanzig, fünfzig oder hundert Gäste da waren. Oftmals wurde das volle Honorar bezahlt, weil das aus einem anderen Topf als dem kam, mit dem die Einnahmen verrechnet wurden. Allein das hat vielen von uns das Überleben ermöglicht, wenn sie an andere Sachen wie Medien und so nicht angeschlossen waren. Das ist schon eine Sache, die jeden von uns ein bisschen beängstigt: Wie kann man da klarkommen, und wie stehe ich da? Was mich persönlich etwas zuversichtlich macht, ist die Tatsache, dass ich seit etwas über einem Jahr zwei brillante Musikanten als Partner habe, und zwar Partner im besten Sinne, sprich auch als inhaltliche Partner, dass ich mich durchaus nicht als Liedermacher mit Begleitung fühle. Wir sind eigentlich ein Trio, wenn man so will, und ich bin der Sänger. Ich denke schon, dass die Sache eine Chance hat, weil unserer Erfahrung nach in dieser Besetzung noch ungeheuer viel drin ist. Wir haben eigentlich noch gar nicht richtig angefangen zu arbeiten, sondern bis jetzt immer nur das gespielt, was wir sowieso konnten und was uns Spaß machte, und wenn wir mal richtig in uns gehen und das wirklich optimieren, ist da noch eine ganze Menge drin. Tina Tandler spielt fantastisch Saxofon und ziemlich gut Akkordeon, Lexa Thomas bedient Bass und Percussion und hat viel Ahnung von Arrangements. Ich glaube auch, dass wir noch eine Weile zusammenbleiben werden und da noch Sachen zu machen sind. Natürlich will ich den Schwerpunkt nicht nur auf musikalische Arbeit legen, aber es wird sicher weniger Nachsicht seitens des Publikums gegenüber dilettantisch musizierten Dingen ge-

ben, selbst wenn sie gut getextet sind. Das ging vielleicht noch eine Weile gut in dieser speziellen DDR-Situation, aber einfach mit vier, fünf Harmonien lange Balladen runterzurasseln, wird glaube ich schwierig, auch wenn sie gut sind. Es wird sich zeigen, wie weit jeder Kollege das machen kann oder muss.

Wenn du heute auf die Bühne gehst, ist das für dich eine Mischung aus den Bedürfnissen, zu unterhalten und gleichzeitig auch zum Nachdenken anzuregen?

Das ist schwer zu sagen. Eigentlich müsste ich verraten, dass ich vor jeder Mucke wahnsinnige Angst habe, ich bin gar nicht der Typ, der sich gerne da vorne hinstellt. Wenn es gutgeht, macht es natürlich Spaß, aber vor dem ersten Lied habe ich immer einen Riesenbammel, denn es kann ja auch schiefgehen. Und je spezieller die Dinge sind, die man macht, desto schneller kann es abstürzen. Ich hatte immer ein Credo, einen Satz des jetzt fast verpönten Karl Marx, der hieß: »Den Verhältnissen ihre Melodie vorpfeifen, um sie zum Tanzen zu bringen.« Das fand ich eine schöne Programmatik, die ich mir jetzt neu überlegen muss – es wird sicher so schnell nichts zum Tanzen zu bringen sein. *(lacht)* Unterhalten spielt schon auch eine Rolle, aber mehr in dem Sinne, dass sich die Leute hinterher darüber unterhalten, was sie gesehen haben. Das Schönste, was man sich vorstellen könnte, ist eigentlich, wenn die Leute rausgehen und sagen: »So was hab ich ja überhaupt noch nicht gehört, das war ja komisch!« Oder: »Das war spannend, wie eine Geige und ein Saxofon zusammen klingen!« Oder: »Die Idee war ja toll!« Aber nicht: »Ja, so isses.« Oder: »Da hat er uns aber mal erzählt, wie es ist!« Mehr: »So habe ich es ja noch gar nicht gesehen!« Also, ein Ausdruck von Neugierde. Wenn man es sehr weit fasst, wäre auch das Unterhaltung, aber landläufig ist der Begriff doch anders besetzt. Da ich ja mal Kulturwissenschaft studiert habe, ist mir auch seit Langem dieser Streit zwischen U- und E-Musik sehr vertraut sowie die ganze Begriffsbildung, die mit Unterhaltung zusammenhängt. Ich glaube, das wird mit der Zeit vielleicht gar keine Rolle mehr spielen, weil für den einen Leonard Bernstein unterhaltend ist, für den anderen Avantgarde-Jazz und für den Dritten Heino, das ist schwer zu sagen.

Wenn du nicht auf der Bühne stehst, sondern Musik hörst, welche Musikrichtungen finden sich da bei dir?
Das ist ganz widersprüchlich, da stecken sehr viele Einflüsse drin. Ich höre sehr gern Barockmusik, besonders Bach, aber auch alte Rocktitel von den Beatles oder den Stones und neuere von den Stones. Ich höre sehr gern den modernen argentinischen Tango von Astor Piazzolla wie überhaupt lateinamerikanische Musik. Und ich höre gern bestimmte Volksmusiken, zum Beispiel russische Volkschöre, Zigeunermusiken oder jiddische Lieder. Es ist eine ganze Menge. Ich höre – nicht sehr oft, aber wenn, dann sehr gern – auch moderne Geschichten und versuche da auch ab und an, zu Konzerten zu gehen und mich auf dem Laufenden zu halten.

Verarbeitest du manche Sachen auch?
Mehr oder weniger unbewusst. Es ist selten, dass ich bewusst was mache. Ich habe mich ziemlich stark mit Bertolt Brecht und Hanns Eisler beschäftigt und da auch ziemlich viel gemacht – Eislers Klavierbegleitung für Gitarre umzufummeln, war eine spannende Sache. Da habe ich es direkt gemacht, bei anderen Sachen sind es eher bestimmte Klänge oder Dinge, die sich von der Stimmung her anbieten. Die Gitarre ist ein spezielles Instrument, da komme ich auch ein bisschen an Grenzen. Deswegen bin ich ja so froh, dass ich meine beiden Mitmusiker habe – da können wir noch eine ganze Menge an Sachen ausreizen, die noch nicht probiert worden sind.

Noch mal eine Frage zum Festival im vergangenen Februar. Du hast davor in einem Interview gesagt, dass du ebenfalls dafür warst, dass es weiterexistieren soll, wenn auch in anderer Form, und dann wirklich zu einem musikalischen Treffpunkt der Meinungen dieser Welt werden sollte. Siehst du da eine Chance? Ich sehe es auch vor dem Hintergrund, dass es zum Beispiel in Berlin so ein Festival nicht gibt. Wir hatten im Hunsrück das Festival auf Burg Waldeck, wir haben in Mainz das Open-Ohr-Festival, was aber eigentlich noch nie ein Liedermachertreffen in dem Sinne war, diese Tradition also gar nicht hat, und das Nürnberger Bardentreffen hat sich eher in Richtung Weltmusik entwickelt.

Außer im kommerziell-finanziellen Bereich sehe ich eine Riesenchance. Es gibt diese vielen Leute, die in Berlin über Jahre hinweg dieses Festival gemacht haben, und das waren keine FDJ-Typen, wo man vermuten müsste, dass das sowieso wieder so eine Soße wird – die FDJ gibt es ja auch gar nicht mehr. Die Leute, die gestern die Oberzensoren waren, sind heute eh weg davon und betreiben ihre Soundfirma oder so. Es gibt noch diesen Organisationsapparat von Leuten, die das machen könnten, es gibt noch die räumlichen Möglichkeiten, sprich die Häuser stünden einer solchen Idee, glaube ich, nach wie vor kooperativ gegenüber, die würden das auch weiterhin machen. Von daher wären die Voraussetzungen da. Der Kardinalpunkt wird natürlich sein: Wie kann sich das Ding finanzieren? Aber gerade wenn du sagst, in der BRD gibt es so was auch nicht, könnte ich mir vorstellen, dass man vielleicht wirklich deutschlandweit die Initiativen zusammennimmt, die da wären, vielleicht auch die Gelder. Und es müsste auch nicht unbedingt Berlin sein, wenn sich irgendetwas anderes noch besser anbieten würde. Aber, wie gesagt, in Berlin sitzen die Leute, die die Kontakte haben und die es machen könnten. Wir haben bereits während des Festivals ein Nachfolgekomitee gegründet, das diesen Gedanken und die produktiven Potenzen, die vorhanden sind, zumindest erst mal bewahrt – es gibt ein Archiv, es sind weltweite Kontakte da, es existiert ein Riesenhaufen an Zeug, was insgesamt ein gutes Fundament für so eine Geschichte wäre. Es kann jetzt eigentlich nur das mangelnde Geld der Sache das Genick brechen. Dieses Komitee kann von jedem frequentiert werden, der irgendwie ein Interesse an dieser Idee hat, und man kann dort wirklich nach verschiedener Interessens- und Vermögenslage mitmachen, also nach dem, was man einbringen kann – das kann Geld, Know-how, Technik oder können Kontakte sein. Und ich glaube, dass es im nächsten Februar etwas geben wird, was an den Quantitäten gemessen sicher längst nicht die Größenordnung dessen haben wird, was in den letzten Jahren passiert ist. Gott sei Dank, sage ich im Nachhinein, weil es in diesen großen Auswüchsen wirklich eine hochgezüchtete und relativ inhaltsleere Sache war. Wenn man wieder zu den Anfängen zurückkehrt, ist das vielleicht gar keine schlechte Sache. Außerdem ist die Zeit nun mal so, dass es auch nur diesen Stellenwert haben kann im nächsten Jahr. Aber um den sollte man weiter bemüht sein.

Ein letzter Punkt mit Blick auf die Musik deiner neuen Veröffentlichung. Vielleicht kannst du zu den Sachen, die da drauf sind, noch ein paar Sätze sagen.

Das sind fünf Lieder, die schon ein bisschen älter sind. Das eine ist eine ziemlich lange Ballade, bei der ich gar nicht weiß, ob man die spielen kann – die geht dreizehn Minuten. Alle Rundfunkleute schlagen die Hände über dem Kopf zusammen, aber wir finden sie trotzdem sehr spannend, weil sie gewissermaßen eine DDR-Biografie abbildet. Sie muss auch so lang sein und so gleichförmig, weil das eben was damit zu tun hat. *(lacht)* Das andere ist ein Lied, das ich kurz nach der Wende geschrieben habe, als deutlich wurde, wie verschiedene Leute versucht haben, auf einen abfahrenden Zug aufzuspringen und schnell dem Schaffner noch die Kelle zu entreißen – ein Lied über Wendehälse also. Das dritte ist ein Song über ein ziemlich gravierendes Entfremdungsproblem der DDR, den Alkoholismus. Da gibt es einige Geheimwörter, die man als Nicht-DDR-Bürger vielleicht nicht versteht. Das Lied heißt »14,50« und 14,50 Mark war der Preis der billigsten Sorte Schnaps, diese Zahl kursierte als ein fester Begriff. Um ein Auto reparieren zu lassen oder von irgendeinem Handwerker was zu wollen, musste man erst mal eine Flasche 14,50 hinstellen, sonst ging gar nichts. Das vierte ist ein Lied, das ich vor längerer Zeit geschrieben habe, eingedenk sehr vieler Frauen und Mädchen, die hier in den letzten Jahren bewundernswürdig konsequent und kritisch waren, manchmal mehr als Männer. Der Name Maria, der darin auftaucht, meint eigentlich keine konkrete Person, sondern ein Bild von Widerstand, Überleben, Durchhalten, aber auch Tricksen und Schlausein. Da spielt Tina einen sehr schönen Saxofonchorus, und das ist der Titel, der uns wahrscheinlich am besten gelungen ist. Das fünfte ist nach einem Tango von Astor Piazzolla ein kleines, ich hoffe witziges Liedchen darüber, was sich viele in den letzten Jahren der DDR erträumt haben: Wenn sie nicht außer Landes gehen wollten, dann wollten sie wenigstens aufs Land gehen. Also, wenn man die Schnauze voll hatte von diesem ganzen Stadt- und Politstress, diesen ganzen Quälereien und diesem Telefonabgehöre, dann kaufte man sich ein Bauernhaus in Mecklenburg. Viele haben es auch tatsächlich gemacht, und viele sind ganz glücklich da und trotzdem produktiv geblieben als Maler oder Bildhauer ... Ich hatte auch immer einen Traum – den von wechselnden Lebenstätigkeiten und wechselnden Lebenszyklen. Zwei Wochen Tourneestress, dann aber wieder zwei Wochen konzentriertes Arbeiten am Schreibtisch, im Studio, an neuen Songs. Vielleicht auch den Wechsel zwischen Stadt- und Landleben. So wie's schon mal der Ökonom John Maynard Keynes für sich beschrieb: Bücherschreiben und Gartenarbeit. Ich mag auch den Wechsel zwischen Kopf- und Handarbeit. Bei Karls Enkel habe ich z. B. auch die Bühne gebaut und den Bus nicht nur gefahren, sondern ihn auch repariert. Ich glaube, dass fast jeder Mensch mehrere Fähigkeiten und Talente hat, und es ist schade, wenn er nur eines davon pflegen und vermarkten kann. Ich bin nicht monothematisch Liedermacher oder Musiker. Das sind ganz alte Gedanken, von Charles Fourier etwa. Acht Stunden stupide ein und denselben Job machen, am Band oder so, ist nicht unbedingt das, was den Menschen glücklich macht. Die kapitalistische Arbeitskraftvermarktung lässt aber nur das zu. Da kommen dann betriebsblinde Spezialisten heraus, Banker oder Fließbandarbeiter oder Psychotherapeuten ... Ich wünsche mir ein Leben mit vielen produktiven Facetten und hoffe, davon und genau so leben zu können.

Stefan Körbel

Berlin, 9. September 1992

Wenn du heute zurückblickst, wo waren für dich die markanten Punkte, wo sich in dem, was du als Liedermacher tust, Dinge verändert haben?
Der markanteste Punkt, an den ich mich erinnere, war unmittelbar nach der Währungsunion. Im Juli 1990 lag ich am Strand von Ahrenshoop, wie ich das jedes Jahr tue, und anders als die anderen Jahre war der Strand leer. In dem Konzert, das ich abends spielte – es war das erste für Einnahmen, mit zwei Begleitmusikern, einer Managerin und einem Techniker –, verdienten wir zu fünft 48 Mark. Und da dachte ich eigentlich, es geht gar nichts mehr. Inzwischen bin ich etwas optimistischer, es hat sich vieles stabilisiert, und es sind eine ganze Menge Veranstalter wieder aufgetaucht, haben überwintert, zum Teil neu angefangen. Es passiert eigentlich eine ganze Menge in dieser ostdeutschen Kleinkunst- und Liedszene, und ich betreibe überraschenderweise immer noch mein im Herbst 1990 gegründetes Schallplattenlabel Nebelhorn. Da sind wir jetzt bei der zwölften Sache angelangt, und es macht schon Spaß, wenn es auch sehr stressig ist. Ich lerne am praktischen Beispiel, wie ich mit diesem neuen Wirtschaftssystem umzugehen habe.

Wie kann man sich denn mit so einem Label auf dem Markt halten? Gerade die großen Firmen haben ja eher wenig Interesse an dem, was mal als Ostliedermacher galt. Du hast zur Selbsthilfe gegriffen, aber es gibt das Vertriebsproblem und all diese Dinge – wie gehst du damit um? Gibt es da viel Frust?
Es gab zu Anfang eine ganze Menge Pannen, die ich gebaut habe, Fehler, die man halt macht, wenn man alles auf einmal machen muss und alles in Personalunion macht. Es funktioniert mittlerweile einiges ganz gut, es gibt mit dem Buschfunk-Verlag – zumindest in Ostdeutschland – einen Vertrieb,

es gibt ein Interesse daran, und es gibt die Möglichkeit, es so zu produzieren, dass man nicht unter die 97 Prozent Flops fallen muss, die die deutsche Phonoindustrie ausgerechnet hat, sondern man kann es sogar ökonomisch rentabel machen. Ich will nicht sagen, dass mir das gelungen ist, aber es ist einigermaßen absehbar. Ich kann mir natürlich einige Sachen, die sich größere Firmen leisten, nicht leisten, ich kann keine große Promotion machen, und meine technische und sonstige Ausstattung ist nicht besonders. Aber es geht, wenn man es wirklich will.

Du sagst, Vertrieb für den Osten hast du. Wie aber ist es mit dem Westen? Gibt es Interesse an den Produkten, die ihr macht, oder ist es schwierig, das unterzubringen?
Es ist schwer, es unterzubringen. Die meisten Namen, die wir machen, sind im Westen nicht bekannt. Aber es gibt durchaus größere Namen, die bereits im Westen bekannt sind – Bettina Wegner und Dietrich Kittner zum Beispiel werden wir auch dort verkaufen. Es gibt die Beziehung zu WOM und den Franzosen von Fnac – die sind ja sozusagen europaweit aktiv. Man weiß also immerhin, dass es bestellbar ist, wenn man drüben danach fragt, wenn es auch vielleicht nicht in jedem Laden liegt.

Wie sieht es aus mit Stefan Körbel als Liedermacher?
Der ist dadurch ein bisschen zu kurz gekommen, aber auch nicht ganz, ich hab eigentlich immer weitergemacht und das nebenbei betrieben. Wir hatten gerade voriges Wochenende ein deutsch-deutsches Liedermachertreffen auf Schloss Rheinsberg, hundert Kilometer nördlich von Berlin, wo wir versucht haben, uns jenseits aller Vergangenheitsbewältigung zu begegnen, die bei ähnlichen Anlässen vorher immer eine Rolle gespielt hatte. Darunter hatten die dann meistens gelitten, sodass fast nur die Leute aufeinandergetroffen waren, die in der DDR geblieben waren, und die, die weggegangen beziehungsweise rausgeschmissen worden waren. Das war diesmal anders, wir hatten Christof Stählin aus Tübingen und Manfred Maurenbrecher zu Gast, und es gab Paarungen, die zusammen versuchten, was zu tun. Maurenbrecher hat mit Gundermann und seiner Band gespielt, ich hab Bettina Wegner

auf der Klampfe begleitet, Gina Pietsch aus dem Osten hat mit Christof Stählin was zusammen gemacht. Das war ein sehr schöner Abend, weil der uns wirklich zeigte, dass wir durchaus viel miteinander zu tun haben.

Im Laufe der letzten zwei Jahre, erinnere mich, waren deine Stimmungen in der Beschreibung der aktuellen Situation sehr unterschiedlich. Würdest du jetzt mit Blick nach vorn glauben, es geht in gewisser Weise voran? Es ist ja Raum für diese Art von Kleinkunstangebot da, und es gibt auch wieder die Möglichkeit, neue »Kunden« sowohl hier im Osten als auch im Westen zu finden ...

Für den Osten kann ich das bejahen. Was den Westen betrifft, weiß ich nicht. Ich habe sehr lange nicht im Westen gespielt, was damit zu tun hat, dass die Veranstalter drüben kein allzu großes Interesse haben – sie wissen natürlich, was ihr Publikum interessiert. Ich kann bloß sagen, dass es im Osten seit einem halben oder ganzen Jahr wieder ziemlich gewachsen ist. Und, um noch einmal auf deine Eingangsfrage einzugehen: Man interpretiert die Welt ja so, wie einem gerade ist, und heute geht's mir gut, weil uns eine Plattenpremiere mit Bettina Wegner bevorsteht, worüber ich mich sehr freue. Und ich denke auch, dass diese Platte ganz gut laufen kann.

Gisela Kraft

Berlin, 10. September 1992

Du bist jemand, der in der DDR, aber vorher auch schon im Westen gelebt hat, insofern also um eine Erfahrung reicher als Kollegen und Kolleginnen von dir, die nur in der DDR gelebt haben und jetzt zweieinhalb Jahre Gesamtdeutschland genießen – oder auch nicht genießen. Ich könnte mir vorstellen, dass die Eindrücke, die du gesammelt hast, besonders interessant sind, weil es Rückbezüge gibt auf die Zeit, bevor du in der DDR warst.

Man könnte auch sagen, dass ich doch nicht mehr Erfahrung habe als die anderen, denn die Erfahrung von früher wiederholt sich jetzt bei mir. Ich wusste eben schon, wie es im Westen war oder wie es im sogenannten Kapitalismus ist, und jetzt ist es wieder so, wie ich es schon kannte. Ich bin auch nicht im Vorteil, denn ich war vorher schon nicht im Vorteil. Ich habe zwar so mein Dasein gefristet und hatte mich darauf eingerichtet, habe mich hier dann aber unter anderem deswegen sehr wohl gefühlt, weil ich endlich in Ruhe und trotzdem sehr konzentriert arbeiten, meine Texte schreiben konnte. Ich bin also in den sechs Jahren, die ich die DDR als DDR erlebt habe, mit meiner schriftstellerischen Arbeit so vorangekommen wie in den Jahrzehnten vorher nicht.

Was hat sich jetzt in deiner Arbeit verändert?

Unter anderem, dass ich jeden Monat zittere, wovon ich dem nächsten Monat lebe. Ich habe zwar auch freischaffend gearbeitet, als die DDR DDR war, aber ich wusste, ich würde irgendwie hinkommen, und wenn alle Stricke gerissen wären, hätte man sich um ein Forschungsstipendium oder ein spezielles Förderstipendium für ein Buchprojekt bemühen können. Es gibt zwar diese Dinge auch in Westdeutschland, aber man kommt schwerer ran, und es bewerben sich Hunderte um ein paar Plätze, es ist also sehr schwer im Moment. Ich bin sechsundfünfzig und möchte nicht noch mal anfangen, irgendwo Pförtnerin werden oder so. Ich möchte auch nicht noch mal Dozentin für Türkisch werden, was ich vielleicht könnte und früher schon gewesen bin, sondern ich möchte wirklich schreiben. Ich habe das Gefühl, ich bin richtig reingekommen, und möchte das weiterführen. Die Zeit ist fortgeschritten, ich bin mitten in der Arbeit, aber ich habe immer Angst, es klappt nicht, und gerade ist wieder so ein Punkt. Was ich im November machen soll, weiß ich jetzt noch nicht.

Würdest du sagen, dass sich das kulturelle Klima in dem Sinne verschlechtert hat, dass kulturelle Randbereiche, die kein Mainstream sind, wegbrechen und die Nachfrage nicht so groß ist, weil kein Geld dafür ausgegeben wird? Oder wo würdest du die Ursachen sehen?
Natürlich brechen Randbereiche weg, aber ich bin ja nicht in einem Randbereich, ich habe einen ganz normalen Schriftstellerberuf und bin nicht erfolglos. Ich habe in den letzten Jahren jedes Jahr ein Buch veröffentlicht, und das Geld, das ich für ein Buch kriege, deckt etwa die fixen Kosten, die ich in anderthalb Monaten habe, also Miete, Strom, Telefon. Dann habe ich allerdings noch nichts gegessen und angezogen. Alles andere muss ich mit Lesungen verdienen oder mal mit einer Funksendung.

Das meine ich ja, das Auftreten ist wahrscheinlich schwieriger geworden. Sind die Orte, wo man das machen kann, weniger geworden?
Ja, das ist dieses Jahr schon weniger als voriges, da habe ich ziemlich viel gelesen, gerade aus dem Grund, dass man wegen meiner früheren Westerfahrung neugierig auf mich gewesen ist und wegen meines Urteils, das ich über die Sache habe. Ich habe auch ein Buch dazu geschrieben, *West-östliche Couch. Zweierlei Leidensweisen der Deutschen.* Deswegen hat man mich eigentlich viel eingeladen und möchte dies auch weiterhin tun, aber manche, die mich jetzt holen wollen würden, haben das Geld nicht und dieses Jahr die Zuwendungen nicht gekriegt. Daran merke ich natürlich auch, dass zum Beispiel die Kulturarbeit mit Jugendlichen, die Klubs und so weiter langsam absterben.

Gibt es einen Unterschied in den Anforderungen oder auch der Akzeptanz zwischen Publikum Ost und Publikum West?
Eigentlich nicht, wobei ich das Publikum Ost sehr gern habe, weil es intensiv zuhört. Auch wenn ich eingeladen werde, habe ich in der letzten Zeit mehr im Osten als im Westen gelesen. Aber im März habe ich auch eine Lesereise in Westdeutschland gemacht. Die Leute, die dann wirklich kommen, um sich anzuhören, was ich schreibe, sind ganz intensiv interessiert, da kann ich mich nicht darüber beklagen. Aber hier im Osten sind die Akzeptanz und die Bereitschaft, sich auf so etwas einzulassen, noch größer.

Ist sie denn immer noch sehr groß? Es wird allenthalben ja darüber geklagt, dass auch die Leute, die vorher volle Säle hatten, jetzt vor wenigen Leuten spielen müssen. Und es ist ja nicht nur das Geld.
Es ist nicht nur das Geld, es ist auch die Überflutung. Nicht nur, wie man immer sagt, mit Reizen – durch die Medien oder was immer –, sondern auch die Überflutung mit Problemen. Speziell auf die Bücher bezogen, kann ich auch sehr gut verstehen, dass man jetzt vielleicht weniger Bücher von Gisela Kraft kauft, sondern lieber mal irgendwelche Kfz-Ratgeber und Kochbücher oder Bücher von Westautoren, die in der DDR-Zeit hier nur in kleiner Zahl erscheinen konnten.

Wie ist es mit der Zusammenarbeit zwischen Kollegen und Kolleginnen? Es gab ja früher durchaus enge Kooperationen mit gleichgearteten Genres, ob das nun bekannte Liedermacher oder Kollegen im Bereich Schriftsteller waren. Ist das immer noch in Teilen eine Art verschworene Gemeinschaft, oder wird man jetzt auch mehr zu Konkurrenten?
Die Konkurrenz habe ich noch nicht so zu spüren bekommen, aber allgemein kann man sagen, dass sehr viele auch kollegiale Freundschaften auseinanderbrechen, weil in jeder Familie oder Wohneinheit irgendjemand mit einer Katastrophe ist, der seine Arbeit verloren hat oder die Wohnung, das Quartier, das Geld. Irgendetwas ist in jeder Familie los, und dann hat man so viel mit sich zu tun, dass man auch mal tückisch wird, sich missversteht und vielleicht auch denkt: Na, war das auch alles ganz richtig mit der oder dem?

Das dauert vielleicht noch ein paar Jahre, ich hoffe, dass das besser wird. Der menschliche Kreis, in dem man sich bewegt, wird etwas kleiner. Ich speziell mache sehr gerne Veranstaltungen mit Musikern oder Liedermachern, das ist auch eine Art Spezialität. Manche Autoren machen das gar nicht, die lesen ihr Buch vor oder ein Kapitel oder Gedichte, leise, introvertiert – da ist dann einfach der Autor oder die Autorin zum Anfassen. Ich mache es anders, ich möchte, dass das auch sinnlich im Raum steht. Ich lese die Sprache gerne konzertant, und dazu passt natürlich Musik.

Woran arbeitet Gisela Kraft derzeit?
Gisela Kraft arbeitet an dem zweiten Band ihrer geplanten Romantrilogie über Novalis, und da werde ich im November das erste Kapitel vorstellen. Es ist ein Dramolett geworden – die Romantiker Ende des achtzehnten Jahrhunderts vor der Sixtinischen Madonna in Dresden. Außerdem habe ich noch ein Buch vor wie die *West-östliche Couch,* das dann wieder im Aufbau-Taschenbuchverlag erscheinen soll. Das hat damals den Zustand 1990 gespiegelt und ist noch nicht inaktuell geworden, verkauft sich weiter ziemlich gut. Aber ich habe noch nicht alles gesagt, ich muss noch mal ein Buch über Deutschland machen.

Um von dem Nichtgeschriebenen unter einem zwischenbilanzierenden Gesichtspunkt sozusagen etwas vorwegzunehmen: Wie würdest du die jetzige Situation beschreiben?
Ich gehe mit einigem Pessimismus an die Situation ran, beschränke mich ein bisschen auf die deutsche oder immer noch deutsch-deutsche, noch nicht »ein-deutsche« Situation. Natürlich spare ich die Welt nicht aus, weil ja auch die Welt in Deutschland drin ist, aber ich werde das ziemlich sarkastisch behandeln. Vor allen Dingen möchte ich das Prinzip der Macht und den Missbrauch der Macht untersuchen und all die Auswüchse, auch komischen und tragikomischen der Macht. Eigentlich dieses Kasperletheater, in dem wir uns bewegen. Auch die Kulmination der Dummheit, die mich unglaublich aufregt, möchte ich beschreiben.

Willst du sagen, dass diese Dummheit kulminiert ist, indem die Dummheit Ost und die Dummheit West zusammengekommen sind?
Nein, aber die Negativanteile Ost und West haben sich multipliziert. Das empfinde ich auch so hier in Berlin. West-Berlin hatte einen ganz besonderen Charme, ich habe ja früher dort gelebt – das war so ein bisschen eine Tanz-auf-dem-Vulkan-Stimmung und eine Intensität, weil man eingesperrt war wie eine Wunderblüte, so etwas hatte es. Und sehr viel Toleranz, das war das Gute an West-Berlin. Und an Ost-Berlin war das Gute die Ruhe, die Gemütlichkeit, das Ausatmenkönnen. Jetzt ist Ost-Berlin chaotisch und West-Berlin intolerant geworden, und das ist schade, da kann ich keine gute Bilanz ziehen:

Ein Ochse schlug mit den Hörnern heftig gegen das Tor des Schlachthofs,
um eingelassen zu werden.
Schließlich ward ihm geöffnet,
und nachdem er begrüßt und gebührend begutachtet war,
schlachtete man ihn
wie alles Getier, das hier eintraf.
Will einer wohin,
so soll er bedenken,
ob er dort noch er selber sei,
wo er hin hat wollen und endlich dürfen.

Am dritten Tag des Oktober: der heilige Franz in Portiuncula auf dem Sterbelager.
Einige Brüder zu seiner Pflege, Verzückte und Zweifler.
Der Orden steht, Rom hat genehmigt.
Die Armut ein Beispiel, aber keine Regel.
Damit fällt der Orden.
Es steigt der Staat, der jeden Zehnten der Armut opfert.
Am Boden der Leichnam.
Seht die eifrigen Getreuen beim Asche schaufeln.
Darunter die Male hören zu bluten auf.

Gerd Krambehr

Weimar, 12. Mai 1990

Fangen wir mal mit dem Heute für einen Liedermacher an. Wovon werden die neuen Zeiten singen? Was geht einem so durch den Kopf oder durch die Schreibe derzeit?
Na ja, wenn ich das so sagen darf: Als Liedermacher ist man auch erst mal ein Bürger, ein Mensch, der in diesem Land groß geworden ist, in dieser Noch-DDR. Und ob ich nun ein besseres Lied für künftige Zeiten singen werde, weiß ich nicht. Die Lieder, die ich bisher gesungen habe, waren eigentlich ständig aus den Problemen gespeist, die mich und die Leute in diesem Land bewegt haben. Dazu wird man sicherlich noch eine Weile zu sprechen und zu singen haben, aber der Blick muss schon nach vorn gehen. So ähnlich wie mein aktuelles Programm im Zeitalter der Wendemanöver jetzt heißt, »Erste unsichere Verallgemeinerung«, so unsicher wird es wohl noch eine Weile für unsereins weitergehen, weil man natürlich den Leuten in Liedern und Texten nicht in jeder Beziehung eindeutig neue Inhalte vorleben und vorspielen kann – das ist auch ein Prozess, der sich da ausmacht. Ich hoffe dabei, dass bestimmte Demokratisierungsbewegungen, die bei uns vor allen Dingen seit neunundachtzig da waren, nicht total versanden. Natürlich sind für viele Menschen hier jetzt erst mal Dinge aktuell, die mit Problemen der persönlichen Existenz, mit dem Arbeitsplatz zusammenhängen. Wie wird es wirtschaftlich, wie wird das Umweltproblem gelöst? Ich will jetzt nicht zu weit ausholen, das ist ja bekannt. Das werden also Dinge sein, die auch auf uns als Liedermacher Einfluss nehmen, und wir müssen beziehungsweise ich speziell muss sehen, wie ich dazwischenkomme, wie ich diese Probleme so verarbeite, dass sie die Leute berühren, dass sie eine Aktualität haben – wenngleich das Aktuelle durch die ganze Überpolitisierung in den Medien mitunter ein bisschen in den Hintergrund tritt, weil man übersättigt zu sein

scheint. Insgesamt aber will ich doch solche Probleme und darüber hinaus menschliche Werte nach wie vor im Auge behalten, das, was eine Klassikerstadt wie Weimar zum Beispiel eben auch ausmacht und den Menschen immer wieder auf seine spezifische Art nahebringt. Ansonsten einfach auch Freude und Optimismus vermitteln, Kritikfähigkeit an Dingen erhalten, die auch in Zukunft auf uns zukommen. Das ist sehr allgemein, aber anders kann ich es momentan nicht fassen.

Das Ganze wird ja nun schwieriger werden. Einmal sieht man sich über kurz oder lang mit einer Konkurrenz konfrontiert, die es in der Form bisher nicht gab – in Bezug darauf, was westliche Medien oder Musiker nun reinbringen, verbunden mit der Power, die in den Plattenfirmen steckt, die so was auf den Markt werfen. Andererseits verändert sich das eigene Bild dahingehend, dass das Genre Liedermacher in der DDR neben dem musikalischen Aspekt vor allem die Funktion hatte, Nachrichten zu überbringen und Dinge zu thematisieren, die in den Köpfen der Zuschauer ebenfalls vor sich gingen, von denen aber nicht artikuliert wurden. Auch insofern wird man sich wohl völlig neu einnorden müssen.

Ja, das ist ein Problem, das ich zum Teil durchaus schon erfühle, aber noch nicht voll durchschaut habe. Ich glaube, auch da heißt es für einen Liedermacher, einen gesunden Kompromiss zu finden. Politik ist Kompromiss, das Leben an sich ist ein ständiger Kompromiss, schon wenn man morgens aufsteht und eigentlich das und das tun möchte, aber etwas anderes tun muss. Man muss jetzt sehen, wie man das, was einem wichtig ist zu sagen, was man in Liedern, Texten künstlerisch ausdrücken möchte, so macht, dass man merkt, das ist nach wie vor derselbe Künstler, auch wenn sich die Probleme verändert haben, er ist sich doch in gewisser Weise treu geblieben. Das ist ein Credo für mich, das ich mir gern bewahren möchte. Vielleicht ist das mein Stück Identität, DDR-Bewusstsein oder DDR-Leben, das ich auf meine Art erlebt habe. Natürlich sehe ich auch, dass ich neuen Bedingungen ausgesetzt bin, wenn ich das freiberuflich ausübe, wie ich das jetzt seit geraumer Zeit tue. Ob ich das weiter tun kann, wenn ich nicht so viele Auftritte bekomme, weil mein Name nicht so medienträchtig ist oder kein Zugpferd, wie man sagt, keine Zugnummer, und es so ist, dass ich mich bemühen muss, manche Dinge ein bisschen anders zu machen, auch vielleicht neue Dinge auszuprobieren, die man früher gar nicht konnte, weil man doch immer auf eine gewisse Textlastigkeit fixiert war. Nicht, dass die Musik gar keine Rolle gespielt hätte, aber bei mir zum Beispiel standen doch die Texte stark im Vordergrund, setzten sich mit Deformationserscheinungen und Problemen auseinander. Jetzt werden sicherlich bei uns allen, also in Gesamtdeutschland übergreifende Medienstrukturen viel stärker auf die Hörgewohnheiten und damit auch auf die Ambitionen bestimmter Leute wirken, und das wird bedeuten, dass wir uns dieser Konkurrenz auf eine Art und Weise stellen, dass wir bestehen können, ohne uns auf der anderen Seite ganz zu verlieren. Ich möchte kein Künstler werden, der nun auf Teufel komm raus zigtausend Platten verkauft. Es wäre schön, wenn mir das gelänge und ich das durch meine Leistung schaffen würde, aber ich würde mich auch in einer ganz kleinen Szene wohlfühlen, die mir erlaubt, mich am Leben zu halten und vielleicht nebenbei noch etwas anderes zu tun. Ich bin zum Beispiel Russischlehrer von Beruf, vielleicht kann ich hier und da mal ein bisschen dolmetschen oder so. Man muss sich neu überlegen, wie man durchs Leben kommt.

Gehen wir mal einen Schritt zurück. Viele vor allen Dingen der älteren – im Sinne von seit Langem tätigen – Liedermacher aus der DDR kommen aus derselben Bewegung, der Singebewegung oder direkt aus dem Oktoberklub. Welche Bedeutung haben diese Sachen für dich persönlich, auch vor dem Hintergrund, wie du eigentlich zur Gitarre oder zum Schreiben gekommen bist?
Bei mir lief es im Prinzip, ich möchte nicht sagen analog, aber es gibt da überall Parallelen. Ich habe mich ebenfalls, wenn man das vielleicht in Anführungsstriche setzen will, in dieser sogenannten »Singebewegung« engagiert – heute müsste man es schon etwas relativieren, aber damals war das eben die Singebewegung der DDR. Das war ein weit gefasster Begriff, manche Politiker und Funktionäre verstanden darunter immer ein paar Leute im Blauhemd mit einer Gitarre, die optimistische Lieder für den Sozialismus

sangen. So war es aber nicht. Es gab innerhalb der Singebewegung immer schon Versuche, über das politische Lied wirklich engagiertes Gedankengut an die Leute heranzutragen – mit verschiedenen künstlerischen Ausdrucksformen, von Gruppen bis hin zu kleineren Ensembles, teilweise wurde auch Politrock gemacht. Daraus sind viele Liedermacher hervorgegangen, das ist richtig, ich selbst bin einer von denen, die sich nach dem Studium im Bezirk Erfurt angesiedelt haben. Ich habe da einige Erfahrungen gemacht, und es gab dort schon ein starkes kommunikatives Umgehen, eine Offenheit, eine Kritikfreudigkeit, wenngleich die immer irgendwo auch einer indirekten oder direkten Zensur unterlag. Man spürte es hier und da, dass manche Leute nicht so richtig mit dem einverstanden waren, was man machte, die Skepsis anmeldeten oder mitunter auch direkt Dinge verboten haben – das ginge eben nicht, weil das dem Genossen Soundso nicht gefallen könnte und so. Aber um nicht zu weit abzuschweifen: Es war schon ein Sammelbecken von Leuten, die engagiert etwas tun wollten und auch getan haben. Bei mir persönlich war das die eine Schiene, dass ich mich dort ausprobiert und meine ersten Schritte gemacht habe, was das Gitarrespielen betraf – ich bin ein reiner Autodidakt. Dazu kam bei mir, dass ich schon dreiundsiebzig, als ich eigentlich noch Schüler war – dreiundsiebzig, vierundsiebzig, fünfundsiebzig –, von der DDR-Rockgruppe Renft inspiriert wurde. Die trafen irgendwie ein Lebensgefühl von mir. Das war so die Zeit, wo man als Jugendlicher anfängt, sich etwas gegen das Elternhaus, gegen bestimmte Strukturen aufzulehnen, und dort kamen die mit ihrer engagierten, sehr vitalen deutschsprachigen Rockmusik rein, das hat mich unwahrscheinlich bewegt. Ich hab diese Gruppe wahnsinnig verehrt – Gerulf Pannach* –, und damit kam dann auch ein gewisser Bezug zu Wolf Biermann, den wir damals, in dem Alter noch gar nicht kannten, man hörte nur immer mal irgendwie den Namen. Das waren so ein bisschen die Quellen, die mich mit geprägt haben. Natürlich dann auch Liedermacher wie Kurt Demmler, der für Renft viele Texte geschrieben hat und selbst als Liedermacher immer profilierter wurde, wo man sich dran orientiert hat und wo man dachte: So was würdest du auch

* Gerulf Pannach (1948–1998) war Liedermacher und Texter.

gerne mal machen! Man fing dann an zu schreiben, und ich habe mich so über verschiedene Stationen auf diese Richtung zubewegt.

Nun ist Thüringen wohl weder das Mekka der Liedermacher noch das des Fortschritts. Wie lebt es sich denn dort singend und schreibend? Und wer sind die Leute, die dafür ein Ohr haben?
Man kann das nicht so generalisieren, aber im Vergleich zum Beispiel zur Berliner Szene ist Erfurt natürlich wesentlich bescheidener dran. Es gibt im Erfurter Raum – dazu zählt auch Weimar – einige gute Bands verschiedener Couleur. Um mal einen zu nennen, den ich auch persönlich kenne: Jürgen Kehrt. Das ist ein alter Blueser, der auch damals, als Renft spielte, schon seine ersten Platten gemacht hatte, also immer schon eine Rolle spielte, wenngleich natürlich nicht so eine wie die Puhdys oder Karat. Kehrt ist auf jeden Fall aus Erfurt. Dazu sind in den letzten Jahren Gruppen gekommen wie Mr. Adapoe oder Collage, aus der Jazzszene zwar, aber die bereichern das gesamte und auch niveauvolle Angebot für Jugendliche, die sich in bestimmte Richtungen interessieren, schon. Eine sehr ausgeprägte Szene gibt es allerdings nicht. Nun bin ich vielleicht auch nicht im vollen Bilde, was da im Einzelnen außerdem noch läuft, auch im Untergrund. Nachdem ich mich freiberuflich gemacht hatte, habe ich aber zum Beispiel jahrelang als Mentor für Liedermacher aus der Amateurszene gewirkt, mit denen Werkstätten gemacht, diskutiert. Einfach mit solchen, die wirklich noch auf dem Weg waren, die ersten Gitarrengriffe zu lernen und Texte zu schreiben, wo man aber auch immer selbst wieder ein Stückchen gelernt hat. Es gibt schon verschiedene Dinge, die sich entwickelt haben, aber dann auch wieder ein bisschen eingeschlafen sind, weil die Kulturszene hier nicht in vergleichbarer Weise zu Berlin durch ein sehr avantgardistisches oder alternatives Verhalten gespeist wird. Vielleicht ist das dort anders durch die Nähe zu West-Berlin und verschiedene andere Faktoren – weil es die Hauptstadt war und dort einfach alles gemacht wurde, dort die wenigen Plattenstudios waren beziehungsweise das eine der DDR war, dort die Sender waren und dort einfach auch das Interesse an solchen Sachen viel stärker ist als zum Beispiel hier in Erfurt. Hier spielt der Sender Weimar sicherlich auch eine kleine Rolle, was Musiksendungen betrifft, aber

das Veranstaltungswesen insgesamt ist einfach dünner gesät. Und wie man da als Liedermacher leben kann … Ich muss sagen, ich fühle mich in Erfurt nicht unwohl. Ich habe hier auch, wenn nicht viele, aber doch einige Freunde, wo man durchaus etwas tun kann. Vielleicht ist es sogar manchmal besser, wenn es nicht so viele auf einem Haufen sind – dadurch hat man vielleicht einen etwas größeren erreichbaren Publikumskreis, und es ist nicht alles so übersättigt. Das ist eine rein persönliche Empfindung, aber man kann durchaus auch hier etwas tun. Ich hoffe, dass in Zukunft mehr möglich ist, denn wenn ich an mich denke, hatte ich vor allen Dingen in den letzten beiden Jahren, in denen ich freiberuflich tätig bin, in diesem Bezirk ein bisschen ein schweres Leben, weil einfach solche wie ich entweder offiziell – ohne dass ich wüsste, wie man es gemacht hat – oder inoffiziell bei gewissen Instanzen nicht gefragt waren und da immer der Mantel der Verschwiegenheit drübergedeckt wurde.

Wie war es denn vor der Freiberuflichkeit mit dieser Gratwanderung zwischen Anpassung und Auflehnung? Wenn man engagiert schreibt, liegt es ja gewissermaßen in der Natur der Sache, dass man mit den Hierarchien, gleich welcher Art, aneinanderstößt, aber in der DDR war die Hierarchie vielleicht sogar noch etwas enger …

Sicherlich war das hier so, was die Hierarchie betraf. Das haben viele bestätigt, auch Kollegen aus Berlin, die in Erfurt zum Beispiel zu einer Singewerkstatt waren. Da wurde noch 1988 durch den ehemaligen Bezirkssekretär Gerhard Müller, der da die Hand drüber hatte, zur Abschlussveranstaltung die Hälfte aus dem Programm gestrichen. Ich selbst habe das bei der Eröffnung damals erlebt, da wurden mir zwei Lieder gestrichen, und ich sollte stattdessen was anderes singen. Ich hab dann ewig rumdiskutiert und wollte es doch durchboxen, aber es ging eben nicht, und nur um überhaupt aufzutreten habe ich dann ein anderes Lied gebracht, das nicht unkritischer, aber ein bisschen doppeldeutiger war – die Kritik war also schon da, aber nicht so eindeutig erkennbar. Das hat man dann geradeso zugelassen, um nicht noch mehr Porzellan zu zerschlagen. Solche Sachen gab es wirklich, und es war einfach hier in diesem Bezirk alles etwas provinzieller, enger. Wo in Berlin manche Sachen von Liedermachern sogar auf Platte erschienen – Gerhard Schöne oder Demmler haben durchaus dieses und jenes kritische Lied auf eine Platte gekriegt –, war man hier in Erfurt wesentlich konservativer, und das hat schon seine Auswirkungen gehabt. Wenn ich mich zurückerinnere, hatte ich kaum nennenswerte Veranstaltungen, wo ich wirklich mal ein größeres Publikum erreicht oder man ein bisschen gespürt hätte, dass es Leute gibt, die einem tatsächlich helfen wollen. Man spürte, sie tolerieren es, weil sie vielleicht auch Angst hatten ... Wenn ich an mich denke, einen der wenigen Liedermacher in diesem Bezirk, in Erfurt, war ich wahrscheinlich der einzige Freiberufliche, und das zu verbieten, hat man nach Perestroika fünfundachtzig doch nicht mehr so gekonnt. Man ist vonseiten der Instanzen immer auch Wege gegangen, Dinge abzublocken oder eben, wo es ging, Sachen abzusagen – das ist mir zum Beispiel noch neunundachtzig passiert, als man meine Thomas-Müntzer-Lieder, die ich im Müntzer-Jahr geschrieben hatte, einfach aus dem Programm genommen und als Verfälschung der Geschichte hingestellt hat. Lauter solche Sachen, das musste man halt schlucken.

Natürlich war es ein Balancieren auf einem schmalen Grat, weil man nie wusste ... In den Veranstaltungen konnte ich davon ausgehen, dass in jeder irgendein Stasi-Beamter saß, das war quasi so Usus, das ahnte und wusste man irgendwo, auch wenn man nicht wusste, was konkret dahintersteckte und was die verfolgten. Dadurch war man aber nicht vorsichtig – ich möchte nicht sagen, dass ich deswegen Angst hatte. Ich habe mir gewissermaßen gesagt: Du musst es tun, du tust es gern, du tust es für das Volk, für das Publikum, das kommt und was hören will! Das soll jetzt kein übertriebenes Renommiergehabe sein oder so, es war wirklich wichtig, dass man was sagte. Man spürte, dass die Leute überall unzufrieden waren und dass man eigentlich wenig tun konnte, weil die Strukturen so fest waren, und da war man froh, dass man als Künstler auch mal was äußern konnte. Und das habe ich getan, wie viele andere auch in diesem Land, und ich habe vielleicht ein bisschen Glück gehabt, dass es nicht schlimmer gekommen ist ... Ich weiß nur, dass es vor allen Dingen ab neunundachtzig, eigentlich ab dem Sputniklied, das ich zum Verbot der damaligen Zeitschrift *Sputnik* geschrieben hatte, massive Versuche gegen mich gab, die immer mehr Form annahmen, sodass ich fühlte, dass ich stärker beobachtet wurde und es irgendwie brenzlig werden könnte. Das war dann auch so zum FDJ-Pfingsttreffen in Berlin in dem Jahr, das noch die große Jubelshow war, wo ich auf einer kleinen Bühne auftreten durfte, weil ich im Bezirk Erfurt schon einen gewissen Namen hatte – man konnte um mich nicht herum, denn ich machte damals auch FDJ-Singewerkstätten. Ich habe die als Mentor mitbetreut, war kein FDJ-Mitglied mehr oder so, aber ich habe solche Sachen gemacht, weil ich dachte, da vielleicht was lernen und den Leuten auch geben zu können. Da war ich also in Berlin und habe bei einigen Auftritten sehr wohl gespürt, wie die Luft brodelte, die Leute jubelten und sich mit den Liedern identifizierten. Aber hinten standen eben die mit dem »Holzauge, sei wachsam!« und solchen Sachen ... Es war ein Balancieren, aber es war auch eine Zeit, wo man vielleicht stärker als jetzt das Gefühl hatte, dass man etwas tun konnte. Jetzt denke ich manchmal ein wenig: Vielleicht haben die Leute gar nicht mehr den Nerv, das zu hören. Du gibst dir zwar Mühe, die Dinge, so gut es geht, zu verarbeiten, aber man hört es vielleicht gar nicht mehr. Damals hatte man zumindest von der Warte immer so ein bisschen das Gefühl, etwas wird eine gute Sache, weil die und die Probleme anstehen, du etwas sagen kannst und man dir sicherlich zuhören wird, und zwar gern zuhören wird.

Die ganze Bewegung, die den Umbruch gebracht hat, ist an den entscheidenden Punkten mehr oder weniger von der intellektuellen Szene getragen worden. Ich denke da zum Beispiel an die Resolution, die unter anderem Musiker gemacht haben. Letztendlich sind die aber ja nun alle weg vom Fenster, was das politische Entscheiden betrifft. Sie sind von der Bewegung überrollt worden, und es heißt nicht mehr »Wir sind das Volk!«, sondern »Einig Vaterland!«. Wie geht man damit um? Ist das nicht auch ein bisschen frustrierend?

Ich habe lange, also einige Wochen, Monate gebraucht, um das erst mal zu verdauen, denn man war ja immer noch mittendrin. Diese sogenannte Revolution ... – ich glaube nicht, dass es in dem Sinne eine Revolution war, denn wenn es eine gewesen wäre, wäre die revolutionäre Bewegung für meine Begriffe nicht so zersplittert und der Zusammenhalt, um die Ideale dieser friedlichen Revolution weiter auszubauen und zu verfestigen, im gesamten Volk stärker gewesen, es wäre stärker fundamentiert gewesen. Ich sage das mal als These: Es war eine Protestrevolte der Ohnmacht dieses Volkes, nichts mehr tun zu können beziehungsweise plötzlich doch zu spüren, man kann etwas tun, wenn man sich zusammentut, aber bis dahin herrschte eine Art lähmende Ohnmacht. Auf der einen Seite berichteten die Zeitungen zum vierzigsten Jahrestag der DDR noch über die Siegeserfolge, auf der anderen hauten die Leute ab, und da waren die Ereignisse in China gewesen, auf dem Platz des Himmlischen Friedens, die Reaktion darauf, da waren die DDR-Kommunalwahlen gewesen, es war ein Kompensieren von Stresszuständen im Volk, also eines Drucks, der sich dann entlud. Wenn ich an die Bilder vom 4. November in Berlin denke oder auch an die Sachen, die ich in Erfurt erlebt habe – durch das Neue Forum oder den Demokratischen Aufbruch* als mit eine der ersten Organisationen: Natürlich hatte diese Bewegung auch ihre Köpfe und eine durch Organisationen versuchte Organisation, aber nach dem Erstreiten der ersten sichtbaren politischen Veränderung ist einfach eine Wende eingetreten. Und ob es wirklich volle politische Veränderungen waren, würde ich mich heute drüber streiten wollen beziehungsweise meine Zweifel hegen, weil es nach der Wende noch zu viele Dinge gegeben hat, die für mich mit Nichtbewältigung von vierzig Jahren zu tun hatten. Es heißt immer vierzig Jahre, aber sagen wir vor allen Dingen der letzten zwanzig Jahre, speziell der Honecker-Ära, wo sich Dinge einfach angestaut haben.

Ich glaube, dass diese Enttäuschung – und ich weiß das von vielen Bekannten und Freunden aus diesen Bewegungen – natürlich zunächst groß war, aber ich persönlich habe das dann für mich verdaut und gesagt: Welche Alternative wäre denn geblieben? Als einer, der auch ein bisschen Marx gele-

* Der Demokratische Aufbruch (DA) konstituierte sich zunächst als eine politische Gruppierung in der DDR im Oktober 1989. Nach der Gründung als Partei im Dezember trat der DA dem Wahlbündnis Allianz für Deutschland bei, um gemeinsam mit der CDU und DSU zu den Volkskammerwahlen 1990 am 18. März 1990 zu kandidieren. Der DA bestand bis zu seiner Fusion mit der ehemaligen Blockpartei CDU Ost im August 1990.

sen hat – wenngleich Marx ein Phänomen der Geschichte ist, das sicherlich oft verdaut werden muss, bevor man es kapiert –, habe ich zumindest eins begriffen: Wenn es im Westen Kapital gibt und diese Grenze geöffnet wird – damals wusste man ja noch nicht, was konkret passieren wird, aber irgendwo hatte ich da schon die Vorstellung –, dann wird es eine Bewegung irgendeiner Art geben, denn Kapital dehnt sich aus und ist darauf erpicht, neues Kapital oder eben Profit anzuhäufen. Das ist im Kapitalismus eigentlich eine normale Erscheinung, weil es in dem System überall, wenn auch national unterschiedlich, aber doch nach ähnlichen Mustern funktioniert – und das war mir eigentlich klar. Dass es aber so schnell geht und die DDR-Bevölkerung diese Welle, ohne Gewalt, wie es im Herbst hieß, so schnell aufnehmen und verinnerlichen wird, dass plötzlich alle anderen Dinge – für einen Großteil der Bevölkerung, sage ich mal, aber das kann man auch nicht pauschalisieren – wichtiger wurden und dieser Konsumkoller, wie man manchmal sagt, auf einmal doch das andere überdeckte und teilweise sogar zuschüttete, habe ich nicht so vorausgeahnt.

Aber ich muss sagen: Ich weiß heute, aus meiner Sicht, so bitter es für mich selbst manchmal noch ist, wenn ich darüber nachdenke, nach wie vor keine richtige Alternative für diese Wirtschaft. Die war ja in dieser festen stalinistischen Struktur und diesem planwirtschaftlichen Apparat so ausgeprägt, dass sie im Prinzip in den letzten Jahren keine ökonomische Effizienz mehr hatte – das war auch schon vorher absehbar gewesen, aber es wurde immer augenscheinlicher. Wie man das aber jetzt aus eigener Kraft, nur mit diesem Volk, das im Herbst revolutionär und elangeladen war, machen will, dass man beide Wirtschaften miteinander vermischt …? Oder geht nur eins, und man will die Planwirtschaft erhalten? Mir ist nicht ganz klar, was die PDS zum Beispiel für konkrete Zielstellungen hat. Die stellen sehr viele Forderungen, machen Proteste gegen bestimmte Entscheidungen der neu gewählten Regierung, aber wenn ich mir vorstelle, sie oder auch das Neue Forum oder andere Leute wären in dieser Situation … Ich bin einfach Demokrat, natürlich ein linker Demokrat vom Denken und vom Fühlen her, weil ich mir die Sache des Sozialismus durchaus weiterhin als eine machbare Sache vorstelle und auch etwas dafür tun möchte. Aber ich bin auch Realist und Demokrat und muss tolerieren, dass in dieser Situation wahrscheinlich keine Macht dieser Welt oder unserer bisherigen Gesellschaft, also Personen wie Organisationen, es in den Griff bekämen, dieses System wirklich von sich heraus zu erneuern.

Das ist das Problem, auch im Hinblick sowohl auf das Konsumverhalten der Leute als auch die neuen politisch-wirtschaftlichen Notwendigkeiten, die angesagt sind, weil sonst vielleicht ein Chaos entstünde und damit möglicherweise wieder die Gefahr eines Bürgerkrieges näher rücken würde, der sich ja schon im Herbst hätte andeuten können oder teilweise durch die Polizeieinsätze bereits ersichtlich wurde. Welche Lösung gibt es dafür, dass das nicht passiert? Darüber mache ich mir nach wie vor Gedanken. Wir können nur versuchen, diesen marktwirtschaftlichen Prozess, der in bestimmten Bereichen sicher mit einer gewissen Härte vor sich gehen wird, weil da einfach knallharte Maximen gelten, so gut es geht sozial abzufedern und den Menschen hier doch die Hoffnung zu geben, dass man zwar vielleicht durch ein Tal durch muss, das aber letztendlich wesentlich harmloser sein wird, möchte ich mal vorsichtig visionär formulieren, als die Prozesse, die den rumänischen, polnischen und vor allen Dingen sowjetischen Freunden noch bevorstehen. Ich kenne da die ökonomische Situation ebenfalls ein bisschen, habe dort Freunde, speziell in der Sowjetunion, und weiß, wie es da bestellt ist – auf die werden diese Prozesse auch zukommen. Die Kooperativen in der Sowjetunion zum Beispiel waren nur erste Versuche einer marktwirtschaftlichen Annäherung, aber sie bringen nicht die Lösung der generellen wirtschaftlichen Probleme. Solche Dinge wie auf uns werden also auch auf Gorbatschow, den ich nach wie vor sehr verehre, zukommen.

Wir haben in den Siebzigerjahren mal von einer Konvergenz gesprochen, einer Annäherung der Systeme, was damals als bürgerliche Theorie abgetan wurde. Ich glaube, dass diese Prozesse, gerade unter den neuen überdimensionalen Problemen, die auf dieser Welt existieren – Abrüstung, Nord-Süd-Gefälle, Umweltkatastrophen –, eine Einsicht der Menschen erfordern und nur durch gemeinsames Kooperieren funktionieren können. Natürlich ist das auch ein Aufklärungsprozess, und da sind wir fast wieder bei der Aufklärung, wenn wir hier in der Klassikerstadt Weimar sind … Es wird Leute geben, die das große Geld scheffeln, und es wird Leute geben, die weniger haben werden. Manche werden vielleicht ganz auf der Strecke bleiben und müssen komplett neu anfangen. Das sind Prozesse, die man früher nie auch nur hätte erahnen können, aber ich meine, wir sollten uns als Menschen immer bewusst sein, dass wir Menschen sind und als Menschen eine Fähigkeit haben, diese Welt zu erkennen und – das ist jetzt keine Phrase – zu verändern. Und wenn das nur minimale Schritte sind. Denn was anderes habe ich zum Beispiel auch nicht gemacht, wenn ich mal von mir ausgehe. Ich konnte kein großer Revolutionär sein und zum Beispiel die DDR umstürzen, obwohl mich vieles angestunken hat. Man musste immer den Weg der kleinen, vernünftigen Schritte gehen, aber auch der kompromisslosen, wo es drauf ankam, um dann zu solchen Veränderungen zu kommen.

Was kann jetzt ein Liedermacher zu dem beitragen, was im Moment in diesem Land passiert? Was kann ein Liedermacher machen? Den Leuten den Rücken stärken oder …?
Gerd Eggers, ein Freund von mir aus Berlin, hat mal in einem Lied gesagt: »Lieder sind Brüder der Revolution.« Was auch immer man unter Revolution verstehen will. Ich glaube, da steckt auch das drin, was ich mal ironisch kommentiert habe – man hat ja bei uns damals, unter dem alten System, immer gesagt, Kunst sei Waffe. Dass Kunst also die Menschen unbedingt beflügeln solle und ihnen Einsichten geben soll, damit sie sich ihrer sozialistischen Sache noch bewusster werden. Wenn man das jetzt mal etwas verändert sieht und sagt: Was kann Kunst beziehungsweise in dem konkreten Fall ein Lied oder ein Liedermacher bewirken? Dann muss ich mir natürlich sagen, dass ich weder die Marktwirtschaft aufhalten werde noch den Leuten mit meinen Liedern irgendwelche fertigen Konzepte vorsetzen und sagen kann: »Nun fresst mal! Wenn ihr das gefressen habt, seid ihr alle geläuterte Menschen!« Das kann ich nicht. Ich kann, was ich eingangs so ein bisschen andeutete, versuchen, mit einer vor allen Dingen auch humanistischen Haltung an die Dinge heranzugehen. Da will ich gar nicht mal so sehr nur das Linke betonen – links und rechts sind für mich oftmals nur Schablonen. Es gibt einfach Dinge, die wichtig sind zu sagen, die man bei uns manchmal verketzert hat.

Das betrifft gerade viele kirchliche Kreise. Freunde aus der kirchlichen Bewegung, die ich heute noch kenne und die dieser sozialistischen Anschauung, die damals bei uns überall propagiert wurde, total entgegenstanden, waren für mich, der ich damals auch SED-Genosse war, wesentlich einsichtiger, und mit denen konnte ich viel humanistischer umgehen. Da habe ich gespürt, das sind Menschen, die sich für Probleme interessieren, die auch gewisse Tabus abbauen, nicht intolerant sind und einfach auch zuhören, wenn mal einer was sagt. Ich finde, solche Dinge sollten wir uns auf unsere Fahnen schreiben, versuchen, kritische Zeitgeister und immer am Geist der Zeit zu sein, bestimmte Dinge zu kommentieren, auch eigene Schlussfolgerungen zu wagen, aber nie auf dogmatische Weise … Das würde ich mir für mich gern wünschen, dass es mir gelingt, nicht dogmatisch zu erscheinen, weil ich glaube, dass die Leute das unter all diesen Einflüssen, die auf sie bei ihrer eigenen Identitätsfindung einwirken, nicht so annehmen. Man sollte die Dinge mit Toleranz und Fingerspitzengefühl beim Namen nennen, wo sie beim Namen zu nennen sind, und darüber hinaus immer ein humanistisches Anliegen verfolgen, etwas zum Wohlbefinden beizutragen, nicht im Sinne von einlullen, sondern von sich engagiert fühlen.

Stephan Krawczyk

Köln, 11. Mai 1989

Ich habe einmal Fragen an den Künstler und dann auch an den Menschen Stephan Krawczyk. An den Künstler vielleicht die Frage: In Erinnerung deiner ersten Westtournee hast du mal gesagt, du hättest unschöne, aber lehrreiche Erfahrungen gemacht. Seitdem ist Zeit ins Land gegangen, dein Programm hat sich geändert, wie würdest du jetzt das, was du künstlerisch tust, bewerten?
Ich muss sagen, dass ich mich mit dieser Tour, sowohl mit dem Brecht-Programm als auch mit dem Liederprogramm, jetzt eigentlich wesentlich wohler fühle hier auf diesen Bühnen, als das das erste Mal der Fall gewesen ist. Weil ich mich hier wirklich über die Zeit ganz intensiv umgeschaut habe, ein Haufen neuer Texte und Lieder entstanden ist und ich den Eindruck habe, als hätte das, was ich den Leuten jetzt zu sagen und zu singen habe, wesentlich mehr mit ihnen zu tun – das merke ich auch an den Reaktionen. Es ist eine ernsthafte und auch spaßige Form, mit Leuten über Dinge zu reden, die für sie wichtig sind. Der Überzeugung bin ich, sonst würde ich es nicht machen. Geändert hat sich, dass bei mir eine größere Sicherheit entstanden ist, dass das, was ich mache, hier einen Stellenwert hat.

Du hast die Frage selbst gestellt beziehungsweise gesungen: Was soll der Liedersänger singen? Was soll er denn singen?
Im Grunde genommen ist das ja eine poetische Idee, dieser Text. Ich *soll* nichts singen. Also, von mir aus höchstens was, was mich selber betrifft, was ich überhaupt wert finde, auf die Bühne gestellt zu werden. Natürlich ist das Programm keine komplexe Einheit aus allen möglichen Problemen, die die Welt betreffen, sondern es geht um die Dinge, von denen ich glaube, dass die jetzt gerade irgendwie meine Befindlichkeit spiegeln und darüber hinaus

aber eine gewisse öffentliche Brisanz haben, das ist das Anliegen. Das kann ich machen, ich bin noch nicht sprachlos geworden. In dieser glücklichen Situation bin ich.

Die erste Platte hieß *Wieder stehen,* die neue heißt *Wie geht's?*. Auf den ersten Blick liegt dazwischen ja eine Entwicklung. Wie kam es zu dem aktuellen Titel?
Das hat natürlich auch was mit dem laxen, schicken Umgangston zu tun, der hier im Westen wesentlich heftiger ausgeprägt ist als in der DDR. Und auf der anderen Seite steht natürlich wirklich eine ernsthafte Frage dahinter. Wenn ein Mensch zu einem anderen sagt: »Wie geht's?«, und man voraussetzen könnte – was man ja nicht kann –, dass er wirklich daran interessiert wäre, wie es dem anderen geht, wäre das ein wunderschöner Beginn einer Konversation. Und dann steht auch noch die andere Ebene dahinter, dass man davon ausgeht, wenn man die Frage stellt, dass es überhaupt geht, sonst würden wir das ja nicht fragen. Aber bei manchen Sachen, zum Beispiel was die FCKW-Produktion angeht, dieses furchtbare Loch, das wir durch unser Tun gerissen haben, da bin ich manchmal der Ansicht, dass es nicht mehr geht. Da würde sich die Frage erübrigen, aber das wäre dann eine Schwarzmalerei, die wir vielleicht nicht verkraften könnten.

Zwei kurze Fragen zum Menschen Stephan Krawczyk. Irgendwann in einem Interview hast du mal gesagt: »Ich kann nicht in meiner Vergangenheit leben.« Wie stellt sich das heute für dich dar, lebst du jetzt in der Gegenwart mit Blick nach vorn?
Also, das war eigentlich immer so gewesen bei mir. Ich kenne keine Situation, wo es über lange Zeit anders war, außer das erste halbe Jahr, das ich hier war. Das ging alles so furchtbar schnell, dass ich hier nichts anfangen konnte und natürlich auch noch mit den ganzen Problemen von drüben behaftet war. Aber das hat sich jetzt wirklich entscheidend geändert, weil die Gegenwart für mich ungeheuer interessant ist und die Zukunft auch. Also, ich leide nicht an Langeweile und muss mir nicht die Zeit mit Fernsehen vertreiben – ich habe keinen Fernseher. In dem Sinne glaube ich, wenn ich überhaupt eine

Aufgabe habe oder eine Verantwortung übernehme, dann ist es die, mich zu Dingen zu äußern, die, wie ich vorhin schon sagte, für uns vielleicht sogar lebensnotwendig sind. Und das kann nicht langweilig sein. Wieso sollte ich mich an die Vergangenheit halten, wenn doch die Zukunft so infrage steht?

Dann hast du mal gesagt in Bezug auf den goldenen Glanz des Westens, dass du der Ansicht wärst, dass der Mensch in der Bundesrepublik noch viel mehr Objekt sei, als das in der DDR der Fall wäre. Wie gehst du jetzt damit um, wo du ja sozusagen Bestandteil dieser Gesellschaft [der Bundesrepublik] bist?
Es ist immer schwer, von einer großen Menge von Leuten zu reden. Aber wenn wir mal eine große Gruppe als eine Menge behandeln, dann glaube ich, dass diese Masse in jedem System, das ich bisher kennengelernt habe auf dieser Welt, unmündig gehalten wird. Und diese Masse ist hier in diesem Land wesentlich mehr Objekt, weil es viel mehr Dinge gibt, den Einzelnen beziehungsweise die Masse zu verführen. Und das wird natürlich handfest gemacht, das ist einer der entscheidenden Mechanismen dieser Marktwirtschaft, da brauchen wir uns nichts vorzumachen. Diese Verführbarkeit hätten sie in der DDR gern, aber da haben sie nicht die entsprechenden wirtschaftlichen Möglichkeiten. Ist natürlich fatal. Mittlerweile ist noch dazugekommen, dass ich glaube, dass viele Menschen hier aufgrund einer permanenten Unsinnlichkeit, die vielleicht erlernt oder schon seit eh und je da ist, Ausflüchte suchen in einer Reizebene, die ihnen diese Differenz zur eigenen Sinnlichkeit überbrücken hilft. Und da sie dann immer auf Objekte angewiesen sind, die ihnen von der Marktwirtschaft angeboten werden, sind sie natürlich auch absolut davon abhängig, und da müssten wir jetzt eben wirklich länger drüber reden.

Eine letzte Frage: Ich habe den Eindruck, du bist unterhaltsamer geworden. In Präsentation, Inhalt …
Unterhaltung ist ein schöner Begriff. Der ist ja leider durch diese populäre Kultur oder Marktkultur ein bisschen abgestumpft. Wenn ich einen Menschen unterhalte, dann helfe ich ihm zum Beispiel, aufrecht zu sein. Und in

dem Sinne kann ich hier natürlich öfter auf die Bühne gehen, meine Mittel auch besser schulen, und es ist nicht alles so verbissen auf diesen Gegenstand »Machthaber in der DDR« oder so zugeschnitten. Die Themen sind vielfältiger geworden, und es ist, glaube ich, auch fantasievoller geworden, und wenn du sagst, dass es dich mehr unterhält, dann freut mich das.

Gisela May

Berlin, 8. September 1992

Wo anfangen, ist gerade in Ihrem Fall sehr schwierig in Anbetracht einer solchen Karriere. Vor allen Dingen sind Sie für mich auch deshalb ein besonders interessanter Gesprächspartner, weil Sie viel im Westen gespielt haben und die Brecht-Interpretin sind. Wie empfinden Sie in dem Zusammenhang als Künstlerin und bei ihrem bisherigen Lebensweg die Brüche und Wechsel, die sich durch die politischen Veränderungen ergeben haben? Welchen Einfluss hatten diese auf Ihr Schaffen?

Auf mein Talent, hoffe ich, hat es keinerlei Einfluss gehabt – das mal vorausgesetzt. Als singende Schauspielerin hat man seine künstlerischen Erfahrungen, und was die Natur einem mitgegeben hat, das bleibt, wie gesagt. Aber die Chancen, das unter die Leute zu bringen, werden doch sehr viel geringer. Und gerade wenn Sie Brecht erwähnen, muss ich sagen, dass wir durch die Wende in unserem Stammhaus, dem Berliner Ensemble, ein ganz neues Publikum bekommen haben. Wir haben zu achtzig Prozent ein westliches Publikum, das ja vorher unser Theater kaum besuchen konnte, und die ehemalige DDR-Bevölkerung ist finanziell zum großen Teil mit solchen Sorgen belastet, dass sie die drei- oder vierfachen Eintrittspreise, die es jetzt gibt, nicht mehr bezahlt. Aber dieses neue Publikum ist ungeheuer begeisterungsfähig und begeistert sich für die großen, klassischen Brecht-Stücke. Unsere letzte *Mutter Courage,* die wir im Juni nach vierzehnjähriger Laufzeit gespielt haben, war ein überwältigendes Erlebnis für mich, eigentlich ein unvergessliches. Wir haben die Produktion jetzt abgesetzt. Es kommt ein neues, fünfköpfiges Team ins Berliner Ensemble, und natürlich will jedes Team immer alles neu und anders machen. Ich muss auch akzeptieren, dass sie eine Inszenierung nach einer solchen Laufzeit vom Spielplan nehmen. Aber diese letzte Vorstellung war etwas, das ich in meiner Bühnenlaufbahn fast noch nie erlebt habe. Wir waren alle sehr ergriffen, das Publikum auch. Andererseits waren wir sehr glücklich – es war ein ausverkauftes Haus. Aber am Ende erhob sich plötzlich einer aus dem Zuschauerraum, und auf einmal stand das ganze Publikum auf – da war es bei uns aus mit den Nerven. Wir fingen alle an zu heulen, und im Zuschauerraum – das habe ich noch nie erlebt – fingen die ersten Reihen an und wischten sich die Tränen. Es war unglaublich, was da passiert ist – eine letzte Vorstellung dieser Rolle, die ich in meinem Leben nicht vergessen werde. Das war die eine Seite, die eine Erfahrung, die ich gemacht habe – unvergesslich schön und sehr tief, mich tief bewegend. Aber als Solistin mit Brecht-Konzerten, was Sie angesprochen haben und ich bisher im Ausland und so weiter viel gemacht habe, das gibt es eigentlich kaum noch, da sind inzwischen wenig Wünsche oder Angebote.

Haben Sie eine Erklärung dafür, dass Brecht jetzt nicht mehr so interessant ist? Überspitzt gesagt, hat man manchmal den Eindruck, dass es viele Leute gibt, die meinen, wenn man irgendwelche Missstände in der Politik abgeschafft hat, könnte man gleich auch ein paar Dichter mit abräumen, die plötzlich nicht mehr gefragt sind. Ohne darüber nachzudenken, ob die Aussagen vielleicht doch noch von Bedeutung sind …
Ja, richtig, so etwa sehe ich das. Das gilt vor allen Dingen für die Veranstalter – es ist ja nie das Publikum, das die Veranstaltung macht. Und die Veranstalter sind es eben, die Angst haben und vorsichtig sind. Um Gottes Willen nicht zu weit vorwagen, das könnte eventuell angelastet werden. Ich bin sicher, dass das Haus voll wäre, wenn ich einen Brecht-Abend machen würde und das Publikum das hören möchte und davon sicherlich auch wieder angeregt wäre. Aber die Veranstalter zögern und verlangen Erich Kästner und Kurt Tucholsky – ich habe jetzt einen sehr schönen Jacques-Brel-Abend in deutscher Sprache. Das ist auch etwas, was sehr, sehr gerne genommen wird. Aber mit Brecht ist es etwas schwierig geworden, vor allen Dingen mit dem Brecht, der von Eisler komponiert ist. Da sind Lieder dabei, die von der Zeit und den politischen Erfahrungen – ob sie nun schmerzlich oder befreiend sind – einfach wirklich überholt sind und die man nicht mehr singen kann. Brecht hatte ja in einer gewissen Utopie gelebt und sich eine Gesellschaft

erhofft, die frei von Konkurrenz, Neid, Kriegsängsten miteinander lebt, und diese Utopie hat sich nun sicherlich für viele Jahrzehnte erst einmal verabschiedet. All diese Texte sind vielleicht noch literarisch interessant, aber in der Öffentlichkeit kann man sie nicht mehr bringen.

Woran arbeitet Gisela May heute?
Ich komme gerade aus Österreich, wo ich alljährlich an der Akademie Graz einen Sommerkurs mit singenden Schauspielern oder Sängern gestalte, bei dem es um die Interpretation von Liedern geht. Das war wieder sehr schön, erfolgreich und beglückend, und ich hoffe, dass da für die jungen oder auch die schon erfahrenen Leute, die dorthin gekommen sind, neue Gedanken und Möglichkeiten dazugekommen sind. Einen solchen Kurs werde ich im November auch in der Hochschule für Musik Saar in Saarbrücken machen – ebenfalls bereits zum zweiten Mal. Dann sind ein Jaques-Brel-Abend in Leverkusen für Mitte Oktober geplant und Gastspiele in der Schweiz in Bern und in Chur. Dort kämpfe ich noch darum, Brecht und Brel zu singen, aber der Veranstalter zittert und möchte lieber den etwas unverfänglichen Erich-Kästner-und-Kurt-Tucholsky-Abend. Das Gastspiel steht auf jeden Fall fest, und im Frühjahr dreiundneunzig werden wir dann vierzehn Tage mit Jacques Brel im Renitenztheater in Stuttgart sein, und zwar mit zwei weiteren singenden Schauspielern, mit denen ich dieses Programm mache, den jungen, großartigen Sängern Matthias Freihof und Achim Wolf.

Nun ist Reisen für sie als Künstlerin nichts Neues wie für viele andere Menschen nach der Wende. Was hat sich für Sie verändert? Sie sind ja früher bereits auf Tournee gewesen, haben viele Menschen kennengelernt. Haben Sie andere Erlebnisse, andere Eindrücke?
Da kann ich ganz schwer was zu sagen. Der Ablauf einer Tournee ist ja immer gleichbleibend: Pressekonferenz, Probe auf der Bühne und Vorstellung – daran kann ich keine Unterschiede erkennen. Vielleicht, dass das Gesamtangebot, das jetzt ein gesamtdeutsches ist, so riesig geworden ist, dass Einzelveranstaltungen nicht mehr diesen exotischen Charakter haben. Am Ablauf einer Tournee hat sich eigentlich nichts geändert, das ist weiter dasselbe,

wie gesagt, mit Anreisen, Pressekonferenz, Vorstellung vorbereiten, Singen und hinterher – oder im Mittel – Glücklichsein. Und mit gutem Essen, auch daran hat sich nichts geändert. Das Exotische damals hing mit mir zusammen, wenn ich in ein fremdes Land fuhr, wo man das Wort »DDR« in den verschiedensten Übersetzungen kaum aussprechen konnte. »GDR« oder »RDA« – in jedem Land klang es anders, wurde es anders ausgesprochen, und das war etwas Exotisches, was unendlich weit weg war und dadurch natürlich einen Reiz hatte. »Aus diesem Land kommt sie!« Das war etwas Spektakuläres, aber das ist natürlich weg. Es ist normaler geworden. Das ist eigentlich das Einzige, was ich empfinde. Und alles ist etwas kälter, unpersönlicher geworden, aber die Freundschaften, die sich über Jahrzehnte, gerade auch über Länder hinweg ergeben haben, sind geblieben. Bis auf einige im westlichen Teil Deutschlands, da sind ganz merkwürdige Entwicklungen entstanden – ein Jugendfreund zum Beispiel, zu dem kein Kontakt mehr besteht, mehrere in der Richtung. Die können mir offenbar nicht verzeihen, dass ich immer wieder in dieses Land zurückgekehrt bin, und irgendwie gehöre ich für sie jetzt zu den Verursachern oder auch Sympathieträgern dieses Landes. Ich versuche ihnen dann immer zu erklären, dass Brecht für mich die wichtigste künstlerische Person in meinem Leben war, das Zentrum meiner künstlerischen Arbeit. Ich war an diesem Brecht-Theater, dem einzigen in der ganzen Welt, das dieser Dichter gegründet hat – das muss man auch mal wieder aussprechen! An diesem Theater und in diesem Ensemble habe ich mich zu Hause gefühlt. Das war ein besonderes Ensemble, nicht so, wie das im Westen üblich ist, dass man nach zwei oder drei Jahren wieder in eine andere Stadt geht und eigentlich immer aus dem Koffer lebt – das war nicht so, ich bin dreißig Jahre an diesem Ensemble. Das ist für mich eine künstlerische Heimat gewesen, in die ich immer wieder zurückkehren wollte.

Bei vielen Künstlern, mit denen man spricht – einerseits bei denen, die hiergeblieben sind, andererseits bei denen, die gegangen oder »gegangen worden« sind –, ist es im Moment generell ein Thema, dass sich in eine solche Diskussion teilweise der Vorwurf schleicht, dass im Prinzip jeder, der hiergeblieben ist, wie Sie es ja selbst gerade auch ausgedrückt

haben, mitverantwortlich ist nach dem Motto: Er hätte doch gehen können. Finden unter den befreundeten Künstlern eigentlich Gespräche darüber statt, wie man mit dieser Anklage umgeht? Tut das weh?
Was mich betrifft, gibt es solche Gespräche in der Haltung von Vorwurf überhaupt nicht. Vielleicht wird es hinter meinem Rücken der eine oder andere tun, aber meine ganze Geschichte und Entwicklung ist sehr verbunden mit meinem Elternhaus, wo mein Vater und meine Mutter beide leidenschaftliche Antifaschisten waren. In dieser Atmosphäre bin ich groß geworden, und im Grunde genommen war es mehr oder weniger Zufall, dass ich überhaupt in diesem östlichen Teil geblieben bin. Meine Eltern lebten in Leipzig, und ich habe immer wieder zurück nach Leipzig gewollt, weil ich eine sehr starke Verbindung zu den Eltern hatte, worüber ich heute noch glücklich bin. Aber gerade als ich begonnen habe, meinen Beruf auszuüben, habe ich zum Beispiel nach Düsseldorf, Bochum und was weiß ich geschrieben. Gelandet bin ich in Görlitz, und von dort ging es nach Halle und Schwerin – es war merkwürdigerweise immer diese Hälfte. Wenn mein erstes Engagement in München oder woanders gewesen wäre, wäre es vielleicht ganz anders gekommen. Zunächst war es ein Zufall, und dann war es die Zugehörigkeit zu meinen Eltern und zu Brecht – und das wissen viele Leute. Auch um meine gesamte Haltung. Ich muss sagen, dass ich eigentlich sehr enge freundschaftliche Kontakte zu meinen Kollegen habe, mit denen ich mich sehr gut verstehe und wo wir uns auch mit Toleranz gegenseitig akzeptieren.

Sie haben eben erwähnt, dass Sie in manchen Bereichen finden, dass das Klima unter den neuen Bedingungen kälter geworden ist. Wenn ich zum Beispiel an die DDR-Liedermacherszene denke, die immer auch eine bestimmte Funktion hatte, war es sicherlich so, dass man künstlerisch die Spreu vom Weizen trennen konnte. Da waren auch viele Sänger dabei, die drei Lieder hatten, und das war's, Gitarre konnten sie auch kaum spielen ...
Ja, das wurde so gefördert. In Frankfurt (Oder) gab es doch diese Chansontage, die alle zwei Jahre stattfanden. Da strömten in diesem kleinen Ländchen, das wir hatten, so unendlich viele Leute hin, durften vorsingen und

öffentlich auftreten. Dann gab es eine Jury, die natürlich jedem irgendwas Freundliches gesagt hat, sodass alle Hoffnung hatten, dass sich das eines Tages auf den beruflichen Weg auswirken würde. Ich habe immer gesagt: Für mich ist Chansonsänger überhaupt kein Beruf. Ich bin Schauspielerin, und das, was ich als Chansonsängerin gemacht habe, war praktisch eine Nebenstrecke, die ich mir als Luxus erlaubt habe. Aber wie man davon leben kann, ist mir überhaupt nicht klar. Das war bei uns so eine Illusion, dass das geht, wenn man drei Liedchen singt. Aber ob Marktwirtschaft oder nicht, das geht nun wirklich in keinem Fall. Und da sind logischerweise jetzt viele besonders frustriert, die gedacht haben, dass das geht. Was mich andererseits natürlich auch betrübt, ist der Zustand, dass kaum noch irgendwelche künstlerischen Maßstäbe vorhanden sind. Was auf künstlerischer oder musikalischer Ebene angeboten wird, auch das, was gewünscht wird oder gefällt, ist so unendlich breit, und manchmal gilt, je dilettantischer etwas ist, umso besser kommt es an. Auch das gibt es.

Glauben Sie, dass durch hartnäckiges Bleiben bei der Kunst, die man selbst betreibt, eine Chance besteht, dass man etwas verändern kann? In der Welt hat die DDR ja immer auch ein wenig das Image, ein Land der Buchleser und des Theaters und so weiter zu sein, aber jetzt bricht das ziemlich zusammen, und nicht nur aus Geldgründen.

Nicht nur aus Geldgründen, nein, das sicher nicht. Es ist einfach so, dass man alles, was man nicht gehabt hat, jetzt haben will, das ist klar. Genauso wie ich durchaus akzeptiere, wenn die ehemaligen DDR-Leute in Dresden, Leipzig oder Rostock mich nicht unbedingt sehen wollen, weil sie sagen: Die haben wir vierzig Jahre lang sehen können, jetzt wollen wir endlich mal Harald Juhnke oder Reinhard Mey live erleben – die Leute also, an die sie bisher nicht herangekommen sind. Das kann ich durchaus begreifen. Und es ist natürlich auch so, dass das Angebot an Konsum so überwältigend ist, dass sehr schnell eine Dekonzentration und wahnsinnige Oberflächlichkeit entstehen, allein schon durch die Medien, vor allem das, was die Regenbogenpresse in dieser wirklich absolut primitiven Form herauswirft – die gab es ja bei uns nicht. Klar, unsere Zeitungen waren fürchterlich langweilig und die Illustrierten besonders, aber sie waren nicht so was von primitiv. Und es geht ganz schnell, dass das Niveau immer weiter runtergeht. Wobei ich sehr froh bin, dass die Boulevard-Zeitschrift *Super-Ossi,* die nur für die ehemaligen DDR-Bürger geplant war, bei den Leuten nicht angekommen ist, das Niveau also doch nicht so niedrig war, wie sie es erhofft oder geglaubt hatten.

Gibt es für Sie durch die politischen Veränderungen Punkte, wo sie sagen würden, dass sich für Sie neue Möglichkeiten in Ihrer künstlerischen Arbeit ergeben haben, die vorher nicht da waren?
Ich habe die Möglichkeit, im Film interessante Aufgaben zu übernehmen. So habe ich vor einem Jahr in München bei der Bavaria einen Dreizehnteiler gedreht – das wäre sicherlich vorher nicht möglich gewesen. Jetzt habe ich eine sehr schöne Fernsehserie *Adelheid und ihre Mörder* gemacht, wo ich die Mutter von Evelyn Hamann spiele – eine sehr hübsche Sache mit recht guten Drehbüchern. Es sind lustige und auch ein bisschen ironische Krimis. Das hätte ich vorher sicherlich ebenfalls nicht machen können. Ich hoffe und wünsche mir sehr, dass ich vielleicht an verschiedenen Bühnen als Schauspielerin gastieren kann, was aber alles nicht so einfach ist, denn den Beruf einer Managerin oder eines Managers gab es bei uns ja gar nicht. Wir hatten eine staatliche Agentur, die uns vermittelt hat – oder, besser gesagt, nicht vermittelt hat. Wir haben immer die Gastspiele gebracht, wenn uns jemand anrief oder sagte: »Wir hätten Sie gerne in Heidelberg oder in München oder in Frankfurt ...« Dann habe ich gesagt: »Gut, ich sage das meiner Agentur.« Und die haben dann die Verträge abgeschlossen. Aber eine persönliche Betreuerin habe ich noch nicht, die mich vorschlägt, wenn ein Film vorbereitet wird oder ein Theater ein neues Stück produziert und eine Darstellerin für eine Rolle sucht ... Das weiß ich ja nicht, aber da gibt es bestimmt Manager, die das wissen. Und da bin ich auf der Suche, dass ich jemanden finde, mit dem ich mich gut verstehe und der sich auch wirklich dafür ins Zeug legt, für mich noch etwas zu tun, denn ich möchte weiterhin Theater spielen und singen.

Das wäre also Zukunftsprojekt Nummer eins, noch bestimmte Bühnen zu erobern beziehungsweise schauspielerisch auf bestimmten Brettern zu stehen. Gibt es im Bereich Singen noch unbearbeitete Wunschprojekte?
Nachdem ich mir den großen Wunsch Jaques Brel erfüllt habe, habe ich eigentlich im Augenblick keinen neuen Autor oder Musiker im Kopf. Weil das noch viel zu wenig bekannt geworden ist, möchte ich eigentlich, dass ich mit Jaques Brel reise. Vor allen Dingen habe ich da sehr gute Nachdichter. Die meisten Sachen sind extra für mich nachgedichtet worden, und das ist durchaus ein Problem, diese großartigen Texte in eine adäquate Übersetzung zu bringen. Da habe ich zum Beispiel sehr gute, noch völlig unbekannte Nachdichtungen von Rainer Kirsch* oder Heinz Kahlau – das wäre ein großer Wunsch von mir, die noch mal auf einer Schallplatte zu produzieren.

Das ist jetzt mein subjektiver Eindruck, aber mir ist aufgefallen, dass auch im künstlerischen Bereich nach wie vor in gewisser Weise eine erkennbare Wand da ist. Ich kann es hauptsächlich vom Liedermacherbereich sagen, aber man gewinnt den Eindruck, dass man zusammenhängt, zusammenarbeitet, versucht, sich Publikum zu erobern, aber hier ist das Häufchen West, und da ist das Häufchen Ost …
Das habe ich nie empfunden. Da hatte ich das große Glück – das höre ich von vielen Seiten –, dass sich bei mir wirklich niemand erlaubt hat oder hat erlauben können, dass man als Ostler ein bisschen abgetan wurde nach dem Motto: »Ach, na der Blödi« oder »Der hat doch keine Ahnung!« Ich bin der Meinung, wenn man Professionalität zeigt und mitbringt, dann ist diese Mauer sofort niedergerissen. Ich habe das zum Beispiel gerade in München bei der Bavaria-Produktion gespürt, dass sich in kürzester Zeit vom ersten Kameramann bis zum Tonmeister, vom Regisseur ganz abgesehen, ein solches Ensemble gebildet hat – da hat kein Mensch mehr gefragt: Wo kommt die her? Oder: Wo kommt der her? Da ging es nur darum: Macht sie es gut? Ist sie gut in der Rolle? Das war das einzige Kriterium, und wir haben uns

* Rainer Kirsch (1934 – 2015) war Schriftsteller und Lyriker.

glänzend verstanden. Allerdings gebe ich zu, dass wir die politischen Themen weitgehend ausgespart haben. Wir hatten so viel zu tun, denn es ist ja bekannt, in welch kurzer Zeit man bei einem solchen Mehrteiler produzieren muss – es war also von morgens bis abends eine solche harte Arbeit, dass wir uns gar nicht hätten erlauben können, stundenlange Diskussionen dazwischenzunehmen. Und abends oder nachts musste ich Text lernen, ich musste ununterbrochen lernen. Vielleicht hätte es den einen oder anderen härteren Streit gegeben, aber wenn man sich beruflich anerkennt und gegenseitig weiß, dass das gut ist, was der oder die macht, sind interessanterweise – so habe ich es immer wieder erlebt – politische Differenzen nicht mehr so hart wie wenn man sich bereits in der Arbeit nicht akzeptieren würde.

Zum Schluss habe ich noch eine Frage zu einer von Ihnen als Gastgeberin moderierten Sendung im DDR-Fernsehen, bei der Sie auch Gäste aus dem Ausland präsentiert haben. Ich kann mich erinnern, dass Joana einmal bei Ihnen war. Gab es da eigentlich jemals Probleme bei der Auswahl Ihrer Gesprächspartner?
Die Sendung hieß »Pfundgrube«. Die haben wir fünf Jahre immer wieder im DDR-Fernsehen gebracht, und ich konnte internationale Gäste einladen. Ich habe mit ihnen gesprochen, dann sangen sie, dann sang ich etwas. Es war eine sehr unterhaltende, aber auch informative Sendung. Natürlich gab es da immer wieder auch große Schwierigkeiten mit gewissen Leuten, zum Beispiel mit Reinhard Mey. An dem hätte mir unheimlich viel gelegen, ich wollte ihn wirklich gern haben. Nun hatte er aber diesen sehr schönen Titel geschrieben mit der Zeile »Über den Wolken muss die Freiheit wohl grenzenlos sein«. Da hieß es dann: »Um Gottes Willen, der hat doch dieses Lied geschrieben! Das meint, über die Grenze zu fliegen! Das kommt überhaupt nicht infrage!« Nun wusste ich gar nicht, wie ich Mey absagen sollte, denn ein so blödes Argument wollte ich nicht unbedingt nennen. Ich habe dann irgendwie rumgedruckst, und er entgegnete: Nun gut, er würde den Titel dann nicht singen, wenn man ihm erlaubt – da er doch ein leidenschaftlicher Flieger sei –, einmal mit dem Flugzeug über Berlin zu kreisen. Dann würde er alles singen, was wir haben wollten. Das war natürlich noch viel schlimmer.

(lacht) Mit diesem Wunsch kam er auf die Misstrauensliste, und es ist nicht zustande gekommen, ihn in meine Sendung zu nehmen. Da könnte ich noch so einige Beispiele nennen, wo es ähnlich war. Na ja, jetzt schmeißen wir mit dem Wort »Freiheit« ja nur so um uns, wobei wir sehen, dass die Freiheit wirklich nach wie vor etwas sehr Subjektives ist. Mit diesem Begriff sollte man wirklich vorsichtiger sein.

Dirk Michaelis

Berlin, 22. September 1992

Wenn du die letzten beiden Jahre zurückblendest, was hat sich für dich in deiner Arbeit verändert, wo waren die entscheidenden Brüche?
Die entscheidende Veränderung war natürlich die Trennung von Karussell. Die brachte mit sich, dass erst mal ein Jahr Arbeitslosigkeit reinging, mit all den Konsequenzen, die dem einen oder anderen bekannt sein dürften. Das hat sich irgendwann gegeben mit der Entscheidung, doch noch mal zu versuchen, mit der Musik Fuß zu fassen und neue Sachen anzubieten, eine Platte aufzunehmen, die ja dann jetzt gerade erschienen ist. *Rockchansongs* knüpft an »Als ich fortging« an und hat einfach neue Themen zu meinen ganz persönlichen Sichten auf die jetzige Zeit drauf. Und ganz speziell zum 3. Oktober fällt mir ein: Blumen für den Kanzler würde ich mir sparen, stattdessen finde ich die Initiative des Ostdeutschen Rundfunks Brandenburg sehr toll, einen Sampler zu veröffentlichen, der nun tragischerweise so an Aktualität gewinnt, dass es fast schon traurig ist. Auf diesem Sampler sind Ost- und Westkünstler vertreten, die, glaube ich, mit bisher noch nicht da gewesener redaktioneller Gemeinsamkeit mit Songs gegen Gewalt und für Toleranz in allen möglichen Bereichen eintreten. Ich bin da mit einem neuen Song drauf, der »Mary Anne« heißt, und aus meinem Umfeld sind da auch André Herzberg, Ulla Meinecke, Nina Hagen, City und so weiter dabei. Ich denke, das ist eigentlich das Beste im Moment zum 3. Oktober.

Eine Frage zu dem neuen eigenen Produkt: Mit welchen Schwierigkeiten, sei es künstlerischer Natur, sei es technischer Natur, war dieses Projekt behaftet, da es ja schon von der Infrastruktur her unter völlig veränderten Bedingungen entstand?
Es ist natürlich eine völlig neue Geschichte, dass man nicht mehr bei ei-

ner Plattenfirma fragt und dann von dieser einen abgelehnt wird, und das war's. Es ist auch eine neue Erfahrung, dass man sich jetzt mit seinen eigenen künstlerischen Ansichten treuer bleiben kann, weil man auch andere Möglichkeiten auszuschöpfen kann, um diese LP irgendwann fertig zu haben. In meinem Fall war es sehr wichtig, dass ich einen Partner gefunden habe, der sich nicht so versteht, dass er, weil er erst mal Geld in ein Projekt reinsteckt, auch unbedingt sagen muss, wie es denn gefälligst auszusehen hat. Thomas Steiger hat mir und der kleineren Band, die jetzt mit mir auf Tour ist, die Möglichkeit gegeben, diese Songs, wie wir sie wirklich ganz persönlich sehen, so auf Platte zu bringen und in die Öffentlichkeit zu tragen. Das halte ich für eine ganz wichtige Erfahrung. Vorher hieß es »Nö«, und dann war »Nö«, und jetzt kann man doch – natürlich mit Rückhalt und viel Ausdauer. Dieses Lied ist noch lange nicht zu Ende, aber ich finde toll, dass es diese Möglichkeit jetzt gibt, dass man also versucht, nicht irgendwelchen Trends nachzurennen, sondern neue zu schaffen.

Eine Frage, zum Publikum: Was hat sich im alten Publikum Ost verändert, was tut sich mit dem neuen Publikum West?

Da gab es gerade in kürzester Zeit die verschiedensten Entwicklungen. Anfang neunzig war erst mal generell alles, was aus Ostdeutschland kam, also auch Musik und so weiter, völlig in Vergessenheit geraten, das wollte keiner mehr wissen. Inzwischen hat sich das Gott sei Dank geklärt, und letztendlich war das auch der Grund, dass ich diese Platte aufgenommen habe. Ich hatte eine Art Probetour mit dem neuen Programm gemacht und dachte mir: Dann wirst du ja sehen, ob das überhaupt Sinn macht und überhaupt jemanden interessiert, was der Sänger von Karussell jetzt zu sagen hat. Zur Freude von uns allen gab es eine sehr positive Resonanz – wir hatten überall ausverkaufte Läden und immer wieder die Frage: Gibt es das irgendwann auch mal auf Platte? Diese Reaktionen und diese Leute im Rücken, die einem wieder Mut gemacht haben, den Kopf nicht in den Sand zu stecken – Marius Müller-Westernhagen und Herbert Grönemeyer und all so was gab es ja schon immer. Und es ist nicht so, dass das Publikum in der ehemaligen DDR darauf nicht geachtet hätte. Ich weiß schon, was an Konkurrenz – in diesem Fall aus dem Westen – kommt. Für mich würde sich die Frage stellen, ob denn die Kollegen aus dem Westen wissen, was in nächster Zeit aus dem Osten auf sie zukommt. Und insofern finde ich den Sampler ganz toll. Das ist ein erster Schritt, nicht gegeneinander zu arbeiten, sondern vielleicht mal miteinander.

Martin Miersch

Burg Waldeck, 12. April 1990

Könntest du mir einen Gefallen tun und zum Einstieg deinen Text »Verantwortung« vortragen? – Gut.

Es könnte sein, ihr habt noch immer Sorgen,
wie es nach eurem Tode weitergeht.
Wir waren nicht im Lager und wir haben
uns niemals eingepisst im Schützengraben.
Uns fremd, die Angst der Illegalität.

Es könnte sein, wir werden manches ändern
und weisen euch auch manchen Fehler nach.
Was ihr als Lebenswerk verteidigt, halten
wir in Ehren, doch es wird veralten,
was dialektisch ist und keine Schmach.

Es könnte sein, auf eure alten Tage,
dass ihr das alles selber noch erlebt.
Wir hofften viel zu lange nur im Leisen,
wir könnten es euch selber noch beweisen,
dass ihr den Stab in gute Hände gebt.

Es könnte sein, wir können drüber streiten,
auch wenn ihr uns vielleicht respektlos nennt,
wir müssen wieder lernen, uns zu streiten,
gerade jetzt, in so bewegten Zeiten.
Auch weil man für die gleiche Sache brennt.

Dieser Text wurde 1987 geschrieben und hat dann durch die Umstände, wie er vorgetragen wurde – oder nicht vorgetragen werden sollte –, auf Umwegen vieles in Bewegung gesetzt, sodass das Ganze sich gewissermaßen verselbstständigt hat. Ohne in die Einzelheiten zu gehen: Wie empfindest du das rückblickend, wie so ein Text, den du vermutlich aus der Reflexion heraus formuliert hast, auf einmal eine ganze Republik bewegt? Was geht da in einem vor, wenn man das feststellt?
Es ist schon erst mal ein Phänomen für einen selbst, wenn ein Text, bei dem man sich überhaupt nicht mehr gedacht hat als bei irgendeinem anderen, den man schreibt – man ist sich ja nicht bewusst, dass das jetzt irgendetwas Wichtiges ist, was dann gleich solche Wellen schlägt –, plötzlich zu einer Art Symbol für ein Grundproblem wird, das dann eigentlich nichts mehr mit dem Text zu tun hat. Der ist dann eben gerade der, an dem sich diese ganze Problematik der Zensur, der Kritik und des notwendigen Wechsels in der Verantwortung aufhängt.

Ist das für dich ein Beispiel dafür, dass man über Texte, Musik, Lieder in einer Gesellschaft auch etwas bewegen und verändern kann? Oder wie würdest du das sehen?
Es war zumindest bei uns so, dass man als Schreiber immer das Gefühl hatte, dass das, was man da schreibt, auch ernst genommen wird. Vielleicht ernster, als es wirklich notwendig war. Ich denke nicht, dass ein auf der Bühne gesungenes Lied, so kritisch es auch ist, das Publikum dazu bewegt, rauszugehen und draußen Barrikaden zu bauen – das ist völliger Quatsch. Aber offenbar hatten manche Funktionäre den Eindruck, dass das passieren könnte, und haben uns entsprechend sehr ernst genommen. Bitterernst. Das war fast schon wieder komisch. Das ist in Zukunft jetzt vielleicht weg, was auch ein bisschen traurig ist – man kann vielleicht alles sagen, es verpufft dann aber ein bisschen, verschwindet, und man kriegt keine Rückreaktion mehr, ob man getroffen hat oder nicht.

Man sagt ja jetzt so schön: Für die DDR sind neue Zeiten angebrochen – oder für die Deutschen insgesamt, denn für die BRD gilt das ja auch.

Wovon werden denn diese neuen Zeiten deiner Ansicht nach schreiben oder singen?

Es wird sicher ein paar grundsätzliche, notwendige Veränderungen in der Herangehensweise an das Schreiben geben. Bisher mussten wir uns ja so einer Art Sklavensprache bedienen. Christoph Hein* hat darüber auch schon gesprochen, sowohl auf dem Schriftstellerkongress als auch in seinem Buch *Öffentlich arbeiten.* Dort schreibt er in einem Essay, dass eigentlich in der Benutzung der staatsüblichen Sprache unterschwellig immer noch etwas anderes mitschwang, und alle wussten, was gemeint war. Das haben wir nicht mehr nötig, jetzt können wir offen sagen, was wir brauchen. Das ist ein Vorteil, aber auch ein Nachteil, weil das andere immer auch einen gewissen Zwang zur Poesie hatte – jetzt kann man auch vulgär oder normal empirisch schreiben. Vielleicht verliert da unsere Ästhetik ein bisschen von dieser DDR-eigenen Art. Und es gibt sicher noch eine andere Veränderung, nämlich die, dass man bisher als Schreiber gut damit wegkommen konnte, wenn man auf der Bühne das gesagt hat, was alle dachten und sich nur öffentlich keiner zu sagen traute. Jetzt kann alles gesagt werden, es bedarf keines Zeitungs- und Medienersatzes der Bühne mehr, sodass die Leute unten sagen: Das wissen wir doch schon! Jetzt muss man wirklich Poesie bieten, eine richtige Idee, ein bisschen mehr zum Denken für die Leute, damit das weitergeht.

Und unter Umständen auch künstlerisch anspruchsvoller werden? Ich meine jetzt in der Umsetzung, in der Präsentation, im Arrangement, wenn man Lieder oder Texte darbietet. Denn wenn ich dich richtig verstehe, konnte man mit einem Lied über die Stasi schon Erfolg haben, weil es endlich einer gesungen oder ausgesprochen hat. Die Tatsache, ob das mit drei Akkorden auf der Gitarre vorgetragen wurde oder nicht, war deshalb nicht so wichtig, weil es darum ging, dass es überhaupt jemand vorgetragen hat. Wenn das, was du sagst, richtig

* Christoph Hein ist Schriftsteller, Dramatiker, Übersetzer und Essayist.

ist, wird das möglicherweise ja auch Konsequenzen für die Art und Weise haben, wie sich Künstler aus der Liedermacherszene demnächst präsentieren müssen.
Richtig, genau so.

Glaubst du, dass die DDR-Szene sich darüber im Klaren ist, was da auf sie zukommt? Oder wie geht sie damit um? Unterhaltet ihr euch darüber?
Nun ja, der ganz ernüchternde Vorgang ist ja noch nicht eingetreten. Erst mal gilt es noch, viel aufzuarbeiten, was unterdrückt wurde, wo praktisch Leute Geld dafür bekamen, dass sie nicht auftraten oder etwas nicht gedruckt wurde. Da besteht sicher noch ein Informationsbedürfnis bei den Leuten. Wo Dinge erst mal noch eine kurze Zeit lang nach der alten Art weiterfunktionieren. Das wird aber irgendwann verschwinden. Das Zweite ist, dass sich jetzt natürlich eine ganze Menge Gruppen entweder versuchen neu zu orientieren oder gleich auflösen, weil sie keine Zukunft und keine Auftrittsmöglichkeiten mehr für sich sehen. Im Moment ist es ganz schwierig, da wir ja einen Regierungswechsel haben und keiner mehr verantworten will, irgendwo zu unterschreiben, um Geld freizusetzen. Und sicher werden auch die Organisationen, Häuser oder Institutionen wechseln, die Kunst subventionieren, weil die alten Organisationen am Eingehen sind. Diese Veränderung hat einfach noch nicht stattgefunden, und im Moment ist es schlecht mit Auftrittsmöglichkeiten, bis auf diese Sachen, wo etwas aufgearbeitet werden soll. Sicher ist das lokal auch anders, je nach den Kräfteverhältnissen in den jeweiligen Gegenden und je nachdem, wie mutig oder wenig mutig Leute sind, noch etwas zu verantworten.

Wenn du im Zusammenhang des Themas Aufarbeitung mal von dir ausgehst, denn man hat ja vorher auch irgendeine Rolle in dem Staat gespielt. Wenn es so ist, dass man sich neu definieren muss, was musst du selbst aufarbeiten? Ist das ein Prozess, oder bist du dir da einigermaßen im Klaren drüber, was du auf- oder wegräumen musst?
Sicher muss man erst mal viel mit sich selbst in sich scheiden, denn so einfach ist das ja nicht, das klar zu trennen, der war Stalinist oder der war Op-

positioneller. Man hat auch vieles von beidem in sich drin und manchmal auch in einem Gedanken beides drin. Das zu trennen, ist nicht so einfach, das werden wir sicher noch eine Weile mit uns mitschleppen und in der Selbstkontrolle hin und wieder plötzlich bemerken: Was du da machst, ist doch völlig blöd, das ist immer noch stalinistisch. Wir haben das so verinnerlicht, das kann man nicht einfach wegschmeißen. Die großen, sichtbaren Sachen sind viel leichter als das, was man mit sich rumträgt – in seiner Erziehung, seinem Verhalten, seinen Reaktionen, in seiner Toleranz und Intoleranz.

Mein Empfinden bei Gesprächen, die ich beim Festival des politischen Liedes geführt habe, war, dass bei vielen doch eine unglaublich große Frustration darüber herrschte, dass diese Illusion über die Möglichkeit eines Niederreißens der gedanklichen und sonstigen Mauern und darüber, vielleicht einen neuen, eigenständigen Weg hinzukriegen, eine absolute Talfahrt erlitten hat. Wie gehst du damit um? Empfindest du das ähnlich?

Ich war auch ein bisschen traurig, dass sich jetzt eine Meinung durchsetzt nach dem Motto: »Keine sozialistischen Experimente mehr.« Andererseits verstehe ich es auch, denn der Antikommunismus, der sich jetzt vielleicht breitmacht, den haben ja diese Stalinisten selbst erzeugt und wir alle auch irgendwo ein bisschen mitgetragen. Und wenn sich das nun auf diese Art und Weise rächt, ist das eigentlich wenig verwunderlich, denn was beweist denn, dass da noch eine andere Möglichkeit, eine Alternative ist? Das ist im Prinzip eine religiöse Glaubensfrage, dass man sagt: Ich glaube, da ist noch etwas anderes. Und viele, die jetzt um die vierzig, fünfzig sind, sagen dann eben: »Wir haben schon zweimal geglaubt in diesem Leben, und zweimal sind wir enttäuscht worden. Jetzt hören wir auf zu glauben!« Und merken dabei nicht, dass sie trotz allem wieder einem Glauben aufsitzen. Auch dieses Glauben an »Deutschland einig Vaterland« und daran, dass das allein das Heilbringende wäre, hat etwas Religiöses, denn wie sich das letztendlich für beide Länder auswirkt, weiß ebenfalls keiner genau.

Was glaubst du, welche Aufgabe oder Verantwortung Liedermacher oder Texter in so einer Situation haben, wo alles relativ kopf- oder bewusstlos nach der D-Mark oder der schnellen Vereinigung schreit?
Ich glaube, die Zeiten des ideologischen Hammers, des politischen Liedes, Chansons, wie immer man es bezeichnen will, beziehungsweise die des Liedermachers sind vorbei. Ich glaube, die Aufgabe ist jetzt in erster Linie, die Leute sensibel zu halten oder weiter zu sensibilisieren, dass sie ein Gefühl oder ein Empfinden für das entwickeln, was passiert. Nicht stumpfsinnig einfach loszurennen, hinterm Geld her oder hinterm Konsum, einfach das Menschliche wieder rauszubringen.

Denkt man jetzt an eine Begegnung wie hier auf der Burg Waldeck oder an den Versuch einer solchen Begegnung, was versprichst du dir in dieser Phase, wo man noch nicht vereinigt ist, von deutsch-deutschen Liedermacher- beziehungsweise Schreiber-Begegnungen? Was kann man sich gegenseitig sagen?
In erster Linie ist es natürlich eine gegenseitige Information, wie die Arbeitsbedingungen bei uns waren oder noch sind und wie sie eventuell kommend für uns werden. Und sich darüber zu unterhalten, was war, schließt mit ein, vielleicht irgendwann gemeinsam dafür zu streiten, dass das, was gut war, vielleicht wieder durchgesetzt wird. Dann war für uns, die Schreiber aus der DDR, die hier waren, sehr wichtig, dass wir das erste Mal nach den ganzen Ereignissen bei uns in so einem Kreis – auch unter DDR-Leuten – mit Fremden zusammenkamen, die nicht unserem Freundeskreis entsprangen. Dadurch gab es auch eine gewisse abwartende Haltung, weil man als Schreiber, anarchistischer Kritiker, Dorn im Fleisch oder so nicht mehr eine solche Solidargemeinschaft ist wie früher, mehr oder weniger sicher. Wie sich das politische Spektrum jetzt entwickelt hat, kann es ja durchaus sein, dass man plötzlich zusammensitzt, und der eine ist KPD oder PDS, der andere DSU oder CSU … Das war für uns hier auch sehr spannend im Umgang mit uns selbst, wie man da lernt, miteinander umzugehen, weil man, wenn man schreibt, immer voneinander ausgehen sollte, dass man ein gewisses intellektuelles Potenzial hat und die anderen nicht

einfach für blöde erklärt – also die Toleranz/Intoleranz-Frage, die ich angeschnitten habe.

Und was waren dabei vielleicht Überraschungsmomente?
Mein Eindruck ist, dass es eigentlich, wie zu erwarten, sehr unterschiedlich gekommen ist. Die einen sind eben mehr zu Toleranz fähig, die anderen weniger. War am Anfang Distanz, wich die einer Neugier, mit der wir auch alle hergefahren sind, dann machte man Erfahrungen in der Reaktion der anderen, und es bildeten sich neue Strukturen mit Sympathie und Antipathie heraus – manche blieben dann mehr oder weniger links liegen, und die einen konnten miteinander und mit den anderen nicht. Das ist aber eigentlich ganz normal. Die Sache ist nur, dass man eben versucht, hinten keinen runterfallen zu lassen und man ihn wenigstens noch achtet.

Vielleicht noch mal zurück zum Texten. Du hast das auch angedeutet, die Frage mit dem Spannungsverhältnis dazwischen, dass man etwas aufschreibt, laut herausbringt, was viele andere auch denken, aber selbst nicht sagen können oder wollen, und der Poesie. Ist es so gewesen, dass viele Leute sich in Richtung Liedermacher oder Texter für Liedermacher entwickelt haben, weil das, was man gerne unterbringen wollte, auf dem Weg letztlich einfacher unters Volk zu bringen war, als es nur aufzuschreiben? Die Möglichkeit der Publikation war ja rein organisatorisch noch viel eingeschränkter …
Ich glaube, die Liedermacherszene ist bei uns aus einem ganz konkreten Umfeld heraus entsprungen. Die klassische Singebewegung, die in den Sechzigerjahren in Anknüpfung an die Hootenanny-Bewegung entstand, die wiederum Protest gegen das politische Chorlied der Fünfzigerjahre zum Ausdruck brachte, wurde in ihren Ursprüngen vom Staat vereinnahmt und wieder zu einem staatsbejahenden Kulturgut gemacht. Irgendwann stiegen dann die Leute, die etwas anderes und sich nicht so vereinnahmen lassen wollten, einfach aus und sagten: Ich lasse mich jetzt nicht weiter zensieren! Bei einer Gruppe entwickelte sich immer ein gewisser Konsens, sodass man niederdiskutiert werden konnte oder so. Die da nicht mitma-

chen wollten, haben gesagt: Ich steige aus, ich mache jetzt mein Ding alleine. Und so entstand eigentlich diese ganze Liedermacherszene bei uns, die nun wieder eine Metamorphose durchmacht, weil es allein mit einer Gitarre auf der Bühne nicht mehr geht, das stirbt einfach, weil die musikalischen Möglichkeiten in keiner Linie mehr den Medienerfahrungen der Leute standhalten. Viele versuchen es deshalb mit Band, was wiederum ökonomisch ganz neue Schwierigkeiten aufwirft, und die einen oder anderen scheitern da, aber es gibt auch welche, die es schaffen. Die werden aber sicher irgendwann in Richtung Rockszene Annäherung finden, so als DDR-Grönemeyer oder DDR-Kunze ...

Liedermacher sind ja letztendlich auch eine Art Mosaikstein im Gesamtbild der politischen Kultur eines Landes. Wenn man jetzt dieses westliche und östliche Deutschland mal zusammen betrachtet im Hinblick darauf, was da aufeinander zuläuft, wie würdest du aus dem, was du tust, was du schreibst, den Zustand der politischen Kultur bei euch, aber auch darüber hinaus beschreiben?
Bei uns ist es im Moment die typische Pendelbewegung, es schlägt von einem Extrem ins andere, wir haben somit frühkapitalistische Verhältnisse. So führen sich manche Direktoren in Betrieben auf, es ist ja überhaupt kein Regulativ mehr da, und die Gewerkschaft ist noch viel zu schwach. Von einer richtigen Erneuerung oder Alternative kann man da nicht reden. Demzufolge kann man schalten und walten, wie man will. Es ist eine Art rechtsfreier Raum, denn die alten Gesetze sind noch vom Stalinismus geprägt und will keiner mehr anwenden, neue sind noch nicht da, und es gibt wohl auch richtig anarchistische Verhältnisse. Das macht vieles möglich und gibt viele Freiräume, die sicher gute Leute ausnutzen, aber es gibt eben auch Scharlatane, die das missbrauchen.

Ich will noch einen Augenblick bei der politischen Kultur bleiben, Stichwort Runder Tisch. Das war ja von der Idee her auch ein vom Westen sehr begrüßtes Gremium, solange es dazu diente, die noch an der Macht Befindlichen in den Griff zu bekommen. In dem Moment aber, wo der Wes-

ten seine Statisten drüben installiert hatte – ob Lothar de Maizière*, Markus Meckel, Ibrahim Böhme*** oder wer auch immer –, war der Runde Tisch auf einmal nicht mehr von Bedeutung. Wie würdest du denn, auch vor dem Hintergrund der aktuellen Verfassungsdiskussion, beurteilen, was man zusammenbringen sollte? Was sind Prinzipien, von denen du sagen würdest, da haben wir etwas einzubringen und sollten mit allen Mitteln darum kämpfen, dass das in das einfließt, was gerade gebastelt wird?**
Der Runde Tisch hatte den großen Vorteil, dass er eine breite Öffentlichkeit hatte. Man konnte sich vor den Fernseher oder vors Radiogerät setzen und verfolgen, wie die verschiedenen politischen Kräfte einen gesellschaftlichen Konsens ausfochten. Was jetzt an Koalitionsverhandlungen zur Volkskammer oder in den Fraktionssitzungen läuft, ist nicht mehr öffentlich, kriegen wir also nicht mehr mit, nur noch ein Statement am Ende. Insofern haben wir natürlich an Öffentlichkeit, an Glasnost eingebüßt. Was das Zweite betrifft, das du gefragt hast, ist das sehr schwierig zu beantworten, weil meine Kenntnisse noch sehr gering sind, wie zum Beispiel hier im Westen Kultursubventionen laufen. Soweit ich weiß, ist das in den SPD-regierten und CDU-regierten Ländern völlig unterschiedlich.

Was, würdest du sagen, sind Bestandteile von DDR-Kultur, im Sinne von politischer Kultur, wo du sagen würdest, das sind bestimmte Prinzipien, die vielleicht hier in der Bundesrepublik eigentlich nicht vorhanden waren, wo du meinst, es wäre wichtig, dass man die einbringt, dass man sie am Leben hält? Gibt es die, und welche sind das?

* Der CDU-Politiker Lothar de Maizière war von April bis Oktober 1990 der erste demokratisch gewählte und zugleich letzte Ministerpräsident der Deutschen Demokratischen Republik.

** Der SPD-Politiker Markus Meckel war von April bis August 1990 Außenminister der DDR in der Großen Koalition mit der CDU unter Lothar de Maizière.

*** Der SDP- bzw. SPD-Politiker Ibrahim Böhme (1944–1999) wurde im Februar 1990 zum Vorsitzenden der SPD in der DDR gewählt und trat im April 1990 zurück, nachdem er als inoffizieller Mitarbeiter der DDR-Staatssicherheit enttarnt worden war.

Ist natürlich sehr schwierig, weil da meine Kenntnisse noch sehr gering sind, wie hier Kultursubventionen zum Beispiel laufen. Das ist ja, soweit ich weiß, in den Ländern, SPD-regierten und CDU-regierten, auch schon wieder völlig unterschiedlich.

Ich meine eigentlich weniger technische Strukturen als vielmehr politische Kultur im Sinne von Bewusstsein und Grundprinzipien des Lebens und Umgehens miteinander. Gibt es da Dinge, wo du sagen würdest, da hat sich in der DDR vielleicht auch durch die Unterdrückung etwas mitentwickelt, was als Prinzip der Freiheit eigentlich gut brauchbar wäre?
Ich sprach vorhin schon mal über diese Solidargemeinschaft, dieses Gefühl, dass unterhalb dieser Staatspolitik das Volk immer noch sein eigenes freies Leben in Nischen oder anderen Möglichkeiten führte. Dass dieses Zusammengehörigkeitsgefühl jetzt Gefahr läuft auseinanderzubrechen, wenn es nicht schon passiert ist, ist ein bisschen schade. Als DDR-Bürger hat man es zum Beispiel immer im Ausland gemerkt, dass es ein unwahrscheinliches Zusammengehörigkeitsgefühl bei uns gab – das geht vielleicht verloren, was schade ist, weil auch ein Stück menschliche Wärme verloren geht. Dieses Ausschlagen des Pendels in die andere Richtung hat uns jetzt sozusagen schon eine Ellenbogengesellschaft eingebracht, die schlimmer ist, als sie sein müsste, weil alle schon mal ein bisschen trainieren, wie das dann sein könnte – die ökonomischen Zwänge bestehen ja noch gar nicht. Im Moment bestehen nur politische Haltungen, die diese Ellenbogen bereits hervorbringen – das hat mit dem eigentlichen Existenzkampf am Arbeitsplatz oder so noch gar nicht wirklich zu tun.

Kommen wir noch mal zu deiner Person. Kannst du vielleicht ein bisschen erzählen, wie du überhaupt zum Schreiben gekommen bist?
Man bastelt sich natürlich immer eine Legende zurecht, aber die erzähle ich nicht. *(lacht)*

Gut, dann öffne die Legende ein bisschen.

Das klingt jetzt vielleicht auch ein bisschen »legendär«, ist aber wahrscheinlich wahr: Ich bin von meinem Lehrer immer sehr für meine Schulaufsätze gelobt worden. Da hat das Schreiben natürlich Spaß gemacht, wenn man Anerkennung dafür bekam, und da ich nicht gerade der beste Sportler in der Klasse war und auch nicht die größte Klappe hatte, war Schreiben etwas, womit ich mich ein bisschen interessant machen konnte. Das hat dann auch in den nächsten Jahren weiter funktioniert, als Lehrling oder später im Beruf, dass Leute sagten: »Das ist doch ganz gut!« Wie das so ist – erst im Freundeskreis, dann geht man mal bei einer kleineren Fete oder größeren Fete auf die Bühne, hat dann noch den Mut, es mit Gitarre und Gesang zu versuchen. Und irgendwann wird mal einer aufmerksam: »Ist ja ganz toll! Kann ich da mal was drucken?« Dann entwickelt sich das immer mehr, bis mal einer zu mir sagte: »Schreiben kannst du ja ganz gut, aber das Singen lass mal lieber sein.« Es war eigentlich ganz kontinuierlich. Vielleicht bin ich auch dabeigeblieben, weil mein Privatleben nicht so gelaufen ist, wie man sich das gewünscht hat – ich bin nicht verheiratet, habe keine Kinder –, da hätte man vielleicht Ablenkung gehabt oder andere Probleme, dass man mit Schreiben aufhört und beschäftigt ist. Aber das ist auch nur eine Vermutung, es gibt ja Leute, die trotzdem schreiben. Es hat sich letztendlich so entwickelt, dass es mein Ausdruck oder meine Form ist, mit der Gegenwart klarzukommen. Andere machen Geländelauf, spielen Fußball oder besaufen sich in der Kneipe, weil sie meinen, damit mit der Welt zurechtzukommen. Ich schreibe eben darüber, dann geht es mir besser. Und es ist auch ein Glücksumstand, dass bei mir noch Talent hinzukommt, andere das gut finden und sagen, das ist so allgemeingültig, das gilt für mich auch und interessiert mich, das möchte ich mir in den Schrank stellen oder so. Tagebuch schreiben ja auch viele auf dieselbe Art und Weise.

Und was sind das für Sachen, die dich besonders bewegen und die du verschriftest? Vielleicht kannst du ein paar Beispiele von Vorgängen geben, welche du dann bearbeitest.

Es fängt bei ganz kleinen Geschichten an. Ich sehe eine Frau in der Straßenbahn, die mit ihrem Kind dasitzt und heult, und die Leute gucken aus dem Fenster, gucken weg, keiner kümmert sich darum, keiner traut sich mehr, was zu sagen. Dann ist sie raus aus der Bahn, und es geht wieder so weiter wie vorher, als wäre nichts gewesen. Dieses Abstoßen des Andersartigen hat mich schon interessiert, also habe ich ein Lied daraus gemacht. Das sind so die kleinen Geschichten, die ich meine, die man jetzt auch weiterschreiben kann, um Leute zu sensibilisieren, bis hin zu didaktischen, aufklärerischen Sachen, die ich jetzt nicht mehr machen möchte. Zum Beispiel habe ich jetzt einen Text gemacht, in dem wir uns alle selbst zerfleischen: »Such nicht den, der Schuld an allem, denn am Ende, im Freien, ziehen wir mit Kind und Kegel alle ins Gefängnis ein.« Das hat etwas Selbstzerstörerisches, wenn wir uns gegenseitig unsere Würde kaputtmachen. Ist ja richtig, dass man Verbrechen aufdecken muss und so, aber das artet nun wirklich in Selbstzerfleischung aus. Vor allen Dingen ist es auch der Ehrlichkeit des Einzelnen gegenüber sich selbst schädlich, weil jeder sofort wieder ein Schild aufbaut und versucht, alles zuzudecken, was er eigentlich in sich klären müsste.

In dem Zusammenhang noch eine Frage. Vor Kurzem hatten wir beim Deutschlandfunk den Psychotherapeuten Hans-Joachim Maaz aus Halle als Gesprächspartner, der sich in einer Veröffentlichung in *Psychologie heute* mit dem Sachverhalt auseinandersetzt, dass es nach der gesellschaftlichen Revolution in der DDR für die Menschen eigentlich auch einer psychischen bedürfe. Er meinte das in dem Sinne, dass seiner Ansicht nach jetzt ein Vakuum bestünde, das auch viele demokratiefeindliche Möglichkeiten in sich berge. Rechte Tendenzen, Fremdenfeindlichkeit und so sind zum Beispiel auf einmal sichtbar – vorher waren solche Dinge tabu, jetzt sind sie auf einmal da …

»Der Sinn des Lebens« und was das ist war für uns immer ein viel gepriesener Slogan. Für die Leute ist dieser Sinn jetzt einfach mal zusammengebrochen. Die haben wirklich Jahrzehnte lang mit dem Glauben geackert, sie machen das für ihre Kinder, wenigstens denen soll es mal besser oder gut gehen. Und die wurden immer vertröstet: »Ihr werdet den Kommunismus noch nicht erleben, es ist noch nicht so weit, aber wir müssen jetzt den Übergang schaffen!« Diese Übergangsgesellschaft. Und jetzt stellen sie plötzlich fest: »Nee, nee, nee, jetzt ist aber genug, jetzt wollen wir alles gleich haben, nicht erst die Kinder, wir auch!« Und im Zusammenbruch dieses Ideals, dieses falschen Sinns des Lebens, setzt dann Radikalität ein. Eigentlich suchen sie wieder einen neuen Sinn, und der heißt nun: Jetzt! Jetzt gleich! Einheit jetzt, Wohlstand jetzt, alles jetzt! Und über Folgen und Konsequenzen macht sich erst mal überhaupt keiner Gedanken. Es ist wie die Sintflut und genau die Umkehrung von vorher.

Aber ihr als Autoren macht euch Gedanken darüber?
Als Autor sollte man natürlich immer wieder dagegen anschreiben – nicht gegen die Leute, sondern für sie. Wie ich eben schon sagte, dass man versucht, sie wieder wärmer, menschlicher, freundlicher zu machen, und nicht sagt: »Ihr macht das alles blöd, ihr seid alle Idioten!« So erreicht man nichts.

Eines der letzten Treffen von euch untereinander war, nehme ich an, beim Festival des politischen Liedes in Berlin, wo ja viele zusammenkamen. Findet da jetzt ein intensiverer Austausch statt, wie es weitergeht und welche Rolle man selbst als Autor einnehmen kann?
Ja, wir machen uns viele Gedanken, wie es weitergeht. Auch zum Beispiel darüber, wie die Weiterführung dieser Festivaltradition geschehen kann, die natürlich nicht so fortgesetzt werden kann, wie es ist, auch wenn man dem ein bisschen nostalgisch anhängt. Zumindest das, was immer im Songklub stattfand, war so was wie eine Insel in dieser DDR, wo plötzlich die ganze Nacht bis früh um fünf durchgemacht wurde, was sonst vielleicht privat, aber in öffentlichen Veranstaltungen überhaupt nicht üblich war. Das war immer einmal im Jahr eine Woche lang ein Freiraum, wo man sich so richtig ausleben konnte und Kraft bekam, um bis zum nächsten Jahr durchzuhalten. Das wollen wir natürlich auf neue Art und Weise und mit neuen Konzepten irgendwie erhalten. Dazu gibt es jetzt auch einen Förderverein, der sich Gedanken macht. Aber da sind noch mehr Dinge, die in Bezug auf Förderung den Bach runtergegangen sind. Das Poetenseminar in Schwerin, bei dem die jungen Dichter jedes Jahr mit gestandenen Schriftstellern zusammenkamen

und das von der FDJ gefördert und gesponsert wurde, ist einfach weg und ein neuer Sponsor noch nicht gefunden, es wird also in diesem Jahr wahrscheinlich nicht stattfinden. Ich bin zum Beispiel im Kulturbund engagiert, im Arbeitskreis Becher*, wo wir uns aber nicht nur mit Becher beschäftigen, sondern generell mit deutscher Literatur des zwanzigsten Jahrhunderts, und wo wir jetzt sagen: Wir werden mal sehen, wie es mit der Geldverteilung klappt, und nehmen uns vielleicht dessen an und kümmern uns darum – von unserem Anspruch her wären wir eigentlich dafür prädestiniert, den jungen Leuten zu helfen. Und so gibt es sicher noch viele andere Dinge, wo sich Leute Gedanken machen, etwa der Förderverein für Kleinkunst. Wir versuchen auch die ein bisschen sterbende Klubszene zu unterstützen, denn die den Betrieben gehörenden Jugendklubs schließen oft einfach, weil die Betriebe denken, das wäre nun der große Sprung, wo sie Geld sparen könnten, wo sich aber in der Arbeitsproduktivität des Betriebs überhaupt nichts verändert. Das ist ein Trugschluss, dass sie meinen, dass sie 60 000 Mark im Jahr für den Haushalt sparen. Aber die Klubs schließen eben, und es ist die Frage, wer sie jetzt kriegt – Leute, die wirklich was für die Kultur tun wollen, oder irgendwelche, die für Kohle eine Schickimicki-Disco draus machen. Und da muss man streiten, lokal und überall.

* Der Arbeitskreis Johannes R. Becher des Kulturbundes hat sich stark für junge Autoren engagiert, sich um Veröffentlichungen und Lesungen gekümmert. Gegründet, um der Intelligenz einen Raum zu bieten, wirkte er sehr eigenständig und liberal.

Gisela Oechelhaeuser

Berlin, 8. September 1992

Fangen wir vielleicht mit dem letzten Programm an, das vor wenigen Tagen Premiere hatte. Es ist ja eine Art Mischung aus verschiedenen Programmen, die hier in der Distel gemacht worden sind. Ist das sozusagen der, an dem das Distel-Ensemble im Moment steht, wo man noch mal Revue passieren lässt, was in den letzten dreieinhalb, vier Jahren passiert ist, und darüber nachdenkt, wie es weitergeht? Lässt sich das inzwischen absehen?

Ja und nein. Der Standort setzt sich für mich aus zwei wesentlichen Punkten zusammen. Den Teil des Standorts, der mit diesem Reprisen-Programm belegt ist, haben wir nicht gemacht, weil uns nichts eingefallen wäre, sondern weil wir ganz akut daran erinnern wollen, wo wir herkommen. Vor drei Jahren gab es die DDR noch, da wurde der vierzigste Jahrestag vorbereitet – wenn uns da einer gesagt hätte, was passiert, hätten wir alle freiwillig um Aufnahme in die Irrenanstalt gebeten. Wenige Menschen erleben solche Zeitenwenden, das ist inzwischen kaum noch vorstellbar, und wir wollen, um uns Gegenwart zu erklären, nicht nur die jüngere Vergangenheit aufarbeiten, aber die im Moment insbesondere, damit auch dem nicht reflektierenden, aber interessierten Zeitgenossen klar wird, was er eigentlich erlebt hat. Und Kabarett-Programme haben ja den Vorteil, dass sie Sachen in der Pointe auf den Punkt bringen. Die Nummern sind kurz und pointiert, und wir erleben, dass bei Ossis und Wessis gleichermaßen ungeheure Aha-Effekte eintreten, weil keinem wirklich bewusst ist, was er eigentlich erlebt hat. Das halten wir aber nur für die Voraussetzung für den anderen Standpunkt der Distel, nämlich dieses Deutschland auch von der Warte Ostdeutscher her etwas mehr zu reflektieren. Das laufende aktuelle Programm, das schon im April Premiere hatte, behandelt eigentlich bereits viel mehr gesamtdeutsche Probleme – natürlich aus der originären Sicht des im Osten gelebten Lebens.

Was haben Sie denn erlebt? Wenn Sie jetzt sich sehen und diese Zeit im Zeitraffer vorüberziehen lassen …
Ich habe erstens erlebt, dass es, ganz gleich, wo man lebt, unheimlichen persönlichen Mut braucht, ehrlich zu sein. Zuerst vor sich selbst, weil man immer versucht, sich ein gutes Bild von sich selbst zu machen. Und wenn man diesen Schritt einigermaßen packt – das ist ja immer nur ein Teil –, dann erlebt man, wie schwer es ist, couragiert zu sein, und das ist wahrscheinlich schon so, so lange es Menschen gibt. Kurt Tucholsky hat gesagt: Das Schwerste, was es überhaupt im Leben gibt, ist, gegen eine Öffentlichkeit Nein zu sagen. Das ist meine Grunderfahrung. Die ist aber nicht neu, die ist nur vom Ausmaß her neu, weil früher in der DDR die Leute nicht sagen durften, was sie wirklich dachten. Plötzlich dürfen alle alles sagen, und man hat viel mehr Rückkopplung zu erleben und auszuhalten. Seelisch ist das natürlich ein Wellenbad bei Orkanstärke – die Frage, dass alles unsicher ist, was sicher geglaubt wurde. Diese Sicherheit hatte ja nicht nur negative Züge –»Freiheit aushalten« hat Richard Rogler das mal genannt. Für mich ist voll eingetreten, was ich im Oktober neunundachtzig sagte, als ich die erste Gelegenheit für ein Live-Interview im Fernsehen der DDR hatte, dass es ein erwünschter Fall in die Freiheit ist und wir sehen müssen, ob wir uns wiederfinden. Und wir haben uns noch nicht wiedergefunden, wir fallen eigentlich noch.

Nun haben Sie ja auch durch private Beziehungen mit der Kultur dieses Landes zu tun gehabt und haben es natürlich immer noch. Wenn Sie zurückschauen, was geht Ihnen von den Brüchen, die dort passiert sind, nahe oder was fällt Ihnen da auf?
Ich muss erst mal sagen, dass ich Brüche für eine irrsinnige Chance halte. Das ist nicht neu. Wenn jemand wie ich im weitesten Sinne vom Schauspiel kommt, weiß er, dass die Brüche das Interessanteste an Menschen sind, nicht die Harmonien und die Glattheiten. Sodass ich mich im Grunde genommen

nur vor der Gewalt der Brüche erschreckt habe. Dass Leute, die das System getragen haben – das sage ich ohne Ironie –, jetzt nur den Wunsch haben, sie hätten hier nicht gelebt. Das ist ein so radikaler Bruch, dass er eigentlich an Selbstmord grenzt, denn ich bin der Überzeugung, dass ich nur einmal lebe und dieses eine Leben nicht hergeben sollte. Für mich ist der Hauptbruch der, dass ganz wenige Leute imstande sind, in Prozessen zu denken. Es wird so sehr vor der Anklage des Augenblicks gezittert, dass biografische, geistige, geografische Herkünfte überhaupt nicht mehr bedacht werden. Fast alles in einem Menschenleben hat doch irgendwo eine Logik, auch der Verrat hat eine Logik. Mit dem Zusammenbruch des Systems und einem scheinbar sehr guten Gewissen des anderen Systems versuchen Leute, aus der Geschichte auszutreten – das ist für mich der allergrößte Bruch überhaupt.

Hat der auch im Kulturbereich, unter Kolleginnen und Kollegen stattgefunden?
Ja. Die Dialektik – als Denkmethode, nicht als Ideologie – wurde ja nur von wenigen verinnerlicht. Und ebenso wenige haben sich zu DDR-Zeiten Rechenschaft darüber abgelegt, dass sie, wo sie ein Stück Freiraum schaffen, automatisch die Lüge über unterlassene Freiräume mittragen. Ich gehe aber davon aus, dass man gar nicht so sehr eine Wahl hat. Man kann nicht austreten aus Prozessen, man kann sich nur zu ihnen verhalten. Und plötzlich sind viele Kollegen auch aus dem Kulturbereich erschreckt, wie aktiv und vorsätzlich sie das System, das jetzt auf der Anklagebank sitzt, mitgetragen haben – das wollen sie nicht wahrhaben.

Um noch mal zum Kabarett hier im Hause zurückzukommen: Dadurch, dass man jetzt alles sagen kann, wie Sie es vorhin so schön formuliert haben, ist ja eine Aufgabe des Kabaretts zumindest angeknackst. Es droht die Gefahr der Unverbindlichkeit, wenn die Spitze nur noch im intellektuellen Bereich sticht, aber nicht mehr gesellschaftlich.
Das hat uns in den unmittelbaren Wendemonaten, den Monaten des Umbruchs, wo buchstäblich alles auf den Kopf gestellt wurde – auch gut auf den Kopf gestellt wurde natürlich –, wahnsinnig belastet. Wir haben einige

Monate gedacht, wir kriegen überhaupt keinen Auftrag mehr. Wobei gerade solche Autoren wie Peter Ensikat nicht nur vom Reizwort-Kabarett gelebt haben. Dann haben wir gemerkt, dass in den neuen Verhältnissen eine totale Ähnlichkeit besteht, nämlich die, dass der Einzelne versuchen muss, seinen ihm erlebbaren Raum geistig, politisch, ökonomisch zu ermitteln, um sich dann zu verhalten. Es ist ein Schauspiel: Wir machen auf der Bühne stellvertretend das, was die Leute unten erleben. Und da haben wir eine ganz große Ähnlichkeit festgestellt, was die Inhalte angeht. Was die Ästhetik angeht, gibt es aber eigentlich nur Brüche. Mit Reizworten kann man niemanden mehr interessieren. Es gibt natürlich ein paar Politikernamen, die als Reizworte funktionieren. Aber man muss jetzt der Art, wie man etwas darbietet, der Professionalisierung absoluten Vorrang geben, weil im Publikum nicht mehr eine geballte Menschengruppe sitzt, die hofft, dass ein Wort gesagt wird, sondern Leute, die in der Freiheit und mit sich allein, also einsam in der Freiheit sind und die sich dort gut fühlen oder nicht. Und die müssen, ob sie anderer oder gleicher Meinung sind, durch die Art, wie ich mit einem Gedanken geistig und ästhetisch umgehe, interessiert werden. Ich habe also nicht mehr eine Gruppe von vierhundert, sondern vierhundert Einzelne vor mir. Die Kraft, die ich auf der Bühne brauche, die Intelligenz, das Durchstehvermögen und manchmal auch der Mut sind total anders. Wenn man sich zum Golfkrieg äußert, muss man damit rechnen, dass Leute ganz anderer Meinung sind und das auch laut sagen. Das hat sich alles geändert, aber ich finde das unheimlich gut. Das sind Punkte, wo man diese Freiheit total genießt, wo man plötzlich merkt: Von mir und meiner heutigen Verfassung hängt alles ab! Während das ja früher schon auch wie Schaum vor dem Mund war, wie Konservendosen, dass man dreihundertmal das Gleiche sagen konnte, und die Freude der Leute war ungebrochen. Das war auch sehr lähmend. Ich empfinde das jetzt als ungeheure Chance, aber darin zu bestehen, ist sehr schwer.

Gibt es zu den anderen Kabaretts des Landes Kontakte der Art, dass man genau diese Fragen untereinander schon besprochen hat? Oder in Bezug auf die Umbruchsphase, die Sie geschildert haben, wo Sie und Ihre

Kolleginnen und Kollegen sich gefragt haben, ob Sie überhaupt noch vonnöten sind: Haben außer den individuellen Kontakten auch welche mit anderen stattgefunden?

Es gibt beide Prozesse. Erst mal war da natürlich diese Solidarität, die eine Notgemeinschaft war, in der man aber gut lebte. Volker Ludwig* hat es unübertrefflich auf den Punkt gebracht: »Gemeinsamer Frust wärmt auch.« Diese Solidarität ist natürlich weg, wir sind plötzlich Konkurrenten auf dem Markt. Das muss man nicht verleugnen. Der Mensch, der heute bei mir im Publikum sitzt, kann nicht zeitgleich beim Kollegen sitzen. Wir sind aber im Geist Verbündete und versuchen, uns den geistigen Raum, auf dem wir agieren, zu beschreiben – das geht über die Grenze Ost-West weit hinaus. Wobei es nach wie vor einen Wesensunterschied zu den auch von mir sehr bewunderten Kollegen aus der alten Bundesrepublik gibt – die waren nie so involviert, haben sich immer als Einzelne zum Ganzen ins Verhältnis gesetzt. Wir haben vollkommen anders funktioniert, tragen heute noch alle Dinge von innen aus, wo selbst jemand wie Gerhard Polt, der als Kabarettist gar nicht journalistisch ist, immer sozusagen als der freie Einzelne, autonom und von außen kommentiert hat. Das ist ein Unterschied, der wahrscheinlich erst in der nächsten oder übernächsten Generation verwischt werden wird, denn das hat alles geprägt. Es hat die Fragen und das Verhältnis zu den Antworten geprägt. Aber es gibt natürlich eine große geistige Bündnispartnerschaft, und die gab es auch schon vor neunundachtzig. Und zwar eine Bündnispartnerschaft im Geiste – bei durchaus sehr unterschiedlichen Sichtweisen –, dass Sauerstoff oder Provokation in eine Öffentlichkeit kommen muss, die auf entsetzliche Weise nach einfachen Antworten sucht. Die Zeit der Antworten ist lange vorbei, nur noch die qualifizierten Fragen qualifizieren einen, sich öffentlich zu äußern. Dazu gehört viel Mut, denn wenn man Fragen hat, wird man nicht so schnell gewählt, und hier sehe ich tatsächlich einen politischen Auftrag für das politische satirische Kabarett, dass die Brüche eben nicht verwischt, sondern ganz öffentlich gemacht werden.

* Volker Ludwig ist Dramatiker und Theaterleiter.

In Bezug auf das Publikum haben Sie ja gerade schon angesprochen, dass hier bereits die vierhundert Individuen sitzen, hat sich da was verändert, auch in der Art, wie Westpublikum hierhin kommt und zuhört?
Es hat sich sehr viel verändert. Geblieben sind die alten Sympathien, dass die Wessis, die früher schon hier waren, die Erfahrung gemacht haben, dass hier Fragen gestellt wurden, die sonst nirgends gestellt wurden, was sich heute aber auch häufig mit der Frage vermischt: Wie habt ihr dieses System stabilisieren können? Also, einerseits wird heute sehr verwundert gefragt, wie viel Mut dazu gehört habe, und andererseits kommen sofort Vorwürfe. Das kann ich aber gut verstehen, weil die deutschen Länder sehr unterschiedlich waren, viel unterschiedlicher, als wir immer geglaubt haben. Die Sympathie der Wessis ist auf jeden Fall geblieben, hinzugekommen ist ihre Neugier – nicht auf ein Exotenland, das ist vorbei, das war nur 1989/90. Jetzt ist es die Sympathie von Wessis, die ahnen, dass mit der wirklichen deutschen Vereinigung, die vielleicht in den nächsten fünfzig Jahren stattfinden kann, auf sie – nicht nur ökonomische – Beträge zukommen, von denen sie noch gar nichts ahnen. Dass es hier auf der Bühne an Menschen vorgeführt wird, ist viel gescheiter als im Leitartikel. Viele Leute schreiben uns auch und sagen, sie bekämen hier Informationen, die sie sonst im Leben nicht gekriegt hätten. Ökonomisch haben uns überhaupt die Wessis über die Wende getragen, weil ja der eigentliche Schnitttag für die Ossis die Währungsunion war, nicht? Welcher Ostdeutsche kam denn auf die Idee, Westgeld für Kultur auszugeben? Wenn nicht diese vielen Wessis gekommen wären, hätten wir vor leeren Häusern gespielt.

Hat sich in der Anbindung an die Macht etwas verändert? Einerseits war man ja Nische, Freiraum, andererseits war man de facto relativ nah dran an der Macht. Bewusst oder unbewusst hat man natürlich einen Part mitgespielt, der einem zugedacht war, aber das war ja gerade der Freiraum, den Kultur hier bewusst auch hatte. Auch im Westen ist Kabarett teilweise nah an der Macht, weil die Politiker, die beschimpft werden, schenkelklatschend im Publikum sitzen und man danach gemeinsam Sekt trinken geht. Wie geht man mit Nähe und der notwendigen Distanz, mit den personifizierten Themen um?

Das hat eine gewisse Zeit gebraucht, bis wir uns das überhaupt bewusst gemacht haben, dass wir da, wo wir früher das Ventil gewesen sind, jetzt das Alibi sind. Wir haben es für uns auf diese Formel gebracht. Das ist für uns allerdings nicht so häufig Thema, weil unsere Konflikte andere sind, und die neuen Gefährdungen kommen nicht aus Angst vor dem Arrangement mit der Macht, sondern aus Angst vor dem zu großen Arrangement mit dem Vergnügungsbedürfnis des Publikums. Da ist eine völlig neue Schere im Kopf ... Wenn ich wie hier in der Distel vierhundertzwanzig Plätze habe, und die sollen bitte allabendlich gefüllt sein, dann erfordert das sehr viel Charakter und Eigensinn, der das Programm dann vielleicht auch interessant macht, dass man sagt: Zu viele Rücksichten darf ich nicht nehmen, ich darf keine moderate Mitte, sondern muss die mir zugängliche Zuspitzung suchen, dass vielleicht der intelligente Andersdenkende sich an meiner Auffassung reibt. Sprich die Gefahr, dass man den Leuten nach dem Maul redet, dass man plötzlich Legenden über sich verbreiten muss, dass sie einen lieb haben und die Karte kaufen, ist aus unserer Sicht die größere und realere. Es gibt eine, die tatsächlich wieder mit Macht zu tun hat, und die Medien können noch so oft beteuern, dass sie öffentlich-rechtlich sind, sie werden auch von Menschen mit Macht gesteuert. Und wenn man nicht in die elektronischen Medien kommt, ist man absolut out, da nützt es auch nichts, wenn man gut ist. Wenn's keiner weiß, kommt er nicht. Da sind die Fragen, wie man sich mit der Macht arrangiert, wirklich Gewissensfragen, das gebe ich zu.

Und wie werden die hier ausgehandelt? Oder macht das eine Frau Oechelhaeuser zu Hause?

Nein. Wir haben hier den unglaublichen Vorteil eines »Kollektivs«, wie wir zu DDR-Zeiten gesagt hätten *(lacht)*. Wir schätzen uns sehr. Zum Glück sind wir unterschiedlicher Meinung, manchmal auch unterschiedlicher Weltanschauung, aber es gibt einen kleinen, wichtigen gemeinsamen Nenner, und der heißt: Wir dürfen nicht warten, dass ein anderer was für uns tut, sondern wir müssen die Chancen, die uns die Demokratie gibt – und die sind erst mal unendlich viel größer als früher –, wirklich benutzen, weil das Leben dann auch mehr Spaß macht. Und jenseits dieses kleinsten gemeinsamen Nenners fliegen die Fetzen, sodass wir uns gegenseitig sehr drastisch beschreiben, wo wir zu sehr dem Publikum nachgeben, wo wir ihnen zu sehr nach dem Maul reden. Das kommt nicht nur mit Formulierungen, sondern auch mit der Haltung zum Publikum rüber. Da gibt es eine ganz gute Selbstkritik innerhalb dieser Gruppe.

Könnte man sagen, dass das, was man heute machen kann, ein Mehr an Möglichkeiten ist, Dinge, die man früher vielleicht schon hätte tun wollen, aber nicht konnte, nur jetzt unter Hinzukommen von neuen Gefahren, die es zu umschiffen gilt? Oder wie würden Sie es beschreiben?
In Bezug auf den Tag, zu dem das Interview stattfindet, ist das erst mal Grund zu großer Freude, dass ich niemanden fragen muss, ob ich mit Ihnen reden darf – das ist für einen Europäer schon ganz was Tolles. Da merkt man, was man nicht durfte – das ist entsetzlich. Aber diese Möglichkeiten, die wir jetzt haben, dürfen nicht darüber hinwegtäuschen, dass die wichtigsten Probleme, über die wir heute nachdenken müssen, immer noch ausgespart bleiben. Insofern sind die Möglichkeiten so groß, aber auch so klein, gemessen an dem, was ins öffentliche Bewusstsein gehören würde. Die Freude und die Skepsis halten sich manchmal die Waage, an dem einen Tag siegt das, an dem anderen das.

Sagen Sie doch die Dinge, die Ihrer Ansicht nach ins Bewusstsein gehören würden.
Das ist zum Beispiel dieser absolut pervertierte Sozialismus, dass die Idee, die ihn ausgelöst hat, eine absolut akute Idee ist, nämlich, dass ich nach den Chancen für Schwächere fragen muss. Und es bedrückt mich wahnsinnig, was das auf dem freien Spiel des Marktes, wie das so schön in den Wahlkampfreden des Jahres 1990 gesagt wurde, konkret heißt, nämlich, dass der, der Glück hat, Ellenbogen zu haben, einfach Chancen hat. Und damit will und kann ich mich nicht abfinden, das halte ich auch nicht für humanistisch oder für soziale Marktwirtschaft. Und Zukunft hat es eh nicht, weil die permanent Unterprivilegierten auf ganz komische Antworten kommen, wie wir in den letzten Wochen in Rostock erlebt haben.

Gina Pietsch

Berlin, 2. Mai 1990

Fangen wir doch mit dem Stichwort »politisches Lied« an. Was ist es heute noch wert?
Da du mich gefragt hast, kann ich insofern nicht für alle reden und habe das auch nicht vor. Mich hat man gerade auf dem Festival des politischen Liedes Ähnliches gefragt, und was ich dort gesagt habe, würde ich heute auch wieder sagen, das hat mit der Einschätzung dieses Festivals konkret gar nichts zu tun. Und zwar habe ich gesagt, dass ich unabhängig von dem Durcheinander in den Köpfen, das jetzt herrscht und das alle vierzehn Tage ein anderes Durcheinander ist, sich aber langsam einzupegeln beginnt, dass ich unabhängig davon glaube, dass die einen das nach oben sehen, die anderen nach unten. Wie ich das sehe, wird sich im Gespräch noch rausstellen, das müssen wir nicht gleich alles auf einmal sagen. Ich denke mir, dass das Moment des Roten in nächster Zukunft für die Leute bei uns, die es machen, und die, die sich derzeit dafür interessieren und vielleicht noch dafür interessieren werden, wieder mehr an Echtheit gewinnen wird. Gerade was das Festival des politischen Liedes betrifft, ist dieses Rote in den letzten Jahren zum einen missbraucht, zum anderen aufgrund der Situation des Insgesamt-Missbrauchtseins verwässert worden, und ich halte es schon für die Aufgabe der politischen Kunst in diesem Land, das wieder zu etwas Echterem zu machen – ob zu Röterem oder weniger Rotem, ist die Frage. Das wird davon abhängen, welche Publikumskreise man ansprechen will und welche man überhaupt kriegt.

Das ist derzeit bei uns ein großes Problem. Die Öffnung der Mauer hat mit sich gebracht, dass der Bereich der Kunst oder der kunstähnlichen Freizeitbeschäftigung dadurch erweitert wurde, dass erstens der Kreis der Kunst, die man sich angucken kann, größer geworden ist. Wir quatschen also nicht mehr nur von Weltoffenheit, sondern diese Weltoffenheit steht tatsächlich ins Haus oder ist schon da, egal wie weit sich das dieser oder jener DDR-Bürger im Moment leisten kann. Aber zumindest in Berlin ist der Weg bis rüber nicht so weit, und was dort auf der Straße passiert, kann man sich schon angucken. Das andere muss man überlegen, ob man sich mit den paar hundert Mark, die man zusammengekratzt hat, auch wirklich was qualitativ Wertvolleres angucken will. Aber das wird sich mit der Währungsunion einpegeln, insofern bin ich da überhaupt nicht dagegen. Der Kreis ist also, wie gesagt, dadurch größer geworden, dass quantitativ mehr Kunstangebot vorhanden ist, was ja etwas wäre, worüber man sich freuen kann. Gleichzeitig ist aber natürlich die Situation eingetreten, dass sehr viele andere Freizeitbereiche als Konkurrenz dazugekommen sind, die erst einmal mit Kunst nichts zu tun haben. Das ist auch nicht nur negativ zu bewerten, aber zum Teil eben schon. Wenn ich zum Beispiel sehe, was bei den Bücherständen am Alex so anschwemmt, die ganze Comicwelle, die Pornowelle, die Peepshows, die entstehen – das empfinde ich persönlich nicht als eine für uns günstige Konkurrenz. Aber das ist nicht aufzuhalten, da müssen wir mit leben, und wie Bertolt Brecht mal so schön gesagt hat: »Keinen Gedanken verschwendet an das Unabänderbare!« Das ist unabänderbar, da sind wir im Moment machtlos, aber das schadet uns natürlich.

Ich glaube, die große Chance der politischen Kunst wird besonders auf dem Territorium des kommenden Gesamtdeutschlands liegen, in der für meine Begriffe ziemlich sicher ins Haus stehenden politischen Polarisierung. Leider geht die Polarisierung der Rechten schneller als die der Linken, was gleichzeitig wieder ein Thema für die politische Kunst ist, aber ich würde das nicht unbedingt für das einzige Thema halten. Da würde man es sich zu leicht machen, und wir haben da auch schon schwere Fehler gemacht – also, Ursachen suchen, woher der Neofaschismus kommt zum Beispiel. Der wird einfach von drüben rübergeschwemmt. Ich denke, da ist schon was dran, aber natürlich kann von drüben immer nur das bei uns Fuß fassen, wofür es tatsächlich eine Lücke gibt – das war auch in der Zeit, als die Mauer noch nicht offen war, oder in den Anfängen der Öffnung so.

Solche Fehler darf man, wie gesagt, nicht wieder machen, aber wir müssen das Thema schon behandeln, es wird ein wichtiges sein. Das andere wichtige Thema wird sich daraus ergeben, dass die aktuellen Versprechungen so schnell gar nicht werden eingehalten werden können – zumindest nicht im Hinblick auf das, was uns in nächster Zeit in Bezug auf soziale Fragen ins Haus steht. Das fängt jetzt an, sogar bei den ganz freudigen CDU-Wählern durchzusickern, und führt natürlich wieder in eine Enttäuschung, die sich, wie ich annehme, im Ergebnis der Kommunalwahlen am Sonntag so niederschlagen wird, dass diejenigen jetzt erst mal ein Jahr nicht wählen gehen – aber ich bin ja hier nicht dafür da, Wahlprognosen abzugeben. Meine andere persönliche Angst ist, dass es möglicherweise noch weiter nach rechts führt und dieses Territorium hier ein Becken der sozialen Frustration wird. Zumindest möglicherweise in diesen zwei Jahren eines Tals der Tränen, durch das wir laut Lothar Späth* durchmüssen – wäre gut, wenn es nur zwei Jahre wären, ich persönlich glaube, dass es ein bisschen länger dauern wird.

Da wird auf die linken Künstler und auf die, die mal was mit dem Rot am Hut gehabt haben, mehr an Themen zukommen, als sie bisher gehabt haben. Das wird zum Teil sicher sogar angenehm für die Künstler in diesem Land, die durchaus kritische Positionen hatten, und zu denen habe ich schon gezählt. Was nicht bedeutet, dass es nicht viele gegeben hat, die wesentlich kritischer und deutlicher waren – ich kenne schon meinen Teil Opportunismus. Aber sagen wir mal, solche wie ich, die durchaus hier ihre Heimat gesehen haben und dadurch immer in einer politischen Zwickmühle waren, haben zwar viel von den Privilegien unserer Oberen gewusst, aber so viel, wie jetzt auf den Tisch gekommen ist, effektiv ehrlich nicht, das kann ich schwören. Man hat immer geschwankt zwischen dem Moment der Verteidigung, sozusagen einem DDR-Patriotismus, zu dem ich mich absolut bekenne – ich denke nicht daran, diese vierzig Jahre meines Lebens hier als sinnlos erklären zu lassen, von wem auch immer –, und mindestens seit den

* Der CDU-Politiker Lothar Späth (1937–2016) war von 1978 bis 1991 Ministerpräsident von Baden-Württemberg.

letzten fünf bis sieben Jahren der gleichzeitig uns allen deutlich und stärker werdenden, notwendigen kritischen Distanz gegenüber den Entscheidungen der Führer dieses Staates. Linke Kunst macht sich immer leichter, wenn man wirklich in der Opposition sein kann, und wir waren immer in solchen Zwickmühlen ... Die, die diese Zwickmühlen selbst nicht ausgefochten haben, sind entweder weggegangen, wurden ausgebürgert – zum Beispiel Wolf Biermann – oder haben immer mit dem täglichen Kompromiss durchgehalten, der zu machen war. Kompromisslos lebt es sich natürlich leichter, für uns aber lebt es sich, was die sozialen Fragen betrifft, in nächster Zukunft wesentlich schwerer. Denn mal abgesehen von der politischen Zensur, die wir alle kannten und in unterschiedlicher Quantität auszustehen hatten, ist die DDR ein sehr kunstfreundliches Land gewesen. Das kann man nicht so einfach vom Tisch wischen, auch wenn das oft nach Bestechung roch und sich unsere Oberen mit uns Künstlern durchaus gerne hatten schmücken wollen, aber wir haben schon leichter leben können. Ich kenne viele Künstler aus der Bundesrepublik, die mich, wenn ich dort gastiert habe, mit großem Erstaunen gefragt haben: »Wie lebst du denn, Gina?« Und ich habe gesagt: »Ich lebe von meiner Arbeit!« Die saßen dann mit offenen Augen da und sagten: »Was, das kann man?« Natürlich konnte man. Wir fangen gerade an, uns daran zu gewöhnen, dass es vielleicht gar nicht mehr so unnormal sein wird, dass viele von uns mindestens noch einen, wenn nicht zwei oder drei Jobs nebenbei finden müssen, was sehr schwer wird, da viele Leute jetzt Jobs suchen werden. Das sind sozusagen die Begleiterscheinungen ...

Wir können darauf zurückkommen. Machen wir an der Stelle aber mal einen Sprung zurück. Was mir bei der Beschäftigung mit dem DDR-Liedermacher beziehungsweise der DDR-Liedermacherin als Sammelbegriff auffiel, ist, dass es eigentlich für alle dieses Nadelöhr Oktoberklub oder Singebewegung gegeben hat. Für viele war das ein Beginn oder Einstieg. Wie war das bei dir?
Ich bin damals noch nicht in Berlin gewesen, als sich der Oktoberklub gründete. Da habe ich in Leipzig studiert, habe aber dort anderthalb Jahre später in einem Singeklub, den Kurt Demmler geleitet hat, angefangen, mich mit dem

neuen politischen Lied zu beschäftigen. Ich wollte eigentlich nie so richtig was anderes machen, war damals sehr auf der Brecht-Eisler-Strecke, die da noch einen anderen Wert und Klang hatte als heute, wobei sie jetzt wieder einen neuen kriegt. Ich geriet da also fast durch Zufall rein und bin dann, als ich neunundsechzig nach Berlin kam, bis dreiundsiebzig hier im Oktoberklub gewesen – sozusagen als Amateur, denn ich habe erst ab zweiundsiebzig, dreiundsiebzig ein Zusatzstudium an der Hochschule für Musik gemacht und angefangen, das professionell zu betreiben. Dann habe ich acht Jahre bei Jahrgang 49 gearbeitet, die die erste professionelle Gruppe für politisches Lied war, die aus dem Oktoberklub heraus entstand. Das ist schon richtig, wir sind da hergekommen, und viele von uns, die heute große Namen haben, von Barbara Thalheim über Tamara Danz von Silly bis Jürgen Walter, waren da alle drin. Das ist durchaus eine Art Schule gewesen insofern, als ich heute von mir sage: Ich kann eigentlich nichts anderes mehr machen als politische Kunst, bin zu nichts anderem mehr in der Lage, wie auch immer man das auffasst. Ich mache zurzeit einen neuen Abend, bei dem der zweite Teil aus komponierten Ausschnitten aus Verena Stefans Buch *Häutungen* besteht, das ich als ein politisches Buch empfinde. Mit solchen programmatischen oder pragmatischen Tendenzliedchen, wie wir sie damals gemacht haben, kann man heute natürlich nichts mehr anfangen, das interessiert keinen mehr. Wenn ich zum Beispiel das Frauenthema nehme, das mich bis in Arbeitsergebnisse hinein seit Anfang der Achtziger interessiert, war es in vielen Fragen damals schon so, dass man mit blanker Tendenzkunst eh nichts mehr anfangen konnte, allein weil es bei uns keine Frauenbewegung gab. Das musste immer ein Kunstprodukt werden, das mehr als das Absingen von mehr oder weniger gut gemachten Losungen betraf. Zwei gut gemachte Losungen das Thema betreffend, die ich kenne, sind von Ina Deter: »Neue Männer braucht das Land« und »Frauen kommen langsam – aber gewaltig«. Darüber hinaus habe ich in ihren Texten selten was ähnlich qualitativ Gutes gefunden, das alleine hätte aber bei uns nicht gereicht, um dieses Thema zu behandeln, weil es die Grundlage, also die Bewegung dafür nicht gegeben hat. Inzwischen ist das was anderes, jetzt kannst du, wenn du auf ein Frauenfest kommst, mit selbst gebastelten Emanzipationsliedchen was anfangen – ich würde das nie machen, aber es geht.

Warum geht das jetzt?

Ich war vorgestern auf einer Walpurgisnacht-Feier auf der Insel der Jugend, wo keine Männer reindürfen – ein Separatismus, den ich eigentlich nicht mag, aber ich habe mir das trotzdem angeguckt. Ich konnte selbst nicht spielen, weil meine Partner alle Männer sind. *(lacht)* Ich habe mir also ein bisschen angeguckt, was im Programm war, und bis auf einen Beitrag war da der blanke Dilettantismus angesagt. Aber die Frauen haben sich maßlos gefreut, weil sie sich bestätigt fühlten in dem, was sie gerade selbst sehr bewegt, und das hat auch was mit dem zu tun, womit wir vorhin angefangen haben. Wenn man nimmt, was bei euch in Erweiterung des Jahres achtundsechzig an neuen sozialen Strömungen entstanden ist, gibt es viele Einzelbewegungen – die Schwulenbewegung, die Frauenbewegung, die Altenbewegung und so weiter. Diese Bewegungen brauchen natürlich alle ihre Lieder, die sich dann – mehr oder weniger gut – auch finden, und insofern habe ich keine Angst, dass es jetzt mit dem politischen Lied vorbei ist. Da kann man in der Geschichte zurückgehen und feststellen, dass Bewegungen immer ihre Kunstprodukte haben – das Lied als kleines, schlagkräftiges, unaufwendiges, schnell zu machendes kleines Kunstwerk wird es deshalb immer geben, und es wird in der Lage sein, zehn Reden zu ersetzen. Franz Josef Degenhardt hat diesen Gedanken in dem Lied »Nostalgia« gut formuliert: »Die sangen meine Lieder, lasen eure Blätter nicht.« Das Moment des Gebrauchs oder auch Missbrauchs oder auch Brauchens durch die Medien ist dann wieder ein ganz anderes Feld ...

... das du ja auch kennst, denn wenn ich das richtig nachgelesen habe, bist du auch journalistisch aktiv gewesen.

Ja, ich habe mal eine Zeit lang im Radio gearbeitet, hab das auch sehr gerne gemacht, obwohl ich da in einer Krisensituation für mich angefangen habe und aufgrund meiner nicht vorhandenen Kompromissbereitschaft, was anderes als politische Kunst zu machen. Ich habe in der Zeit gerade eines meiner Frauenprogramme entwickelt, was sehr aufwendig war, und hatte neue Partner, weil ich einen anderen Partner verloren hatte. Ich habe dort gearbeitet, bis es zeitlich mit meiner Arbeit nicht mehr zu vereinbaren war, und habe mich speziell mit der Verbreitung von Lied im weitesten Sinne des Wortes beschäftigt, das ist richtig. Wie das jetzt dort weitergeht, weiß ich nicht – die haben auch alle Angst, und es wird schwer rausgeschmissen werden. Das ist ja das Traurige, dass der Übergang von den alten zu den neuen Zwängen so fürchterlich schnell geht, von politischem Zentrismus und Dirigismus zu ökonomischem Dirigismus. Da weiß ich noch nicht, wie das wird.

Ob das nun klassische Sachen waren wie Eisler oder Brecht oder ob in der Zusammenarbeit mit Stefan Körbel oder Hans-Eckardt Wenzel und Steffen Mensching – du bist Interpretin. Wenn du mit jemandem redest, um was zu machen, und sagst, du hast Interesse an politischem Liedtheater, was ja eigentlich dein Begriff oder auch Wunsch ist, wie suchst du dir Sachen, bei denen du sagst: Das ist es! Das will ich!

Das Programm mit Stefan Körbel hat vor Kurzem Premiere gehabt, aber ich nehme mal das Aktuelle, weil ich gerade wieder an einem Brecht-Abend sitze, den ich mit dem Komponisten und Pianisten Hannes Zerbe und dem Klarinettisten Jürgen Kupke mache. Das sollte eigentlich erst in einer Quintettbesetzung sein, aber wir sind der Meinung, dass wir uns das nicht mehr leisten können, denn das kann keiner mehr bezahlen, weswegen wir es jetzt verkleinert haben. Es ist eigentlich schon relativ interessant. Wenn es um gedruckte Literatur geht, mache ich die Dramaturgie der Bücher in der Regel selbst. Bei »Kinobesuch«, meiner Zusammenarbeit mit Wenzel, war das ein bisschen was anderes, da hatte ich sehr viel an Texten gesammelt, aber mir fehlte eine spielerische Idee. Also haben wir uns gedacht: Das machen wir mit denen, denen wird was einfallen, die werden das, was fehlt, dazuschreiben. Haben die auch gemacht, aber viel auch nach meinen Vorstellungen. Bei den letzten drei Abenden, die ich gemacht habe – beziehungsweise zweien, die fertig sind, und einem, an dem ich noch sitze, der zwei Vorführungen gehabt hat, aber noch nicht in Gänze steht –, da habe ich, wie gesagt, selbst gesucht. Zur Ingeborg-Bachmann/Erich-Fried-Collage habe ich das Buch gemacht. Es basiert auf Bachmanns Erzählung »Undine geht«, was fünfzehn Jahre lang ein Traum von mir war – irgendwann musste ich das mal machen. Es ist irgendwie mein Text, den ich sehr liebe, aber ich wusste immer, dass der eine ganz besonders ausgebuffte und gute Form braucht. Da bin ich dann auf den Gedanken gekommen, dass eigentlich die Zeit der neuen Bündnisse zwischen den Geschlechtern gekommen ist, nachdem die Frauen viele Jahre ihres entwickelt haben und auch ein wenig eine Bewegung der neuen Männer entstanden ist – übrigens teilen nicht alle Feministinnen diesen Gedanken, aber das ist meine Haltung. Hier muss man etwas finden, wo das miteinander geht, dachte ich, und das schien mir in einer Collagenform mit Bachmann und Fried möglich. Es ist, glaube ich, auch ein gelungener Abend geworden.

Jetzt sitze ich an Brecht. Das erste Buch dafür war letzten Juli fertig, der Titel auch, und es heißt jetzt noch genauso, nämlich »Alles wandelt sich« – ein günstiger Titel. Es ist auch der Titel des Rahmengedichts, Anfang und Schluss stellt also dieses Gedicht dar. Bei Beibehaltung des Titels habe ich das Programm ungefähr achtmal geändert, alle vierzehn Tage war etwas anderes nötig, und da Brecht gerade in Bezug auf politische Situationen so ziemlich alles beschreiben konnte, ließ sich das mit ihm wie sicher mit keinem anderen Dichter machen. Es gab jeden Tag ein neues Thema. In den ersten Entwürfen hatte ich zum Beispiel noch nichts zum Thema Faschismus drin, und ich bin noch nie in meinem Leben auf den Gedanken gekommen, Brechts »Ballade vom Paragraphen 218« zu singen – ich habe immer nach politischem Gebrauchswert ausgesucht, und das war für uns nicht gebraucht. Es wäre mir zu blöd gewesen, das dreimal im Westen zu singen und dann als kluge Tante anzukommen, die den Westfrauen sagt: »Ihr müsst mal aufpassen, dass euch nicht der Paragraph 218 trifft!« Vor vier Wochen habe ich das jetzt aber reingenommen und auch die Kindesmörderin Marie Farrar, um sozusagen das Ganze an einem Einzelschicksal abzuhandeln. Auch das war etwas, was mich nie interessiert hat, obwohl ich das Gedicht immer sehr schön fand.

Insofern arbeite ich ganz ähnlich wie ein Liedermacher und suche nach Themen, die mich entweder selbst betreffen oder von denen ich weiß, dass sie mein Publikum in irgendeiner Weise betreffen. Oder ich möchte, dass es sie betrifft – manche Fragen muss man einfach mal anschieben … Das, was da drin ist, wird allgemein heftig diskutiert, wenn auch nicht von jedem in gleicher Weise. Das suche ich, aber das ist eigentlich keine besonders unnormale Methode. Wobei ich zum Beispiel vor drei Jahren mit der großen Hannes-Zerbe-Blech-Band, mit der wir jetzt wieder rüberfahren, einen Brecht-Abend gemacht habe, der mehr nach musikalischen Kriterien ausgesucht war, also Stücke enthielt, die man mit einem vom Jazz kommenden Riesenorchester machen kann. Da ging es darum, wie man damit Brecht und ganz besonders Weill neu klingen lassen kann. Wir spielten viel aus der Dreigroschenoper, die von der Thematik her in diesem Land überhaupt keinen interessiert hat, das ist sozusagen ein völlig kulinarisches Herangehen gewesen nach dem Motto: Was singt man da mal gern? Was könnte mit so einer Band mal pfiffig und neu klingen? Da singe ich den »Barbarasong« oder die »Ballade von der sexuellen Hörigkeit«, alles Themen, die sehr fern von mir sind, aber man kann auch einfach mal das Moment des Spaßes und der Unterhaltung gelten lassen. Ich bin ja nicht gegen Unterhaltung, und wenn ein politisches Programm überhaupt nichts Unterhaltsames hat, muss man es lassen, was auch immer das bedeutet. Mein Unterhaltungsbegriff ist natürlich schon mehr durch Brecht geprägt als durch Heino, das liegt sicher auf der Hand.

Wo sind denn derzeit hüben wie drüben die Leute, denen man eben mit einer aktualisierten Brecht-Adaption was sagen kann?
Es ist unterschiedlich. Das mit dem großen Orchester, das ich geschildert habe, geht wunderbar auf Volksfesten – alles, was da kommt, freut sich natürlich an den wunderschönen Liedern. Sehr viel mehr ist es dann aber auch nicht. Das, was ich jetzt mache, würde da wahrscheinlich gar nicht ankommen, das hat schon den Blick auf eine Zielgruppe, die linker angesiedelt ist und alternativer denkt, was bis zu den Veranstaltungsstädten oder den Leuten geht, die das kaufen. Brecht ist ja eine Ausnahme – Konstantin Wecker hat das mal schön gesagt: »Aber alle lieben Brecht.« Das bedeutet noch nicht gleich eine Publikumsspaltung, aber man kann das schon durch das, was man raussucht, erreichen, was auch schon immer so gewesen ist. Ich wäre natürlich schön bekloppt, wenn ich heute so was wie das »Lob des Kommunismus« reinnehmen würde, das geht derzeit überhaupt nicht

und vielleicht auch nie mehr, solange ich lebe. Solchen illusionären Träumen kann man sich heute nicht mehr hingeben, es muss schon wirklich was mit den Leuten zu tun haben, die da unten sitzen ... Ich wäre froh, wenn alle kämen, logisch *(lacht)*, aber natürlich kommen sie nicht alle. Zu Brecht kommen sicher erst mal Bildungsbürger, denen das aber möglicherweise nicht so sehr gefallen wird, weil die Erwartungshaltungen, die meist auf die *Dreigroschenoper*-Songs gerichtet sind, nicht befriedigt werden. Das macht mir aber nichts, und das kann ich nicht ändern. Dafür gibt es dann wieder andere Interpreten, und auch ich habe noch andere Programme auf der Pfanne – das muss man gut aussuchen, und das wird wichtiger jetzt, allein schon ökonomisch. Uns war das ja bislang fast wurscht – jedenfalls meiner Gage nach –, ob da drei Mann drin saßen oder ... Ich kann jetzt nicht sagen, dass ich oft vor drei Mann gespielt hätte, aber theoretisch wäre das egal gewesen, denn ich habe eine sehr hohe staatliche Einstufung gehabt, und das hat keinen Veranstalter interessiert, weil die Töpfe sowieso verschieden waren, ob da nun Leute kamen oder nicht. Das wird jetzt anders, auch unsere Veranstalter müssen anfangen zu rechnen, was ja erst mal gar nicht so schlecht ist. Für mich speziell aber, die ich nie eine Massenbasis erreicht habe, ist es natürlich schwierig. Ich hatte auch in diesem Land nie die Möglichkeit, eine Platte zu machen, weil das nicht in das Bild unserer Firma Amiga reinpasste, was ich so machte. Und ins Fernsehen komme ich, so Gott will, morgen auch das allererste Mal seit zehn Jahren – das passte ebenfalls nicht rein. Selbst meine unterhaltsamsten Programme wie »Kinobesuch« widersprachen den Vorstellungen des DDR-Fernsehens und lagen aus verschiedenen Gründen nicht auf der Linie. Da konnte man natürlich nichts zeigen, wobei das auch nicht so wichtig war. Nur jetzt wird es leider wichtig, bloß kann man dann mit unserem Fernsehen auch nichts mehr machen. Es wissen ja alle gar nicht, was wird.

Wir waren bei dem Punkt, wer jetzt die Leute sind, die kommen und zuhören. Vielleicht kannst du es noch mehr auf den Punkt bringen. Ich habe mitbekommen, dass bei manchen Konzerten die Leute eigentlich genug haben vom politischen Lied, in welcher Form auch immer es dar-

geboten wird. Andere – sowohl hier in der DDR als auch bei uns – haben das ebenfalls erzählt. Am Anfang hast du, für mich nachvollziehbar, gesagt, wie wichtig es jetzt eigentlich sein müsste, was aber dann im Widerspruch steht zum Bedürfnis der Leute, die man ja braucht, um die Bedeutung tragen zu können – du brauchst für das politische Lied auch den Zuhörer.

Ja, das ist völlig klar. Ich habe die große Hoffnung, dass sich das wieder entwickelt. Im Moment sieht es wirklich sehr trüb aus – das geht bis zur Schließung von Theatern. Auch die wohlinstallierten Kulturinstitutionen schauen da derzeit ganz schwarz aus der Wäsche. Du kannst mittlerweile in Ost-Berlin in so ziemlich jedes Stück reingehen, was bis vor Kurzem überhaupt nicht möglich war. Das hängt schon damit zusammen, dass wir keine Tabus mehr knacken müssen – bis zur Wende waren wir ja diejenigen, die oft auf der Bühne das machen mussten, was die Zeitungen nicht geliefert haben. Wenn du heute ein Programm über den Stalinismus machen willst, bist du nie in der Lage, das so konkret und schnell zu machen, wie das irgendeine Reportage in der Zeitung oder im Fernsehen machen kann. So schnell kommst du nicht hinterher, und auch unsere Autoren, die ich kenne, haben eigentlich immer den fast stereotypen Satz auf den Lippen: »Das muss ich erst alles verdauen, das kann ich noch nicht schreiben, im Moment bin ich damit noch viel zu sehr beschäftigt, habe noch keinen Abstand.« Das ist sicher ganz normal, und ich meine schon, dass das wieder gefragt sein wird, wenn es echt gebraucht wird. Im Moment wird es offensichtlich nicht so gebraucht – davon zeugen die vermindert vollen bis leeren Säle. Und wie ich vorhin schon mal angerissen habe, ist das Angebot an Freizeitmöglichkeiten einfach quantitativ größer geworden, und gegen die Konkurrenz kannst du nichts machen. Ich kann das zwar nicht belegen, aber es ist meine Hoffnung, dass sich das wieder entwickelt. Mehr kann ich dazu nicht sagen.

Ich habe gerade zufällig einen Kommentar von Daniel Cohn-Bendit in der *taz* gelesen, der im Grunde genommen die vielen Fehler, die die Linke gemacht hat, herausstellt, ihre Fehleinschätzungen historischer

Situationen durch Verblendung oder ideologische Sichtweisen. Er sagt ebenfalls, dass die sich völlig neu einnorden müsse, was ihre Ideologien und Verhaltensweisen betrifft. Und da spielen die alten Künstler wie Weill, Eisler oder Brecht natürlich auch eine Rolle – die werden in einigen Punkten wohl völlig neu zu singen oder auszuwählen sein. Du hast ja gerade selbst gesagt, dass zum Beispiel »Lob des Kommunismus« nicht das Lied sein kann, mit dem man im Moment die Parade schirmt.

Nein, das war es nie, und das wäre jetzt geradezu ein Fehler. Ich habe das mal achtundsechzig in Marburg gesungen – im Oktober siebenundsechzig war ich überhaupt das erste Mal in der Bundesrepublik gewesen. Das war die APO-Zeit, als es noch keine DKP gab … – die berühmten Achtundsechziger eben oder kurz davor. Da habe ich mit jeder Zeile das Publikum gespalten: »Er ist vernünftig …« – buh/Klatschen. »Jeder versteht ihn …« – buh/Klatschen. »Er ist leicht …« – buh/Klatschen. »Du bist doch kein Ausbeuter, du kannst ihn begreifen …« – an der Stelle gar nichts, und so weiter. Das war eine echte Publikumsspaltung. Natürlich freut man sich darüber, so neu mir das war, denn bei uns hat es das nicht gegeben, weil das sowieso klar war. Aber das war ein ganz wunderbares Erlebnis, und das vergisst man auch nicht. Heute müssten da eigentlich alle buhen, weil die Zeit diesem Gedicht widersprochen hat, denn wir haben es nicht beweisen können. Es entspricht auch nicht mehr meiner Einschätzung – leicht war das alles zum Beispiel nie, das hat sich Brecht schön ausgedacht, aber das habe ich immer für einen Fehler gehalten und war deshalb immer dagegen. Eisler hat das dann ja als »Lob des Sozialismus« genommen, wo es nun gar nicht mehr stimmt. Sozusagen die Utopie damit zu belegen, wie Brecht es gemacht hat, habe ich noch für richtig gehalten, aber zu keiner Zeit in diesem Lande hat man sagen können, dass der Sozialismus leicht gewesen ist. Das stimmte nie. Das hat nicht mal für Erich Honecker gestimmt, auch wenn der sich das sicher gewünscht hätte, aber wahr gewesen ist das nicht.

Und jetzt stimmt das erst recht nicht, das kann man nicht machen, man kann das – muss ich noch mal sagen – nur nach Gebrauchswert auswählen, ich bin eigentlich immer so vorgegangen. Und diesen merkwürdigen Satz habe ich zum Beispiel als Streitangebot genommen, als eine Art Provokation, was ja auch »brechtsch« ist, also jemanden mit etwas zu provozieren. Schon allein wenn du einen solchen Satz sagst kommst du anschließend in die Diskussion, da muss dir einer sagen: »Hier, stimmt doch nicht!« Und das ist gut, das darf man dann auch gerne zugeben, denn man kommt ins Gespräch. Das ist zum Beispiel ein Moment, das immer noch bleibt: die Leute zur Diskussion zu bringen, zu führen, zu verführen, indem eine oder anderthalb Stunden Kunstangebot eigentlich nur die Vorrede sind zu dem, was danach passiert. Und das werde ich auch immer versuchen zu machen.

Aber dieses notwendige Umdenken der Linken auch bei euch, das steht freilich ins Haus. Da gibt es im Moment auch nicht sehr viel mehr als das Sich-in-Beziehung-Setzen zu den täglich wechselnden tagespolitischen Themen – gestern war es zwei zu eins [Anm.: Umtauschkurs DDR-Mark zu DM], heute ist das durch, und da wird jetzt die Frage der Teuerungszulagen kommen, was sicher nicht ausgehandelt werden wird. Im Moment ist jeden Tag was anders, und Strategien sehe ich zurzeit keine. Ich sehe die bei uns nicht und bei euch auch nicht, das hat gerade alles leicht schizophrene Züge ... Lothar de Maizière hält eine Regierungserklärung und kriegt den größten Beifall von der Opposition, was ja auch richtig ist *(lacht)*, aber gleichzeitig fehlt natürlich auch alles Mögliche von dem, was wir brauchen. Wenn du zum Beispiel die Kultur nimmst, bringen wir in der Regierungszeit unter Hans Modrow* über den Runden Tisch noch das Kulturschutzgesetz oder jedenfalls Vereinbarungen dazu durch, bringen also die Kulturpflicht des Staates mit rein. In der Koalitionsregierung gibt es überhaupt nichts mehr mit Kultur. Und de Maizière kriegt unseren Beifall, hat aber nur die Kulturpflicht der Gesellschaft drin, also die Verbände oder so. Die aber können ohne Subventionen vom Staat überhaupt nichts machen ... Das ist ebenfalls ein Thema, das zu behandeln ist und wo wir keine Diskussion auslassen, jedoch mit wenig Hoffnung, dass wir da ir-

* Der SED-Politiker Hans Modrow (heute die Linke) war von November 1989 bis April 1990 der letzte Vorsitzende des DDR-Ministerrates und somit Chef der Regierung.

gendwas erreichen. Insofern sind die Diskussionen um den Anschluss über Artikel 146* nicht aus der Luft gegriffen und haben alle ihre wirklichen Begründungen. Und wir wissen besser als die Künstler bei euch, was da wirklich weggefallen ist, wenn es auch im Moment noch nicht viele wissen, aber bis auf sehr wenige haben die Künstler in diesem Land linke Positionen. Ich war gerade bei einem Hearing in der Akademie der Künste. Da saß alles, was in diesem Land Rang und Namen hatte, aber der Kulturminister ist einfach mal nicht gekommen, weil er am 23. Mai überhaupt das Allererste zur Kultur sagt – da ist er dann ungefähr drei Monate im Amt. Aber bisher ist da noch nichts gefallen.

Sprich: Themen gibt es eine Unmenge, die man behandeln kann, es ist bloß nicht so einfach, die so schnell zu verarbeiten. Ich habe lange nichts mehr von Wenzel gehört. Der ist immer einer unserer Schnellsten gewesen ... Ich weiß nicht, ob der schon in der Lage ist, das in ein Kunstprodukt zu bringen.

Aber wie schätzt du die Situation ein, diese Veränderung der Voraussetzungen für kulturelle Förderung? Bisher war es ja so, dass es einen bestimmten Haushalt in den Jugendklubs, Theatern und so weiter gab, und so gesehen war alles, was vereinbart war, sicher. Das wird sich ändern, weil das Prinzip der sogenannten Marktwirtschaft auch auf die Kultur durchschlägt, und von Kommune zu Kommune wird es unterschiedlich sein. Wenn du einen Bürgermeister hast, den Kultur sehr interessiert, wird er dafür sorgen, dass Geld da ist. Andere interessiert das überhaupt nicht, dann ist auch kein Geld da, das kenne ich von uns. Und dadurch entstehen völlig neue Konkurrenzsituationen, die zudem ganz anderen Mechanismen als »gut« und »böse« unterliegen. Da spielt vor allem auch der Verkauf eine Rolle – um es platt auszudrücken: Heino

* In den Übergangs- und Schlussbestimmungen des Grundgesetzes heißt es in Artikel 146: »Dieses Grundgesetz, das nach Vollendung der Einheit und Freiheit Deutschlands für das gesamte deutsche Volk gilt, verliert seine Gültigkeit an dem Tage, an dem eine Verfassung in Kraft tritt, die von dem deutschen Volke in freier Entscheidung beschlossen worden ist.«

verkauft sich eben besser als ein Brecht-Abend. Wie wird denn dieses Durchbeißen wohl ablaufen?

Schwer, schwer, schwer. Denn das, was du zu den Kommunen gesagt hast, ist ja alles nicht von heute auf morgen gekommen, sondern zum Teil auch – ich verwende mal ein großes Wort – hart erstritten worden. Gut, wenn sich einer besonders interessierte, so wie du das beschrieben hast, wenn das sozusagen also vom Kulturinteresse des jeweiligen abhing, hat es vielleicht nicht so große Kämpfe gekostet, aber ich glaube, insgesamt ist das Bestehen schon schwierig. Ich übertrage es mal auf die Industrie und dort wirkende erfahrungsreiche Gewerkschaften – das ist nicht zu unterschätzen, und das haben wir nun mal nicht. Wir sind jetzt in einer Lage, von euch da wirklich effektiv lernen zu müssen. Und zum 1. Mai war hier in Berlin nicht umsonst das erste Mal eine Demonstration unter Führung beider Gewerkschaften, der Ost-Berliner und West-Berliner, und das halte ich auch für dringend nötig, denn das Desinteresse des Publikums an Kunst hat natürlich auch Auswirkungen auf die Künstler.

Ich bin ja lange schon freischaffend, und wir haben bis zur Wende nie einen Verband wie die Theaterschaffenden, die bildenden Künstler oder die Schriftsteller gehabt. Jetzt erst haben wir einen Verband der Unterhaltungskünstler gegründet, vorher hatten wir im Komitee für Unterhaltungskunst unsere Sektion, die sich genremäßig spezifiziert hatte. Ich war in der Sektion Lied- und Kleinkunst, die eine sehr gut arbeitende Sektion war. Oder es gab die Rocker ... Unsere großen Kulturinitiativen um die Wendezeit, also was wir in der Erlöserkirche und so gemacht haben, sind durch unsere beiden Sektionen, die der Rocker und die für Lied- und Kleinkunst, angeschoben worden. Auch die ersten großen Dialogveranstaltungen im Haus der jungen Talente haben unsere Sektionen organisiert, wo Bärbel Bohley* das erste Mal in der Öffentlichkeit mit dem Minister für Kultur zusammenkam. Wir haben jetzt erst mal nur versucht, die Sektionen in einer Vereinigung zusammenzuschließen, die sich »Musikszene« nennt. Ich bin da im Vorstand gewesen,

* Die Bürgerrechtlerin und Malerin Bärbel Bohley (1945 – 2010) war Mitbegründerin des Neuen Forums in der DDR.

und wir sind eigentlich davon ausgegangen, dass die Mitglieder geschlossen übergehen würden – dem ist aber nicht so. Da ist diese Angst, die sich verbreitet: Was wird jetzt aus mir? Und meine Kollegen kennen die Marktgesetze schon länger und besser als zum Beispiel ein Arbeiter, der bei Narva* war. Wir wissen schon, was Konkurrenzkampf bedeutet – der war zwar für uns nie so hart wie für einen Westkünstler, aber er war da. Aber obwohl die Notwendigkeit, sich zusammenzuschließen zu müssen, jetzt viel stärker ist, kriegen wir das nicht hin. Es gibt auch eine Vereinsmüdigkeit. Jeder gründet irgendwas, und ob es dann wirklich überhaupt eine Subvention gibt und wir eine Mark davon abkriegen …

Da ist eine gewisse Hoffnungslosigkeit ausgebrochen, die auch sehr berechtigt ist. Ich weiß nicht, ob das stimmt, aber vor zwei Tagen habe ich gehört, dass von allen Theatern der Hauptstadt nur noch vier subventioniert werden – sogar das Berliner Ensemble wird nur zur Hälfte subventioniert. Der Friedrichstadtpalast ebenfalls. Dort sind siebenhundert Leute fest angestellt – was ja auch schizophren ist –, der größte Teil Verwaltungsleute, die halt einfach rausgeschmissen werden. Aber wenn das schon bei solchen großen, stabilen Häusern nicht mehr funktioniert, kannst du dir vorstellen, dass der Glaube daran, dass wir selbst irgendwas hinkriegen, natürlich sehr klein ist. Obwohl es jetzt wirklich nötig wäre, sich zu solidarisieren! Und da muss ich wieder dasselbe sagen, denn ich glaube, dass das wieder passieren wird: Die wirkliche, sinnliche Erfahrung von Marktwirtschaft, wie sozial auch immer, muss erst gemacht werden, die ist noch gar nicht da. Sonst wäre das Wahlergebnis bei uns anders gewesen. Was unsere sozialen Maßnahmen wirklich bedeutet haben, werden die Leute erst wissen, wenn sie auf der Straße liegen. Die haben uns doch nicht mehr geglaubt, und das war auch berechtigt – selbst ich habe den Zeitungen zum Schluss nicht mal mehr die Wahrheit geglaubt und viele eben vorher schon nicht mehr. Wenn so viel über Arbeitslosigkeit im Westen gequatscht und das selten mit Tiefe gemacht wird, die Leute sich auch selten ein eigenes Bild davon machen konnten, musste natürlich der Eindruck die Oberhand gewinnen: Was reden die

* VEB Narva Kombinat Berliner Glühlampenwerk.

denn immer? Die haben doch so eine hohe Arbeitslosenunterstützung, dass sie ohne zu arbeiten besser leben als wir! Und wenn du das mit den niedrigen Löhnen, die wir gehabt haben, einfach aufrechnest, ist das auch einleuchtend, und die Rechnung, was nun von den Löhnen nach Abzug von Steuern, Miete und so übrig bleibt, machst du ja nicht, wenn du das nicht lebst.

Und das ist im großen Bereich nicht anders als in unserem. Insofern stehen wir als aktives Häuflein im Moment ziemlich alleine da und sagen uns: »Mensch, wir brauchen das und vor allem auch mehr, die mitmachen, denn irgendein gemeinnütziger Verein, der so ein paar Hansel aufweisen kann, zählt ja nichts.« Aber der Zusammenschluss wirklich vieler Künstler, die ähnliche soziale Probleme haben oder kriegen, ist gerade sehr schwer zu erreichen, weil erst mal alle die Nase voll haben von dieser Einheitssoße. Große Zusammenschlüsse wollen die Menschen in diesem Land im Moment nicht, weil wir vierzig Jahre lang immer an große Zusammenschlüsse gewöhnt waren. Es gibt auch einen verdrängten Hang zum Individualismus, der ja bei uns immer so was wie ein Schimpfwort war. Alle mussten immer in die FDJ, sonst haben sie keinen Studienplatz gekriegt, und jetzt will man endlich mal alleine! Und vielleicht kann man dann mal sehen, ob man nicht vielleicht auch alleine irgendwo bei einer Plattenfirma landet … Das sind natürlich unheimliche Trugschlüsse, aber wie groß die Konkurrenz ist, haben wir ebenfalls nicht gelernt.

Wie sind denn beim Stichwort »Platte« deine persönlichen Pläne?
Wir haben die Zusage von Litera, unserer DDR-Literaturplattenfirma – die sollen, glaube ich, noch existieren; Amiga hat sich ja bereits aufkaufen lassen. Litera will unsere Bachmann-Fried-Platte machen, aber das ist lange im Gespräch.* Die Zusage haben wir im Januar bekommen, Produktionszeitraum ist 3. bis 12. Juli, und damit fängt es nun an. Natürlich weiß Litera nicht mehr, ob sie ab dem 1. Juli überhaupt noch eine Mark hat. Und natürlich wird das keine Bestsellerplatte – wer interessiert sich für Bachmann-Fried?

* Die Bachmann-Fried-Platte wurde nicht realisiert. Bei Nebelhorn veröffentlichte Gina Pietsch dann 1991 die Brecht-CD Alles wandelt sich.

Das sind Spezis, und weil das mit Jazz und freier improvisatorischer Musik gemacht ist, interessieren sich noch ein paar mehr, aber das sind dann wirklich intellektuelle, vornehmlich linksintellektuelle Kreise, die keine großen Käuferzahlen machen. Litera hätte sich das leisten können. Wenn die aber jetzt sagen, sie hätten es gerne gemacht, haben aber keine Mark mehr, weiß ich nicht, ob wir danach noch irgendeine Firma finden, die das wenigstens produziert. Selbst wenn wir sagen, dass wir für den Vertrieb selber sorgen wollen, die Platte nach den Vorstellungen verkaufen. Das würde ich natürlich gerne haben, aber ob es klappt, weiß ich nicht.

Wir haben jetzt sehr viel über Politik und Inhalte gesprochen. Welche Rolle aber spielt für dich in dem, was du machst, Musik?
Ohne Musik läuft bei mir überhaupt nichts. Auch wenn ich Theaterformen benutzt habe, habe ich die immer mit Musik in Verbindung gebracht, meist mit einer Art Musik, die entweder aus dem E-Bereich oder vom Jazz her kam. Oder kommt: Ich mache vier meiner acht laufenden Dinge mit Jazzern zusammen. Allerdings mit solchen wie Hannes Zerbe, die immer zweigleisig oder gemischt unterwegs sind, die Einflüsse von der modernen E-Musik und vom modernen Jazz haben – das ist eine Strecke, die mir sehr gefällt und liegt und mit meinen inhaltlichen und interpretatorischen Konzepten gut zusammenpasst. Ich habe mich auf anderen Ebenen im Prinzip nicht ausprobiert, habe nie Rockmusik gemacht und würde mir das auch nicht zutrauen. Pop würde ich mir schon gar nicht zutrauen, dazu hätte ich allerdings auch keine Lust. Auf Rock habe ich schon manchmal Lust, aber ich habe immer eine zu große Ehrfurcht davor gehabt, dachte: Das kannst du nicht, das lässt du mal lieber. Ich bin auch keine Jazzsängerin. Mich interessiert die Kombination von Literatur und Jazz, und da habe ich glücklicherweise eigentlich immer Partner gefunden, die das auch interessierte. Aber das sind alles Sachen, die insgesamt für einen sehr kleinen Publikumskreis gedacht sind. Wobei, was heißt »gedacht sind«, also den es letztendlich interessieren wird. Da mache ich mir keine Illusionen. Aber da ich auch nichts anderes machen will, muss ich damit leben.

Und wie sieht es – als letzte Frage – mit deinem persönlichen Musikgeschmack aus? Wenn du dir mal was auflegst, nur um Musik zu hören …
Mozart steht da ganz weit vorne. *Lost In The Stars* interessiert mich auch – aber erst in letzter Zeit, das ist bei uns gerade erst rausgekommen, bei euch ja schon sehr viele Jahre früher. Mich interessiert, wie solche großen Leute, die viele Massen gekriegt haben, sich mit so was Speziellem beschäftigen. Da bin ich auch ein großer Fan von Sting, nicht nur seiner Brecht-Sachen. Als ich das erste Mal *Nothing Like The Sun* gehört habe und feststellte, dass er mit dem Lied »An den kleinen Radioapparat« aufhört … – das ist zum Beispiel jetzt unsere Zugabe, als Eloge an Sting singe ich »An den kleinen Radioapparat« auf Englisch. Ich finde es unheimlich mutig und toll, dass er sich das leistet, einfach dieses Lied mit nichts weiter als einem Klavier zu machen. Das finde ich ziemlich bedeutend. Tom Waits mag ich sehr, ansonsten stehe ich auf Schubert … Wobei, eigentlich Mozart, die Opern und überhaupt alles. Ich bin kein besonderer Beethoven-Verehrer, aber ich glaube, zwischen Mozart und Beethoven scheiden sich die Geister ähnlich, wie sie sich zwischen Beatles und Stones geschieden haben. Eine Zeit lang habe ich sehr viel Rockmusik gehört, besonders in der Zeit, als ich viel mit dem Radio zu tun hatte. Da kannte ich auch alles Mögliche, aber das ist inzwischen ein bisschen abgeflaut. Ich höre relativ wenig Radio, obwohl meine Tochter ein Volontariat im Jugendradio macht. Frank Zappa liebe ich sehr, und an der Auswahl kannst du sehen, dass bei mir alles ein bisschen mit Kopf zu tun hat. Ich mag auch Astor Piazzolla oder solche Leute und Franz Josef Degenhardt – das hat allerdings persönliche Gründe. Von dem habe ich alles, weil ich mit ihm seit vierundsiebzig befreundet bin. Und sosehr ich zum Beispiel auch Konstantin Wecker liebe – von ihm habe ich eine Zeit lang alles gehört –, ist es doch so, dass Degenhardt für mich schon immer wichtig war, weil das für mich eine Weiterführung des Brecht'schen ist. Den Existenzialismus von Wecker hatte Degenhardt schon in der frühesten Phase überwunden und ist vom Gedanklichen her weitergegangen. Das war mir schon wichtig, und dessen Werk ist ja beinahe ein besseres Geschichtsbuch der Entwicklung der Linken in der Bundesrepublik, als es großartige Kompositionen sind – und genau deshalb hat es mich interessiert. Aber auch, weil das Privileg des sehr

frühzeitigen Reisenkönnens, weswegen ich mich jetzt nicht mehr schämen muss – das war meine größte Freude am 9. November –, natürlich mit sich gebracht hat, dass ich sie zum Beispiel besser verstehe, als sie viele andere bei uns verstanden haben. Ansonsten bin ich offen – was gut ist, höre ich mir gerne an. Aber wenn ich in meinen Plattenschrank greife, sind es halt meistens solche Sachen.

Jens Quandt

Berlin, 3. Mai 1990

Vielleicht sollten wir bei dem Stichwort Oktoberklub anfangen. Das ist einerseits eine traditionsreiche Institution, die die Singebewegung in der DDR in Gang gesetzt hat, aber andererseits auch ein Verein, der belastet ist, weil er letztendlich – zumindest im offiziellen Rahmen – eigentlich immer die offizielle Linie nach außen mit vertreten hat. Wo würdest du insofern heute den Standort des Oktoberklubs sehen, sowohl den musikalischen als auch den inhaltlichen?
Da müsste ich vielleicht ein bisschen ausholen. Am einfachsten ist sicherlich die Frage zu beantworten, wo wir uns musikalisch befinden. *(lacht)* Das hängt mit der Tradition der Singebewegung in diesem Land generell zusammen. In die Singebewegung sind verschiedenste Musizierformen, Genres eingegangen, das ging ja bis hin zum Liedtheater, wie es beispielsweise Karls Enkel über viele Jahre betrieben haben. Insofern hat auch die Singebewegung sämtliche Stilistik, die irgendwie zur Verfügung stand, genutzt, bis hin zu Rockmusik. Von daher hat auch der Begriff der Singebewegung für mich die letzten Jahre schon überhaupt nicht mehr gestimmt, das ist einfach politisches Lied, engagiertes Lied. Zurzeit befinden wir uns mehr in Richtung, na sagen wir mal vorsichtig: Rock. Es hängt einfach damit zusammen, dass sich die Hörgewohnheiten geändert haben. Heute ist es schwer, in dem Stil aus der Anfangszeit der Singebewegung mit zwei Gitarren und dann irgendwelchen Liedern, die von zwanzig Leuten gesungen wurden, jemanden hinterm Ofen hervorzulocken. Da spielen die Medien natürlich eine ganz große Rolle. Wenn man noch gehört werden will, ist man irgendwo doch gezwungen, neues Equipment einzusetzen, sodass wir also im Moment mit Synthesizer und E-Gitarre arbeiten. Das bedeutet nicht, dass wir das Lied im herkömmlichen Sinn nicht mehr pflegen.

Ich gehöre der mittlerweile dritten Generation an, die sich im Oktoberklub befindet. Daher habe ich ein doch kritischeres Verhältnis zur Vergangenheit als zum Beispiel die erste Generation. Das Problem ist sicherlich, inwieweit man sich mit der Geschichte identifiziert. Kann man sich überhaupt von Geschichte trennen und sagen: Das gehört zu mir und das nicht!? Den Fehler haben wir ja schon mal in der Geschichte gemacht, als beispielsweise von der SED behauptet wurde, dass nur die revolutionären Traditionen der Arbeiterbewegung in dieser Partei fortleben. Ich halte das für Blödsinn, und sicherlich ist so etwas auch in Bezug auf den Oktoberklub nicht möglich. Auch wenn man mit Blick auf die Siebziger-, beginnenden Achtzigerjahre, die sicherlich sehr umstritten sind und wo doch sehr viel Hymnus gefragt war und gegeben wurde vonseiten des Klubs, wenn man da sagte: Damit identifiziere ich mich nicht! Ist sicherlich möglich, aber irgendwo trägt man es doch mit, auch wenn man erst später in den Klub eingetreten ist. Andererseits glaube ich, dass vieles, was in der Geschichte des Klubs gemacht wurde, aus Überzeugung heraus passiert ist, aus dem Glauben heraus, das Richtige zu tun. Und jeder, der ehrlich mit sich selber umgeht, wird sich eingestehen müssen, dass so manche mutige Tat der Vergangenheit heute nur noch lächerlich wirkt. Das ist aber, glaube ich, ganz normal. Also, sobald man den Blickwinkel ändert, kommen neue Aspekte hinzu, und insofern sind wir alle – alle DDR-Bürger – Kinder dieses Landes und dadurch geprägt, ob man es wahrhaben will oder nicht. Und ich glaube, das wird sich perspektivisch noch zeigen, dass, auch wenn man dieses Land vollständig abgelehnt hat, sich irgendwo was im Körper festgehakt hat.

Es gab mal vor einigen Jahren einen Aufkleber, auf dem stand: »Fünfunddreißig Jahre DDR, davon siebzehn ohne Oktoberklub.« Ich glaube, das macht deutlich, in welcher Widersprüchlichkeit sich der Klub immer befunden hat, und in den letzten Jahren zunehmend, insofern als wir uns gerade in den letzten beiden Jahren in diesem Widerspruch zwischen der »von oben« gewünschten Richtung und andererseits dem Wissen befanden, dass es eben so nicht mehr geht. Und dieser Widerspruch hat uns dann eigentlich auch produktiv gemacht. Das eigentliche Problem des Klubs zurzeit ist, dass die breite Öffentlichkeit – auch dank der Medienpolitik der letzten Jahre – ein verzerrtes Bild des Oktoberklubs hat. Die Leute, die in den Veranstaltungen waren, auch während der Festivals des politischen Liedes in den letzten Jahren, haben ein differenzierteres Bild. Für uns ist es nun natürlich unheimlich kompliziert, man müsste eigentlich vor jedem Auftritt eine halbe Stunde erklären, woher wir kommen, wer wir sind und was uns eigentlich bewogen hat, in diesem Klub zu arbeiten. Und das ist ganz schön anstrengend auf die Dauer. Wir wissen perspektivisch noch nicht, wie wir diesen Widerspruch lösen werden, ob wir beispielsweise den Klub auflösen. Wir haben in den Herbsttagen, als diese ganzen Ereignisse hier im Land abliefen, überlegt, ob wir uns umbenennen. Das erste Mal haben wir gesagt: Nee, es ist wieder Oktober oder November – also ein weiterer Grund, Oktoberklub zu bleiben. Mittlerweile sind wir wieder dabei zu überlegen. Wie das Ganze ausgehen wird, kann ich im Moment noch nicht sagen. Es hängt damit zusammen, dass wir ein neues Konzept künstlerischer Art angehen. Inwieweit das dann mit dem alten Namen noch zusammenpasst, wird sich zeigen.

Wird denn neben dieser Debatte eigentlich noch an einem der Punkte gearbeitet, weshalb es den Klub überhaupt gibt, also an Musik? Kommt man da überhaupt noch zu?
Also, im Moment ist es so, dass wir eigentlich von dem zehren, was wir zum Festival gemacht haben. Das war für uns immer der jährliche Höhepunkt, das Festival des politischen Liedes, und das, was wir dieses Jahr an Material hatten, reicht zurzeit noch aus, es ist noch nicht von der Zeit eingeholt. Wir wollen uns jetzt, wenn die Mai-Feierlichkeiten vorbei sind und der Sommer heranrückt, in uns selber verkriechen, neues Textmaterial erarbeiten, recherchieren, Musik machen, vielleicht auch mal eine neue Variante probieren. Im Hinblick auf die Musik ist es oft so gewesen, dass zuerst der Text da war und dann die Musik entstanden ist, vielleicht werden wir jetzt also einfach mal Musiken schreiben. Es gibt bei uns aber auch Texter, die auf Musiken texten – Gerhard Gundermann ist zum Beispiel einer, der das sehr gut kann. Wir haben ja mit Gundi schon in der Vergangenheit zusammengearbeitet und haben da auch nicht die Probleme, zumal die Leute, die politisches Lied machen, immer noch dieselben sind, bloß eben unter veränderten Bedingungen.

Wo siehst du denn als Mitglied der Gruppe jetzt die Dinge, bei denen du sagen würdest, das könnte Bestandteil einer neuen Selbstfindung oder inhaltlichen Aufgabenstellung sein?
Wir haben es gerade jetzt zum 1. Mai erlebt, als wir in Hannover aufgetreten sind – »Einhundert Jahre 1. Mai«. Nicht so, wie man das in der Bundesrepublik in den letzten Jahren meistens erlebt hat, also diese Art der Mai-Feierlichkeiten mit DGB-Chören und so, sondern aus den Traditionen heraus, die sich bei uns mit dem politischen Lied entwickelt haben, nämlich wirklich eigene Lieder zu schaffen. Das ist auf große Resonanz gestoßen und ein Stück Kultur, das in dieser Art und Weise in der Bundesrepublik nicht existiert, auch vom Grad der Professionalität her. Wir sind ja Amateure, muss man immer wieder sagen, machen das in der Freizeit, und da sieht es in der Bundesrepublik, glaube ich, derzeit nicht so gut aus. Darin könnten die Möglichkeiten des Oktoberklubs, aber auch anderer Gruppen generell liegen, die sich hier über die Jahre profiliert und entwickelt haben.

Gut, das ist es vielleicht noch nicht so ganz. Wo könnte sonst noch diesem aus Amateuren bestehenden, aber professionell arbeitenden Oktoberklub eine Aufgabe zuwachsen? In welchen Bereichen müsste er aktiv werden aus deiner Sicht? Was würdest du gerne machen?
Die Motivation dieser Gruppen generell und auch des Oktoberklubs ist ja immer eine politische gewesen. Es gab mal diesen Slogan »DDR konkret«, unter dem diese ganzen Lieder standen, und ich glaube, dass es auch in Zukunft genügend Sachen geben wird, woran sich die Leute stoßen werden. Es wird immer verbesserungswürdige Dinge in einer Gesellschaft geben, die mit dem politischen Lied widergespiegelt werden können. Wir haben das sehr stark trainiert – also in Widersprüchlichkeiten zu leben und sie künstlerisch umzusetzen. Da tun sich in Zukunft neue Räume auf. Ich glaube nicht, dass der Bedarf an politischem Lied geringer werden wird. Im Moment steht es um das Bedürfnis nach Kunst hier generell schlecht – alles ist leer. Aber perspektivisch wird das, glaube ich, wieder eine Rolle spielen.

Als Oktoberklub, der selber über viele Jahre Mitveranstalter des Festivals des politischen Liedes gewesen ist, da dieses sich ja mal aus einer Geburtstagsfeier des Klubs heraus entwickelt hat, sind wir im Moment auch dabei, zu überlegen, ob man so ein Festival überhaupt noch machen kann. In der Art und Weise wie bisher sowieso nicht, zumal sämtliche Verbindungen zu ehemaligen Trägern abhandengekommen sind. Bei der FDJ geht es ja bis hin zu dem Punkt, wie lange es die überhaupt noch geben wird – so wie die Mitgliederzahl geschrumpft ist. Das Festival wird im Moment auf ehrenamtlicher Basis organisiert, aus welchem Grund wir nach der diesjährigen, zwanzigsten Ausgabe eine Fördervereinigung für ein progressives Kulturfestival Berlin e. V. gegründet haben. Mittlerweile sind circa dreihundertfünfzig Leute Mitglied in diesem Verein – das ist eigentlich für das, was wir anstreben, schon nicht wenig, bis hin zu internationaler Beteiligung. Wir haben das erst mal als Arbeitstitel genommen, weil wir noch nicht genau wissen, wie das neue Festival aussehen soll. Im Moment gibt es Überlegungen, es nicht mehr im Februar zu machen, sondern es eher in einen wärmeren Monat zu verlegen, um dann auch Sachen im Freien machen zu können. Und es ist eigentlich erstmals, so hoffen wir, die Chance gegeben, das Ganze als eine kommunale Sache zu begreifen, die von unten wächst und auch unten bleibt, also nicht wieder einen Zugriff restriktiver Art von staatlicher Seite erfährt. Es wird sich zeigen, ob das perspektivisch machbar ist. Darin, das, aufgrund der Erfahrung, die wir über viele Jahre haben, mit zu befördern, sehen wir eine große Aufgabe.

Du hast auf der Pressekonferenz im Februar gesagt, was auch noch anstünde für das Festival, wäre eigentlich die Aufarbeitung der nicht gesungenen Lieder. Ist das jetzt schon ad acta gelegt, oder kümmert sich da noch jemand drum?
Eine Idee für das nächste Festival wäre beispielsweise, vielleicht doch das zustande zu bringen, was aufgrund von unterschiedlichen Meinungen über das Festival bisher nicht zustande gekommen ist. Wenn ich an die Diskussionen unter den Liedermachern denke, ob man nun teilnehmen sollte oder nicht, bis hin zur Position von Bettina Wegner, die wir geteilt haben, aber aufgrund der Verhältnisse im Kulturministerium auch nicht ändern konnten, glaube ich schon, dass es vielleicht doch möglich wäre, im Jahr 1991 ein solches

»Liedermacher-Happening« *(lacht)* zu machen, das eigentlich das aufarbeitet, was unter dem Titel »Verlorene Lieder, verlorene Zeiten« mal stattfinden sollte. Natürlich muss man dann noch mal prüfen, ob das die Leute bewegt und interessiert – es ist ja jetzt schon kompliziert, über Sachen zu referieren, die vierzehn Tage zurückliegen. Das interessiert die Leute schon nicht mehr. Aber vielleicht ist bei einigen doch das Bedürfnis da, sich mit der Vergangenheit auseinanderzusetzen. Im Moment findet ja eigentlich nur eine Verdrängung statt, nach dem Motto: »Das ist alles nicht gewesen, und damit wollen wir nichts zu tun haben!« Ich glaube aber, dass das irgendwann doch wieder hochsteigen wird, und dann muss man sich damit neu auseinandersetzen. Ich zumindest würde es für sehr wichtig halten.

Bei den Gesprächen, die ich geführt habe, bekommt man bei vielen Leuten, die als Liedermacher oder Sänger aktiv sind, so eine Mischung aus Frust und Hoffnung mit, weil sie auch noch nicht so recht wissen: Was bedeutet diese Veränderung für sie rein existenziell? Wie schätzt du da die Situation ein? Es gibt Leute von hier, die sagen: Achtzig Prozent der Liedermacherszene werden das bis zum Ende des Jahres nicht überleben …
Na ja, die Art, wie bei uns Kulturpolitik betrieben wurde, hatte positive und negative Seiten. Das Positive war sicherlich, dass sich unter bestimmten Voraussetzungen, die letztendlich nicht so eng waren, wie viele denken, ein breiter Kreis an Amateuren betätigen konnte und auch Leute professionell arbeiten konnten, ohne Existenzängste haben zu müssen. Es wurde subventioniert, und die rechtliche Absicherung war recht hoch. Unter marktwirtschaftlichen Bedingungen sieht das natürlich völlig anders aus. Was bleibt ist aber, glaube ich, dass die Leute, die wirklich was zu sagen haben, sich auch unter den neuen Bedingungen durchsetzen werden. In der Vergangenheit konnten sich auch viele Leute profilieren, die einfach nur Luft umgerührt haben, und das wird perspektivisch so nicht mehr möglich sein. Das ist das Gute daran. Und, lax gesagt, es haben natürlich auch von den Amateuren alle einen Beruf gelernt. Wir machen es auch deshalb in der Freizeit, weil wir wissen, dass wir davon nicht existieren könnten, einfach auch weil das Spektrum der Interessierten an dieser Art Kunst, allein schon von den Hörern, die sich

eventuell dafür interessieren, nicht mal fünf Prozent ausmacht. Davon leben zu wollen, ist insofern sehr schwer, das muss man sich sehr genau überlegen. Man muss wirklich ein Künstler sein, um das zu wollen.

Du hast vorhin gesagt, dass du der dritten Generation angehörst. Wie wird denn dieser Generationenwechsel intern diskutiert, findet da auch ein Austausch über diese Generationengrenze hinweg statt? Also in dem Sinn, dass du dich jetzt nicht nur mit deiner Dritte-Generation-Gruppe unterhältst, sondern auch mit jemandem sprichst, der von Anfang an dabei war?
Na ja, in diesem Klub sind über die Jahre über vierhundert Leute gewesen und darunter einige Namen, die ihre Spuren hinterlassen haben. Da sind eben auch Namen dabei, die lieber nicht hätten ihre Spuren hinterlassen sollen.

Zum Beispiel?
Hartmut König* ist für mich jemand, mit dem ich mich überhaupt nicht identifiziere. Schon vor der Wende nicht. Bereits da habe ich ein kritisches Verhältnis zu ihm gehabt, und nach dem, was er jetzt betreibt, erst recht. Insofern ist der Draht zu den Alten, sagen wir mal, sehr dünn. Es gibt zwei oder drei, die immer noch kommen, die aber auch in der Vergangenheit schon diejenigen gewesen sind, die sich kritisch mit ihrer Geschichte auseinandergesetzt haben. Zu denen sind die Beziehungen nach wie vor gut. Aber der Großteil ist wirklich aus den Augen, aus dem Sinn, was sicherlich auch bezeichnend ist.

Wie ist denn die Publikumsreaktion derzeit? Gut, Hannover, wo der Oktoberklub jüngst aufgetreten ist, war insofern sicher untypisch, weil da im Zweifelsfall auch Leute hinkommen, die einfach mal schauen wollen:

* Hartmut König ist ein ehemaliger Liedermacher und FDJ- und SED-Funktionär. Von 1966 bis 1973 war er Mitglied des Oktoberklubs.

Wie ist das denn? Da haben wir mal was von gehört oder so. Andere aus anderen politischen Verbundenheiten werden auch gucken wollen: Was machen die denn jetzt, wo wir auch nicht wissen, was wir machen? Aber da gibt es natürlich auch Bezugspunkte, die enger sind. Wenden sich die Leute, die über die Jahre immer wieder gekommen sind, insgesamt ab, weil man sowieso im Moment andere Probleme hat?
Beim 20. und letzten Festival des politischen Liedes waren wir sehr verunsichert. In der Veranstaltungsreihe »Vision Sozialismus« standen verschiedene DDR-Liedermacher und -Gruppen auf dem Programm. Diese Veranstaltungen erwiesen sich vom Publikumszuspruch her als problematisch. Das Erstaunliche für uns aber war: Unsere war knüppeldicke voll. Nun kann man darüber spekulieren, womit das zusammenhängt. Manche kamen vielleicht, um etwas zu haben, an das sie sich klammern können. Andere sicherlich auch mit der Frage: Was macht das »Flaggschiff« jetzt? Wendet es, oder wie verhält es sich? Unterm Strich aber ist, glaube ich, doch wieder der Effekt eingetreten, der uns wichtig ist, nämlich sich produktiv und kritisch zum Klub ins Verhältnis zu setzen. Wir sind ja nicht die Leute, die die Wahrheit in der Tasche haben, obwohl der Klub in den letzten Jahren oftmals diesen Verkündergestus hatte, gerade wenn man an die Eröffnungs- und Abschlussveranstaltungen beim Festival denkt. Das ist nicht der Anspruch. Ich glaube, man kann politisches Lied auch nur so begreifen, dass es ein Kommunikationsverhältnis ist zwischen dem Publikum und den Leuten, die auf der Bühne sind, ein Gedankenaustausch. Wobei das Privileg derjenigen auf der Bühne ist, die Einzigen zu sein, die in dem Moment sprechen. Aber irgendwo findet ja auch eine Auseinandersetzung im Nachhinein statt. Das Verrückte für uns in diesem Jahr war, dass wir unsere Veranstaltung im Rahmen des Festivals traditionell sonst immer in der Volksbühne hatten, wo vierhundert Leute im Parkett sitzen müssen, damit es voll und damit auch angenehm auf der Bühne ist und wir uns gefragt haben, ob wir das schaffen. Wir sind in den gelben Saal der Kongresshalle gegangen, wo eigentlich bloß ungefähr zweihundertfünfzig reinpassen. Da waren letztendlich dann aber auch so dreihundert, dreihundertfünfzig drin. Wie man das nun zu deuten hat, weiß ich nicht, aber im

Moment ist es immer noch voll. Ich hoffe auch, dass es so bleibt, aber das kann keiner abschätzen.

Kommen denn in dieser Umbruchsphase auch Leute, die sagen, da wollen wir mitmachen?
Das ist eigentlich die letzten Jahre sowieso schon nicht mehr so gewesen, zumal sich das Spektrum in der Singebewegung geändert hat. Das ist auch beispielsweise ein Vorwurf, der dem Klub gemacht wird. Der Oktoberklub war ja über viele Jahre der »Liedproduzent«. Was an Liedern in der *Jungen Welt* und anderswo gedruckt wurde, waren immer wieder Oktoberklub-Lieder. Und die Singeklubs an den Schulen »durften« die dann nachsingen. Obwohl das Selbstverständnis des Klubs nie darin lag, diese Art von »Hitlieferant« zu sein. Und wo in den letzten Jahren mit dem eingangs erwähnten Anspruch, dass veränderte Hörgewohnheiten auch einen anderen Umgang mit den Instrumenten erfordern, der Trend gekommen ist, klanglich anders zu arbeiten, ist das für viele in kleineren Klubs nicht mehr nachvollziehbar, und die sagen: Das können wir nicht mehr nachspielen. Insofern ist auch der Zugang, beispielsweise als Instrumentalist im Oktoberklub zu arbeiten, komplizierter geworden. Und daher erklärt sich wahrscheinlich auch, dass der Zuspruch oder die Nachfrage von Leuten nicht mehr so groß ist. Natürlich aber auch aus politischer Sicht, das will ich überhaupt nicht abstreiten. Dass der Klub irgendwo auch in Misskredit steht, ist völlig normal.

Vielleicht noch eine persönliche Frage: Was hat dich denn bewogen, da hinzugehen?
Ich bin eines von den Beispielen von jemandem, der nicht hingegangen ist, sondern angesprochen wurde. Das ist mittlerweile drei Jahre her und hing damit zusammen, dass der damalige künstlerische Leiter des Klubs, Fred Krüger, rausgegangen ist und deshalb ein Instrumentalist fehlte. Es ging um Gitarre und Klavier. Ich wurde damals vor den Klubrat zitiert. Das waren noch so autoritäre Strukturen – früher gab es sogar eine sogenannte Kandidatenzeit. Das war eigentlich ähnlich den Parteistrukturen, dass man sich bewähren musste. Ich hab mir das angeguckt und gesagt: Also, ich gehe da

sehr skeptisch ran. Ich kam eben auch von außen mit diesem Bild: Oktoberklub und die Privilegierten da oben. Und nach einem halben Jahr hatte ich die Nase voll. Es war das erste Festival für mich, und ich merkte, dass textlich Kompromisse gemacht wurden, als kurz vor der Veranstaltung noch ein Lied von Hartmut König geerdet und nicht gespielt wurde. Da habe ich gesagt: Das ist nicht meins. Wenn man hundert Prozent reinsteckt, dann möchte man wenigstens achtzig Prozent wieder rauskriegen und nicht bloß vierzig oder gar nix. Und dann passierte es, dass der letzte Rest der Älteren rausgegangen ist und die Jüngeren sich mit einem Mal in der Situation wiederfanden, selbst ans Ruder zu gelangen, und dann gesagt wurde: Na, dann macht doch mal! Immer bloß die großen Sprüche, bietet doch mal an! Wir versuchen nun seit zweieinhalb Jahren was anzubieten. *(lacht)* Es ist schwierig, sowohl innerhalb des Klubs als auch nach außen, aber noch macht es Spaß. *(lacht)*

Wie setzt sich denn das Ganze im Moment zahlenmäßig zusammen?
Im Moment sind wir dreizehn Leute, wobei wir uns da im Klub auch streiten. Ich bin der Meinung, dass man die Sache personell noch mal überdenken muss, also, mit einem solchen Riesenapparat zu agieren. Zumal wir uns bestimmte Sachen als Luxus leisten, wie beispielsweise einen Verantwortlichen für Management. Das, was wir im Moment an Management zu bewältigen haben, können wir allein aus dem Klub heraus leisten, da brauchen wir nicht noch jemanden extra für. Solche Sachen also, die man unter marktwirtschaftlichen Bedingungen noch mal neu durchdenken muss, sind im Moment im Gespräch. Das Durchschnittsalter liegt derzeit bei knapp über dreißig – ich bin der Zweitjüngste *(lacht)*, und das geht bis hin zu unserem Oldie Peter Porsch, der im nächsten Jahr fünfzig wird. Das macht deutlich, welche Spannungen allein von den Generationen her im Klub existieren – Peter zählt nicht zu den Gründungsmitgliedern, hat aber über viele Jahre als Sänger das Profil mitbestimmt. Ich will seine Meinung nicht missen, aber es verhält sich zu dem, was an neuen Ideen kommt, manchmal doch etwas problematisch. Die Frage ist, ob man diesen Widerspruch beibehält, um produktiv zu sein. Da sind wir gemeinsam am Überlegen.

Noch eine letzte Frage in Richtung Bundesrepublik. Womit, glaubst du, könnt ihr als Oktoberklub auch einem Publikum in der Bundesrepublik etwas sagen? Wenn man mal vom klassischen Publikum bei Veranstaltungen wie solchen der Friedensbewegung oder des DGB absieht, wo sich das ja oft auf das Ereignis reduziert. Wenn du einfach überlegst: Ihr macht was und geht auf Tournee. Wie könnt ihr euch mitteilen?
Das Problem der Liedszene generell ist im Moment, sich in die neue, kommende Situation hineinzufinden. Das Wissen um die Art und Weise des Umgangs auf künstlerische Art mit Problemen ist da. Aber die Probleme, die kommen, sind neue. Da muss man sich erst mal einen Zugang erarbeiten. Bürgerliche Demokratie ist für uns zum Beispiel eine völlig neue Erfahrung, und man muss das erst mal erleben, bevor man sich damit künstlerisch auseinandersetzen kann. Und das bedarf, glaube ich, noch des Sommers. Wir konnten in der Vergangenheit auch schon reisen, haben aber alles nur als Gast erlebt, und vieles wurde uns andererseits auch wieder vorgegaukelt drüben, sodass man eigentlich jetzt erst richtig erfährt, wie die Strukturen sind. Wenn wir die gecheckt haben, besteht auch wieder die Möglichkeit, sich künstlerisch mit diesen Sachen auseinanderzusetzen. Deshalb sagte ich auch eingangs, dass die Zeiten für politisches Lied wieder besser werden. Gerade auch, weil sich auf dem Gebiet der DDR irgendwo doch eine eigene kulturelle Identität entwickelt hat. Die Menschen werden sich daran orientieren, wie die eigenen Leute die neuen Verhältnisse verarbeiten, sodass dann dafür auch das Publikum vorhanden sein wird.

Jens Quandt

Berlin, 8. Mai 1991

Ich erinnere mich, als wir uns im vergangenen Jahr unterhalten haben – bei der Pressekonferenz nach dem Festival des politischen Liedes im Februar und dann noch einmal im Mai 1990 –, dass du gesagt hast, dass es im letzten Jahr nicht ging, was die Aufarbeitung der vergangenen zwanzig Jahre Festival des politischen Liedes mit allen Kontroversen, der Rolle der FDJ, des Oktoberklubs und all dies anging. Jedoch auch, dass man das aber machen müsse und man eigentlich auch schon angefangen habe. Diese Nahtstelle zwischen Vergangenheit und Zukunft wird zwar von euch benannt, aber ich sehe es nicht im Programm des Zwischenwelt-Festivals an diesem Wochenende.

Die Grenzöffnung war ja kurz vorher, und wenn es darum geht, dass diese Aufarbeitung nicht stattgefunden hat, dann hing das auch damit zusammen, dass die Möglichkeiten dafür – historisch gesehen – nicht gegeben waren, auch rein zeitlich. Jetzt hatten wir Zeit, und als wir uns darum gekümmert haben, dieses Festival konzeptionell neu zu durchdenken, haben wir zunächst Aufarbeitung betrieben. Wir haben dieses Jahr dafür genutzt, uns erst mal selber aufzuarbeiten und zu ordnen. Das ist sicherlich in dem Sinne keine öffentliche Aufarbeitung, aber vielleicht für jeden Einzelnen die wichtigere, denn viele Leute verdrängen im Moment in diesem Land ihre Vergangenheit. Insofern ist dieses Festival, das jetzt ZwischenWelt-Festival heißt, auch eine Art Zwischenfestival zwischen zwanzig Jahren Festival des politischen Liedes und dem, was im nächsten Jahr stattfinden wird. Und sofern langfristig ordentlich Gelder vorhanden sind, ist es auch ein Festival zwischen zwei Festivals, wo sich zeigen wird, ob das, was wir an konzeptionellen Ideen vor einem Jahr entwickelt haben und was wir ansatzweise in diesem Jahr schaffen, tragfähig ist für ein künftiges Festival.

Und was die Aufarbeitung ebenfalls betrifft, glaube ich, dass es nicht nur um die Leute geht, die das Festival gemacht haben, sondern auch um die, die dorthin gegangen sind. Wir würden uns freuen, wenn diese Leute auch jetzt wieder zum Festival kommen. Das ist, denke ich, ebenfalls ein Stück gemeinsamer Aufarbeitung, wenn man bei diesem Wort bleiben will.

Wo würdest du denn – auch in deiner Rolle als Musiker, Stichwort Oktoberklub – die Zukunft sehen für so ein neues Festival? Was sind die Punkte, wo du sagen würdest, hier kann auch eine neue Traditionslinie geboren werden? Festivals gibt es eine ganze Menge, die musikalisch attraktiv sind und wo auch der eine oder andere Musiker mal ein inhaltliches Wort sagt, aber das ist ja nicht das, was ihr wollt, der Anspruch ist schon ein anderer.

Ja, das ist eigentlich das, was mich in den letzten Jahren zunehmend gestört hat beim Festival des politischen Liedes, nennen wir es mal vorsichtig einen gewissen Trend zur Kommerzialisierung. Die Halle musste groß sein, es mussten viele Menschen rein, und eigentlich war es nur noch Darbietungskunst. Und ein Star musste dabei sein. Ich finde es viel spannender, wenn eine direkte Kommunikation mit dem Publikum stattfindet. Es gibt natürlich auch Stars, die diese Kommunikation in ihren Veranstaltungen machen – Herman van Veen zum Beispiel ist ein äußerst kommunikativer Künstler. Aber es gab auch viele Sachen, die einfach nur abgefackelt wurden, sage ich jetzt mal. Ich halte es eigentlich für das Wichtige und auch für einen Ansatz für ein zukünftiges Festival, was sich mit diesem trockenen Wort »Kommunikation« verbindet. Das Haus der jungen Talente ist während des letzten Festivals ein Schmelztiegel gewesen für Kommunikation, aber eben unter Ausschluss der Öffentlichkeit, und wir möchten gerne, dass der normale Besucher mit dem Künstler auf dem Gang reden kann und ihn nicht nur auf der Bühne erlebt. Ich glaube, das ist, was die Besonderheit des Festivals perspektivisch ausmachen könnte – sicher nur ein Splitter, aber ein sehr wesentlicher, meiner Meinung nach.

Eine Frage noch zur öffentlichen Unterstützung des Festivals, weil ja gerade im Bereich der Kultur jetzt nicht wirklich Aufbau angesagt ist. Wie würdest du die Zusammenarbeit mit den öffentlichen Stellen, die sich um Kultur kümmern müssten, bezeichnen? Ist das hoffnungsvoll für spätere Zeiten?

Es ist ja für uns auch Neuland. Früher gab es den großen Klops, damit war alles gesichert und alles klar. Ich habe in dieser Zeit, in der ich mich damit beschäftigt habe, festgestellt, dass es schon Töpfe und Möglichkeiten gibt. Aber eine neue Erfahrung für uns ist, dass man Klinken putzen gehen muss. Für kulturelle Projekte dieser Größenordnung ist es aber hinderlich, wenn man das tun muss. Und in Bezug auf den Senat: Der Berliner Senator ist auch arm dran, weil er kein Geld hat, und würde diese Sachen sicherlich gerne unterstützen – da ist einfach die Politik gefragt. Insofern glaube ich, dass sich da grundlegend etwas ändern muss. In Berlin ist es ja so, dass noch ganz andere Dinge auf dem Spiel stehen, was öffentliche Einrichtungen betrifft – Theater und so weiter. Also noch einmal: So geht es nicht! Das ist Fakt. Wir haben bei diesem Festival sehr viel Unterstützung von Einzelspendern erfahren und haben ein Spendenkonto beim Senat einrichten können. Das war eine ganz wichtige Sache für uns, auch zu spüren, dass die Leute Interesse an diesem Festival haben. Einzelne Initiativen, Organisationen und Hochschulgruppen unterstützen uns. Aber ich möchte davor warnen zu sagen: »Es hat ja stattgefunden. Es hat geklappt. Alles wird gut. Irgendwie haben sie es doch geschafft.« Das ist ein Trugschluss. Unter diesen Bedingungen wird dieses Festival im nächsten Jahr nicht mehr stattfinden, das kann ich garantieren.

Arno Schmidt

Berlin, 3. Mai 1990

»Jetzt oder nie« – was verbirgt sich dahinter?

Das ist im Grunde genommen zwei Jahre alt, und damals hat keiner auf uns gehört. Ursprünglich war es so eine Art Wetterleuchten für die späteren Oktobertage, der Versuch, sich ein bisschen in, wie es damals so schön hieß, die Entwicklung zwischen Kontinuität und Erneuerung einzumischen. Das »Jetzt-oder-nie«-Programm war ziemlich auf tagespolitische Ereignisse zugeschnitten und hatte sicherlich auch ein bisschen eine Presse-Ersatzfunktion. Zu seinem Entstehungszeitraum war es für uns relativ einfaches Arbeiten – was das Publikum, nicht was die finanziellen und politischen Umstände betrifft. Jeder hatte so einen »Der-traut-sich-was«-Bonus, wenn er sich was getraut hat, damit war das relativ einfach. Derzeit arbeiten wir an einem neuen Programm, das »Rote Göttin« heißen wird und im Herbst auf Tour gehen soll. In der Zwischenzeit halten wir uns, wenn man so will, mit einer modifizierten Variante von »Jetzt oder nie« über Wasser.

Hättest du Beispiele für dieses Programm?

Damals haben wir ein Lied gesungen, das »Dann brauchst du Licht« hieß, nach dem Motto: »Wenn man dich zur Wahl ruft, aber wählen kannst du nicht, dann brauchst du Licht!« Das war praktisch ein bisschen auf Glasnost zugeschnitten. Oder ein Titel war »So ungefähr«, der schon vom ersten Programm »Aber fliegen« übernommen war, weil das so ein bisschen alltägliche linke Utopien behandelte. Das singen wir immer noch, weil es weiter führt als dieses besoffene Quatschen: Eins zu eins oder nicht eins zu eins. Das kann ja nicht alles gewesen sein, dass man sagt, die ganze Situation sei jetzt sehr irreal. Im Grunde genommen ging es uns darum, die Leute zu motivieren, ein Stück weit Mut zu machen, dass man sich einbringen kann, weg von dieser typischen DDR-Mentalität, die da lautete: Ich habe es mal probiert, aber man lässt mich nicht, und deshalb lasse ich es jetzt lieber gleich sein. Einen Titel habe ich gehabt, der hieß »Der Mittelmann«, worin aus unserer Sicht typisches DDR-Verhalten beschrieben wurde. Eine Kernzeile war: »Er war immer ein liebes Kind, alles wunderbar, alles prima, im Kindergarten nie aufgefallen und auch sonst alles gut, nur eine Ausnahme gab es, er hatte ein falsches Wort in der Schule gesagt, da musste er drei Tage in der Ecke sitzen und danach fiel er nie wieder auf.« Es ging also um dieses Reglementierungssystem. Im Grunde genommen haben wir ein linkes Denkangebot gemacht, versucht, Anregungen zu geben, Dinge zur Diskussion zu stellen, Vorschläge zu machen, was lebenswertes Leben ist, dass man sich eben nicht von diesem ganzen Muff ertränken lässt. Insofern ist das eigentlich nicht viel anders geworden, der Muff ist ja geblieben. Leider.

Du schreibst deine Sachen nicht selbst, sondern bist der Interpret. In welcher Form der Abstimmung geht das vor sich? Du wartest ja sicher nicht darauf, dass jemand sagt: »Hier sind die heißen Texte!«, sondern hast wahrscheinlich deine Wünsche und Bedürfnisse, was du da hineininterpretieren willst.

Die Hoffnung habe ich nie gehabt, dass etwas funktionieren könnte nach dem Motto: Ich komme jetzt mit den hehren Gedanken, und jemand anders schmiedet schnell mal die Verse dazu. Für meine Begriffe würde da bloß Müll rauskommen. Was Ed Stuhler* und unsere Zusammenarbeit betrifft, ist das eher so, dass wir uns jetzt zehn Jahre kennen und lieben. So eine Zusammenarbeit läuft nur dann, wenn man ähnliche Intentionen oder Gedanken hat. Wir quatschen viel miteinander, und Ed ist innerhalb der Band nicht allein Textlieferant, sondern kommt zu Proben oder Auftritten, macht teilweise ein bisschen Co-Regie oder Musikdramaturgie mit Beratung, er ist also viel stärker eingebunden. Oder wir gucken uns gemeinsam andere Veranstaltungen an – Kollegen durchhecheln. Dann ergeben ein Wort und ein Gedanke den anderen, und Ed kommt irgendwann mit Texten an. Ich kann mich dann

* Ed Stuhler (1945–2018) war Publizist, Liedtexter und Buchautor.

zwar erinnern, dass wir das da und da mal durchgesprochen haben, aber es ist nicht so, dass ich einen konkreten Auftrag gebe, und er macht das dann. Wir leben ja in derselben Welt, haben die gleichen Probleme und, wie gesagt, wahrscheinlich auch gleichen Grundüberzeugungen. Zudem sind wir beide vielleicht ein bisschen sehr moralisch – manchmal kommt dann im Programm auch der Zeigefinger durch. Aber es ist mehr eine lockere Zusammenarbeit, die nicht über ein direktes Auftragswesen läuft, das würde, glaube ich, auch nicht gehen. Er schreibt einfach die Dinge, die ihm wichtig sind; und zufällig sind das halt dieselben, die mir auch wichtig sind. Wir stimmen uns natürlich ab und diskutieren auch, aber eigentlich hat er eine ganz gute Rate in dem, was er schreibt – ich übernehme meistens achtzig Prozent so, wie es ist, und freue mich, dass er alles auf den Punkt gebracht hat. Den einen oder anderen Titel haben wir auch gar nicht gemacht, weil wir teilweise keine Musik dazu gefunden haben, mit der wir zufrieden gewesen wären. Oder teilweise ist es so, dass ich Titel, die er ursprünglich als Lieder geschrieben hat, sprechend vortrage, weil ich merke, dass man mit jeder Komposition den Witz oder so beschädigt. Wenn man Rockmusik macht und den Leuten irgendeinen Witz in die Ohren brüllt, ist es kein Witz mehr, dann wird es aggressiv. Und manchmal ist mir halt der Witz wichtiger, und dann lasse ich die Musik sein.

Jeder DDR-Liedermacher, den ich bisher kennengelernt und mit dem ich mich beschäftigt habe, ist in irgendeiner Form durch das Nadelöhr der Singebewegung gegangen – du bist da keine Ausnahme. Wenn du zurückblickst, was, würdest du sagen, hat sich da im Laufe der Jahre für dich verändert? War es unter heutigen Gesichtspunkten auch wichtig für dich, das gemacht zu haben?
In jedem Fall. Wobei ich sicherlich eine andere Generation bin als zum Beispiel Reinhold Andert. Was die Singebewegungszeit betrifft, war es mehr so Ende der Siebziger, wo ich da ein bisschen mitgemacht habe. Das war so ein Stück Probierstube, sowohl musikalisch als auch textlich als auch im Training des Wider-den-Stachel-Löckens. Man hat dort doch ein bisschen Narrenfreiheit gehabt und konnte sehen, wie man Partner gewinnt, Leute

überzeugt oder zur Toleranz bringt – ich meine jetzt Verantwortliche, die meinten, sie wüssten es besser. Manchmal wussten sie es auch besser, das waren ja nicht nur Blödmänner. Aber dieses alltägliche Training in der Auseinandersetzung mit anderen Gedanken oder auch mit der Macht ist, glaube ich, das Wichtigste an dieser Singebewegungszeit, jedenfalls für mich.

Du hast auch ein Programm gehabt mit dem Titel »Hier lebe ich«, das sich auf den Prenzlauer Berg bezog. Sind es am Anfang Themen wie dein Umfeld gewesen, die dich vor allem beschäftigt haben?
Sagen wir mal so: »Hier lebe ich« war gewissermaßen am weitesten dem verhaftet, was mir ursprünglich vorschwebte – Storys erzählen, bei denen sich beim Zuhörer oder Zuschauer von alleine eine Wertung ergibt, für Toleranz, grundhumanistische Werte, einen linken Humanismus. Und da bot sich das direkte Umfeld als Träger von solchen Dingen am besten an. »Opa obenauf« zum Beispiel war ein Titel darüber, wie der sich durchs Leben geschlagen hat und immer wieder aufgestanden ist, sich nicht hat unterkriegen lassen. Das erzählt am konkreten Beispiel, und die Leute haben ihre eigene Assoziation. Jeder hat irgendwie im Haus so einen Opa, und man kann als Zuhörer vergleichen – da stellt sich die Wirkung von alleine ein. Oder »Wiener Café«, das einfach die Geschichte eines Musikerduos erzählt, das dort gespielt und dann aufgehört hat, womit die Tradition weg war. Es ging darum, ins Bewusstsein zu rufen, dass das was Schönes war, also über ganz simple Storys etwas zu befördern zu versuchen, was ich, grob gesagt, als linken Humanismus bezeichnen würde. Das ist später abgelöst worden, weil die Zustände sich immer weiter zugespitzt haben. Die Illusionen, die man hatte, sind immer weiter kaputtgegangen. Es wäre jetzt falsch, wenn ich mich hinstellen und sagen würde, ich hätte von Anfang an gewusst, dass das nicht gut gehen kann. Ganz im Gegenteil. Viele Leute hier im Land, die mir wichtig sind – und man selbst ist sich ja auch nicht ganz unwichtig –, haben schon gedacht, dass es wenigstens den Versuch lohnt. Hat es ja auch. Für Honecker und Co. sowieso, die haben ja gut gelebt, aber für mich persönlich irgendwo auch. Materiell zwar natürlich nicht, aber ich hatte, glaube ich, zehn Jahre bewusstes Leben und das Gefühl, dass das Leben nicht ganz sinnlos ist. Man

konnte sich mehr einbringen, als man von außen her dachte – wir haben ja live kaum Beschränkungen gehabt. Und solche Fälle wie Stephan Krawczyk waren eher die Ausnahme. Also, das Verbot von Stephan Krawczyk war die Ausnahme, nicht, dass Leute so was gesungen haben, denn Kurt Demmler, Reinhold Andert, Jürgen Eger, ich und wer noch haben alle nichts anderes gemacht. Es war im Grunde genommen damals ziemlich deutlich abzusehen, wenn es zum Konflikt kam. Es war eine Gratwanderung, und man konnte manchmal auch die Notbremse ziehen oder Kompromisse erreichen, die nicht unbedingt immer faule Kompromisse waren. Das war eigentlich ganz aufregend. Insofern würde ich diesen Versuch, hier eine Alternative zu suchen, auch nicht bereuen, auch wenn der gescheitert ist, und jetzt Leistung, Geld oder was weiß ich zum alleinigen Maßstab machen. Wer glaubt, dass eine Leistungsgesellschaft etwas Gerechtes ist, der hat schon seinen ersten Irrtum begangen. Ich zumindest finde es nicht gerecht, wenn ich auf die Bühne gehe und dafür so viel Geld kriege wie andere Leute in einem Monat. Womit wird das begründet? Mit Leistung? Das ist doch merkwürdig.

Da passt die Frage ganz gut, wie du dir unter diesem neuen Gesichtspunkt deine eigene Zukunft beziehungsweise die der Band vorstellst. Über kurz oder lang wird jetzt völlig neue Konkurrenz musikalischer Art kommen. Ihr werdet euch auch im Plattengeschäft mit völlig neuen Marktmechanismen auseinandersetzen müssen. Was glaubst du, wie ihr damit umgehen könnt? Auch die Anforderungen werden andere sein. Gerade was das künstlerisch-musikalische Element betrifft, werden sie höher sein als bisher hier, denn unterm Strich hatte ja gerade bei dem, was du gesagt hast, in der Funktion der Leute, die hier auf der Bühne standen, über Jahre hinweg das Wort einen wesentlich höheren Stellenwert als jetzt. Die Leute können nun viele Sachen, die du über die Bühne transportiert hast, in der Zeitung lesen, was vorher nicht der Fall war. Insofern verschiebt sich da was.

Musikalisch-handwerklich habe ich da bei uns keine Sorgen. Das sind ja Phänomene, die für Außenstehende schlecht sofort mitzukriegen sind. Zum Beispiel hat jeder in der Band ein Studium hinter sich. In dem Sinne, dass wir sagen, dass Kunst reproduzierbar ist, trifft das für uns zu – wir gehen ins Studio, spielen das ein, und dann steht das. Wir haben gerade für das Jugendprogramm Elf 99 des DDR-Fernsehens eine Sendung gemacht, bei der wir mit den von uns aus primitivsten Mitteln den Ton fürs Fernsehen live eingespielt haben, und am Fernseher hat das wahrscheinlich überhaupt keiner gemerkt. Wir haben das gemacht, weil wir wussten, das geht besser, als wenn wir uns irgendwelchen Leuten anvertrauen, die das Programm nie gehört oder gesehen haben. Wir waren ja für die Massenmedien völligem Boykott unterlegen, und die haben sich auch überhaupt nicht darum gekümmert, was wir machen. Da haben wir lieber unseren Techniker hingesetzt und unsere Technik aufgebaut, das ging besser. Von der handwerklichen Frage her habe ich also keine Sorgen. Das Problem ist eher andersrum, dass wir vielleicht nicht so frisch und unverbildet an bestimmte musikalische Dinge herangehen – da ist nicht nur eine musikalische Vorbildung, sondern auch eine Verbildung. Aber das ist erst mal unser Problem, aber auch da bin ich ganz optimistisch. Viel problematischer ist, dass ich zurzeit eine Tendenz sehe, dass sich für die nächsten wenigstens zwei Jahren abzeichnet, dass die Leute ganz andere Interessen haben. Die überlegen sich jetzt viel stärker, ob sie 15 Mark für ein Konzert ausgeben oder nicht. Es geht einem ja selbst nicht anders – wir würden lieber nach Paris fahren oder wollen einen Videorekorder kaufen und legen das Geld dafür auf die Kante. Wie auch immer, das ganze Denken geht derzeit weg von Kultur im ursprünglichen Sinne, und es wird schwierig sein, dass nach zwei Jahren nicht überhaupt nichts mehr da ist. Und wie wir da durchkommen, weiß ich nicht. Auf der anderen Seite haben wir ein paar Vorteile: Das Land ist größer geworden, wir haben im Prinzip ein marktfähiges Produkt und sind nicht in der Situation wie zum Beispiel Sachsenring*, die ein Auto anbieten, das im Grunde genommen keiner mehr kaufen kann, und genau wissen, dass sie soundso viele Jahre brauchen werden, um überhaupt wieder ein marktfähiges Produkt zu haben, selbst wenn sie alle Mittel hätten. Fließbandstrecken umstellen und so trifft ja für uns nicht zu, wir setzen uns hin, proben drei Monate und haben ein neues Programm. Es liegt nur an uns, ob wir was Gutes machen oder

* Gemeint ist das Trabant-Werk in Zwickau.

nicht, und nicht an einem unvermeidlichen, unmenschlich langen Vorlauf von Forschung und Entwicklung. Wir sind relativ günstig dran. Früher war es so, dass es für uns zweihundert bis vierhundert potenzielle Veranstalter gab, die in einem oder zwei Jahren abgegrast waren – Platte kam ja nicht infrage, damit haben wir auch nichts verdient, wir haben also rein von Liveauftritten gelebt. Jetzt wird sich das ein bisschen umstellen. Aber ich habe ein ganz gutes Gefühl, es liegt an uns, und es ist die Frage, ob wir uns der Sache konsequent genug stellen. Ich bin mir auch nicht zu schade, Gitarrenunterricht zu geben oder so – die Kollegen können ebenfalls alle unterrichten. Auch nicht, Straßenbahn zu fahren oder was weiß ich, das ist mir völlig wurscht, wenn das mit der Musik nicht klappt, dann klappt es halt nicht. Erzwingen kann man das nicht, und es hat ganz andere Leute gegeben, die dem Erfolg nicht hinterhergelaufen sind, und irgendwann hat es doch geklappt. Mit der Speckseite nach der Wurst werfen werden wir nicht. Wir wollen unser Ding rausfinden und machen, und wenn sich das verkaufen lässt, ist gut, wenn es sich nicht verkaufen lässt, haben wir halt Pech gehabt.

Kannst du vielleicht zu einigen Titeln deines Programms ein paar Worte sagen? Zum Beispiel darüber, wie sie entstanden sind …

»Jetzt oder nie« war, wie gesagt, vor zwei Jahren der Einstiegstitel für das Programm, weil wir mal ein bisschen Dampf machen wollten und damals auch bewusst offen ließen, ob das eine private Ebene ist oder ob es sich auf ein gesellschaftliches Umfeld bezieht. Das läuft also auf zwei Ebenen ab. Und »Damals vor vierzehn Tagen« ist ein Titel, der im Dezember neunundachtzig geschrieben worden ist. Ausgangspunkt war ein Gespräch zwischen Ed und mir, bei dem ich sagte: »Wenn du mal überlegst, noch im Sommer hätten wir eine solche Entwicklung niemals für möglich gehalten. Die Rasanz der Ereignisse, die stattgefunden hat – da kriegt man es ja im Kopf!« Und für dieses Gefühl, das ich immer noch habe, hat Ed diese Zeile gefunden, »Damals vor vierzehn Tagen«, um diesen historisch unmenschlich kurzen Zeitraum zu verdeutlichen, in dem so dermaßen viel passiert ist.

Wie ist es mit der Musik? Wenn du nicht selbst Musik machst, sondern deinen Plattenschrank öffnest: Was interessiert dich? Was hörst du so? Wo kommen deine musikalischen Vorbilder her?
Das weiß ich nicht, wo meine Vorbilder sind ... Nach Konzerten kommt mal der eine Fan, mal der andere. Der eine sagt: »Das ist Wecker!« Dann fragt man nach, und er hört selber gerne Konstantin Wecker. Der nächste sagt »Lindenberg«, und du weißt, der ist Udo-Lindenberg-Fan. Natürlich ist es die gesamte linke Musikszene drüben, von den Österreichern angefangen bis hin zu Herman van Veen zum Beispiel. Und ich bin bestimmt nicht unbeeinflusst von Leuten wie Charles Aznavour oder auch Gilbert Bécaud. Ich selber höre mir gerne Eric Clapton an – man hat halt so seine Lieblingsplatten ...

Ich meinte eigentlich mehr so die Musik – interessiert dich Blues oder Rock oder ...?
Eigentlich interessiert mich die Musik ziemlich breit. Es gibt ein paar Vivaldi-Sachen, die ich unheimlich liebe, und es gibt ein paar Sologitarrensachen, die ich unheimlich mag – das hat auch was mit dem Studium zu tun, wo ich vier Jahre lang habe da reinriechen können. Das fängt bei Bach an und hört bei Sting auf. Es gibt dermaßen gute Musik, und mich da hinzustellen und zu sagen: Das ist jetzt das Größte ... Da müsste ich ja bescheuert sein *(lacht),* das geht nicht. Und ich glaube, das, was musikalisch von mir in die Band eingebracht wird – es sind ja mehrere Einflüsse, auch von den Musikerkollegen –, ist bestimmt irgendwo auch von Volksliedern beeinflusst. Da bin ich ganz sicher, auch wenn das vielleicht nicht immer rauskommt, aber ich merke, dass die Strukturen doch ziemlich ähnlich sind. Ich versuche mich eigentlich immer möglichst davon freizumachen. Wenn ich mich hinsetze und was schreibe, merke ich, dass man ganz schnell in eine Schublade reinkommt und anfängt, es so zu machen wie der oder der. Spätestens dann muss man aufhören, und deswegen habe ich auch die Frage »Woher komme ich?« immer ein bisschen zu verdrängen versucht, was ich wahrscheinlich auch weiterhin machen werde, einfach aus Überlebensdruck heraus. Denn wenn man genau weiß, wo es herkommt, kann man es auch lassen. Dann sollte man lieber das Original hören. Ich möchte da lieber versuchen, selbst irgendwann ein

Original zu werden. Andert hat mal gesagt: »Ich höre mir keine Kollegen an, das stört mich bloß ...« Also sinngemäß, er hat es ein bisschen witziger formuliert, dass es ihn verunsichert. Und irgendwo ist da was dran. Also, von Andert bin ich zum Beispiel bestimmt beeinflusst. Das fällt mir nämlich gerade auf, dass ich den schon ein paarmal zitiert habe.

Der wollte übrigens nicht mit mir reden ...
Das ist für mich eigentlich nach wie vor der Mann hier in diesem Land, der die Sache oft am genauesten formuliert und auf den Punkt gebracht hat.

Zu deiner Zusammenarbeit mit Ed Stuhler vielleicht eine letzte Frage: Wovon werden denn die neuen Zeiten singen oder schreiben, wie man so schön sagt? Es gibt Kollegen von dir, die sagen, dass sie eigentlich im Moment gar nicht so recht in der Lage sind, zu schreiben oder zu formulieren, weil so viel so schnell gegangen ist und man heute etwas formuliert und morgen ist es schon passé. Was sind die Dinge, die dir im Moment durch den Kopf gehen und wo du meinst, damit möchtest du mit deiner Musik, deiner Band und den Ansprüchen, die du hast, in nächster Zeit das Geschehen dieser Republik – oder Noch-Republik – begleiten?
Na ja, wir hatten ja vorhin darüber gesprochen, dass es zu den Anfängen zurückgehen wird, also zu humanistischen Grundwerten, Storys darüber, zu Toleranz. Wir wollen keine Slogans aufgreifen, außer in dem Sinne, dass wir alle Ausländer sind, spätestens, wenn wir im Ausland sind. Und jeder Mensch ist jetzt im Ausland. Gegen solche Widersinnigkeiten von Vergangenheitsbewältigung wollen wir angehen, in denen man meint, man hat selbst keine Vergangenheit gehabt, nur die anderen oder so ein Schwachsinn zum Beispiel. Nach dem Motto: Alle Leute, die bei der Stasi waren, sind Arschlöcher, alle Leute, die bei der Polizei waren, sind gut. Aber langsam läuft das irgendwie so ab, jeder betet sich was gesund. Ich selbst habe auch Kompromisse geschlossen, mit denen ich nicht glücklich war, wo ich sogar im Nachhinein ein ganz schales und mieses Gefühl hatte, gerade wenn es Dinge waren, die einem besonders wichtig waren. Das ist noch viel schlimmer geworden,

wenn man jetzt das Gefühl hat, das wäre gar nicht nötig gewesen, das hätte man auch anders durchstehen können. Wir haben uns zum Beispiel nie politisch vermarkten wollen, wollten nie irgendwelchen Politrummel machen, um unsere Musik besser verkaufen zu können. Das war nicht nur der Stolz darauf, dass man sagen konnte: Ich mache das nur über Musik und Texte, nicht über den Politrummel! Es war auch ein Stück Solidarität mit dem Land, wo man im Nachhinein ein völlig beknacktes Gefühl hat und sagt: Warum eigentlich? Warum hast du das über Jahre dermaßen eisern durchgehalten, ausgeschlagen und dir dadurch vielleicht Dinge ermöglicht, die wirklich das Allerletzte waren? Das ist ungefähr so der Themenkreis, Vergangenheitsbewältigung. Vor längerer Zeit haben wir einen Text gesungen: »Alles voll Reformer, wohin das Auge schaut. / Was sie bisher zu leise waren, sind sie jetzt zu laut.« Wir wollen praktisch Alternativen in Storys erzählen, wie man unserer Meinung nach ein bisschen sinnvoll leben kann, und vielleicht macht es anderen Leuten Mut dazu. Ich mag lieber meinen Freunden in die Augen gucken können, das ist mir wichtiger als ein pekuniärer Gewinn. Für mich macht es mehr Spaß, so zu leben, das ist nicht, dass man sagt: Bin ich aber anständig! Nein, es macht für mich einfach mehr Spaß, anständig zu leben. Und ich denke, dass man solche Dinge gut auf die Bühne bringen kann, dass die Leute Spaß dabei haben, unterhalten werden und hinterher rausgehen und vielleicht sagen: Das waren schöne anderthalb Stunden.

Arno Schmidt

Berlin, 8. September 1992

Als wir uns kennengelernt haben, warst du Rockliedermacher mit einer Band. Daran hat sich nichts geändert, was aber, würdest du sagen, hat sich in den letzten beiden Jahren getan?
1990 hatten wir noch gut zu tun, und einundneunzig kam im Grunde genommen für mich und viele Kollegen die eigentliche Saure-Gurken-Zeit. Da ist einfach mal als Geschäftsgrundlage die Band auseinandergegangen. Seitdem hab ich alles Mögliche gemacht, bei einem Behindertenfahrdienst gejobbt, für Tontechnik und Beschallung gesorgt und ab und zu mit meinem Gitarristen aus der Band im Duo gespielt. Da haben wir jetzt auch ein neues Programm entwickelt. Dadurch, dass ich nicht davon leben musste oder wollte, mich also relativ früh von der Musik unabhängig machen konnte, habe ich nur noch dort gespielt, wo es mir Spaß gemacht hat, und damit bin ich eigentlich ganz gut über die Runden gekommen.

Wie hast du das geschafft?
Im Prinzip, indem ich von dem zehre, was wir in den vergangenen fünfzehn Jahren gelernt und trainiert haben. Indem ich eben gejobbt habe und alles. Ich musste nicht auf Teufel komm raus irgendwelchen Veranstaltungen und Schallplattenlabels hinterherlaufen, um mir ein Depri-Erlebnis nach dem anderen zu holen, sondern ich habe mich finanziell von meinem ehemaligen Beruf unabhängig gemacht, und das hat mich in die Lage versetzt, nur dort zu spielen, wo man mich wollte und wo ich selber Spaß dran hatte. Dadurch war es ganz schön. Wir haben früher sehr viel gespielt, über hundertmal im Jahr, und nun war es eben bloß zwei-, dreimal im Monat, aber dafür war es schön.

Aber ist das nicht auch frustrierend, wenn man gerne auf der Bühne stand, mit Leuten Texte erarbeitet hat, wie du es mit Ed Stuhler getan hast, etwas sagen wollte, und das jetzt auf einmal so nicht mehr kann? Hast du das einfach so weggesteckt?
Der größte Frust kam für mich eigentlich aus einer Haltung heraus, dass ich immer schon in erster Linie für mich selbst gespielt habe. Wenn es andere auch angeht oder betrübt, traurig oder lachen macht, dann ist das schön, dann habe ich Glück. Die Verbindung zu Ed Stuhler hat die Zeit ja überdauert. Das Einzige, das für mich wirklich Frust war und wo das heute noch so ist, ist, dass es in mir gärt, ich das aber noch lange nicht auf dem Punkt habe, wie ich das sagen will ... Dieses Abwägen, was für mich eigentlich typisch ist, geht auf der Bühne schlecht. Entweder oder, knick oder knack. Momentan fange ich ohnehin oft an zu erzählen und werde immer weitschweifiger, und das geht natürlich auf der Bühne nicht. Dass es mir noch nicht wirklich gelungen ist, meine sich im Kreis drehenden Gedanken so auf den Punkt und auf die Bühne zu bringen, wie ich wollte, hat mich eigentlich mehr gestört als die Tatsache, dass ich jetzt weniger oft auf der Bühne war. Aber aktuell bin ich eigentlich ganz guter Laune, weil wir in den letzten vier, fünf Monaten der Sache wieder ein Stück nähergekommen sind, das hat meine Stimmung ungemein gehoben.

Ist denn für das, was du machst, Publikum da? Es wird ja jetzt über Markt gesprochen – ist ein Markt da?
Das jetzige Programm heißt »Maikäfer spring« – wie der Maikäfer, der auf dem Rücken liegt und strampelt. So ging es uns, und so ging es, glaube ich, vielen Ossis – das ist ja historisch einmalig, dass man vom einen Tag zum anderen quasi ein neues Leben anfängt. Angefangen von der Steuer bis dahin, dass vertraute Sachen wegfallen und gleichzeitig andere dazukommen, die einem genauso wichtig werden. Das kann man entweder depressiv erleben oder neugierig sein und sagen: Wir sind wirklich die einzige Generation, die beides kennengelernt hat, den Osten und den Westen, und ich glaube, dass das was ganz Tolles ist. Anders als mein Vater, der den großen Krieg sehr furchtbar fand und wenig aus seiner Vergangenheit erzählt hat – außer dass

er immer gesagt hat, er verstehe die Leute nicht, man hätte doch gesehen, wie die grauen KZ-Kolonnen in der Morgenfrühe durch die Stadt gelaufen sind –, anders als er können wir unseren Enkeln, glaube ich, mal was ganz Tolles erzählen. Wir haben wirklich was ganz Irres erlebt und können hinterher jeder für sich sagen: Okay, das von dem Neuen war gut, das hätte man nicht gleich über Bord werfen müssen, das war neurotisch, das war unsouverän. Eigentlich sind wir privilegiert, auch wenn es schwer ist, weil wir die letzten beiden Jahre vor lauter Krabbeln gar nicht dazu kamen, mal den Kopf zu heben und richtig zu gucken. Aber ich denke, im Nachhinein werden wir das schon.

Eine Frage vielleicht noch: Kannst du mit so einem Programm, wie ihr es jetzt macht, auch im Westen Publikum finden, oder ist das ein Programm, das mehr die Leute hier anspricht?
Mein normales Publikum, das wir in den letzten fünf, sechs Jahren hatten, war natürlich, sagen wir mal, sehr beschäftigt, wodurch es weniger Zeit für irgendwelche Sperenzchen hatte. Dann haben wir jahrelang Äpfel gegessen, und irgendwann gab es Bananen, da hat man natürlich erst mal die Bananen probiert. Irgendwann pegelt sich das dann ein, dass man Äpfel und Bananen kauft. Insofern denke ich, dass es sowohl für Äpfel als auch für Arno Schmidt zunehmend wieder einen Markt geben wird. Wir haben zwar wenig gespielt, aber wo wir gespielt haben, war es eigentlich gut besucht und immer sehr schön. Von der Warte her waren wir nicht unzufrieden. Gerade aber weil ich die letzten beiden Jahre kaum mehr als vier Stunden geschlafen habe – ich habe immer gejobbt und wollte nebenbei auch Musik machen –, stelle ich auch fest, dass die künstlerische Qualität gelitten hat. Ich gehe auf die Bühne und habe das Gefühl, es ist nicht so sehr gut, was ich da mache, aber die Leute sind dankbar und zauberhaft, die bestrafen einen zurzeit nicht. Für mich ist es deshalb derzeit die Verpflichtung zu sehen, dass es wieder perfekter wird, allerdings kann man momentan nicht sagen, dass es das tut. Dennoch glaube ich, dass es viele Menschen gibt, die diese Form der Unterhaltung mögen und Spaß am Nachdenken haben, die das für sich brauchen – für den Abend, aber auch darüber hinaus.

Rainer Schulze

Wernigerode, 9. Juni 1990

Erzählen Sie doch einfach einmal, was für Sachen Sie machen und wie Sie dazu gekommen sind.

Ich mache kabarettistische Lieder und begleite mich dazu am Klavier. Ich mache das schon seit fast fünfundzwanzig Jahren und habe vor zehn Jahren Wolfgang Schaller kennengelernt, den Textautor des Dresdner Kabaretts Herkuleskeule, eines der wichtigen und fortschrittlichen Kabaretts in der DDR. Wolfgang Schaller und Peter Ensikat haben zusammen eine Menge Kabarettstücke geschrieben und sind deswegen in diesem Land sehr bekannt gewesen. Ich habe insofern davon profitiert, als Schaller in Dresden saß und ich in Wernigerode und demzufolge die verschiedenen Zensurmaßnahmen immer in mehreren Bezirken stattfinden mussten, was dann wieder zur Folge hatte, dass die einen nicht wussten, ob die anderen das schon verboten oder genehmigt hatten oder nicht. Auf diese Weise ist manches zustande gekommen, was man sonst vielleicht nicht hätte machen können. Schaller und ich haben nach einer Weile festgestellt, dass die Art, Dinge zu vertonen, die ich ein bisschen von Kreisler gelernt oder abgeguckt habe, seinen Texten entgegenkam, und wir uns auch mentalitätsmäßig ganz gut ergänzten – er ist eher ein Ruhiger, und ich bin der etwas quirligere Typ. Vor knapp zehn Jahren haben wir dann angefangen, ein bisschen was zusammen zu machen – Schaller hat Texte geschrieben, die ich vertont habe, und irgendwann haben wir richtig zusammengearbeitet, indem ich sagte: Kannst du über dieses Thema nicht mal was machen? Wir haben begonnen, zusammen Programme zu machen, woraus auch der Inhalt der Platte resultiert, die vor zwei Jahren aufgenommen wurde, im vorigen Jahr erschien und nun in vielen Teilen erheblich überholt ist, wie das mit aktuellen Liedern so ist. Trotzdem gibt es weiterhin vieles, was interessant ist, nur im Moment kann man so richtig aktuelle Lieder gar nicht machen. Wenn er vierzehn Tage braucht, um zu einem Thema was zu schreiben, und ich noch mal vierzehn Tage, um es zu vertonen, dann ist die Sache im Grunde schon wieder erledigt. Insofern versuchen wir fürs Fernsehen zu arbeiten, indem wir vierzehn Tage lang wie verrückt an einem Programm basteln, das wir anschließend machen, und dann ist es zumindest einmal gelaufen, auch noch zu aktueller Zeit.

Wie schreibt man denn heute? Sie haben ja den Punkt schon angeschnitten, dass man im Zuge dieser schnellen Veränderung noch am Schreiben ist, und das Ereignis, über das man angefangen hat zu schreiben, hat sich schon wieder verändert …
Das ist im Augenblick überhaupt eine Art Identitätsproblem der Satire in der DDR, weil es bis jetzt so gewesen ist, dass eine Solidarisierung zwischen Publikum und Bühne stattgefunden hat. Man hat das Kabarett auch als Ventil genutzt und als Darstellung dessen, was man in der Zeitung nicht hat lesen können, auch ein bisschen als Alibi nach dem Motto: »Wenn die das auf der Bühne sagen, kann ich das auch sagen!« Diese Funktion fällt nun grundsätzlich weg, weswegen sich das Kabarett hier, genau wie es das in der Bundesrepublik vor fünfzehn, zwanzig Jahren auch tun musste, nun eine völlig andere Grundlage suchen muss. Und die hat es bis jetzt, glaube ich, nicht gefunden. Mein Problem ist auch, dass ich satirische Lieder im Augenblick nicht so wichtig finde. Ich finde es im Moment zum Beispiel wichtiger, dass ich mich mit meiner Buchhandlung beschäftige und versuche, da die Arbeitsplätze zu erhalten oder noch welche dazuzukriegen, deswegen ruht das gerade ein bisschen. Wir machen immer noch was, aber nicht so intensiv wie bisher und sagen uns: Machen wir erst mal was anderes, das wir jetzt gerade sehr wichtig finden, und fangen wir dann irgendwann wieder mit Liedern an, schreiben wieder Texte und, und, und. Ich finde es auch ganz günstig, wenn man – wie in meinem Fall – nicht unbedingt muss, dass ich also sagen kann: Jetzt mache ich erst mal Buchhandlung für ein halbes Jahr, und dann fangen wir anschließend wieder an.

Nun hat Buchhandlung ja auch etwas mit Kultur zu tun. Wie ist es denn damit? Interessieren die Menschen sich für Kultur, haben sie die Muße, einem Text zu lauschen?
Na ja, Muße hat natürlich im Augenblick niemand. Wie das nach dem 1. Juli wird, wenn es eine andere Währung gibt, lässt sich im Moment nicht absehen. Aktuell kaufen noch sehr viele Leute Bücher, auch die natürlich, die es bis jetzt bei uns nicht gegeben hat. Die Veranstaltung, die wir in unserem Laden wieder angefangen haben und die wir früher regelmäßig alle vier Wochen machten, hat bisher eine verhältnismäßig hohe Resonanz. Es waren fünfunddreißig Leute da – normalerweise waren es immer zwischen achtzig und hundert gewesen, aber damit hatten wir schon gar nicht mehr gerechnet. Der Mann aus Wiesbaden, den wir eingeladen hatten, Michael Schneider, hatte auch nicht damit gerechnet, denn vorher in Cottbus waren es nur zehn, und insofern waren wir schon ein bisschen besser. Ich denke aber, dass es ganz wichtig sein wird bei der ganzen wirtschaftlichen Misere und ihrer wirtschaftlichen Bedeutung, die Kultur nicht ganz zu vergessen. Wir haben seit knapp einem halben Jahr einen Kultur- und Kunstverein, wo auch eine Menge Leute sagen: Jetzt wollen wir aber mal noch ein bisschen mehr machen und aufpassen, dass diese Art von Freizeit und Kultur nicht ganz verloren geht, dass man feststellt, dass es noch andere wichtige Dinge außer Konsum gibt. Und so setzt sich im Augenblick ein Haufen Leute ein, die machen und tun, Wände abkratzen und irgendwas anstreichen, einfach um zu sagen: Wir wollen wieder was in die Hand nehmen und mal nicht alle beim Händler bedienen oder bedient werden und Bananen kaufen, sondern auch noch mal was anderes.

Sie haben auch ein Zeitungsprojekt angepackt, das wahrscheinlich ebenfalls ein Versuch der Aufarbeitung nicht nur mit Blick zurück, sondern auch nach vorne ist, um bestimmte Gebiete abzugrasen.
Die *Neue Wernigeröder Zeitung* hat natürlich auch die Absicht, die Identität der Umgebung zu stärken und das, was an Wichtigem, vielleicht auch Erhaltenswertem in so einer Stadt ist, zu erhalten. Das betrifft auch das Gefühl und die Wichtigkeit des Zusammenhalts oder die Wichtigkeit des Erhalts

dessen, was in der Stadt bis jetzt aus Geldmangel oder anderen Gründen nicht zerstört worden ist, wie das in den meisten kleinen oder größeren Städten dadurch passiert ist, dass man überall Läden eingebaut und die Fassaden verändert hat. Das soll bei uns vermieden, also das Bild der Stadt möglichst in der Schönheit erhalten werden, wie es nun rein zufällig und sehr erfreulicherweise noch ist. Es gibt in der DDR wenige Städte, die noch so instand sind wie Wernigerode. Diese Zeitung hat, glaube ich, auch eine wichtige Funktion der Kommunikation innerhalb der Stadt, und es wird sich im Lauf der Zeit eine Gemeinde an Leuten finden, die sich für bestimmte Themen interessieren. Ich glaube, dass dieses Informationsdefizit bisher gerade in kleineren Gemeinden oder Gruppen bestanden hat.

Was würden Sie denn sagen, welche Aufgabe die Kultur hat? Ob Kabarett, Liedermacher, Autoren, welche Aufgabe können diese Akteure gerade in so einer Phase wahrnehmen? Welche Rolle könnte die Kultur spielen, um den Menschen zu helfen, mit der politischen Revolution selbstbewusst umzugehen?

Darauf ist nicht so einfach in kurzer Form zu reagieren, das ist ein Wahnsinnsthema. Ich glaube, dass die Leute hier von dem vielen Bunten – ich sage jetzt mal bunt in jeder Art und Weise –, das ihnen aus dem Westen plötzlich zugänglich wird oder sie überschwemmt, ihre eigene Identität ganz und gar zu verlieren drohen. Man sieht es daran, dass die Leute nichts mehr kaufen, was in der DDR hergestellt worden ist – wobei ich das selbst übrigens nicht so bestätigen kann, Bücher kaufen die Leute nach wie vor auch aus der DDR. Man sieht es daran, dass sie sagen: Jetzt wollen wir ganz schnell alles vergessen, was wir in den letzten vierzig Jahren gemacht haben! Und man sieht es auch daran, dass sie alles verleugnen, was sie bis jetzt getan haben, dass man wieder Denkmäler umschubst, was ebenfalls Quatsch ist. Ich glaube, dass die Identität der Leute auch ganz entscheidend darin besteht, dass sie akzeptieren, dass sie sich vierzig Jahre lang, zu einem großen Teil freiwillig – nicht nur, das will ich gar nicht sagen – mit der DDR identifiziert, in diesem Staat gelebt haben. Sie mussten natürlich ihre Zugeständnisse machen, aber ich möchte nicht grundsätzlich jetzt einfach alles wegwerfen und sagen, alles war schlecht, sondern durchaus das Selbstbewusstsein der Leute stärken, und dazu ist Kultur im weitesten Sinne ein ganz geeignetes Medium. Nehmen wir diese ganze Landschaft der Maler- und Grafikergarde, die sogenannte DDR-Kunst – ich höre das nicht so gerne, denn Kunst ist eigentlich Kunst –, also das, was auf dem Gebiet der DDR an bildender Kunst entstanden ist. Davon ist vieles sehr bemerkens- und erhaltenswert. Man muss sich halt wieder darauf besinnen, dass man Grafiker wie Karl-Georg Hirsch, Michael Morgner oder Walter Herzog auch hier wieder für wichtig hält und dass sie durchaus Bestand haben in der Konkurrenz mit dem westdeutschen Kulturmarkt, der natürlich anders funktioniert. Oder dass Liedermacher nach wie vor wichtig sind, eine Art von Kultur, die in dieser Breite und ungeheuren Menge von Leuten, glaube ich, in der Bundesrepublik nicht da ist. Dort ist sehr viel mehr auf Unterhaltung ausgerichtet. Wir hatten früher ein ganz anderes Selbstverständnis, das darin bestand: Wir machen trotzdem und machen nicht so viele Konzessionen in Richtung Blasmusik! Sage ich mal, ohne die Blasmusik abwerten zu wollen. Auch bei Literatur ist das so, dass sie bis jetzt die Funktion der Zeitungen wahrgenommen hat. Nun muss man sehen, wie viel an wirklicher Literatur, an wirklicher deutscher Literatur dabei zustande gekommen ist. Ich glaube schon, dass Leute wie Christa Wolf* oder Volker Braun** eine wichtige Aufgabe haben und es gar nicht nötig ist, dass wir sagen: Alle westdeutschen Autoren sind viel besser. Das ist, glaube ich, gar nicht richtig. Gestern habe ich mit einem Schriftsteller aus der Bundesrepublik geredet, der sich mit Schriftstellern aus der DDR getroffen und gesagt hat: »Es ist nicht auszuhalten, dass Leute aus der DDR jetzt prinzipiell alles schlecht finden, was sie selbst oder ihre Kollegen in den letzten dreißig Jahren gemacht haben. Das finde ich ganz fürchterlich.« Ich bin schon sehr dafür, das Selbstbewusstsein der Leute, sowohl der Machenden als auch der Konsumenten zu stärken, weil ein Überleben nur möglich ist, wenn dieses Selbstbewusstsein bestehen kann. Nur die Märkte darstellen für irgendwel-

* Christa Wolf (1929–2011) zählte zu den bedeutendsten Schriftstellerpersönlichkeiten der DDR.

** Volker Braun zählt zu den bedeutendsten Dramatikern und Autoren der DDR.

che westdeutschen Multis ist nicht der Sinn der Sache. Es muss schon auch hier noch etwas produziert werden, ob das nun Kunst und Kultur ist oder was anderes.

Meine letzte Frage hat noch einmal etwas mit der Zeitung zu tun, zumindest mit dem, was Sie gesagt haben. Stichwort »Mundart«: Welche Rolle oder Bedeutung hat die lokale Kultur, auch im Spannungsfeld zwischen volkstümlicher und richtiger Volkskunst, also Volksmusik? Wie kann man wieder rausarbeiten, was echt ist, vor allem, wenn es in Richtung Heino abdriftet, wo viele Leute hier ja drauf abfahren?
Gut, das ist auch wieder legitim, dass viele Leute auf diesem Niveau einfach sind und es gerne sind, dagegen will ich überhaupt nichts sagen. Ich glaube, dass Sie an der Küste ganz deutlich sehen, was man mit Mundart machen kann. Die haben, auch durch die Aktivitäten der Medien, von Verlagen und durch Heimatverbände zu einem großen Teil doch sehr gute und tragende Konzepte für den Umgang mit richtiger, ganz normaler, herkömmlicher und echter Volkskunst oder Mundart geschaffen. So was kann man, was den Harz betrifft, auch machen. Das, was hier an Mundartpflege oder auch an Volkslied- und Volksmusikprogrammen gemacht worden ist, hat durchaus urige Züge und hat nicht diese aufgesetzten, schlimmen Sachen produziert. Ich denke, das mit der Mundart, die jahrelang verpönt war – wer platt sprach, war kein richtiger Mensch –, hat sich in den letzten Jahren durchaus ein bisschen verbessert, und je mehr Leute wieder anfangen, ganz selbstverständlich so zu reden, desto normaler wird auch der Umgang damit werden, und desto höher wird auch das Niveau, ohne elitär zu werden. Das ist ja eine ganz normale Umgangssprache beziehungsweise Umgangskultur, fernab vom Markt. Ich glaube, dass die Vermarktung des Ganzen sehr viel zur Verflachung beiträgt, aber wenn man die Vermarktung ein kleines bisschen umgeht und sagt, wenn Millionen Menschen plötzlich wieder so reden, dann lässt sich das einfach nicht vermarkten, das macht sich dann so. Da haben wir Nachholbedarf, aber durch das Zentrum Harzer Folklore, das sich hier in Wernigerode befindet, eine gute Grundlage, wieder was Echtes auf die Beine zu stellen. Die machen zum Beispiel Tonbandaufnahmen von Leuten, die ganz normal

so reden. Man kann sich das auch aneignen, was sich dann manchmal nicht gut anhört, aber man muss es halt wieder lernen, es ist fast schon zu spät, bevor es restlos ausstirbt. Nur geschriebene Mundart ist auch nichts. Wobei es da gute Chancen gibt, es existieren eine Menge Lieder und Geschichten, die dazu führen, dass man ganz normal platt spricht. Mit diesem »braaten Haarzar a« … *(lacht)*

Jörg Sobiella

Bonn, 21. Mai 1990

Vielleicht können Sie mir erst einmal etwas dazu sagen, wie die Gruppe entstanden ist.

Ich selbst war bei der Entstehung nicht dabei, aber es gibt das Fettnäppchen seit 1973. Es ist in Gera gegründet worden und befindet sich heute immer noch dort. Und wieso »Fettnäppchen«? Der eigentliche Ursprung des Namens liegt im Dunkeln, aber man kann natürlich den Bezug zu »ins Fettnäpfchen treten« wählen, der ist bei Satire und Kabarett gegeben und in all den Jahren in der DDR da gewesen und wäre sicherlich auch für ein Kabarett in der Bundesrepublik geeignet. Wenn Satiriker nicht wissentlich, bewusst und mit Freude ins Fettnäpfchen treten, wohin sollten sie dann treten? Wir sind wie alle Berufskabaretts in der DDR eines, das staatlich subventioniert, also – gemessen an Kabaretts in der Bundesrepublik – mit verhältnismäßig vielen finanziellen Mitteln unterstützt wird. Wir werden ab 30. Juni zur Stadt gehören und sind dann eine Kommunaleinrichtung – vorneweg gab es eine andere Zugehörigkeit, die jetzt etwas zu umständlich zu erklären wäre. Seit 1973 sind in den Spielzeiten regelmäßig zwei aktuell-satirische Programme gemacht worden, jetzt arbeiten wir ein bisschen schneller, haben in diesem Jahr bereits unser drittes Programm gemacht und werden in dieser Spielzeit auch noch ein viertes Programm machen. Wir sind aktuell fünfzehn Personen, unter anderem sechs Kabarettisten, ein Musiker, drei Techniker, ein Dramaturg … – was eben so dazugehört. Auch das wäre für Insider, die das in der Bundesrepublik hören würden, etwas völlig Ungewohntes, dass es rein formell eine strenge, eigentlich theatermäßige Ressorttrennung gibt. Sie funktioniert zwar nicht, was auch gut so ist, weil doch eigentlich alle an allem mitarbeiten, aber sie steht erst mal so auf dem Papier. Was man vielleicht auch noch erklären muss, ist, dass Gera im Gegensatz zu Dresden oder Leipzig nicht so bekannt ist, eine Industriearbeiterstadt mit sehr viel Industrie. Wir haben hier jährlich circa siebzehntausend Besucher und sitzen, das ist ganz wichtig, im Ratskeller, also direkt im Rathaus, einem sehr schönen Renaissancerathaus. Dort sitzen wir im Kellergewölbe, das zudem auch noch die älteste urkundlich erwähnte Gaststätte Deutschlands ist. Seit 1487 besitzt dieser Keller ein Schankrecht, das wir sozusagen übernommen und fortgeführt haben – man kann also bei uns während der Vorstellung seinen Wein oder Weinbrand dazu trinken. Es ist ein sehr kleiner Keller mit maximal achtzig Sitzplätzen, und wir sind jeden Abend ausverkauft, spielen zwischen zweihundert und zweihundertzwanzig Vorstellungen in einer Spielzeit. Bisher hatten wir zwei Jahre Voranmeldezeiten, was damit zusammenhing, dass Kabarett eben die einzige Nische war, in welcher man Tabus durchbrechen durfte. Das hat sich jetzt dadurch geändert, dass die Zeitungen und die Journalismusbranche überhaupt in ihr ursprüngliches Recht eingetreten sind, die aktuellen Probleme zu bearbeiten und zu nennen. Diese Tabuverletzung war eigentlich das, wovon das Kabarett der DDR zwanzig, vierzig Jahre lang gelebt hat. Und das stellt uns natürlich jetzt vor die Aufgabe, neue Formen, neue Inhalte auszuprobieren, beispielsweise, sich von dieser strengen arbeitsteiligen und auch ein wenig gemütvollen Art, Kabarett zu machen, zu verabschieden. Alle Kabaretts der DDR haben vor den politischen Ereignissen des vergangenen Herbstes Programme ohne Bedenken drei Jahre und länger aufführen können.

Das ist wahrscheinlich vorbei. Aber die Sache mit der Zeitungsfunktion ist ja mit den Liedermachern vergleichbar: Man hat eigentlich eine Funktion wahrgenommen, das zu bringen, was die Leute auch gedacht haben, aber in ihrem Bereich entweder nicht artikulieren konnten oder wollten. Man kam zusammen und hatte alles …
Ja, das gilt für die Literatur, die Dramatik, die bildende Kunst, eigentlich alles. Da war sehr viel journalistisches Potenzial drin, und da wird sich, denke ich mir, in einem Differenzierungsprozess in den nächsten Jahren die Spreu vom Weizen trennen und sich herausstellen, wer wirklich ein guter Künstler

ist. Heiner Müller* hat den Vergleich zwischen der Erfindung der Fotografie und der Malerei gebracht: In dem Moment, wo die Fotografie erfunden war, konnte die Malerei sich auf ihr Eigentliches berufen und autonom werden. Und das wird jetzt den Künsten und in gewissem Sinne auch dem Kabarett bevorstehen, obwohl da die Dinge ja ein bisschen anders liegen. Kabarett muss natürlich immer auch eine Form von Journalismus sein, indem es die aktuellen Tagesprobleme aufgreift – wenn man politisch aktuelle Satire fürs Kabarett machen will und eben nicht etwas Literarisches oder so.

Was können Sie jetzt in dieser Situation machen? Sie können ja nicht nahtlos diese Veränderung zur Kenntnis nehmen und sagen: Jetzt schreiben wir neue Programme! Es ist doch für so eine Truppe wahrscheinlich auch ein Einschnitt, weil man im Grunde genommen einen anderen Ansatz finden muss …

Ja. Wobei ich ganz ehrlich sagen muss: Als diese Dinge wie eine Urgewalt über uns hereinbrachen, hatte man gar nicht so viel Zeit, darüber zu reflektieren, wie wir uns denn nun diesen neuen Aufgaben stellen. Das war ein ganz pragmatischer Prozess. Andererseits sind wir noch nicht so weit von diesen Dingen entfernt, dass wir aus einer gewissen Distanz heraus unsere eigene Rolle analysieren können. Wir sind eigentlich immer noch in diesem pragmatischen Prozess … Gleichzeitig hatten wir natürlich nicht ganz so große Probleme, diese Revolution oder gesellschaftliche Umwälzung mitzumachen, ganz einfach deshalb, weil Kabarett, wo auch immer es gemacht wird, ohnehin gegen bestehende Verhältnisse opponiert. Ob das nun Verhältnisse sind, die besser oder weniger gut sind, das sei erst mal dahingestellt. Kabarett lebt vom Widerspruch zur Macht, und insofern haben wir ohnehin schon von diesem Widerspruch gelebt und – ohne mich zu stilisieren, nur einmal zur Benennung der Tatsachen –, an irgendeiner Stelle eine kleine Funktion mitgehabt, dass es dazu gekommen ist.

* Heiner Müller (1929 – 1995) gilt als einer der wichtigsten deutschsprachigen Dramatiker der zweiten Hälfte des 20. Jahrhunderts und zählt zu den bedeutendsten Schriftstellerpersönlichkeiten der DDR.

Wird sich unter Umständen gar nichts ändern? So, wie sich das entwickelt, werden Sie ja vielleicht weiterhin im Widerspruch zur Macht stehen, wenn auch etwas freier und nicht so versteckt.
Das kann ich noch nicht so genau sagen. Es wird sich sicher etwas ändern. Beispielsweise, indem man es mit einer neuen Form der Öffentlichkeit und der Meinungsbildung zu tun hat. Ich könnte jetzt das sagen, was auch in einem Text bei uns auf der Kabarettbühne vorkommt, wo wir unseren Wählern nach der Volkskammerwahl am 18. März dankten, dass sie CDU gewählt haben, und sagten, dass sich für uns nichts geändert hat, sie hätten kabarettfreundlich gewählt. Natürlich könnte man darüber klagen, dass diese Revolution vielleicht doch nicht in die Richtung gelaufen ist, die sich Leute vom Neuen Forum oder andere Linke in der DDR gewünscht haben, aber das sind mir dann doch sehr larmoyante Haltungen. Man kann nicht beklagen, wie Geschichte verläuft, die muss man zur Kenntnis nehmen, und insofern bin ich offen für das, was sich da verändert, und warte erst einmal ab. Man kann auch, glaube ich, heute noch nicht sagen, ob sich für uns wirklich nichts geändert hat. Das wäre für meine Begriffe eine undialektische Betrachtungsweise, und die Dialektik ist nicht von Marx erfunden worden. Es ist also vielleicht der Versuch, hegelianisch zu denken.

Wirft insofern das, was jetzt an Programmen entsteht, einerseits einen Blick zurück und andererseits einen Blick nach vorn?
Die Frage würde ich offenlassen und empfehlen: Gucken Sie sich das Programm an, in dem beides drin ist, der Versuch, nach vorne und nach hinten zu fahren. Dieses Programm und auch das andere, das wir spielen, sind mehr oder weniger Rundumschläge, wo versucht wird, erst mal alles aufzugreifen, was natürlich auch nicht geht. Lore Lorentz vom Düsseldorfer Kom(m)ödchen hatte mal vor Jahren ein tolles Geschichtsprogramm gemacht – irgendwann möchte man auch mal so etwas tun. Das wiederum setzt voraus, dass man ein Publikum hat, das dies auch sehen will. Da haben wir in Gera eine ganz bestimmte Schwierigkeit – uns fehlt ein bisschen das urbane Publikum wie in Leipzig, Dresden oder Berlin.

Eine letzte Frage zu den Parallelen zwischen Bundesrepublik und DDR: Wie empfinden Sie es, wenn man hier auftritt, kriegen die Leute das, was sehr DDR-spezifisch ist, richtig mit?

Es wird halt immer wieder gesagt, dass man viele Dinge nicht versteht, auch in Anspielungen oder bestimmten sprachlichen Kürzeln, die für uns selbstverständlich sind. Wir wundern uns dann, aber andererseits ist es so, dass das Publikum sehr daran interessiert ist, über diese Art und Weise eines bestimmten Mediums Probleme aus der DDR kennenzulernen. Das war jetzt in dem ersten halben Jahr so, aber ich weiß nicht, ob dieser Boom anhält. Gewiss wird der wieder ein bisschen abflauen, es ist halt nur eine andere Art und Weise, Bekanntschaft mit einem Land zu machen, im Gegensatz zu journalistischen Berichten und Ähnlichem. Was natürlich hinzukommt, ist, dass wesentlich weniger Bundesbürger über die DDR informiert sind als DDR-Bürger über die Bundesrepublik. Mir hat im Dezember jemand gesagt, dass für ihn die DDR bisher genauso weit entfernt war wie Kanada oder Australien, obwohl er nur hundert Kilometer von der Grenze entfernt wohnt. Insofern ist es für die Leute, die es sich anschauen wollen, glaube ich, eine ganz interessante Sache. Das haben wir auch in den Gesprächen immer wieder gehört.

Zum Abschluss eine Frage zur Zukunft. Sie haben vorhin gesagt, dass die Spreu sich vom Weizen trennen wird, aber im Hinblick auf das eigene DDR-Genre sehen Sie auf jeden Fall eine Zukunft für das Kabarett?

Mit der Spreu vom Weizen habe ich nicht uns, sondern erst mal die anderen gemeint. *(lacht)* Aber natürlich wird sich da einiges ändern, und es wird sicherlich auch so sein, dass neue freie Gruppen hochschießen, dass es eine gesunde Konkurrenz gibt, die ich nur befürworten kann, und dass dann möglicherweise Kleintheater wie auch bisher anerkannte Autoren – das gilt für den gesamten Bereich der Künste – baden gehen. Da wird man wahrscheinlich nur sagen können: Dann waren sie nicht gut, und es geschieht ihnen vielleicht gar nicht so unrecht, mal vom persönlichen menschlichen Schicksal abgesehen, das dahinterstehen könnte, aber das will ich an der Stelle nicht betrachten. Wobei ich andererseits auch meine und hoffe, dass eines der wenigen guten Dinge, die die DDR mit in eine deutsche Einheit einbringen könnte, vielleicht eine zum Teil doch hoch entwickelte Kultur ist, die nie unter diesem Druck der Wirtschaftlichkeit arbeiten musste. Das hat auch Vorteile gehabt, gerade in der Theaterkultur. Wenn Sie sich mal die Theaterlandschaft der Bundesrepublik anschauen, wie viele Leute da aus der DDR arbeiten, aus welchen Gründen auch immer sie gegangen sein mögen – teilweise sind sie rausgeekelt oder rausgeschmissen worden. Wie viele hervorragende Leute sind in dieser Theaterlandschaft groß geworden und haben dort gelernt – von daher wäre es ganz interessant abzuwarten, wie es läuft. Ich hoffe auch, dass sich ein bisschen dieses Positive der DDR in den Köpfen der Leute erhält und die DDR sowieso länger und zäher überlebt, als sie jetzt als Staatsform überlebte.

Bianca Tänzer

Berlin, 10. Mai 1991

Vielleicht fangen wir mit dem Stichwort weibliche Ästhetik an. Ist das eigentlich ein Thema für die Frauen oder Künstlerinnen in der DDR gewesen, oder war das etwas, das sich sozusagen durch den Alltagskampf erledigt hat, also dadurch, dass man sich nicht im theoretischen Bereich damit beschäftigt, sondern es gelebt hat?
Ich weiß von frauenbewegten Frauen im Bereich der bildenden Kunst, dass sie überhaupt erst durch den Kontakt mit Spezialistinnen aus Westdeutschland auf diese Frage gestoßen sind. Auch dass gelegentlich Bücher rübergekommen sind, in denen zu diesen Fragen Anregungen aus meinem Bereich kamen. Im Bereich der populären Musik im weitesten Sinne des Wortes waren die Frauen erst mal intensiv damit beschäftigt, ihre Arbeitszusammenhänge zu klären, und da gehörten durch die Textgebundenheit Frauenzusammenhänge natürlich auch rein. Die Frage der weiblichen Ästhetik ist da aber nicht diskutiert worden.

Nun war ja die Situation von Frauen in der DDR – in Bezug auf Frauenbewegungen oder die politische Entwicklung – auch insofern eine andere, weil das Ganze eher zwiespältigen Charakter hatte. Auf der einen Seite wurde die Gleichberechtigung, vor allem auch im ökonomischen Bereich, vom Staat gesetzlich verankert und gefördert – es gab Frauenpreise, Auszeichnungen, Wettbewerbe, man hat sie also ganz bewusst aufs Podium geholt. Auf der anderen Seite hat man aber auch immer dann, wenn sie sozusagen wider den Stachel löckten, versucht, abzudrängen und das nicht an die Öffentlichkeit kommen zu lassen. Welche Auswirkungen hatte diese Situation auf die Entwicklung von Frauenbewegungen?

Möglicherweise würde ich mir jetzt wilden Einspruch einhandeln, wenn frauenbewegte Frauen aus der DDR mir zuhören, aber ich habe erst mal den Eindruck, dass die ganz spezifischen Mechanismen in der DDR dazu geführt haben, dass es hier alles Mögliche an oppositionellem Denken, Arbeiten und Handeln gegeben hat, aber kein frauenbewegtes. Auf der anderen Seite weiß ich, dass es durch Anschübe wiederum aus westlichen Ländern auf jeden Fall seit dem Beginn der Achtzigerjahre Veranstaltungsarten gegeben hat, wo Frauen versucht haben, ihren speziellen Beitrag zu leisten. Ich weiß zum Beispiel von einem Frauen-Musikfestival in Magdeburg, aus dem ganz viel Ärger entstanden ist. Barbara Thalheim und andere Frauen, die dort aufgetreten sind, aber vor allen Dingen die Organisatoren haben Ärger bekommen. Ich weiß von dem sehr verdeckt gehaltenen Erfolg eines Frauenimprovisationsfestivals, das auf seiner Europatournee Station in Ost-Berlin machte, was Uschi Brüning organisiert hatte. Das Festival hieß Canaille, mit Irène Schweizer aus der Schweiz am Klavier und ganz tollen Musikerinnen – das ist aber in der offiziellen Kulturpolitik nicht so behandelt worden. Ansonsten gab es vorsichtige Versuche, frauenbewegt nachzudenken, von Frauen, die auch mit ihren künstlerischen Beiträgen auf diesem Gebiet gearbeitet haben. Gina Pietsch zum Beispiel hat schon Mitte der Achtzigerjahre, als sie selber im Rundfunk gearbeitet hat, eine Zeit lang solche Sendungen gemacht und überhaupt mal in der Richtung gefragt. Ansonsten denke ich, dass meine Schwestern hier im Lande weitgehend versucht haben, ihre ganz persönlichen Arbeitszusammenhänge durchzuziehen, und sich ansonsten erst mal gleichberechtigt gefühlt haben.

Am vergangenen Mittwochabend wurde das intermediale Künstlerinnen-Projekt »Außerhalb von mittendrin« hier in Berlin eröffnet. Da sind nun Westfrauen, die ein Projekt tragen, bei dem Ostfrauen verschiedener Sparten und künstlerischer Aktivitäten präsentiert werden. Was versprichst du dir von diesem Projekt? Was kann dabei für die Frau als solche im Allgemeinen und die Künstlerinnen im Besonderen herauskommen?
Der Vorteil bei diesem Projekt ist, dass es über mehrere Wochen geht und es zum Schluss auswertende Symposien geben wird. Wenn wir es alle mit-

einander schaffen, das nicht nur irgendwie vorzubereiten, sondern während der Wochen, über die das geht, auch ins Gespräch zu kommen beziehungsweise im Gespräch zu bleiben, könnte ich mir vorstellen, dass es Impulse gäbe. Ansonsten könnte es verpuffen wie jedes andere Kunstfestival auch, bei dem nach einem ganz bestimmten Konzept der Organisatoren oder Organisatorinnen Leute auf die Bühne geholt werden, und das war's dann. Für mich selbst waren die Klärungen im Vorfeld ganz wichtig. Und soweit es uns gelungen ist, die Künstlerinnen mit in diese Klärungsprozesse einzubeziehen, denke ich, hat es Anschübe gegeben. Auch im Zusammenhang der Frage nach einer weiblichen Ästhetik, weil das Ansinnen der Westfrauen, das zu machen, bei denen, die von unserer Seite mitmachen, die Frage aufwirft: Was wollen die eigentlich? Was für ein Ansatz steckt dahinter? Denn bei uns ist reflektiert worden, dass es, wie gesagt, Frauen eigentlich nicht in seinen substanziellen Tiefen, sondern in seinen Auswirkungen bewegt. Also, machen wir doch auch mal so ein Festival und denken auch mal über solche Sachen nach. Wir haben also im Vorfeld Gespräche geführt, recherchiert, sind durch die Gegend gefahren, denn es gab ja keine Kataloge, nach denen man sich bedienen konnte, sondern es musste nach Dresden, Leipzig und sonst wohin gefahren werden. Das war, in Klammern gesagt, eine Aufgabe, die ich zum Beispiel gesehen habe. Dabei kamen auch immer wieder die üblichen DDR-Frauen-Überraschungsfragen: Warum überhaupt im Frauenzusammenhang? Warum denn ohne Männer, wenn irgend möglich? Wobei da die Westfrauen schon Kompromisse eingegangen sind ... Und die Frage, worum es eigentlich thematisch gehen sollte. Da ist für mich klargeworden, was unter den Stichworten »weiblich« und »weibliche Ästhetik« eigentlich als Arbeitszusammenhang entstanden ist, von dem ich mir wünsche, dass wir ihn erhalten und wir da weiterreden können.

Der erste Punkt, wo ich sage, dass das Projekt wichtig ist, ist der, dass es die Genregrenzen ignoriert. Das geht quer durch, das bringen wir aus der DDR als Erbe mit. Bei Festivals im Westen habe ich viel mehr gesehen, dass E und U stramm getrennt wird. Die Gründe müsste man untersuchen ... Wir haben da also sozusagen was an Erbe eingebracht, wenn im Zusammenhang mit weiblichem Arbeiten überhaupt erst mal auf, vorsichtig gesagt, Asymmetrien im Musikleben aufmerksam gemacht wird, weil es für eine Frau immer noch ein höheres Maß an Einsatz und persönlichem Engagement bedeutet, sich ins Musikleben zu stürzen. Die, die es geschafft haben, danach zu fragen, ist übrigens schwierig, weil sie es meist nicht reflektieren, ihr Einsatz so zu ihrem Leben und ihrer Überlebensstrategie in diesem Geschäft gehört, dass sie nicht wissen, warum sie diejenigen sind. Die sagen allenfalls: »Ich bin es eben, weil ich besser bin als andere!« Sofern sie selbstbewusst genug sind, das öffentlich zu sagen. Wenn du dir anguckst, was auf der Bühne herumsteht, wer sich überhaupt traut, auf die Bühne zu gehen und sich in dieses Geschäft zu begeben, dann sind das zu einem Riesenprozentsatz männliche Wesen, nur ganz verschwindend wenige weibliche Personen. Und wenn so ein Projekt einen Effekt haben könnte, dann unter anderem den, mal in einer Zusammenschau zu zeigen, wozu Frauen überhaupt in der Lage sind. Das ist für mich der erste Punkt, wenn es um das Weibliche und um weibliche Ästhetik geht. Der zweite Punkt ist der, dass in allen Bereichen, wo wortgebunden und deutlich mit Symbolen arbeitend inhaltlich was auf der Bühne passiert, überhaupt Frauenerfahrungen thematisiert werden. Wenn ich an den Soloabend »Spiegelungen« der begnadeten Opernsängerin Annette Jahns denke, da werden ganz konsequent aus tradierten Zusammenhängen heraus, also aus dem klassischen Liederzyklus von Robert Schumann und einer ebenso klassisch anmutenden Bewegungsimprovisations- und Gesangsimprovisationssituation heraus, existenzielle menschliche Befindlichkeiten reflektiert, die aus Frauensicht kommen. Und das sind Zusammenhänge: Unter diesem Firmenschild Frauen und Kunst von Frauen auf der Bühne zu haben, steckt möglicherweise auch Leuten Lichter auf, die sonst nicht aufgingen, wenn sie einfach im selben Soloabend in einem ganz normalen Theater säßen. Dort sehen sie einfach eine tolle Frau, eine tolle Sängerin, die tolle Ideen hat, wie sie etwas umsetzt. Dass da möglicherweise was zur Geschlechterverhältnisproblematik, zu dieser Thematisierung, zu dieser Sensibilisierung gesagt wird, kriegen sie überhaupt erst mit, wenn sie das Programmheft lesen. Und wenn sie es nicht lesen, geht es unter.

Beim dritten Punkt ist es für eine Malerin etwa oder einen Maler oder eine Komponistin oder einen Komponisten so wie mit einer neuen Sprache – so was hat man erst, und dann kann man darüber nachdenken und darüber reden. Natürlich spüre ich was beim Herangehen an eine ganz bestimmte Bewältigung von ästhetischen Problemen und hätte schon Ideen, wo ich sagen würde: Bei der und der höre ich das und das oder sehe ich das und das. Aber über eine weibliche Ästhetik zu reden und dafür Wörter zu finden, denke ich, ist überhaupt erst möglich, wenn erstens und zweitens erfüllt sind, wenn also ganz viele Frauen auf den Bühnen stehen und ganz viele Frauen unterschiedliche Handschriften einbringen. Über Pianisten, die Unterschiede zwischen Chick Corea und Keith Jarrett zum Beispiel, könnten wir uns sicher eine Stunde unterhalten. Oder darüber, wie Suzanne Vega und Tanita Tikaram singen. Aber wenn ich kein Spektrum habe ... Bei Sängerinnen schaffe ich es ja noch, aber wenn ich kein Pianistinnenspektrum, kein Saxofonistinnenspektrum habe, bei dem ich sagen kann, die ist so und die andere ist ganz anders, dann brauche ich mich auch nicht über weibliche Ästhetik zu unterhalten. Und wenn ich keine Programmangebote habe, in denen weibliche Erfahrungen thematisiert und künstlerisch gestaltet werden – ganz viele Soloabende von Frauen wie der Jahns oder von Tänzerinnen und Performancefrauen, wie sie bei dem Projekt dabei sind –, solange ich da nicht die Breite habe, ist es auch nicht möglich, etwas zu weiblicher Ästhetik zu sagen. Wenn überhaupt weibliche Ästhetik, läge die, dächte ich, im Verweigern von ganz bestimmten herrschenden männlichen Strukturen und Mechanismen, zum Beispiel im Verweigern ganz bestimmter Leistungsparameter, dass Frauen sagen: Nein, das trifft für mich nicht zu. Ich verweigere mich also einer ganz bestimmten Virtuosität, wenn ich jetzt an den E-Musik-Bereich denke, oder ich verweigere mich ganz bestimmter Tafelbildmalereimechanismen und will da ganz anders rangehen. Aber da wäre ich sehr vorsichtig, das ist, glaube ich, noch sehr keimhaft.

Wenn ich da noch an das anknüpfen darf, was der Berliner Kultursenator Ulrich Roloff-Momin am Abend der Eröffnung von »Außerhalb von mittendrin« gesagt hat. Er hat ja im Prinzip alle Anwesenden aufgefordert, darauf zu achten, ihre eigene Mentalität nicht zu schnell über Bord zu werfen und nicht zu schnell auf diesen neuen, kapitalistisch-west-

lichen Zug aufzuspringen. Kann denn dieses Projekt auch ein Beitrag dazu sein, allgemein über das frauenspezifische DDR-Denken kulturelle Aspekte mit Blick nach hinten und nach vorne einzubringen? Kann das also auch ein Beitrag sein, einen Ausschnitt von DDR-Kultur zu präsentieren?

Auch aus Erfahrungen, die ich gemacht habe, bevor dieses Projekt begann – und es ist ja gerade erst losgegangen –, meine ich schon, dass die Ossi-Frauen oder »Ossas« was haben, was es lohnt zu bewahren. Aber es ist nicht ganz einfach für eine Frau, die selbst aus diesen Zusammenhängen kommt, über ihre eigenen zu reflektieren – wenn ein Amerikaner eine Geschichte Polens schreibt oder ein Russe eine Geschichte Portugals, ist es für den einfacher, das mit dem vorhandenen Abstand zu sagen –, aber ich traue mich trotzdem mal. Ich glaube, zumindest die Künstlerinnen, die da auftreten, haben eine ganz bestimmte Grundehrlichkeit, was aber nun so klingt, als wenn andere Künstlerinnen das nicht hätten. Du merkst schon, es ist nicht ganz einfach, es kommt schnell in Bewertungsmechanismen wie Eigenlob oder so. Durch die Käseglocke, unter der wir gelebt haben, und durch die Art von geschlossener Gesellschaft, in der wir uns auch mit uns selbst beschäftigt haben, gibt es eine ganz bestimmte Art von Ernsthaftigkeit, vielleicht sogar etwas Verbissenes. Und wenn es humorvoll wird, ist es wieder eine ganz bestimmte Art von Satire. Wenn ich da an das denke, was beispielsweise Uschi Brüning an nichtverbaler, nur musikalisierter Satire und möglicherweise auch an Selbstvertrauen einbringen wird, einfach durch die Art und Weise, wie sich diese Frauen über Jahre in dem Kultur- und Kunstbetrieb bei uns haben durchschlagen müssen. Und dann gibt es sicher auch eine eigene Sicht auf Themen, da es nun mal mit den Texten von Liedern am einfachsten zu sagen ist. Wenn man sich so was anhört wie »Ich habe keine Höhle mehr« von Barbara Thalheim, ist das sozusagen Ossa pur, wie sie bestimmte nicht anfassbare Werte für sich beschreibt und von einer Geborgenheit redet, die in so einer Gesellschaft von Gleichen zumindest durch die Utopie vermittelt worden ist, wo es also keine furchtbar Reichen und keine furchtbar Armen gab.

Jürgen Walter

Berlin, 8. September 1992

Ihre Karriere ist eine lange, bereits in der DDR waren Sie ein Star mit Chansons, die zu Hits, zu Schlagern geworden sind. Wenn Sie jetzt mal einen Moment innehalten, da wo Sie stehen, und zurückblicken, was waren deutliche, durch die politischen Veränderungen verursachte Brüche in Ihrer Karriere? Was hat sich getan?

Mir ging es wie eigentlich allen Menschen in den neuen Bundesländern, oder sagen wir zumindest wie achtundneunzig Prozent. Es gab ganz wenige, die sofort präsent waren, in welcher Hinsicht auch immer, die – ob negativ oder positiv – Schlagzeilen und daraus Kapital geschlagen haben und sich davon ernähren konnten oder immer noch können. Aber den meisten Menschen ging es so, und ich gehöre ja zu den »meisten«, obwohl man denken könnte: Der ist jemand, der müsste doch gleich … Das ist nicht so gewesen, und es wird und wurde alles neu gemischt. Erst einmal kam man in ein großes Loch, weil die ganzen Strukturen zusammenfielen. Es gab keine Clubhäuser mehr, die Theater hatten schon im Vorwendefeld Schwierigkeiten gehabt, zu spielen und Publikum zu haben, weil die Leute alle andere Sorgen und Probleme hatten. Und selbst wenn es jemanden interessiert hat, hat er das hintenangestellt, denn es herrschte auch in der Bevölkerung eine große Unsicherheit. Ich kann mich da nicht ausnehmen, mir ging es genauso. Und ich habe mir natürlich auch eine Rübe gemacht wie alle: Wie nun weiter, bitte schön? Lasse ich meinen Beruf sausen und kümmere mich jetzt um einen Blumenladen oder eine Jeansboutique, um einfach nur mal was zu nennen, oder mache ich eine Tierhandlung auf? Aber ich bin zu dem Schluss gekommen, dass das nicht alles gewesen sein kann, weil es mir persönlich wehgetan hätte, einfach aufzuhören, einfach sang- und klanglos von der Bühne zu gehen. Ich habe auch an das Publikum gedacht, die Menschen, die mir jahrelang die Treue gehalten haben, mit mir älter geworden sind und ab und an eine Schallplatte von mir gekauft haben, wenn eine erschien, und in meine Konzerte gekommen sind. Die hätte ich sehr brüskiert. Wenn ich das, woran sie in mir geglaubt haben, was ich für den einzelnen Menschen symbolisiert habe, so leicht aufgegeben hätte … Ich wollte das gerne auch im Interesse der Treue meiner Zuhörer erhalten, die mit dieser Art von Liedern etwas anfangen konnten.

So habe ich mein Möglichstes versucht, um nicht unterzugehen. Ein bisschen Glück gehört auch dazu. Einer der Glücksfälle war das Engagement für die neue Revue »City-Lights«, die am 10. April im Friedrichstadt-Palast Premiere hatte. Da suchte man jemanden, der sowohl Paris und französische Chansons bedienen kann als auch sich in Berlin auskennt. Ich bin eigentlich gebürtiger Thüringer, aber mittlerweile auch Berliner geworden und jemand, der das gerne tun würde und auch packt. Da hat man nicht sehr lange grübeln müssen und ist relativ schnell auf mich gekommen. So hat sich die Investition, dass ich Sprachen gelernt habe, für mich gelohnt, das hat die Sache begünstigt. Und dieses Engagement, das ich hier im Moment habe, bei dem ich täglich vor fast zweitausend Leuten stehen kann, freut mich ungemein. Es hat mir neuen Auftrieb gegeben, der immer noch anhält, sodass ich mit den neuen Liedern, die ich selbst produziert habe, mittlerweile meinen eigenen Verlag gründen konnte – in eigener Produktion und Regie. Das hatte auch mit dem Friedrichstadt-Palast zu tun, denn das kostet alles Geld. Ich hatte keine Lust, das Geld in ein neues Auto zu stecken oder große Reisen zu machen – eins nach dem anderen, bitte schön, sage ich für mich jetzt –, und habe erst mal in mein Eigenes investiert, denn mit den großen bundesdeutschen Schallplattenfirmen hatte ich überhaupt kein Glück. Sie hätten mich zwar gerne gehabt, aber nicht meine Lieder, weil die doch ein bisschen zu intelligent seien – so diese Sprüche. Meine Antwort war dann immer: »Meinen Sie vielleicht ›ein bisschen tot‹?« Die Frage blieb auch: »Wie doof hätten Sie es denn gern?« Ich wollte mich da nicht mehr ärgern und auch nicht die Klinken anderer Leute schön blank putzen, während meine unbenutzt bleiben. Also dachte ich mir: Drehen wir doch einfach den Spieß um und wagen es, stürzen uns rein in das Risiko! Und bis jetzt hat eigentlich alles funktioniert, wie es weitergeht, weiß ich nicht.

Aber wer weiß das schon. Da bin ich Mitglied eines stolzen Millionenverbandes von Menschen, die auch nicht wissen, wie es weitergeht, und ebenfalls froh sind, wenn sie ein bisschen Glück gehabt haben, ein bisschen etwas tun und zeigen konnten, eine neue Arbeit gefunden haben. Ich lasse mich überraschen. Als Optimist denke ich, dass ich es richtig gemacht habe. So möchte ich es auch gerne so verstanden wissen für alle, die mich hören und die vielleicht in einer misslichen Situation sind, dass man sich auf sich selbst, auf die eigene Kraft besinnt und eine Sache nicht nur von anderen abhängig macht, dass man sich auch selbst auf eine anständige, saubere Art und Weise helfen kann und man nicht unbedingt abrutschen muss. Wenn man seine eigene Kraft nicht trainiert, verkümmert die. Und es ist kein Montag zu früh und kein Sonnabend zu spät, um seine eigene Kraft zu trainieren. Gut, man könnte mir jetzt vorwerfen: Du hast gut reden. Aber ich habe es getan und musste es auch tun. Mir wurde in den letzten zwei Jahren nichts hinterhergetragen, eigentlich nie. Ich war immer freischaffend gewesen und habe mich immer selbst um alles kümmern müssen. Und das habe ich mit großem Vergnügen getan, mit großer Anstrengung auch, aber es ist immer etwas dabei herausgekommen. Immer Erster sein kann keiner, dann müssten alle anderen immer Zweiter, Dritter, Siebter sein. Ergo ist es – in meinem Beruf zumindest – immer eine Berg-und-Tal-Fahrt, und man sollte die Talfahrten, wo man weniger Kraft auf dem Fahrrad braucht, nutzen, um Kräfte zu sammeln und den Schwung zu bekommen, den man braucht, um wieder bergauf zu kommen. Ich hoffe, dass ich manch einem, der meine Geschichte ein bisschen kennt, Mut machen kann, auch etwas zu tun und nicht zu Hause zu sitzen und zu verzweifeln.

Was ist anders jetzt? Ich denke nicht an die Revue, sondern mehr an den Eigeninterpreten Jürgen Walter, der früher mit allen möglichen Titeln sein Publikum hatte und jetzt mit neuen Titeln auf der Bühne steht. Was ist vom Gefühl her anders?

Ich habe mittlerweile mit einigen Menschen gesprochen. Ich glaube, viele sind noch sensibler geworden. Ich weiß gar nicht, ob ich finde, dass Sensibelsein eine gute Sache ist, aber wenn man zu sensibel oder übersensibilisiert ist, kann sich das auch leicht ins Gegenteil kehren. Dass man nur noch jammert und klagt, und keiner versteht einen, sich überflüssig vorkommt. Ich möchte versuchen, Kraft zu produzieren und weiterzugeben, nichts zu beschönigen oder auszuglätten. Ich glaube, es muss wirklich für alle ein tiefer Einschnitt gewesen sein, es kann gar nicht anders sein. Nichts ist ja so geblieben, wie es war, wie man es auch gewohnt war, und ich glaube, man verändert sich, wird reifer. Für Leute in meinem Alter – ich werde dieses Jahr neunundvierzig – ist die Problematik besonders groß, denn wie man so rundum hört, müsste man eigentlich zwanzig sein und dreißig Jahre Berufserfahrung haben ... Ob es Geschwätz ist, weiß ich nicht genau, aber man sollte sich nicht durch solche dummen Sprüche verblüffen lassen. Ich glaube wirklich an die Kraft im Menschen und daran, dass man einen solch tiefen Einschnitt überwinden kann und sich nicht selbst ins Aus setzen darf. Ich glaube sonst sehr wenig, aber das glaube ich ganz bestimmt. Und ich glaube, dass man sich nicht anpassen sollte, sondern sich verändern muss, weil einen sonst die Ereignisse überrennen. Und man ist viel schneller überrannt, als man es manchmal glauben möchte.

Wenn man in Konzerte geht – ich denke zum Beispiel an Rockgruppen wie City oder Pankow – und gewisse Lieder kommen, die einer bestimmten Szene mal viel bedeutet haben, merkt man auch als Außenstehender, dass da im Publikum etwas passiert, dass man quasi in eine Zeitreise eingeht. Ich weiß nicht, ob Sie das auch schon erlebt haben, zum Beispiel bei »Schallala, Schallali« oder solchen Sachen. Was passiert dann in Ihnen selbst?

Mich freut natürlich, wenn die Leute das wiedererkennen und dass sie es mögen, aber ich muss Ihnen sagen, ich sehe das nicht so einfach. Das ist nur eine Seite. Als ich mit der Unterhaltungsmusik konfrontiert wurde, war ich vielleicht so vierzehn, fünfzehn, sechzehn, und ich muss sagen, das hat nichts mit der ehemaligen DDR zu tun oder so. Ich glaube, dass Lieder ein schönes Transportmittel sind, egal wie. Wenn ich heute »Diana« von Paul Anka höre, das aus meiner Zeit kommt, oder Peter Kraus und Conny Froboess mit den alten Sachen oder was es alles an Remixen aus der damaligen

Zeit gibt, die meine Jugend war. Oder aus der Anfangs-Beatles-Zeit, wo ich Student war – »Norwegian Wood« oder andere tolle Lieder von den Beatles. Da geht mir heute noch ein Schalk in den Rücken, und ich reagiere – das hat mehr mit Leben zu tun als mit Geografie im Sinne von wo ich aufgewachsen bin. Und was waren da für Künstler … Radio hören konnte ja jeder, und die Glotze wurde auch fleißig hin- und hergeschaltet. Wir lebten nicht auf einem Eiland oder einem anderen Stern, sondern wussten ganz genau, ob man in Köln wohnte oder in Leipzig, was die Beatles waren – das wussten alle zur gleichen Zeit. Der einzige Unterschied war, dass man in Köln die Schallplatten sofort kaufen konnte und in Leipzig nicht, man musste sich die irgendwie mitbringen lassen und Tante Ella schreiben, wenn die mal auf die Idee kam, ob man einen Wunsch hatte – da musste man dann sehen, dass man an so eine Beatles-Platte herankam. Aber vom Hören und vom Kennen, das ist gar keine Frage … Für mich hat das, wie gesagt, keine geografische Bindung in dem Sinne, sondern es ist einfach für einen bestimmten Zeitabschnitt von Leben oder hat mit bestimmten Menschen zu tun, mit denen man das Lied vielleicht zum ersten Mal gehört oder darüber gesprochen hat. Oder damit, dass man in einer bestimmten Lebenssituation gewesen ist, wo einen ein Lied erheitert oder es geholfen, in irgendeiner Weise Stimmung aufpoliert oder niedergedrückt hat – das sehe ich so geografisch nicht. Wenn die Lieder gut sind, wenn die stimmen – das fängt bei Paul Ankas »Diana« an, das ist nicht umsonst ein Welthit geworden, bis zu meinem »Schallala, Schallali«, wenn Sie es so wollen –, dann hat das seine Berechtigung. Und dass es ein Erfolg wurde, gibt mir Recht und Paul Anka natürlich auch. Ich sehe diesbezüglich alles nicht so verbissen. Und wenn ich Menschen treffe, die meine Lieder gerne hören, bin ich genauso froh wie ich sicher bin, dass Paul Anka sich freut, wenn diese alte Nummer von ihm heute noch gern gehört wird.

Wie sieht es mit der neuen Platte aus? Sind die Lieder, die darauf enthalten sind, ein Produkt der letzten Zeit, oder sind das auch Lieder, die gewachsen sind?
Sowohl als auch. Die Lieder auf dem neuen Album sind seit 1987 gesammelt. Und wir hatten mehr Lieder, als auf eine CD oder eine Musikkassette

draufgehen. Die Auswahl habe ich getroffen. Ich hatte nie so Schubkästlein, wo ich die Lieder alle gestapelt und dann irgendetwas damit gemacht habe – zu DDR-Zeiten war das eh nicht möglich –, sondern ich hatte immer Lieder, die mit mir persönlich zu tun hatten oder mit mir zu tun gehabt haben könnten, weil sie meiner Denkweise entsprachen. Im heiteren, ironischen wie im ernsthaften Bereich. Der Titelsong »Auch Männer sind schön« ist im Sommer dieses Jahres entstanden. Wir haben das auch nicht so verbissen gesehen, denn da hatte ich schon mit der Produktion für die anderen Lieder angefangen, und das kam so zwischenrein. »Grauer Vogel Freiheit« aber ist zum Beispiel im Juni 1989 aufgrund der Situation entstanden, die da war. Das ist auch mit drauf. Ich bin kein Geschichtsschreiber, sondern singe Lieder, aber wenn man ein bisschen mehr in die Texte und Lieder reinhört, wie etwas gesagt wird – ich sage ganz bewusst nicht, wie es gesungen, sondern wie es interpretiert wird –, glaube ich, dass man mehr raushören kann, als wenn man nur nach dem Motto vorgeht: »Ich singe jetzt auch ein paar Lieder, ne.« Ich denke, dass viele etwas damit anfangen können. Die neuen Bundesländer haben ja Vorlauf, denn ich bin seit 1968 in diesem Beruf, und die kennen schon eine ganze Menge von mir und über mich durch diverse Interviews, meine Schallplatten und Erfolge, aber auch die Misserfolge, die man haben kann – die stehen nebeneinander, das ist gar keine Frage. Aber natürlich erinnert man sich besser an die Erfolge als an die Misserfolge …

Neue Zuhörer möchte ich natürlich auch gewinnen, aber nicht auf jede Art und Weise. Ich habe meine Art von Kunst nie meistbietend und so billig wie möglich verhökert, sondern ich nehme mein Publikum ernst, auch im Spaß, und schätze es sehr. Publikum ist für mich nicht nur eine Sache, die Geld bringt, sondern es sind richtige Menschen, die sich hoffentlich was dabei denken, wenn sie sich Musik anhören, welche auch immer, oder gar in ein Konzert von mir kommen. Ich glaube, dass das alles noch ein wenig braucht. Ich gehe nicht mit der Brechstange vor, um mir das neue Publikum quasi zu erschlagen, sondern ich habe Zeit – obwohl ich neunundvierzig bin, habe ich viel Zeit. Meine alten Lieder, die ich neuerlich in der kleinen Revue in meinem eigenen Konzertprogramm, das ich im Friedrichstadt-Palast mache, auch noch gesungen habe und singe, die beweisen, dass sie immer noch stimmen und keine altbackenen Hüte oder nur nostalgische Erinnerungen sind – sie stehen wie neue. Sie funktionieren auch, wenn einer mein Vorleben, meine alten Lieder nicht kennt – manch einer wird ja nicht wissen, ob es ein neues Lied ist oder eins von anno Dings. Ich bin optimistisch und denke, dass man es eh nicht allen Menschen recht machen kann. Wieso sollte gerade ich das tun? Also, es denen recht machen, die das per Zufall oder Wunsch kennenlernen wollen und jetzt die Möglichkeit haben, wo die Situation anders ist und man seine eigene Firma haben kann. Zu DDR-Zeiten gab es nur eine, das war Amiga, und das war sehr begrenzt. Da durfte man jubeln, wenn man eine Schallplatte aufnehmen durfte. Nach dem Geld, das man dafür kriegte, wurde gar nicht gefragt. Und jetzt kann ich das selbst machen und anbieten. Aber ich betone, dass es nur ein Angebot von vielen ist, weil alle mittlerweile wissen, wie groß der Musikmarkt ist. Wenn man in einen Schallplattenladen kommt oder an einem CD-Ständer steht, haut einen die Fülle fast um, man weiß gar nicht, wo man hinlangen soll. Ergo setze ich auf die Persönlichkeit der Menschen, die sich dafür interessieren, also meines Publikums und auf meine eigene natürlich. So ist das ein faires Angebot, und man muss mir auch nicht ewig und drei Tage die Treue halten. Man kann auch Kritik üben, das ist keine Frage. Bei allem, was ich mache, versuche ich, dass es lebendig bleibt, und alles Lebendige ist veränderbar, das gilt auch für mich und meine Lieder. Es ist immer nur ein Angebot. Und ich bedanke mich eigentlich immer für den Vorschuss an Vertrauen. Wenn jemand in einen Laden geht und eine Platte von mir kauft, die er noch nicht besitzt und die er erst einmal bezahlen muss, also, wenn sich dieser Vorschuss in zum Beispiel 29,95 Mark äußert: Vielen Dank!

Eine Frage vielleicht noch zum Schluss: Sie haben es in Ihrer ersten Antwort angedeutet bei dem Punkt, dass sie Ihre eigene Plattenfirma aufgemacht, also die Organisation des Produktes selbst vorangetrieben haben, weil die Gespräche mit anderen Plattenfirmen nicht zu den auch künstlerischen Bedingungen möglich waren, die Sie sich vorgestellt haben. Wie beurteilen Sie in dem Zusammenhang die Situation des Ost-West-Kulturmarktes, vor allen Dingen in Bezug auf Musik? Wird da

hauptsächlich was zerstört, weil ein Großteil von Ostkünstlern zumindest nicht bei den großen Plattenfirmen unterkommt? Gerade bei Liedermachern merkt man das auch, denn wer will derzeit noch kritische Lieder hören …
Ich bin eigentlich sehr kollegenfreundlich, aber es gab auch viele »Kollegen«, die über Jahre mit drei Liedern übers Land gezogen sind, mit dreien, die nichts mit ihnen zu tun hatten. Ich nenne einfach mal ein paar Beispiele: »Jetzt geht die Party richtig los«, dann war vielleicht noch »Mendocino« und »Butterfly« dabei, und das war's auch schon. Und das sollte eine künstlerische Arbeit sein. Die traten auf, und die verdienten auch Geld. Dass jetzt dieser Wind, ein Eiskaltwind gekommen ist, der das nicht mehr so möglich macht … Ich meine, ich habe nichts dagegen, dass jemand singt, denn es gibt den Spruch: »Wo man singt, da lass dich ruhig nieder, böse Menschen haben keine Lieder.« Es ist aber nicht nur von drei Liedern die Rede … Also, ich bin auch sehr froh, dass sich das ein bisschen erledigt hat, muss ich sagen, denn man wurde doch häufig mit Drei-Lied-Sängern in einen Topf geschmissen, und das ist überhaupt keine Mühe – drei Lieder auswendig lernen und vorbeten kann jeder. Da gibt es von der künstlerischen Arbeit her gesehen doch Unterschiede, egal, wie man es als Zuhörer finden mag, ob man begeistert ist oder nicht. Die Geschmäcker sind, wie gesagt, verschieden. Von daher finde ich es ganz gut, dass ein Eiskaltwind diese Pflänzchen mal ein wenig lahmgelegt hat. Für andere finde ich es schwierig, denn nicht jeder schafft es. Ich möchte immer Mut zusprechen, aber nicht jeder packt es, sich am eigenen Schopf aus diesem Schlamassel herauszuziehen und wieder zu einer Gießkanne voll mit Wasser zu kommen, um das Pflänzchen aufblühen zu lassen, das da vielleicht gerade am Aufblühen war und wo Potenzial da gewesen wäre. Die Marktwirtschaft ist ein knallhartes Ding, das muss ich auch keinem erklären, das weiß jeder für sich alleine … Welche Federn da mitunter gelassen werden, kann man sich ausrechnen – um manche Dinge ist es schade und um manche gut so.

Bettina Wegner

Bonn, 20. Januar 1991

Fünfundzwanzig Jahre zurück. Damals, als der Hootenanny-Klub gegründet worden ist, wenn du dich heute erinnerst, was war das damals, was hatte das für eine Bedeutung, warum war das wichtig, warum warst du dabei?

Für mich war das ein Zufall. Es wurde wichtig, als es passierte. Da kam ein Mensch, ein Amerikaner oder Kanadier, ich weiß es gar nicht, Perry Friedman war das, der eigentlich die ganze Singebewegung in der DDR angetreten hat, und der kam und sagte: Ihr singt überhaupt nicht eure Lieder hier! Bei uns ist das ganz normal, dass man sich regelmäßig trifft und seine Lieder singt. Und dann haben Lutz Kirchenwitz, Jörn Fechner, Hartmut König und ich – an mehr erinnere ich mich gar nicht – das gemacht. Ich glaube, wir waren mit Perry die Geburtsammen oder wie das heißt. Also, der hat uns eigentlich gesagt: Singt mal eure Lieder! Von uns ist keiner darauf gekommen. Wir haben einfach gemacht, und das Prinzip war auch, dass jeder auf die Bühne kommen konnte. War eine tolle Zeit. Hat nicht so lange gedauert, aber wer seine Gitarre mithatte und was machen wollte auf der Bühne, durfte rauf. Das war wunderschön, und die Leute haben es so genommen, wie der Perry und wir uns das auch gedacht haben … Und die meisten haben was von Bob Dylan gespielt, manche aber auch was von sich selber.

Aber in der weiteren Entwicklung hat dann die FDJ den Finger draufgekriegt, dann kamen der Oktoberklub und all diese Dinge.

Ja, er hieß eben erst Hootenanny-Klub, und dann merkte die FDJ, dass da ein Riesenpotenzial an Menschen ist, an jungen Leuten, für die das was bedeutet. Und die haben sich das unter die Kralle gerissen und haben gesagt, wir können das nicht mehr Hootenanny-Klub nennen, das heißt ab heute

Oktoberklub. Mit Stimmrecht und so war auch gar nichts, tja, und dann war auch meines Bleibens da nicht mehr länger, weil ... Also, ich mochte schon nicht mehr Oktoberklub heißen. Aber das hätte ich alles noch ertragen, wenn nicht eine Frau Steineckert für die Texte verantwortlich gewesen wäre. Interessiert natürlich keinen im Westen, verstehe ich ja auch. Ich freue mich über jeden, der ihren Namen nicht kennt. Wir mussten ihn alle kennen, weil sie war halt die Instanz, wo die Texte rübergingen. Ich hab mich da nicht mehr wohlgefühlt, dann kam '68 und ich in den Knast, und dann war sowieso alles alle.

Aber hat sich denn nicht aus dem Oktoberklub irgendwo auch mit eine Nische gebildet, wo einige deiner Kollegen versucht haben, sich irgendwie so einen kleinen Freiraum zu halten? Ob das nun im Keller vom Haus der Jungen Talente war ...
Das war kein Keller, das war ein riesiger Saal! Nee, wir haben auch so von Perry Friedman gelernt ... Das hat mich auch so bedrückt. Für uns aus der DDR kam der aus einem ganz weiten Land, das war ganz, ganz weit weg. Da kamen wir nie hin, außer als Rentner, und der kam und hat was ganz Schönes mit uns gemacht. Und als er nicht mehr gebraucht wurde, wurde er so finster unter den Tisch gekehrt von der FDJ. Das ging aber alles so leise und schleichend. Der wurde nicht beschimpft, der wurde nicht rausgesetzt, das ging alles leise, du konntest gar nicht solidarisch sein und sagen: »Wir gehen jetzt mit!« Du kriegtest es gar nicht mit. Und die Nischen, die hat man sich geschaffen, indem man versucht hat, einfach was Neues zu machen, was dann anders hieß, aber eigentlich die gleiche Sache war. Ich hatte mit einem sehr finsteren Kollegen zusammen einen Klub, den Chansonklub Pankow. Das war meine Nische. Den haben wir gegründet, und da herrschte das gleiche Prinzip: Wer da hinkam und auf die Bühne und was singen wollte, der konnte. Das fand ich schon wahnsinnig schön und wichtig.

Abgesehen davon, dass man eben gesagt hat: Mann, da ist 'ne Bühne, da kann man das singen, was man gerne möchte!, war das denn damals, 1966, wenn man an die Gesamtkultur, die kulturpolitische Situation der

DDR denkt, irgendwie auch aus der Zeit, aus der politischen Situation heraus geboren?

Nein. Also für mich nicht. Ich kann immer nur für mich reden. Ich war '66 achtzehn Jahre alt, und ich wollte einfach singen. Mir hat das Spaß gemacht, und für uns alle war irgendwie der Vietnamkrieg ein Problem. Ansonsten hatte außer der Dimension, dass dann irgendwie Leute das unter ihre Finger nahmen und kaputtmachten, die ganze Idee der Sache für mich keine politische Dimension. Es war einfach was ganz Schönes. Man durfte einfach auf die Bühne springen und singen. Und der persönliche Sekretär von Herrn Krenz*, der da ja auch noch ganz jung war, das war ein ganz Lieber damals, der seine Texte auch infrage gestellt hat. Wir haben auch gesessen und gesagt: »Du, ey, das geht so nicht. Da musst du noch was anders machen.« Oder: »Da fehlt noch was.« Das war was richtig Tolles, Schönes. Aber politisch war für mich damals '66. '68 wurde das anders, '66 war für mich nur Vietnam. Die politische Geschichte. Ich hab nie unpolitische Lieder gemacht, aber gesungen habe ich eigentlich doch mehr unpolitisch. Da haben sie mich dann erzogen. *(lacht)*

Ich erinnere mich dann im letzten Jahr an das Festival des politischen Liedes, wo du mit Stefan Körbel dann …

Ich habe mich geweigert, am Festival teilzunehmen, weil das ja auch alles aus dieser Sache rausgewachsene Sachen waren. Ich hatte über zehn Jahre als Künstlerin, als Liedermacherin in diesem Land darauf gewartet, dass mich mal einer einlädt. Tat aber keiner, und irgendwann war ich dann auf die sehr böse. Und als dann die Wende war, kamen die Leute an, die immer verhindert hatten, dass ich singen darf, und hatten plötzlich einen Platz für mich frei. Und da war ich dann zickig, da wollte ich nicht teilnehmen. Mit dem Stefan konnte ich halt, das war ein Kollege, den ich immer sehr geachtet

* Gemeint ist Hartmut König, Sekretär des Zentralrats der FDJ von 1976 bis 1989. Egon Krenz war von 1971 bis 1983 Erster Sekretär des Zentralrats der FDJ und vom 18. Oktober bis zum 3. Dezember 1989 als Nachfolger Erich Honeckers SED-Generalsekretär und Staatsratsvorsitzender der DDR.

habe. Der hat immer seins gemacht, und der war ein einfacher, ganz freundlicher, lieber Kollege. Er konnte mich da nicht reinbringen. Da habe ich gesagt: Festival mache ich nicht mit. Will ich nicht, finde ich wichsig. Und bin böse. Hingegangen bin ich natürlich trotzdem, als Publikum. Aber ich war natürlich unheimlich traurig, weil es ja auch mein Beruf war. Wir kamen alle aus der gleichen Ecke. Aber wenn du nie eingeladen wirst … Und so wichtig fand ich mich schon, dass ich eigentlich da hingehört hätte. Und als ich dann durfte, wollte ich nicht mehr, weil da schon alles anders war.

Ist es denn so gewesen, dass trotz aller Probleme, die sich vom Hootenanny-Klub bis zum Oktoberklub so ergeben, es aber für viele doch irgendwie auch so eine Art Schule war, wo sie gelernt haben, das, was sie machen wollen, tun zu können?

Ja. Jeder konnte hingehen und seins vorstellen, und es wurde darüber gesprochen, auch ganz hart. Da waren ja manchmal Leute dabei, die sprangen auf die Bühne und konnten nicht singen, konnten nicht Gitarre spielen und hatten auch eigentlich nichts zu sagen. Das haben wir dann auch gesagt. Und eine Schule war es für mich auch, ja. Es war die Schule, dass ich dann einen Gegenclub gründen konnte, das war meine Schule. Ich fand es schon wahnsinnig wichtig, und ich fand auch wahnsinnig wichtig, dass da ein Mensch wie Perry Friedman aus einem ganz weit weg gelegenen Land kommt und sagt: Wir machen so was, warum macht ihr das denn nicht?

Bettina Wegner

Berlin, 11. September 1992

Bettina, fangen wir einfach da an, wo du heute sitzt, drei Tage nach einer Plattenpremiere in Ost-Berlin. Wenn du jetzt vor allem mal so die letzten zweieinhalb Jahre zurückblickst, wo stehst du heute als Liedermacherin, als Künstlerin, unter dem Blickwinkel Ost–West, also was ist für dich seit den politischen Veränderungen anders geworden?
Da hat sich bei mir eigentlich nur verändert, dass meine Produktivität auf null gesunken ist. Mir fällt nichts mehr ein, weil irgendwie hatte ich da im November '89 mal irgendwie ganz große Hoffnungen und ganz schöne Vorstellungen und Wünsche, und dann endete das eigentlich alles so, wie es nun ist. Und das kannte ich ja schon. Ich hatte das große Glück, mich sieben Jahre daran zu gewöhnen, wo sie euch dann eben ganz kurz durchgedroschen haben oder die DDR-Bürger, die ehemaligen. Aber ich bin hier nie zu Hause gewesen und könnte auch nicht sagen, dass ich in der DDR heute zu Hause gewesen wäre.

Fühlst du dich dann sozusagen im Niemandsland, oder wie würdest du deinen Zustand beschreiben?
Ja, da bin ich schon lange, ja. Niemandsland ist ein schönes Wort.

Wenn du sagst, dir fällt nichts mehr ein, mit was gehst du dann auf die Bühne?
Mit der Gitarre und mit den Liedern, die da sind und die, wie ich oft leider feststellen muss, immer noch aktuell sind. Ich gehe dann lieber auf Demos heutzutage.

Wie sieht es aus mit dem Kontakt zu den Kollegen und Kolleginnen, auch im Zuge der Wende, hat sich da was verändert, also den Ostkollegen?
Ja, da hat sich enorm was verändert, da sind wieder Sachen zusammengekommen, die sich verloren hatten. Also, in den sieben Jahren hatte ich eigentlich gar keinen Überblick mehr über das, was auf meinem Sektor kulturell in der DDR passiert, und ich stehe jetzt sehr oft mit ehemaligen Kollegen auf Bühnen. Das macht mir auch Spaß, mehr Spaß als die Erfahrung mit Kollegen im Westen, die ich sehr schätze in ihrer Arbeit. Aber es ist alles ein bisschen ... unverbindlich. Hier in diesem Land ist alles unverbindlich. Und das werden wir lernen müssen. Aber diejenigen, die ein bestimmtes Alter erreicht haben, die lernen das nicht mehr. Ich selbst habe die Verbindlichkeiten wiedergefunden, zu Kollegen aus der ehemaligen DDR. Wenn da was gesagt wird, stimmt das einfach, dann wird das gemacht. Hier wird alles gesagt und nichts gemacht.

Wie sieht es mit dem Publikum aus, fühlst du dich da wieder aufgenommen?
Ja, ich hab überhaupt null Probleme. Ich hab gar nicht verstanden, wenn Frau Hagen sagt, sie fühlt sich nicht angenommen hier. Bei mir ist es das Gegenteil, ich singe unheimlich gerne hier, und was das Interessante ist im Vergleich zum Westpublikum, wo ich auch keine Probleme mit habe – also, ich kann davon gut leben, die Leute kommen: Es gibt im Westen genauso viele Leute, die sich irgendwie beschissen fühlen. Das Einzige, wo ich denken würde, dass da ein Unterschied ist, ist, dass du hier nicht fünf Sätze vorher sagen musst, die Leute wissen schon gleich, worum es geht, weil sie im gleichen Land gewesen sind wie ich.

Was muss passieren, damit du wieder angeregt wirst zu schreiben?
Weiß ich nicht. Wahrscheinlich einfach, was ich jetzt im Westen die ganze Zeit erlebt habe und im Osten sicher jetzt auch kommt, so eine Art Druck von Neuproduktion nach dem Motto »Man kann doch nicht in der gleichen Stadt zweimal das gleiche Programm anbieten«. Will ich nicht mehr hören!

Ich will mich nicht unter Druck setzen lassen, und wenn ich es wirklich schaffe, mich nicht aggressiv auszuklinken, sondern ganz für mich zu sagen, ich muss wissen, wie ich arbeiten kann, ja, dann werde ich die Barrikade irgendwann niederreißen.

Wie empfindest du die Veränderungen im kulturellen Klima, wenn du spielst, hast du dein Publikum, aber es gibt auch in vielen Bereichen Veranstaltungen, wo Theater oder Ähnliches ziemlich leer sind, und das liegt nicht nur am Geld. Also, bei dem Buch lesenden, ins Theater gehenden, Liedermacher hörenden DDR-Volk, da hat sich ja einiges verändert.
Das kann ich in dem Maße nicht nachvollziehen. Ich höre, was Kollegen erzählen, wir spielen ja sogar in Theatern, und die sagen uns, dass das die zwei Tage im Monat sind, wo sie wissen, dass sowieso keiner kommt, und die geben sie dann für andere Veranstaltungen frei. Und die sind bei mir halt voll. Insofern kann ich da nicht allzu viel sagen. Ich denke, dass da ein unheimliches Problem besteht für alle Leute, die in meinem Beruf arbeiten oder in einem ähnlich gearteten, also freiberuflichen. Du kannst einen Vertrag machen, und für mich muss der eigentlich ein halbes Jahr vorher stehen, denn die Tourneen werden so angesetzt. Da geht es nicht, drei Tage vorher zu sagen: Können Sie mal oder so. Oder du machst mit irgendwelchen Häusern in der ehemaligen DDR Verträge, und das Haus existiert nicht mehr, wenn die Veranstaltung stattfinden soll. Zum Beispiel diese Geschichte mit dem Ernst-Busch-Haus, die haben ja wirklich 'ne ganze Menge gemacht. Da waren junge Leute, die haben gesagt: Ich arbeite den ganzen Tag, ich kann nicht in irgendwelche Archive laufen und was machen, das ist für mich eine kulturelle Stätte gewesen. Zack, lohnt sich nicht. Die Eigentümerin hat gesagt, sie hat schon ein Haus, und zwei kann sie gar nicht hegen und pflegen, sie würde es gerne dem Staat verkaufen, und der Staat hat befunden, dass das privat erworben werden soll. Da kommt ein Autohändler rein, wie ich gelesen habe, die Kultur wäre nicht so wichtig. Das stimmt ja sicher auch; wenn Leute Angst haben, dass sie Arbeit verlieren, nicht mehr wissen, wie sie ihre Wohnung bezahlen sollen, ist wahrscheinlich Kultur für sie wirklich nicht so wichtig. Nur ist meine Erfahrung auch die, dass die Leute damals in der DDR

keine Existenzängste hatten, die hatten eine andere Art von Ängsten, und dass ein bestimmter Teil von Leuten gerade auch wegen dieser Ängste das gebrauchen kann, was wir da fabrizieren. Denn es sind ja bei mir unter anderem auch meine Ängste, über die ich schreibe. Also, ich singe über meine Ängste, und ulkigerweise geht es dann doch nicht auf. Die Leute sind jetzt mit was anderem beschäftigt. Und das ist das Gleiche hier im Westen auch.

Du warst vor einer Woche bei einem Treffen in Rheinsberg, wo Liedermacher aus Ost und West miteinander gesprochen haben, miteinander Musik gemacht haben. Ich will gar nicht nach dem Ossi-Wessi-Klischee fragen, sondern mich interessiert einfach nur: Was ist da passiert? Weil Lieder sind ja unterschiedlich gemacht worden im Osten und im Westen, die Art zu singen war anders.
Es waren zwei Staaten, und in dem Moment, wo gesellschaftsbezogene Lieder gemacht werden, sind die Lieder unterschiedlich. Mir fällt immer nur wieder ein: Eigentlich liegt in der Kunst gar nicht mal so vordergründig Politisches, sondern es geht wirklich um Geburt, Liebe, Tod, aus! Also, das sind die Themen, und ich sehe da nicht so wahnsinnige Unterschiede. Nur die Art, ein Geschäft zu betreiben, nämlich das des Liedermachers, da sehe ich totale Unterschiede. Wir in der DDR waren natürlich auch Ersatz für Presse. Wenn es keine Pressezensur gibt, brauchst du bestimmte Lieder nicht zu schreiben. Wir hatten falsche Aufgaben zugewiesen bekommen. Da hatte ich eben länger Zeit als andere zu begreifen, dass man bestimmte Dinge nicht mehr braucht, wenn andere Medien die erfüllen können. In der DDR konnten das nur die Schriftsteller, Filmemacher und Theaterleute, und die Liedermacher kamen dann immer quer durch den Busch hinter der Ecke hervor. Alle haben es verstanden. Du kannst jetzt in der Zeitung schreiben, was du willst, oder eben auch nicht. Aber diese Art von Zensur gibt es nicht mehr. Und da glaube ich, dass auch ein großer Lernprozess bei den Leuten losgehen muss, die daraufhin geschrieben haben. Die müssen dann jetzt einfach mal Kunst machen, sage ich ganz frech. *(lacht)*

Wenn man dich jetzt bitten würde, eine Bilanz zu ziehen unter dem Gesichtspunkt: Ost-West, die Mauer ist weg, wo sind mehr Freiräume entstanden, wo sind Freiräume eingeschränkt worden ...
Karsten Troyke, auch ein Künstler aus der ehemaligen DDR, den ich wirklich, obwohl er ganz jung ist, als Kollegen respektiere und der für mich ein Wahnsinnstalent ist, der hat mir das eigentlich wichtigste Positivum am Abbau der Mauer genannt. Wir haben in der DDR gelebt, und meine Traumstadt war Paris, und ich wusste, ich werde sie nie sehen, bevor ich sechzig bin. Aber ob ich dann noch die Power gehabt hätte, mich auf die Straße zu stellen und zu winken – ich glaube, ich wäre da nicht mehr gefahren. Und Karsten Troyke hat gesagt: Alle Scheiße, die nachher passiert ist, nimmt er für sich in Kauf, Hauptsache er weiß, er kann in die Welt fahren. Das ist was Furchtbares für uns gewesen. Wir waren wie eingeschlossene Karnickel. Und wir waren unmündig. Manche haben Pässe gekriegt, manche nicht, ich hab einen Pass gekriegt, nicht, weil sie mich für mündig hielten, sondern weil es irgendwann nicht mehr anders ging. Andere hatten diese Pässe nicht, da entstand auch ein Schuldgefüge innerhalb des Landes ... Das ging so weit, dass ich mich schämte. Ich wusste, wenn ich den Pass zurückgebe, kriegt ihn ja kein anderer. Da hat mich Jurek Becker in einem Interview sehr getröstet, in dem er erklärt hat, dass er mit einem Pass privilegiert war. Wenn ich ihn zurückgeben würde, könnte ich keinen vorschlagen, der ihn kriegen kann. Und ich glaube, dafür lohnt sich sogar der Abbau von Kultur, dass ein junger Mensch sagen kann: Ich stell mich jetzt an eine Straße und gehe da hin! Also, Karsten Troyke war der Mensch, der mir am glaubwürdigsten verklickern konnte, was ganz wichtig daran war. Und die Verluste, Mensch, die sehen wir ja nun an jeder Ecke, einschließlich der Kultur, aber ich denke vielleicht wirklich, dass Kultur nur ein Stück zur Existenz ist und dass die Existenz an sich mehr braucht als nur Kultur.

Willst du denn sagen, dass angesichts der Veränderungen der politischen Entwicklung – kultureller Abbau, Verflachung des Niveaus nicht nur in Bezug auf Musik – auch wieder an Vergangenes angeknüpft werden kann?

Das kennen wir ja nun aus dem Westen schon ewig, ich müsste einmal »Herzilein« schreiben, und dann bräuchte ich nicht mehr arbeiten für den Rest meines Lebens. Den Abbau, den hatten wir in der DDR genauso. Immer kam gut an, was sich zum Schunkeln eignet, da sind nicht so viele Sachen, die mir so ganz unbekannt erscheinen. Es hatte nur unterschiedliche ideologische Gründe, die Leute abzulenken von Dingen, und einen haben es mehr begriffen als die anderen, die immer schon offensichtlich damit bombardiert wurden, weil sie es in dem Maße nicht angenommen haben. Und überhaupt die Verflachung von Beziehungen, die ich im Westen erlebt habe – im Osten haben die Leute alles sehr ernst genommen, Freundschaften, Beziehungen. Wir hatten die schärfste Scheidungsquote, aber wenn man aufs Standesamt ging, war es ganz ernst und nicht wegen Steuernsparen und solchem Scheiß. Hier kenne ich das eigentlich nur so: Wie kann man sich am besten was finanziell aufteilen, ohne eigentlich Verantwortung zu übernehmen. Man ist hier clever, das müssen wir lernen. Mir ist das in neun Jahren nicht gelungen.

Kannst du denn jetzt deinen Kollegen Hinweise geben?
Nein, was soll ich für Hinweise geben? Kann ich nicht, denn der Marktwert – und jetzt rede ich wirklich westlich – ist von Kollege zu Kollege ganz unterschiedlich. Wer sich gut verkaufen kann, auf welche Nummer immer, dem brauche ich keine guten Ratschläge zu geben, der weiß das, und denen, die es nicht können, kann ich auch keinen geben, weil ich es selber nicht kann. Ich hatte einfach nur Glück. Ein Lied kam in irgendeiner Zeit durch irgendeine Freundschaft ins ZDF, und dann war es gelaufen bei mir. Das fiel in eine Lücke, mit Qualität hat das gar nichts zu tun. Dieses Lied würde ich immer unter die Agitationslieder einreihen, ich finde, ich habe Gedichte geschrieben, wo ich mich trauen würde zu sagen, das ist wirklich Poesie – das sind nicht die Sachen, die die Leute irgendwie abgekauft haben.

Letzte Frage vielleicht zu dem, was du gerne machen möchtest …
Ich möchte allen auf die Birne hauen, die Leute traurig machen! Ich weiß nicht, ich bin im Moment überhaupt ziemlich schlecht drauf, weil ich sehe, was, unabhängig von Kultur, Wirtschaft, Bananen, von ich weiß nicht was

passiert. Das Geschimpfe über Grabbeltische – man macht nicht, wie ich finde, andere Leute runter wegen Grabbeltischen, wenn die die Möglichkeit haben, in einen Markenladen reinzugehen. Meine Güte, lasst doch die Leute machen, was sie wollen, die müssen sich daran gewöhnen, dass sie jetzt alles kaufen können! Oder eben nicht. Eigentlich wollte ich sagen, dass ich alles ziemlich verkommen finde und dass die einen in Ruhe lassen sollen.

Aber mit dem, was du machst, mit deiner Musik, mit deinen Liedern, willst du doch den Leuten da auch raushelfen …
Nein, das will ich nicht. Ich will, dass mir rausgeholfen wird. Mein Grund, auf eine Bühne zu gehen, ist eigentlich der Schrei um Hilfe, nicht das Angebot von Hilfe. Nur insofern, dass sich jemand mit mir treffen kann, mir Hilfe gibt und ich dann das Gefühl habe, vielleicht habe ich dem auch ein bisschen geben können.

Ich glaube – und das übrigens über den Osten hinaus –, dass wieder mehr Bedarf ist an so was, was Liedermacher machen. Dass der Bedarf wieder größer wird, weil die Verhältnisse immer beschissener werden. Und auch so unübersehbar beschissener. Ich weiß nicht, die Leute gucken ja doch wahrscheinlich alle fern und sehen, was in Rostock, was in Cottbus, was bei euch, bei uns passiert. Das ist mein eigentliches Problem, dass ich da gar nichts machen kann, weil in meine Konzerte kommen ohnehin die rein, die schon wissen, was ich zu vermitteln habe. Zu mir kommt keine Glatze.

Hans-Eckardt Wenzel

Berlin, 3. Mai 1990

Du arbeitest gerade mit Steffen Mensching* an einem Film auf der Grundlage eures Clownsstücks *Letztes aus der Da Da eR.* Vielleicht ist das ein guter Einstieg, wenn du das jetzt mal auf Lieder und Liedtheater reduzierst, wo steht man da heute?

Ich glaube, man steht eigentlich an einer ganz guten Stelle, wenn man gelernt hat, mit schwierigen Situationen umzugehen, und sich trotz alledem eine Ästhetik erarbeiten konnte, die etwas mit dem normalen Lebensgefühl und den Denkformen im Alltag zu tun hat. Man war im Kleinkunstbereich beziehungsweise in der Liedermacher- oder Theaterszene gewissermaßen immer doppelt belastet, weil man in diesem Land mittragen musste, was die Medien, die Zeitungen nicht wollten oder konnten oder sich nicht zu benennen trauten. Man hatte auch eine Funktion im Tabubrechen, die eigentlich immer, würde ich sagen, eine Barbarisierung der Ästhetik nach sich zieht. In der Bundesrepublik herrscht ein anderes ästhetisches Konzept für Lieder. Man hatte in der DDR, glaube ich, einen stärker literarischen Zugang zur Liedermacherei. Das wird sich jetzt verschieben, und das empfinde ich als Chance. Die kann schnell verspielt werden, wenn man seine Wurzeln dabei verrät. Ich bin so, wie ich bin, weil ich in der DDR aufgewachsen bin. Das kann ich ja im Nachhinein nicht ungeschehen machen. Nun ist die Situation anders, und man kann, wenn man sich nicht verleugnet, aus dieser Kraft, die man sich immer irgendwie selbst geben musste, vielleicht etwas ganz anderes entwickeln. Ich bin da sehr optimistisch, was ästhetische Prämissen anbelangt.

* Steffen Mensching ist Kulturwissenschaftler, Schriftsteller, Schauspieler und Regisseur. Seit 2008 ist er Intendant des Theaters Rudolstadt.

Wenn du mit dem Blick nach vorne, den du gerade beschrieben hast, deine eigene Karriere Revue passieren lässt, die ja auch nicht erst gestern begonnen hat, würdest du da heute sagen: Vielleicht hat man doch die eine oder andere Chance verpasst und hätte rein vom Künstlerischen her früher manches schon anders machen können?
Ich begreife das Liedermachen immer als eine Suche. Wenn ich etwas weiß, interessieren mich der Gegenstand und die Form nicht mehr, dann mache ich das nicht mehr. Ich muss sozusagen bei jeder Arbeit ein Stück klüger werden, sonst interessiert mich die Arbeit nicht. So gesehen ist es schwierig, etwas aus der eigenen Biografie herauszustreichen. Es ist nun mal gewesen, und »Was wäre, wenn?« ist in der Geschichte immer eine blöde Frage, die keine Folge nach sich zieht. Andersherum ist die Frage, die man sich stellen muss, wie man unter anderen, vielleicht günstigeren gesellschaftlichen Verhältnissen vielleicht eher hätte klüger werden oder andere Formen finden können, aber da kann ich schwer etwas zu sagen. Und weil du von Karriere sprachst: Ich glaube, dass sich an einem bestimmten Punkt Erfolg und Wirkung immer ausschließen. Das ist eine These von Heiner Müller, und sie stimmt. Wenn man eine bestimmte Erfolgssituation hat, wird die Wirkung immer kleiner, die man mit dem erreichen kann, was man produziert. Das ist eine Luxusanschauung, die man sich nur in der DDR leisten konnte, in einer einigermaßen gesicherten Existenz, wo man eben nicht so viel Geld zum Leben brauchte. Das wird sich jetzt ändern, und man wird wahrscheinlich stärker auf Erfolg aus sein müssen. Mal schauen, wie das wird, es ist ja alles ein Nebelland, was vor einem liegt.

Aber von den Ansprüchen her, die du selbst hattest oder hast, und von dem aus betrachtet, was du bisher gemacht hast, wirst du doch ein Interesse daran haben, die Entwicklungen, die sich im Moment abzeichnen, in irgendeiner Form kommentierend zu begleiten und insofern auch auf Wirkung aus zu sein?
Jaja, auf Wirkung bin ich immer aus gewesen. Nur in dem Moment mit Erfolg umzugehen, ist eine Schwierigkeit. Selbstverständlich muss man in dem ganzen Taumel von neuer Realitätsverdrängung, die eingesetzt hat – das

Land hat immer auch von Realitätsverdrängung gelebt –, wieder dazwischen kommen und wieder versuchen, die realen Verhältnisse aufzuzeigen oder zu demaskieren oder zu provozieren. Und da werden die Themen, glaube ich, immer breiter, und man ist nicht mehr so in einer Zwickmühle der Hassliebe, wie man es vorher war. Man hat dieses Land gehasst und gleichzeitig auch geliebt, man konnte keine klare Feindsituation postulieren, und das wird vielleicht, wenn eine Gesellschaft sich – auch durch ihre Marktmechanismen und Interessenkonflikte – polarisiert und sie durchschaubarer wird, wahrscheinlich für engagierte Kunst einfacher. Aber gleichzeitig besteht auch die Gefahr, dass das Poetische verloren geht. Ich habe vor langer Zeit eine Dissertation über den Einfluss der Metternich'schen Zensur auf das Schaffen Nestroys gelesen, den österreichischen Komödienschreiber. Der Doktorand wies nach, dass die Werke Nestroys belanglos gewesen wären, hätte es nicht die Zensur gegeben. Er durfte im Stück also nicht sagen, »Es gibt keine Kartoffeln, das ist scheiße!«, sondern war gezwungen, das zu umschreiben. So musste der Gedanke »Es gibt keine Kartoffeln, das ist scheiße!« anders formuliert werden, sodass er auch noch ein Jahrhundert später seine Wirksamkeit haben konnte. In einer Situation, wo man alles pur aussprechen kann, sozusagen als politische These, wird man wieder auf eine andere Art um Poesie kämpfen müssen, und das wird eine Schwierigkeit werden.

Wo siehst du dann jetzt deine – oder in Kooperation mit deinen Kollegen, eure – Schwerpunkte, beziehungsweise in welche Richtung siehst du Aktivitäten für dich? Hast du diesbezüglich Pläne?

Ich habe immer versucht, gegen die Provinz zu kämpfen, in der ich gelebt habe, mich also über historisches Wissen sozusagen aus der Enge herauszukatapultieren. Die Welt, die jetzt auf uns einbricht, ist wieder eine enge Welt, und man wird erneut dieses Moment haben müssen, herauszubrechen. Diese Ausbrüche aus dem Provinziellen sind für mich zum Beispiel ein stärker musikalisches Denken, was für mich immer wichtiger wird – ohne dass der Text dabei dämlicher wird, aber das Moment von Schwingung, also der Provokation unterbewusster Gedankenvorgänge, wird für mich an Bedeutung gewinnen und ebenso das Theatralische. Nebenher arbeite ich im

Moment stärker an Erzählung und Prosa, wo die Literatur viel purer, viel mehr im Klartext läuft, oder an Stückprojekten. Da versuche ich einfach wieder neu zu denken, auch über andere musikalische Einflüsse – ich war zweimal ein Vierteljahr in Mittelamerika, und das hat mich auch musikalisch geprägt. Ich versuche, das zu verarbeiten, auch die Einflüsse der modernen und ein bisschen nicht so blöden Popmusik, die mich ebenfalls interessieren. Ohne dass man sich verknechtet, aber man wird sich nicht aus der eigenen Borniertheit herausziehen können, wenn man es nur literarisch tut. Das Besondere an Liedermachern ist natürlich immer, dass sie zum einen Vortragende, zum anderen mehr oder weniger auch Musiker und Texter sind, und in diesem Zusammenspiel sehe ich eine Chance. Literatur wird in diesem Land an Bedeutung verlieren, ganz klar – die Leute haben viel zu tun, wenn sie die dicken Illustrierten aus der Bundesrepublik lesen, sie kommen, nachts zumal, wenig zum Bücherlesen. Das war früher anders, da war die Zeitung vier Seiten dick, die war nach zehn Minuten durch …

Das war schon fast eine Antwort zu einer weiteren Frage, die das DDR-Publikum betrifft. Werden die Leute sich weiterhin die Muße nehmen zuzuhören, oder werden sie jetzt erst einmal was anderes hören?
Das ist für mich momentan sehr schwer einzuschätzen, weil ich fast zwei Monate im Niemandsland vor der Kamera gelebt habe. Wir hatten ein paar Konzerte, haben auch ein paar vor uns und wissen etwas über die Vorverkaufssituation – das ist noch sehr gut, das funktioniert also noch. Ich glaube, dass die Leute nach der Währungsunion sicher erst mal ein bisschen ihr Geld zusammenhalten werden, um zum Beispiel auf ein Auto zu sparen, und sich überlegen werden, ob sie das Geld für ein Konzert oder so was ausgeben. Das wird sich irgendwann wieder geben, weil man das als ein Mensch, der hier groß geworden ist, auch für das Selbstverständnis braucht. Gleichzeitig wird sich, glaube ich, durch die Zunahme von fremden Einflüssen verstärken, dass man sich an der eigenen kulturellen Situation wieder identifizieren will. Aber die Verkaufssituation kann im Moment eigentlich überhaupt keiner einschätzen, nicht mal die bundesdeutschen Großkonzerne, die sonst marktstrategisch immer vollkommen durchblicken. *(lacht)*

Mit wem arbeitest du denn im Moment zusammen?
Ich mache mit Steffen Mensching zusammen ein Clownsprogramm. Wir planen im Herbst eine große Tournee – Bundesrepublik, Frankreich, Österreich, Schweiz –, zu der wir im Sommer ein Projekt entwickeln wollen, das auf die neue Situation in Europa eingeht.

Also über DDR-Deutschland hinaus.
Ja, aber natürlich auch mit den Erfahrungen, die man hat, diese Chance, die Europa in sich birgt, einfach mal zu nehmen und als Clowns zu durchdenken.

Mir ist in den Gesprächen, die ich bisher geführt habe, aufgefallen, dass die Stimmung sehr unterschiedlich ist. Der eine ist am Tiefpunkt seiner Laune und fragt sich, ob er überhaupt noch einen Ton schreiben oder spielen soll, der andere ist voller Elan und sagt mit Blick nach vorn: »Jetzt geht's hier zur Sache!« Das hat wahrscheinlich auch etwas damit zu tun, wie man selbst – persönlich und als Künstler – mit den Dingen, die in den letzten Monaten passiert sind, umgeht. Obwohl man das sicher nie ganz trennen kann, aber vielleicht sind das irgendwie doch zwei Ebenen …
Ich glaube, die Depressionen sind keinem erspart geblieben in der letzten Zeit. Dieses Land ist auf seine wirkliche Realität zugeprescht, man ist hart auf die Tatsachen aufgeschlagen. Vorher haben sich alle irgendwas gedacht, was dieses Land wäre. Natürlich steht man vor jeder Arbeit immer vor der Frage, ob man aufhört oder nicht – mir zumindest geht das so. Diese Frage stelle ich mir ganz bewusst immer, weil alles, was selbstverständlich ist, falsch ist. Es muss immer wieder hinterfragt werden. Und da liegen auch viele Dinge dazwischen. Ich glaube, dass einige im Moment wenige Auftritte, wenig Arbeit haben, dann hat man auch innerlich eine ganz andere Einstellung zu Problemen. Ich bin im Moment im Totalstress, und es ist natürlich immer ein gutes Gefühl, wenn man hart zu arbeiten hat, deswegen bin ich vielleicht ein bisschen optimistischer. Wenn du nächste Woche vorbeikommst, sieht es vielleicht ganz anders aus. *(lacht)*

Wie siehst du denn mit Blick auf die bundesdeutsche Szene die vergleichbaren Dinge oder Unterschiede, ist da so eine Art Timelag dazwischen, das es aufzuholen oder auch nur anders anzupacken gilt?
Ich glaube, es sind bisher verschiedene Rezeptionsformen gewesen. Wenn man mal eine Tournee in der Bundesrepublik hatte, war zum Beispiel eine wichtige Sache, dass man bestimmte Pointen oder Gags eindeutig setzen und sie klarer verkaufen musste, damit die Leute wussten, das ist lustig. Sie waren durch die Warenwelt und ihrem Alltag daran gewöhnt, dass ihnen das, was wichtig ist, präsentiert wird. In der DDR war das andersherum, man musste nach jeder Schraube suchen, alles war sozusagen ein Suchvorgang, das ganze Leben war immer nur eine Jagd nach irgendeiner Sache. Und so haben sich die Leute auch in den Vorstellungen verhalten – wir haben die Pointen überspielt, sind drüber hinweggerast, und die Leute haben sich das genommen. Dadurch herrschte eine andere Konzentration in einer Vorstellung als in der Bundesrepublik oder auch in der Schweiz – da ist es ja noch langsamer *(lacht)* –, aber ich weiß nicht, inwieweit sich diese Dinge halten oder schnell verändern werden. Wenn sich die Rezeptionsweisen des Publikums schneller verändern werden, wird sich, glaube ich, auch die Kunst schneller dem bundesrepublikanischen Standard angleichen, denn der ist ja nicht ausgedacht, sondern aus einer vorhandenen Realität entstanden und entspricht einer Bedürfnisstruktur, die da ist.

Welchen Einfluss, glaubst du, wird eine veränderte Vermarktungs- und Produktionsstruktur haben? Es ist ja schon etwas anderes gewesen, wenn du über die staatliche Künstleragentur mit deinem Berechtigungsausweis auf Tour und in die Häuser gegangen bist. Da war die Honorarfrage in dem Sinne kein Problem, und auch bei Plattenproduktionen waren bestimmte Dinge von vornherein klar. Jetzt bricht das ja komplett auseinander, und es kommen völlig neue Strukturen. Was glaubst du, wie das auf die künstlerischen Ambitionen oder das von dir beschriebene Tasten, wie man sich jetzt neu orientiert, einwirkt?
Ich glaube, das ist immer eine konkrete Situation, da wird jeder anders reagieren. Bei einigen Kollegen habe ich den Eindruck, dass sie ein bisschen

Angst vor der ungewissen Zukunft haben, auch im Hinblick auf die finanzielle Absicherung. Es wird klar sein, dass in der nächsten Zeit nicht mehr so viele freiberufliche Künstler, wie es bei uns hieß, existieren können, wie sie bisher in diesem Land existieren konnten. Diese auch teilweise Verschärfung von Marktsituationen halte ich nicht für sehr schädlich. Sie werden die, die es vielleicht aus Schick, aus Mode machen, von denen absondern, die es wirklich ernst meinen. Für Erstere wird es sicher sehr viel härter. Es war vorher bequemer und auch gut, dass man Zeit hatte, sich für eine Produktion einfach mal zwei Monate Zeit nehmen zu können. Das wird man nicht mehr haben, es wird alles etwas hastiger werden. Aber ich glaube, dass dieses Zu-einer-Realität-Finden eine Herausforderung sein muss, und wenn ich das nicht als solches begreife, sondern als Künstler eingeschnappt bin, dann lebe ich in irgendeinem Elfenbeinturm und nehme das andere nicht mehr wahr. Und eine Chance von Liedermacherei war ja immer, auf Realität sehr schnell antworten zu können oder der Realität Fragen zu stellen, weil da eben nicht so eine große Maschinerie von Produktion wie etwa beim Film dran war, sondern man einfach ein Lied machen und in den Raum stellen konnte.

Nun hatte ja gerade in der DDR Liedermacherei beziehungsweise die ganze damit zusammenhängende Szene eine Menge mit Traditionellem wie Brecht, Eisler, Weill und diesen Geschichten zu tun. Und der klassische Weg, wie jemand dazu gekommen ist, was er zuerst gemacht hat, war immer sehr durch den Oktoberklub bestimmt – die meisten sind durch diese Schule gegangen. Was glaubst du, was durch die politischen Veränderungen aus dieser klassischen Adaption wird? Kann man damit noch arbeiten? Oder wie kann man das anpassen, dem neuen Sinn geben, es neu bewerten, neu einsetzen?
Ich glaube, die Annahme von Traditionen – ob in der Folklore oder in der Brecht-Eisler-Weill-Tradition – ist immer mit der Suche nach unterbewussten Mechanismen verbunden, die in einer Gesellschaft, ob sozial polarisiert oder ethnologisch organisiert, die Berührungspunkte, also Identitäten erzeugen, auf die man sich verlassen kann. Wenn ich ein Lied singe, werden Assoziationen bei den Zuhörern freigesetzt. Ich glaube, dass man diese Traditio-

nen noch dringender braucht, als sie hier ausgeprägt wurden. Meinetwegen im Sinne eines Besinnens auf strukturelle Ursprünge des Volksliedes. Wenn man das verlässt, kommt man, ob man will oder nicht, in eine akademische Form – das ist dann alles zu viel Abitur. Man wird diese Dinge umsetzen müssen, wie man es jetzt in der Weltmusik hat – wo es um das Entdecken bestimmter Eigenheiten geht, die existieren. Darüber nachzudenken, was eine Polka ist, halte ich zum Beispiel für etwas ganz Wichtiges. Oder was ein Walzer ist, wie er aufgefasst werden kann. Es geht darum, elementare Momente wiederzufinden, um auch das musikalische Material der Liedermacher in der DDR etwas anzuheben, das, glaube ich, bis auf Ausnahmen einen zum Teil verkommenen Standard hat.

Das ist ein gutes Stichwort, Weltmusik, andere Kulturen. In den letzten Wochen und Monaten ist ja etwas deutlich geworden, was wahrscheinlich immer da war, aber jetzt immer mehr zum Problem wird: Ich meine die Frage, wie DDR-Bürger mit Fremden, mit fremden Kulturen umgehen. Diese Frage wird sich neu stellen, denn über kurz oder lang werden hier wahrscheinlich mehr italienische oder türkische Lokale sein oder was auch immer. Könnte es aus deiner Sicht ein Beitrag sein, dass man über den Ansatz Weltmusik mit Stilen wie Polka oder Tex-Mex-Musik Elemente einbringt, die bei den Leuten hier ein Verständnis für andere Kulturen wecken, die ja bisher nicht hatten kennengelernt werden können?
Ja, das ist glaube ich sehr, sehr wichtig. Wenn ich eine ästhetische Toleranz einsetze, dass ich beginne, eine bestimmte, meinetwegen türkische Musik in meinem Bewusstsein zu akzeptieren oder erst mal zu tolerieren, kann das zur Folge haben, dass ich anfange, diese ganze andere Kultur und andere Lebensform zu tolerieren. Toleranz beginnt immer in konkreten Dingen. Wenn ich die Aussage treffe »Ich bin ein toleranter Mensch«, ist das vollkommen zwecklos. Aber wenn ich beginne, mich auch ästhetisch für diese andere Form zu interessieren, und versuche, dort die Schönheiten herauszunehmen, dann hat die Toleranz einen Sinn, und es heißt nicht: Ich bin großzügig, wie der Herr, der das zulässt. Dann bin ich auch einer, der davon profitiert, der

einen Gewinn davon hat, der Schönheit erleben kann. Das halte ich für etwas sehr Wichtiges, vor allem, weil die Konflikte in dieser Beziehung in diesem Land zunehmen werden, da man in der DDR keine Toleranz gelernt hat, da fehlt in dem Sinne eine demokratische Tradition. Man merkt es aktuell in den ganzen Wahlkampfsituationen: Es hält keiner aus, dass einer eine andere Meinung hat. Am liebsten würde er den gleich totschlagen. Man muss das Zuhören lernen, und dafür sind solche Formen der Kunst unentbehrlich, glaube ich.

So gesehen kriegt dann auch das Liedermachen, Singen oder Auftreten eine völlig neue Funktion – du hast das vorhin mit dieser Tabubrechfunktion ja auch dargestellt. Über das Wort wie früher die Nachrichten zu verkünden, die man sonst nicht lesen konnte, ist nicht mehr relevant, und jetzt muss sich das neu definieren.

Es wird darum gehen, dass man ein Wort wie »Menschlichkeit« einfach immer wieder behauptet – in konkreten Formen, Texten, Liedern. Dass man bestimmte Dinge einfach immer wieder ins Gedächtnis ruft, die der normale Ablauf des Lebens wegdrängen wird. Und die Probleme der zivilisierten Menschen in Europa ähneln sich natürlich alle, sie verdrängen alle bestimmte Dinge, den Tod, die Liebe, also eigentlich die Ursprünge zum Singen und zum Schreiben, weil die nicht in dieses moderne Weltbild hineinpassen, sie stören. Wenn man immer an den Tod denkt, geht man anders in seinen Job. Es war sozusagen mal eine Notwendigkeit, das wegzudrängen, auch die gesamten Bereiche des Unterbewusstseins, der mythologischen Strukturen, der Prophetie, die glaube ich in jedem Menschen als Anlage vorhanden sind und die man zur Verkümmerung bringen musste, um so reich werden zu können. Die werden jetzt zurückgeholt werden müssen, und wenn das die Menschheit, sage ich mal so grob, nicht schafft, dann wird sie irgendwann in den nächsten Jahren auf diesem Planeten verrecken. Das rückt ja immer näher. Welche Qualitäten hat der Mensch überhaupt noch, eine Welt wahrzunehmen, in ihr leben und andere, die anders sind, ertragen zu können? Man kann es im Fernsehen sehen, aber im normalen Umgang findet es letzten Endes wenig statt.

Dazu vielleicht noch eine Frage. Der Psychoanalytiker Hans-Joachim Maaz hat unter anderem in der Fachzeitschrift *Psychologie heute* einen Artikel veröffentlicht, wo er formuliert, dass nach der politischen Revolution in der DDR jetzt eigentlich eine »psychische Revolution« notwendig sei. Inwieweit haben Künstler hier eine Aufgabe oder mehr noch eine Verantwortung, da irgendwie Hilfestellung zu leisten?
Ich glaube, dass diese psychische oder psychologische Revolution nicht allein ein Problem der DDR ist, sondern eines der zivilisierten Länder. Andere Staaten, wie die Bundesrepublik, haben geschicktere und modernere Verdrängungsmechanismen. Ich habe dort immer das Gefühl gehabt, dass ich dauernd resignierten Menschen begegne, die es sozusagen von ihrer Schale her nicht zulassen, resigniert zu sein, und ihre Resignation umwerten. Es ist, glaube ich, bloß ein geschickterer Umgang damit. Wenn es eine psychologische Revolution geben müsste, dann als Revolution oder Umwertung von Individualität. Ein Individuum zu betrachten, so wie die Psychologie davon ausgeht, dass es ein Kosmos ist, eine Unendlichkeit, jeder Einzelne, ergibt eine Wissenschaft, die letzten Endes als Wissenschaft eigentlich nicht funktionieren kann, weil sie nicht abstrahieren darf, sie kann bloß bestimmte Muster herstellen, immer nur einzelne. Dieses Moment von Selbstbefreiung ist, glaube ich, das Thema, seit es Literatur oder Kunst gibt. Auch die Klassik hat nicht anders gearbeitet damit, und das wird immer bleiben, das ist ein Kernstück.

Eine letzte Frage zu dem aktuellen Filmprojekt. Kannst du dazu, zur Idee und zu dem, was ihr da gerade realisiert, ein bisschen was sagen?
Wir machen einen Film mit dem Titel *Letztes aus der Da Da eR* – ein »clowneskes Endspiel aus einem verjubelten Teil Deutschlands«. Es ist eine recht einfache Geschichte. Zwei Clowns leben in der DDR, das heißt, es ist nicht so richtig DDR, sie leben in einem Gefängnis und werden jeden Tag zur Arbeit geflogen. Es ist aber kein Gefängnis, in dem Leute eingesperrt sind, sondern Uniformen und solche Dinge. Sie machen dann sozusagen eine Weltreise durch dieses Land, kommen in die Hölle – das ist in großen Betriebsanlagen gespielt –, überqueren den Acheron-Fluss, kommen ins Paradies – das ist

quasi ein Tierpark –, sind in einem Museum, wo alte Saurier stehen, und durchwandern diese ganze Welt. Am Schluss werden sie im Grunde aus Deutschland vertrieben und enden auf einem Friedhof. Das ist mit Slapstick und sehr viel Musik, ein richtiger Musikfilm. Und hat mit den Tagen im Herbst zu tun, aber übersetzt in eine etwas groteske, surreale Welt.

Mit Blick nach vorne, oder steht am Ende ein Fragezeichen?
Das muss man den Zuschauern überlassen. *(lacht)* Der Schluss ist interpretierbar. Es gab in den Fünfzigerjahren diesen Streit zwischen Friedrich Wolf und Bertolt Brecht, bei dem Wolf Brecht vorwarf, dass die Mutter Courage, nachdem sie alle Kinder im Krieg verloren hat, am Schluss doch nicht sagen kann, der Krieg sei gut für die einfachen Leute, das wäre ja vollkommen falsch von der Figur. Und Brecht hat darauf geantwortet: »Sie darf es nicht einsehen, die Zuschauer müssen es einsehen.« Und vielleicht hat unser Film mit dem Schluss etwas von dieser Spannung. Einen optimistischen Schluss zu liefern, hätte was mit Dummheit zu tun. (lacht)

Hans-Eckardt Wenzel

Berlin, 24. September 1992

Wenn du die letzten drei Jahre, auf die Umbruchphase, zurückblickst, was hat sich für dich in deiner künstlerischen Arbeit verändert?

Erst mal bin ich drei Jahre älter geworden, da ändert sich sehr viel. Das Zweite ist, dass ich mehr gearbeitet habe, teilweise mehr arbeiten musste, weil die Nachfragen größer waren. Teilweise war es für mich aber auch die einzige Möglichkeit, das noch nicht im Unterbewusstsein Abgearbeitete, das mit dieser Wende und diesem Umbruch zu tun hat, irgendwie produktiv zu halten. Ich musste in der ganzen Zeit sehr viel machen, um nicht allzu viel nachzudenken, das eher auf später aufschieben. Dann hat sich verändert, dass mehr über unsere Arbeiten in der Presse geschrieben wurde, hauptsächlich über die Produktion von Mensching und mir; dass wir jetzt in den großen Theatern spielen durften, was früher nicht so war; dass die Lust, selbst für die Printmedien zu schreiben, zunehmend abnimmt, wenn man diesen ganzen Wust sieht; dass ich mich sehr disziplinieren muss und lernen musste, dass ich nicht nur noch Schwachsinn und Illustrierte, sondern irgendwann mal wieder Bücher lese und vor allem mal lerne, mich in den Buchläden zu orientieren, was mir immer noch nicht geglückt ist. Mein musikalisches Empfinden hat sich erstaunlicherweise sehr geändert, was, glaube ich, mit dem anderen Lebensgefühl zusammenhängt, auch mit einer größeren Laxheit. Ich habe früher oft nicht begriffen, dass Westler sehr stark im tonalen und weniger im verbalen Bereich denken, und auf einmal kann ich das nachvollziehen, habe selbst oft Lust, viel mehr Informationen von mir in das Musikalische zu legen als in den Text, weil ich den Worten weniger vertraue als vorher – oder vielleicht nicht den Worten, sondern mehr den Ohren nicht mehr so vertraue und denke, dass die Leute nicht mehr die Lust haben, das zu entschlüsseln oder sich herbeizuträumen, was so eine Phrase oder ein Satz aufreißen könnte. Und noch eine ganze Menge hat sich geändert, zum Beispiel die Mieten … *(lacht)*

Das ist schon sehr bilanzierend, wenn man einen Strich ziehen würde. Aber mal nur bezogen auf die kulturelle Infrastruktur, haben die Veränderungen für die eigene Arbeit mehr Möglichkeiten gebracht, oder gibt es auch Bereiche, wo du sagen würdest, dieses oder jenes hätte ich an infrastrukturellen Zusammenhängen doch gerne auch heute noch, es ist aber nicht mehr da?

Sicher, die Geistigkeit beziehungsweise das gesamte geistige Klima ist verloren gegangen. Man hat weniger Zeit füreinander, um sich über Bücher zu unterhalten, dadurch wird sicher auch weniger geschrieben – oder mehr geschrieben, was dasselbe ist, nur dass es eben belangloser ist. Die gesamte Struktur, die man – auch kulturell – an Kommunikation zur Verfügung hatte, ist weggebrochen, und das entspricht mehr oder weniger dem Zustand der hoch entwickelten zivilisierten Menschheit im Augenblick. Trotzdem ist da natürlich irgendwo auch das Stückchen Sehnsucht nach einer Zeit, in der man sehr große Lust hatte, etwas zu schreiben und zu sagen, etwas, was ich nicht missen will. Landläufig wird diskutiert, dass diese Beziehung zwischen Autoren und Lesern in der ehemaligen DDR im Nachhinein eigentlich nicht zählt, weil sie angeblich nicht freiwillig war und die Leute nur deswegen so viel gelesen hätten, weil sie nicht ins Ausland fahren durften. Das ist natürlich ein verkürzter Blick, der aus der politischen Instrumentalisierung der ehemaligen DDR herauswächst. Wenn ich die Dichtungen von Homer oder Goethe unter diesem Gesichtspunkt angucken würde, könnte ich doch auch nicht vorwerfen, dass die Leute deswegen diese Epen behalten haben, weil sie keinen Videorekorder hatten oder weil sie nicht nach Amerika fahren konnten. Natürlich zwingt eine Notsituation die Menschen immer zu sozialem und kommunikativem Verhalten – nur deswegen haben sie in der ganzen Entwicklung von Anfang an begonnen zu kommunizieren, weil sie Not miteinander hatten. Wenn man aber das kommunikative Verhalten der Leute im Nachhinein für nicht gültig erklärt, nur weil sie Not hatten, ist das Schwachsinn. Und so diskutieren wir im Moment mit der Geschichte und vor allem mit der ehemaligen kulturellen Situation, die dieses Land hatte. Wenn ich mir angucke, was für Filme noch aus der ehemaligen Sowjetunion, der ehemaligen ČSSR, aus Ungarn auf den Markt kommen – was war dort für eine Filmproduktion. Wenn man mal von der Nabelschau weggeht, ist das eigentlich ein kultureller Verlust für die ganze europäische Kultur. Und das ist viel schlimmer, weil ein Stück Wirklichkeit weggebrochen ist – der Osten hat, vielleicht krampfhaft, aber immerhin, an gewissen Werten oder Diskussionen von Werten festgehalten. Wie ernst das Politiker gemeint haben, sei dahingestellt, aber die Leute haben es zumindest so genommen.

Würdest du in Bezug auf Deutschland meinen, dass jetzt ein Prozess der Verflachung stattfindet?
Ja. Ich würde es Verblödung oder Verarmung, nicht nur Verflachung nennen. Irgendwo geht Europa auf den Weg, auf dem die USA in den Provinzorten im Prinzip schon seit Längerem ist – die Kultur wird nicht mehr subventioniert, und die allgemeine Dummheit in der Weltsicht oder Weltanschauung stört nicht mehr beim beruflichen Fortkommen, es werden nur noch bestimmte Fachidioten für eine völlig technokratisierte Wirklichkeit benötigt. Das ist eine Verarmung. Die Menschen verlieren etwas von ihren Träumen und von ihrer auch notwendigen Unsicherheit, die zum Leben dazugehört. Und das kompensiert sich meistens in sehr schwachsinnigen Verhaltensformen.

Macht sich das auch bei deinem beziehungsweise eurem Publikum bemerkbar, sowohl was den Andrang betrifft, aber auch im Unterschied zwischen Ost und West?
Wir haben in der letzten Zeit verstärkt im Osten gespielt. Vielleicht aus dem Grund, weil die Leute hier das, was wir machen, brauchen und es für die Leute im Westen mehr oder minder ein Luxus ist. Ich habe ja auch nur eine abgemessene Zeit zur Verfügung, irgendwann muss ich auch mal schreiben. Wir haben uns also vor allem auf den Osten konzentriert, aber dadurch, dass wir in Berlin im Maxim-Gorki-Theater spielen, hatten wir die Möglichkeit, immer eine ganze Menge an West-Berliner Publikum in die Vorstellung zu kriegen, das sich auch gemischt hat mit Ostlern. Nun muss man davon aus-

gehen, dass die Leute, die in so eine Vorstellung kommen, Interesse daran haben, dass diese Verblödung nicht unumgänglich wird, sie stimmen demnach mit ihrem Hingehen immer dafür ab, dass so eine Kultur weiterexistiert, das ist neben dem Genuss auch ein bewusstes Verhalten. Das Publikum hat nicht abgenommen, im Gegenteil, in der letzten Zeit blieb das einigermaßen stabil. Nach der Wende hatten wir einen Zuwachs, fast eine Verdopplung, Verdreifachung von Publikum, und das hat sich auf diese Größenordnung eingepegelt. Aber in der allgemeinen Zersplitterung, die man auf dem kulturellen Gebiet hat, wird es für die Leute immer schwieriger, sich zu orientieren und zu wissen, wo etwas stattfindet, das machen auch die Plakate nicht mehr. Ich bemerke das auch an mir: Wenn ich mal abends in Berlin irgendwohin gehen will, bin ich nicht in der Lage, das aus irgendwelchen Veranstaltungsplänen herauszufinden oder zu wissen, wo irgendwas ist. Diese kulturelle Verwirrung, die hauptsächlich in Berlin herrscht, erschwert das ungemein. Die Gesellschaft fokussiert sich auf das mediale Erscheinen, sodass man, wenn man nicht permanent eine Präsenz im Fernsehen hat, an Bekanntheit verliert und irgendwann sukzessive aus dem Gedächtnis der Leute verschwindet.

Was die Kolleginnen und Kollegen betrifft, gab es ja früher in der DDR durchaus einen sehr engen Zusammenhalt, genremäßig und teilweise wahrscheinlich auch genreübergreifend. Besteht das noch, oder gibt es Marktmechanismen, die so manches haben zerbrechen und zu Konkurrenz werden lassen?
Andere kann ich nicht einschätzen, ich weiß es nur von mir. Ich entdecke das auf jeden Fall an mir noch nicht, dass ich neidisch bin auf andere. So viele Kontakte hatten wir sowieso nicht, weil wir eigentlich immer ein kleines Kollektiv waren – Mensching und ich – und hatten genug miteinander zu tun. Man hat ab und zu mal auf irgendwelchen größeren Veranstaltungen Kollegen getroffen, und das hat sich nicht geändert. Ich kann es also schlecht einschätzen.

Du hast eingangs gesagt, du hättest viel gearbeitet, um nicht zu viel nachzudenken. Beim Arbeiten hast du aber sicher auch nachgedacht.

Was sind die Dinge, über die ein Wenzel beim Schreiben aktuell nachdenkt? Was greifst du auf?
Schwierig. Es ist einmal die Überlegung, wie man sich in einer Welt oder Gesellschaft, die sich wie die andere, aus der ich kam, als das Nonplusultra definiert, also im Hegel'schen Sinne als eine Gesellschaft, wo der Weltgeist zu seinem Ende gekommen ist und wo es keinen danach geben soll, wie man in so einer Gesellschaft existiert und sich Geschichte trotz aller Hiobsbotschaften offenhalten kann. Und das andere, das mich im Moment noch viel mehr interessiert, ist, diese elementaren Dinge zu bearbeiten, die aus den Rastern aller Ideologien herausgefallen sind, wie die Beziehung zwischen den Geschlechtern, die Beziehung zwischen Arm und Reich ... Diese Dinge, die man wieder mit dem naiven, ganz natürlichen Blick betrachten muss. Und das Verhältnis Europas zur Armut, in welcher Weise es auch immer diskutiert wird, ob als Asylproblem oder als Waffenexport, es ist immer das Verhältnis eines Reichen zur Armut. Das ist etwas, unter dem man, wenn man produktiv sein will, eigentlich nicht leiden darf, weil man dann diese Kraft verliert. Aber ich möchte das einfach nicht aus meinem Bewusstsein herauslassen. Ich empfinde mich immer noch als einen Menschen, der auf dieser Erde lebt, und nicht so sehr als einen Deutschen.

Letzte Frage, sie passt zu dem Deutschen: Bedeutet dir der 3. Oktober irgendetwas?
Nein, für mich bedeutet er nichts.

Anhang

Kurzbiografien (Erarbeitet von Lutz Kirchenwitz)

Norbert Bischoff

Geboren 1959 in Meyenburg (Prignitz), wuchs er nach dem frühen Tod der Mutter bei seinem Bruder in Leipzig auf und sang dort im Rundfunk-Kinderchor. 1974–76 absolvierte er eine Lehre als Fachverkäufer für Eisenwaren und war Mitglied der Songgruppe Leipzig. Er zog um nach Berlin, besetzte eine leerstehende Wohnung und arbeitete als Verkäufer und Hauswirtschaftspfleger. Gleichzeitig absolvierte er eine Gesangsausbildung im Chansonzirkel Weißensee, sang in Kirchen und Jugendklubs und war der erste offen schwule Liedermacher in der DDR. 1983 präsentierte er sein erstes Programm mit eigenen Liedern, erhielt 1985 einen Preis bei den Chansontagen in Frankfurt (Oder) und wurde freischaffend. 1986–87 besuchte er einen Liedermacherlehrgang der Generaldirektion beim Komitee für Unterhaltungskunst und entwickelte 1987 gemeinsam mit Maike Nowak ein Programm unter dem Titel »No Mai – lieber April, Mann und Frau sind gleich berechnet«. 1989/90 war er voller Hoffnung, unterzeichnete die Resolution der Rockmusiker und Liedermacher vom 18.9., sang »Die Zeit ist reif, sich nicht mehr einzuordnen« und organisierte Veranstaltungen in der Erlöserkirche (»Rock gegen Gewalt«). 1991 erschien seine erste LP *Zwischen Bett und Barrikade* beim Amiga-Nachfolgelabel Zong. Er besuchte einen Kurs für Kulturmanagement und plante ein Knef-Festival, fand jedoch in der Nachwendekultur keinen Platz. Am 9. November 1993 nahm er sich das Leben, »das rechte Datum, zu verschwinden, für einen Deutschen«, wie er in einem Abschiedsbrief schrieb. 1994 erschien auf einem kleinen Label eine Bischoff-CD mit dem Titel *Ich will nicht länger warten ... Letzte Lieder.*

Annekathrin Bürger (geborene Rammelt)

Geboren 1937 in einer Künstlerfamilie in Berlin, wuchs sie in Hornhausen bei Oschersleben (Sachsen) auf. Nach einer Gebrauchswerberlehre arbeitete sie als Bühnenbild-Assistentin am Theater Bernburg und wurde für den Film *Eine Berliner Romanze* (1956) als Hauptdarstellerin entdeckt. Anschließend studierte sie an der Filmhochschule Babelsberg, spielte am Theater der Bergarbeiter in Senftenberg und war von 1965–2003 an der Berliner Volksbühne engagiert. Die Filme *Verwirrung der Liebe* (1959), *Königskinder* (1962) und die vierteiligen Fallada-Adaption *Wolf unter Wölfen* (1964) machten sie populär. A. B. übernahm zahlreiche Rollen in Kino- und Fernsehfilmen, u.a. in den DFF-Serien *Polizeiruf 110, Der Staatsanwalt hat das Wort* und *Das unsichtbare Visier.* Von 1966 bis zu seinem Tod im Jahr 2000 war sie mit dem Schauspieler und Regisseur Rolf Römer verheiratet, der viele Rollen für sie schrieb und bei einigen ihrer Filme Regie führte (u.a. *Hostess* 1976). Am 4.11.1989 trat sie bei der Kundgebung auf dem Berliner Alexanderplatz auf. Nach der Wende spielte sie kleinere Rollen im Fernsehen, u.a. 1999–2007 in der ARD-Serie *Tatort.* 1993–2000 organisierten sie und ihr Mann mit einem Verein Hilfstransporte für Waisenkinder in Russland. 2007 erschienen ihre Memoiren *Der Rest, der bleibt. Erinnerungen an ein unvollkommenes Leben* (mit Kerstin Decker). 2017 war sie eine der Hauptdarstellerinnen in dem Film *Die Anfängerin.* A. B. tritt mit Chansons und Lesungen auf und lebt in Berlin.

Gerd Eggers

Geboren 1945 in Potsdam, arbeitete er nach dem Abitur im Kombinat Schwarze Pumpe und studierte 1964–67 am Institut für Literatur in Leipzig. Nach seinem Wehrdienst war er als Mitarbeiter im Deutschen Schriftstellerverband tätig und ab 1973 freischaffender Schriftsteller.

Seine Gedichte erschienen ab 1964 in verschiedenen Anthologien der *Lyrik-Welle,* 1969 eine Auswahl seiner Gedichte in der Reihe Poesiealbum. Ab 1972 schrieb er verstärkt Liedtexte, zunächst für den Oktoberklub, später für Jahrgang 49, Spartakus und andere Gruppen. 1982 veröffentlichte er einige von ihnen in dem Band *Vorzimmer-Lieder.* 1975 erschien *Besuch bei Buratino,* es folgten viele weitere Kinderbücher. Ende der 1980er Jahre trat er zusammen mit Udo Magister und Perry Friedman auf und schrieb 1989 eine *Herbstchronik 89.* Um sich nach der Wende ein regelmäßiges Einkommen zu sichern, initiierte er 1991 in einer Potsdamer Tageszeitung die wöchentliche Kinderseite »Piepmatz« und schrieb dafür Geschichten und Gedichte. 1993 veröffentlichte er einen *Kinderstadtführer Potsdam.* 1995 erschienen Texte von ihm in einer Anthologie Brandenburger Autoren, 1997 Texte aus der Wendezeit von ihm und Udo Magister in dem Band *In den Sumpf geraten ...* 2013 schrieb er für eine Rockband die Brandenburg-Hymne »Brandenburger Land«. 2014 und 2016 fanden Ausstellungen mit seinen Gedichten und Fotos statt. Eine schwere Krankheit hinderte ihn in den letzten Lebensjahren am Schreiben. 2018 verstarb er in Potsdam.

Peter Ensikat

Geboren 1941 in Finsterwalde, studierte er nach dem Abitur 1959–62 Schauspiel an der Theaterhochschule Leipzig. Bereits während des Studiums schrieb er erste Texte für das Studentenkabarett Rat der Spötter, das im Herbst 1961 verboten wurde. 1962–65 spielte er am Theater der Jungen Generation in Dresden. Dort schrieb er erste Stücke fürs Kindertheater und Sketche für das Kabarett Herkuleskeule. Anfang der 1970er Jahre zog P. E. nach Berlin und wurde Schauspieler und Regisseur am Theater der Freundschaft. Ab 1974 war er freischaffend tätig. Er schrieb Stücke für Kindertheater und Kinderfernsehen und arbeitete als Regisseur auch im Ausland. 1969–84 war er Autor des Berliner Kabaretts Distel und in den 1970er und 1980er Jahren der meistgespielte Kabarettautor der DDR. 1985 erhielt er den Lessing-Preis, 1988 den Nationalpreis der DDR (im Kollektiv). Kabarett, das jahrelang im DDR-Fernsehen so gut wie gar nicht vorgekommen war, erlebte 1989/90 eine kurze Blütezeit mit der Sendung »Scharfer Kanal«, die viele Texte von P. E. enthielt. Ab Februar 1990 war er wieder Autor, ab 1991 auch Gesellschafter des Berliner Kabarettheaters Distel und 1999–2004 dort Geschäftsführer und künstlerischer Leiter. Ab 1993 veröffentlichte er eine Reihe von Büchern, beginnend mit *Ab jetzt geb' ich nichts mehr zu. Nachrichten aus den neuen Ostprovinzen.* Zusammen mit Wolfgang Schaller wurde er 2009 mit einem Stern der Satire auf dem Walk of Fame des Kabaretts in Mainz geehrt. 2010 erschien seine Autobiografie *Meine ganzen Halbwahrheiten.* 2013 verstarb P. E. in Berlin.

Perry Friedman

Geboren 1935 in Prince Albert (Kanada), ging er nach dem Abitur auf Wanderschaft und versuchte ab 1956, vom Singen zu leben. Sein Vorbild war der Folksänger Pete Seeger. Bei einem KP-Kongress in London erhielt er eine Einladung in die DDR. Er nahm diese 1959 an und ließ sich in Ost-Berlin nieder. Ab 1960 veranstaltete er in der DDR Hootenannys und trat auch in der BRD auf (u.a. Ostermarsch). 1962 veröffentlichte er das Liederbuch *Hör zu, Mister Bilbo. Amerikanische Arbeiterlieder* und 1963 Schallplatten (EP) in der DDR und der BRD. 1965/66 wurden Lied und Chanson in der DDR verstärkt gefördert. Mehrere LPs mit P. F. und anderen Künstlern erschienen, u.a. *Hootenanny mit Perry Friedman.* Er war Mitbegründer des Hootenanny-Klubs Berlin (1967 umbenannt in Oktoberklub). Als die SED-Führung Anfang 1967 eine Kampagne gegen »Tendenzen der Amerikanisierung auf dem Gebiet der Kultur« initiierte, wurde es eine Zeit lang still um ihn. 1968 holte ihn der FDJ-Zentralrat in die Beratergruppe der Singebewegung und verlieh ihm 1969 den Kunstpreis der FDJ. 1971–76 lebte P. F. in Kanada, 1976 kehrte er in die DDR zurück. 1979 erhielt er mit einem Kollektiv von Förderern der Singebewegung den Nationalpreis. In den 1980er Jahren arbeitete er als Dokumentarist für den Rundfunk und war Gastgeber von Lieder-Tourneen der FDJ mit in- und ausländischen Sängern (u.a. 1983 Harry Belafonte und Udo Lindenberg). Nach einem Herzinfarkt und einer Operation 1988/89 konnte er nicht mehr Banjo spielen und ließ sich ab 1992 von einem Pianisten begleiten *(American Folk and Classical Music).* 1995 verstarb er in Berlin. 2004 erschienen sein unvollendetes Tagebuch und Erinnerungen von Weggefährten unter dem Titel *Perry Friedman. Wenn die Neugier nicht wär. Ein Kanadier in der DDR.* Eins seiner Banjos befindet sich im Haus der Geschichte in Bonn.

Matthias Görnandt

1952 in Bad Frankenhausen geboren, studierte er zunächst Theologie, brach das Studium jedoch ab und wurde freiberuflicher Maler und Grafiker. 1981 begann er, Lieder in thüringischer Mundart zu schreiben, und sang sie zusammen mit Bernd Rönnefarth. Nach Meinung der lokalen MfS-Behörden offenbarten sie eine »antisozialistische Grundeinstellung« zur DDR, von zentralen Kulturinstitutionen wurden sie jedoch als neu und originell bewertet. Görnandt & Rönnefarth erhielten 1981 den Schallplattenpreis der 6. Chansontage der DDR in Frankfurt (Oder), veröffentlichten 1983 bei Amiga ihre erste LP *Frag mich Fragen* und traten ab 1983 als Trio unter dem Namen Circus Lila vor allem mit Kinderprogrammen auf. Gemeinsam mit verschiedenen LiedermacherkollegInnen unternahmen sie 1983–86 umfangreiche »Liedercircus«-Tourneen durch die DDR. 1984–89 war G. ehrenamtlicher Vorsitzender der Sektion Chanson/Liedermacher (ab 1988 Lied und Kleinkunst) des Komitees für Unterhaltungskunst und gehörte 1989 zu den Künstlern, die Wolf Biermann und andere ausgebürgerte Liedermacher in die DDR einluden. 1991–98 war G. Fachbereichsleiter Kultur/Medien in der Staatskanzlei des Landes Brandenburg und veranstaltete in dieser Zeit u.a. die Werkstatt KUNST MACHT POLITIK. Danach war er freiberuflich als Maler, Autor und Kurator tätig und entwickelte verschiedene Projekte, so das Brandenburgische Haus der Kulturen »al globe« (2001–04) und das Festival transVOCALE (seit 2004) in Frankfurt (Oder). M. G. wohnt in Krams (Prignitz) und Warnkenhagen (Ostsee).

Gerhard Gundermann

Geboren 1955 in Weimar, kam er 1966 mit seinen Eltern nach Hoyerswerda, besuchte dort die EOS und wurde 1971 Mitglied ihres Singeklubs. 1972 begann er, Lieder zu schreiben. Nach dem Abitur ging er 1973 zum Studium an die Offiziershochschule Löbau, wurde 1975 exmatrikuliert und arbeitete fortan im Braunkohlentagebau, zuerst als Hilfsmaschinist, dann als Baggerfahrer. Er setzte seine Mitarbeit im Singeklub Hoyerswerda fort und entwickelte erste gestaltete Programme (»Krabat und seine Geschichten«). 1978 wurde aus dem Singeklub das Liedtheater Brigade Feuerstein, das mit seinen jahrmarktsartigen Programme bekannt wurde und häufig beim Festival des politischen Liedes und auch im Ausland auftrat. G. G. war Textautor, Regisseur, Darsteller und Musiker, trat ab 1980 auch solistisch auf und schrieb Texte für andere Gruppen. 1976–84 wurde er vom MfS als IM »Grigori« erfasst. 1982 wurde er aus der SED ausgeschlossen, deren Mitglied er seit 1977 gewesen war. Im Film *Gundi Gundermann* porträtierte ihn Richard Engel 1983 für das Fernsehen. 1987 erhielt er den Hauptpreis der Chansontage Frankfurt (Oder), im Jahr darauf erschien seine erste Langspielplatte *Männer, Frauen und Maschinen.* 1988 löste sich die Brigade Feuerstein auf, G. G. trat solistisch und mit wechselnden Bands auf und schrieb auch Texte für die Rockband Silly (LP *Februar*). 1992 wurde die in Zusammenarbeit mit Silly produzierte CD *Einsame Spitze* sehr populär, weitere CDs folgten. G. G. ging mit der Band Seilschaft auf Tournee, hatte u.a. 1994 Auftritte mit Bob Dylan und Joan Baez. 1996 erschien das Buch *Gerhard Gundermann – Rockpoet und Baggerfahrer.* 1997 endete die Arbeit im Tagebau, er begann eine Umschulung zum Tischler. G. G. starb 1998 in Spreetal. 1999 wurde der Verein Gundermanns Seilschaft gegründet. 2017/18 drehte Regisseur Andreas Dresen den Spielfilm *Gundermann.*

Edgar Harter

Geboren 1946 in Magdeburg, spielte er schon während seiner Schulzeit Theater. Er erlernte zunächst den Beruf des Buchhändlers, stand während seiner Ausbildung aber weiterhin als Statist auf der Bühne. Nach Beendigung seiner Lehrzeit studierte er an der Staatlichen Schauspielschule Berlin. Ein erstes Engagement hatte er von 1970 bis 1972 am Meininger Theater, es folgten das Landestheater Neustrelitz und das Deutsche Theater in Berlin. Am 16. November 1975 stand er zum ersten Mal auf der Bühne des Berliner Kabaretts Distel und gehört diesem Ensemble bis heute an. In den 1970er Jahren arbeitete er gelegentlich vor der Kamera, von 1974 bis zum Ende der 1990er Jahre auch als Hörspielsprecher, u.a. in der Familien-Serie *Neumann, zweimal klingeln.* E. H. lebt in Berlin.

Dieter Kalka

Geboren 1957 in Altenburg (Thüringen), wuchs er in Meuselwitz auf. Während der Schulzeit erhielt er Akkordeonunterricht und spielte in einer Rockband. Nach dem Abitur studierte er ab 1978 Elektrotechnik und Mathematik an der Technischen Hochschule Ilmenau. Dort gründete er 1979 die Folkband Feuertanz. 1980 musste er das Studium wegen »Verbreitung und Besitz illegaler Schriften« abbrechen, war in verschiedenen Berufen tätig und trat als Liedermacher auf. Nachdem er 1982 in Altenburg ein Auftrittsverbot erhalten hatte, ging er 1983 nach Leipzig, wo es ein toleranteres kulturelles Klima und eine große Solidarität zwischen den Liedermachern gab. Er galt bald als »Rebell der Leipziger Liederszene« und erregte Aufsehen mit Programmen wie »Das utopische Festival« und »Sonnenwende«. In der Wendezeit beteiligte sich D. K. an einem nicht genehmigten Straßenmusikfestival im Juni 1989 und ab Oktober an Solidaritätskonzerten für inhaftierte Demonstranten. 1990 organisierte er die Erste Alternative Buchmesse Leipzig. Er trat in Polen, Weißrussland und anderen Ländern auf, initiierte deutsch-polnische Lyrikfestivals, dichtete polnische Lyrik nach und gab zweisprachige Anthologien heraus. 1997 erschien *Der ungepflückte Apfelbaum,* D. K.s erstes Buch mit Erzählungen. Daneben beschäftigte er sich mit der Geschichte der Leipziger Liederszene, richtete 2013 eine Website dazu ein und trug so wesentlich bei zur Entstehung der DVD / CD *Leipziger Liederszene der 80er Jahre,* die 2018 erschien. Seit 2006 betreibt D. K. eine Logopädie-Praxis und lebt in Leipzig und Meuselwitz.

Barbara Kellerbauer

Geboren 1943 in Freiberg (Sachsen), nahm sie schon als Kind an Gesangswettbewerben teil und hatte 1959 ihren ersten TV-Auftritt in der Sendung »Herzklopfen kostenlos«. 1960 – 62 studierte sie an der Medizinischen Fachschule Zwickau und arbeitete danach als Medizinisch-technische Assistentin. 1965 – 70 folgte ein Gesangsstudium an der Hochschule für Musik Carl Maria von Weber Dresden. 1966 – 70 wirkte sie bei Dresdener Hootenannys, in der Folkloregruppe der TU Dresden und der daraus hervorgegangenen gruppe pasaremos mit. 1967 erschien ihre erste Single bei Amiga. Sie zog nach Berlin, wurde 1973 freischaffend, gründete eine eigene Gruppe und trat mit dieser im In- und Ausland auf. Sie sang zunächst deutsche und internationale Volkslieder und Brecht/Eisler-Songs und dann neue Chansons verschiedener Autoren. 1979 erschien bei Amiga ihre erste LP. 1984–89 moderierte sie die Fernsehreihe »Lieder, Land und Leute« und erhielt 1988 den Kunstpreis der DDR. 1989 erschien bei Amiga ihre zweite LP. Obwohl ihr in der Wendezeit viele Veranstalter und Medienpartner wegbrachen, blieb sie dem Chanson treu, gestaltete zehn Jahre lang die Jugendfeiern des Humanistischen Verbandes im Berliner Friedrichstadtpalast, war bis 2002 mit Annekathrin Bürger, Carola Nossek und Uschi Brüning unterwegs (Programm »Vier im Konzert«) und veröffentlichte zwei CDs. Auch heute noch tritt sie mit ihrer Tochter Johanna auf, arbeitet als Gesangspädagogin, engagiert sich in der Kulturarbeit ihres Stadtbezirks Berlin-Kaulsdorf und ist seit 2003 Präsidentin des Kulturbundes. Sie lebt in Berlin.

Stefan Körbel

Geboren 1953 in Berlin, lernte er frühzeitig Violine und Gitarre spielen und gehörte 1968–72 dem Lyrik-Song-Club Berlin an. Nach dem Abitur und dem Wehrdienst war er 1973–76 Produzent für Lied im DDR-Rundfunk und spielte 1974 in der Gruppe MTS. 1976–81 studierte er Kulturwissenschaften an der Humboldt-Universität zu Berlin und war 1976–84 Mitglied des Liedtheaters Karls Enkel. 1973–74 und 1977–78 wurde er vom MfS als IM »Georg Steinberg« geführt. 1981 wurde er freiberuflicher Musiker, spielte ein Brecht-Programm mit Gina Pietsch und 1984 ein erstes Soloprogramm. 1986–87 war er freier Musikproduzent beim Rundfunk und wirkte 1986–89 in der Bolschewistischen Kurkapelle Schwarz-Rot mit. Ab 1987 sang er erste eigene Texte und erhielt einen Preis bei den Chansontagen in Frankfurt (Oder). 1989 durfte er wegen eines Stasi-Liedes nicht beim Festival des politischen Liedes auftreten. Im »heißen Herbst« ’89 ging er mit Gundermann und anderen Kollegen auf Tournee. 1990 folgten erste Auslandsauftritte in Frankreich und der Schweiz, aber es wurde für ihn zunehmend schwieriger, vom Liedermachen zu leben. 1990 gründete er das Label Nebelhorn (bis 1998 ca. 40 Veröffentlichungen) und brachte dort seine erste LP *Restbestände* heraus. 1991 war er Mitbegründer des Vereins Lied und soziale Bewegungen, der in den Folgejahren diverse Liedermachertreffen und ab 2000 das Festival Musik und Politik veranstaltete. Ab 1994 begleitete er einige Jahre Bettina Wegner als Gitarrist. Ab 1997 führte er mehrere Programme im Duo mit dem Pianisten Michael Letz auf, u. a. »Forty Eight Crash. Lieder & Texte aus der Revolution von 1848«. 1999 – 2003 betrieb er den Club Voltaire, eine Kleinkunstkneipe in Berlin. 2008 – 11 arbeitete er in einem Projekt des Vereins Lied und soziale Bewegungen. 2014 gründete er das »Buonarroti-Archiv«, ein biografisches Interview-Projekt. S. K. lebt in Berlin.

Gisela Kraft

Geboren 1936 und aufgewachsen in Berlin, absolvierte sie von 1956 – 59 eine Schauspiel- und Eurythmie-Ausbildung in Berlin, Stuttgart und Dornach. Von 1960 – 72 war sie an verschiedenen Theatern tätig. 1972 begann sie ein Studium der Islamwissenschaft an der Freien Universität Berlin, das sie 1978 mit einer Dissertation über den türkischen Dichter Fazıl Hüsnü Dağlarca abschloss. Von 1978 bis 1983 war sie wissenschaftliche Mitarbeiterin am Institut für Islamwissenschaft der Freien Universität Berlin. Zu Beginn der 1980er Jahre war sie Vorsitzende der Neuen Gesellschaft für Literatur in West-Berlin und engagierte sich in der Initiative Künstler für den Frieden.

Im November 1984 übersiedelte die überzeugte Sozialistin nach Ost-Berlin. Sie meinte: »In der DDR konnte ich zum ersten Mal freischaffend sein. Ich konnte einfach vom Schreiben leben.«

Sie schrieb Lyrik und Prosa und übersetzte aus dem Türkischen. Mit dem Ende der DDR wurde ihre berufliche Situation wieder schwieriger, denn einige Verlage wurden geschlossen, und Honorare für Lesungen wurden spärlicher. »Jetzt bin ich wo ich war«, schrieb sie in einem »Wende-Vers«. Ab 1997 lebte sie in Weimar von einer bescheidenen Rente und fuhr zu Lesungen in ganz Deutschland.

Mit *Planet Novalis* legte sie 2006 den dritten und abschließenden Band einer Romantiker-Trilogie vor, die das Wirken des Frühromantikers Friedrich von Hardenberg alias Novalis und seiner Gefährten zum Inhalt hat. Im selben Jahr erhielt sie den Weimar-Preis und 2009 für ihre Nachdichtung von

Nâzım Hikmets *Die Namen der Sehnsucht* den Christoph-Martin-Wieland-Preis. Sie verstarb 2010 in Bad Berka.

Gerd Krambehr

Geboren 1958 in Erfurt, studierte er nach dem Abitur 1981–85 an der Erfurter Pädagogischen Hochschule Russisch/Deutsch-Lehrer. Von 1985–88 war er Assistent in der Abteilung Kultur der Hochschule. Der Arbeitsvertrag wurde im Sommer 1988 wegen »politischer Differenzen« nicht verlängert. G. K. versuchte nun, mit einer befristeten Auftrittserlaubnis als freiberuflicher Liedermacher zu überleben. Im Frühjahr 1989 wurde er wegen »Diskreditierung des Sozialismus« und »feindlicher Lieder« aus der SED ausgeschlossen und trat dann im Herbst 1989 bei vielen Veranstaltungen des Neuen Forum auf. 1991–93 war er Sozialarbeiter in einem der beiden ersten Asylbewerberheime Erfurts, 1994–2000 in einem offenen Jugendhaus, danach in einem Projekt mit physisch und psychisch behinderten Kindern beim Christophoruswerk. Seit 2004 arbeitete er freischaffend als Liedermacher, Keramikmaler und Tongestalter. Man sagte G. K. eine »russische Seele« nach. So hat er dem russischen Liedermacher Wladimir Wyssozki Lieder und Programme gewidmet und seit 2012 verschiedene Projekte in Russland und in der Ukraine initiiert, u.a. gegen den dortigen Krieg im Osten und für die Opfer des Maidan. 1997 veröffentlichte G. K. seine erste CD *Wurzeln,* später eine Projekt-CD mit Jugendlichen und 2003 eine Single gegen den Irakkrieg. 2018 erschien die Doppel-CD *Menschsmomente* mit Liedern von den 1980er Jahren bis heute. G. K. lebt in Erfurt.

Stephan Krawczyk

Geboren 1955 in Weida (Thüringen), wirkte er während seiner Schulzeit in einem Geraer Singeklub mit, war nach Abitur und Wehrdienst 1975–79 Leiter des Bezirkssingezentrums Gera und absolvierte 1979–82 ein Fernstudium Konzertgitarre an der Hochschule für Musik Franz Liszt in Weimar. 1978–83 war er Mitglied der Folkloregruppe Liedehrlich und seit 1980 freischaffend. 1981 erhielt er den Hauptpreis der Chansontage in Frankfurt (Oder), und 1982 wurde seine einzige Schallplatte in der DDR veröffentlicht (mit der Gruppe Liedehrlich). 1984 zog er nach Berlin, kam in Kontakt zu oppositionellen Gruppen und schrieb erste eigene Texte. 1985 trat er aus der SED aus (Mitglied seit 1976). Nach einem Aufrittsverbot führte er 1985–87 die Programme »Steinschlag« und »Pässe, Parolen« gemeinsam mit Freya Klier in Kirchen auf. Im November 1987 schrieben sie einen offenen Brief an Kurt Hager, in dem innergesellschaftlicher Dialog und Freiheit der Kunst gefordert wurden. Im Dezember 1987 erschien der Mitschnitt eines Kirchenkonzerts im Westen auf Langspielplatte *(Wieder stehen)*. Anfang 1988 wurde S. K. vor einer geplanter Protestaktion bei der offiziellen Liebknecht-Luxemburg-Demonstration verhaftet und unter Androhung einer Haftstrafe nach West-Berlin abgeschoben. Im Mai 1988 hatte er seine erste Tournee durch die BRD und andere Länder. Am 2.12.1989 trat er mit anderen ausgebürgerten Liedermachern zum ersten Mal wieder in der DDR auf (Haus der jungen Talente Berlin). Er erhielt 1992 den Bettina-von-Arnim-Literaturpreis (für die Erzählung *Mein Vater*), 1993 den Verdienstorden des Landes Berlin und 2005 den Preis der Lutherstädte Das unerschrockene Wort. S. K. ist mit verschiedenen Liedprogrammen und Lesungen unterwegs und hat diverse CDs und Bücher veröffentlicht. 2018 erschien die CD *Wenn die Wasser Balken hätten – Die Audiographie* mit Neuaufnahmen von Liedern aus den Jahren 1982 bis 2017. S. K. lebt in Berlin.

Udo Magister

Geboren 1954 in Hoyerswerda (Sachsen), gründete er 1967 mit seinen Brüdern Jürgen und Ulli den Singeklub der Lessing-EOS Hoyerswerda. Nach Abitur (1971) und Wehrdienst (auch dort im Singeklub) begann er 1974 ein Studium der Kulturwissenschaften in Berlin, brach es aber ab und war von 1975–78 Mitarbeiter des Singezentrums im Berliner Haus der jungen Talente. Er besuchte einen Lehrgang für Komposition und Tonsatz bei Wolfram Heicking an der Berliner Musikhochschule Hanns Eisler, wirkte zwei Jahre im Oktoberklub mit und spielte danach in den Gruppen Regenmacher und Primavera. Einige Jahre arbeitete er in den Gummiwerken Berlin, für ihn eine wichtige neue Lebenserfahrung. 1982 wurde er freiberuflicher Liedermacher und schrieb seine Texte jetzt selbst. Er beteiligte sich 1987 an dem Projekt

»Erste Unsichere Verallgemeinerung«, einem Gemeinschaftsprogramm mehrerer Liedermacher, das Perestroika und Glasnost für die DDR forderte. Ende der 1980er Jahre trat er häufig mit dem Lyriker Gerd Eggers auf, spielte 1989/90 u. a. bei der PDS und beim Neuen Forum, zog sich dann jedoch von der Bühne zurück. Er kam zu dem Schluss, dass »Aufklärung, wie ich sie mir immer vorgestellt hatte, ... nicht mehr möglich oder eben nicht mehr nötig« war. Zudem sah er sich »gezwungen sich einzurichten, schon wegen der Familie, um die Wohnung zu bezahlen«. So wurde er im Herbst 1990 Anzeigenberater und ist das bis heute. U. M. lebt in Berlin.

Gisela May

Geboren 1924 in Wetzlar (Hessen), studierte sie nach dem Besuch einer Höheren Mädchen- und einer Haushaltsschule 1940–42 Schauspiel in Leipzig. Anschließend hatte sie Engagements in Dresden, Danzig, Görlitz, Schwerin und Halle, 1951–61 am Deutschen Theater Berlin und ab 1962 am Berliner Ensemble. Zu ihren wichtigsten Brecht-Rollen im Berliner Ensemble gehörten die Madame Cabet in »Die Tage der Commune« (1962), Frau Kopecka in »Schweyk im Zweiten Weltkrieg« (1963) und Mutter Courage in »Mutter Courage und ihre Kinder« (1978). Als sie 1957 vertretungsweise bei einem Brecht-Weill-Programm des Deutschen Theaters auftrat, hörte sie Hanns Eisler und er ermutigte sie, mit dem Singen weiterzumachen. Sie wurde zu einer international erfolgreichen Brecht-Eisler-Interpretin und sang auch Songs von Jacques Brel, Kurt Tucholsky, Mikis Theodorakis u. a. Ab 1965 erschienen zahlreiche Schallplatten mit Aufnahmen von ihr. 1983–89 moderierte sie im Fernsehen die Chansonreihe »Pfundgrube«. Ab 1969 unterrichtete G. M. auch Chanson-Interpretation, zunächst an der Staatlichen Schauspielschule Berlin, danach an der Hochschule für Musik Hanns Eisler, später gab sie auch Kurse in Schweden, Finnland, Italien und anderen Ländern. 1959 erhielt sie den Kunstpreis der DDR, 1980 den Vaterländischen Verdienstorden, 1963, 1973 und 1988 den Nationalpreis. Ab 1972 war sie Mitglied der Akademie der Künste der DDR und ab 1993 der neuen Akademie der Künste (Berlin). 1992 wurde sie nach dreißig Jahren Zugehörigkeit aus dem Berliner Ensemble entlassen. Sie fiel »in ein tiefes Loch«, wie sie selbst formulierte, arbeitete aber weiter am Theater, im Film und vor allem im Fernsehen, z. B. als Mutter von Evelyn Hamann in der Serie *Adelheid und ihre Mörder* (1994 – 2000). Mit einem gefeierten Brecht-Weill-Programm kehrte sie auch auf die Bühne des Berliner Ensembles zurück. 1991 erhielt sie den Bundesfilmpreis, 2000 den Verdienstorden der Stadt Berlin, 2004 das Bundesverdienstkreuz. 2002 erschien ihre Autobiografie *Es wechseln die Zeiten,* 2005 eine Edition ihrer Schallplattenveröffentlichungen auf 8 CD / 1 DVD. 2016 verstarb sie in Berlin.

Dirk Michaelis

Geboren wurde er 1961 in Karl-Marx-Stadt (heute Chemnitz) in einer Künstlerfamilie, die noch im selben Jahr nach Berlin umzog. Dort absolvierte er eine Maurerlehre und arbeitete anschließend als Kindergärtner und Krankenpfleger. Daneben machte er Musik, seit 1980 trat er solistisch in kleinen Clubs auf und besuchte die Musikschule Berlin-Friedrichshain. 1985 wurde er Sänger und Komponist der Rockband Karussell und Berufsmusiker. 1987 erschien die Karussell-LP *Café anonym,* auf ihr auch der Titel, von D. M. schon 1973 komponiert, später von Gisela Steineckert mit einen Text versehen: »Als ich fortging«. Der Song wurde zum DDR-Super-Hit und durch den zeitgeschichtlichen Kontext der untergehenden DDR nicht nur als Liebeslied, sondern als »Wendehymne« verstanden. Weltweit entstanden zahlreiche Coverversionen, M. sang das Lied später auch im Duett mit Startenor José Carreras. Die Band Karussell löste sich 1990 auf. M. trat wieder solistisch auf und gründete sein Label ROCKchanSong-Records, wo seit 1992 bisher elf Solo-Alben erschienen. Mit seinen zwei CDs *Dirk Michaelis singt Welthits auf deutsch* schaffte er es 2011 und 2013 in die deutschen Album-Charts. Seit 1993 tritt M. hin und wieder gemeinsam mit den Sängern André Herzberg (Pankow) und Dirk Zöllner (Die Zöllner) unter dem Namen »Die drei HIGHligen« auf. 2009 wurde er zum Botschafter der Deutschen Josè Carreras Leukämie-Stiftung ernannt. Außerdem engagiert er sich für das Kinderhilfswerk UNICEF und unterstützt Amnesty International. Er lebt und arbeitet in Berlin.

Martin Miersch

Geboren 1955 in Coswig (Anhalt), machte er nach dem Abschluss der Polytechnischen Oberschule eine Berufsausbildung zum Elektroinstallateur und arbeitete in diesem Beruf und 1977–84 als Aufzugsmonteur im Palast der Republik. 1977–80 gehörte er dem Singeklub der Elektro-Apparate-Werke Berlin Treptow an. 1984–89 leitete er einen Berliner Jugendklub und absolvierte 1987–90 ein Fernstudium am Leipziger Institut für Literatur. 1980–1990 war er Mitglied bzw. ab 1987 nur noch Autor der Gruppe TEEater und schrieb Liedtexte für diese und andere Gruppen in Berlin, Potsdam und Schwerin. 1990–95 arbeitete er als freier Journalist und Synchronbuchautor, veröffentlichte Feuilletons, Porträts und Kulturrezensionen in den Tageszeitungen *taz* und *Junge Welt* und schrieb Synchronbücher für Fernsehserien der Sender RTL und SAT.1. 1996–2017 war er Büromitarbeiter in einer Rechtsanwaltskanzlei. Seit 2002 veröffentlichte er mehrere Bücher in kleinen Verlagen und ist seit 2009 Mitglied und Autor der wieder aktiven Gruppe TEEater (2010 Programm »Stille Wasser«, 2011 Programm »Sisyphos in Gorleben«). Mit ihr veröffentlichte er einige CDs. Seit 2017 ist er Assessor in einer Hausverwaltung. Er lebt in Berlin.

Gisela Oechelhaeuser (geborene Ekardt)

Geboren 1944 in Schmauch (Ostpreußen / Skowrony, Polen) in einer Pfarrersfamilie, absolvierte sie eine Lehre als Uhrmacherin und studierte 1965–73 Germanistik und Romanistik an der Karl-Marx-Universität Leipzig. 1975 promovierte sie mit einer Dissertation »Zu Problemen der ästhetischen Theorie der ›Kritischen Theorie‹ der Frankfurter Schule«. Während ihres Studiums spielte sie im Studententheater und ab 1975 im Studentenkabarett academixer (ab 1976 Berufskabarett). 1975–78 war sie Hauptabteilungsleiterin Kultur an der Karl-Marx-Universität Leipzig, 1985–90 Dozentin an der Hochschule für Schauspielkunst Ernst Busch in Berlin. Sie führte Regie an der Herkuleskeule Dresden, der Distel und dem Theater im Palast in Berlin und gab Unterricht für Amateurkabarettisten. 1984–89 war sie Vizepräsidentin des Komitees für Unterhaltungskunst. Ab 1989 spielte sie im Berliner Kabarett Distel, wirkte 1989–90 in der ersten Kabarettsendereihe des DDR-

Fernsehens *Der Scharfe Kanal* mit und war 1990–99 Intendantin der Distel. 1992–97 moderierte sie die ORB-Sendung »Am Tag, als …« Sie erhielt 1998 den Verdienstorden des Landes Berlin. 1999 trat sie als Distel-Intendantin zurück, als ihre früheren Kontakte zum MfS (1976–78 als IM »Gisela« erfasst) bekannt wurden. Danach war sie freiberufliche Kabarettistin, trat mit Programmen auf, die der Dresdener Autor Philipp Schaller für sie geschrieben hatte (u. a. »Selber schuld«, 2015), führte Regie in der Dresdener Herkuleskeule und anderen Kabaretts und gab Unterricht für Kabarettisten. 2005 veröffentlichte sie das Buch *Hiergeblieben! Leben in Geschichten.* Sie lebt in Berlin.

Gina Pietsch

Geboren 1946 in Querfurt (Harzvorland), machte sie ihr Abitur in Rudolstadt und studierte 1965–69 Pädagogik, Musik und Deutsch an der Karl-Marx-Universität Leipzig. 1969 zog sie nach Berlin, arbeitete bis 1973 im Ministerium für Kultur und war Mitglied des Oktoberklubs. 1973–80 sang sie in der Songgruppe Jahrgang 49 und absolvierte in dieser Zeit ein Zusatzstudium Chanson an der Hochschule für Musik Hanns Eisler in Berlin. Nach kurzer Mitwirkung in der Dresdener Gruppe Schicht spielte sie ein Brecht-Programm mit Stefan Körbel und arbeitete 1984–87 als Musikredakteurin im Rundfunk. Ihre ersten Soloprogramme waren 1984 »Kinobesuch« (Buch: Hans-Eckardt Wenzel und Steffen Mensching) und 1988 »Pas de deux Allemand« (Buch H.-E. Wenzel). Auf die Wende reagierte sie 1990 mit dem Kabarettabend »Deutschland einig Muttiland« (mit Heide Bartholomäus). 1991–92 war sie auf einer ABM-Stelle beim ZwischenWelt-Festival, ab 1992 freischaffend. Sie erarbeitete und spielte in den Folgejahren zahlreiche Liederabende mit Texten von Brecht (1982–2016 30 Brecht-Abende) sowie von Bachmann, Braun, Fried, Gernhardt, Goethe, Hacks, Heine und anderen. 1991 veröffentlichte sie ihre erste CD *Alles wandelt sich.* Ab 1992 unterrichtete sie Gesang und Interpretation an verschiedenen Hochschulen und Volkshochschulen. Für ihre Inszenierung des Brecht-Abends »Die Ware Liebe« am Stadttheater Fürth wurde sie 1998 mit dem Bayerischen Theaterpreis ausgezeichnet. 2018 erhielt sie den Preis für Solidarität und Menschenwürde und veröffentlichte ihre Lebenserinnerungen unter dem Titel *Mein Dörfchen Welt.* Sie lebt in Berlin.

Jens Quandt

Geboren 1964 in Schwerin (Mecklenburg), absolvierte er während der Schulzeit eine klassische Ausbildung in Klavier, Gitarre und Gesang am Konservatorium Schwerin. 1978–87 wirkte er mit im Singeklub des Instituts für Lehrerbildung Schwerin (1985 umbenannt in Sturmvögel). Ab 1986 studierte er Musik-, Kultur- und Medienwissenschaften sowie am Forschungszentrum Populäre Musik der Humboldt-Universität zu Berlin. 1987 wurde er Mitglied, 1988 Chef des Oktoberklubs und war 1990–92 ehrenamtlicher Leiter des Festivals des politischen Liedes/ZwischenWelt-Festivals. 1988–90 spielte er in Solo- und Bandkonstellation mit Gerhard Gundermann. Er beendete 1994 sein Studium mit einem Abschluss als Diplom-Musikwissenschaftler. 1990–2004 arbeitete er als Musikredakteur, Autor, Moderator und Producer für die Hörfunkprogramme DT64, Rockradio B, Fritz und Radio 3. Er interviewte Musiker wie Peter Gabriel, Chuck D und Herbert Grönemeyer, produzierte Sendungen mit Bands wie Die Toten Hosen, Fettes Brot oder Knorkator und Radiodokumentationen wie »Chronik der Wende«. Außerdem entwickelte er das Audiodesign für die weltgrößte Messe für Unterhaltungselektronik IFA, war Chefredakteur des internationalen Newsletters der Popkomm sowie Pressereferent und Projektmanager der Initiative Musik. Er lehrt seit 2012 an der Universität Oldenburg sowie an der Hochschule RheinMain mit den Schwerpunkten Filmmusik, Audiodesign und Musikproduktion. Seit 1999 ist er freischaffend als Music-Supervisor für Kino, TV und Werbung tätig, seit 2004 auch für die Filme von Regisseur Andreas Dresen, mit dem er darüber hinaus gemeinsam in einer Band spielt.

Arno Schmidt

Geboren 1955 in Rostock, erhielt er Klavier- und Gitarrenunterricht, sang in der Kurrende der Rostocker St.-Johannis-Gemeinde und wirkte ab 1970 im Singeclub Victor Jara der Universität Rostock mit. Nach dem Abitur leistete er 1974–76 seinen Wehrdienst bei der NVA und gehörte auch dort einem

Singeklub an. 1976 zog er nach Berlin, wurde freischaffend und war bis 1981 Musiker und Komponist in der Gruppe von Barbara Kellerbauer. In dieser Zeit absolvierte er ein Fernstudium im Fach Gitarre an der Hochschule für Musik Hanns Eisler in Berlin. 1980 trat er erstmals als Liedermacher auf. 1981 – 2009 schrieb Ed Stuhler Texte für ihn. Ihr erstes gemeinsames Programm nach Prenzlauer-Berg-Fotos von Bernd Heyden hieß »Hier lebe ich«. 1986 gründete A. S. eine eigene Band und brachte das Programm »Aber fliegen« heraus (1988 als Amiga-LP *Aber fliegen*), 1988 das Programm »Jetzt oder nie«. 1989 wirkte er beim Festival des politischen Liedes und der Festivaltournee mit. Anschließend erhielt er ein Auftrittsverbot bei der FDJ. 1990 löste er seine Band auf und bildete ein Duo mit dem Gitarristen Frank Seidlitz. Ab 1991 arbeitete er als IT-Techniker und trat nur noch gelegentlich auf. 1993 und 1994 veröffentlichte er in kleiner Auflage CDs und unternahm 2009 eine Abschiedstour unter dem Titel »aber fliegen …« mit Frank Seidlitz. Ab 2013 stand er wieder vermehrt auf der Bühne, u. a. gemeinsam mit dem Neubrandenburger Liedermacher Harald Wandel. A. S. lebt in Berlin.

Rainer Schulze

Geboren 1946 in Wernigerode (Harz) in einer Buchhändlerfamilie, absolvierte er nach dem Abitur 1965 – 67 eine Buchhändlerlehre. Seit 1967 arbeitet er als Buchhändler in Jüttners Buchhandlung, die seit 1906 in Familienbesitz ist und die er 1977 als Inhaber von seinen Eltern übernahm.

R. S. hatte als Kind Klavierunterricht und war während der Schulzeit Mitglied des Chors der EOS Gerhart Hauptmann (heute Rundfunk-Jugendchor Wernigerode). Er sang zunächst Chansons von Georg Kreisler. Seit 1980 schrieb der Dresdener Kabarettautor (Herkuleskeule) Wolfgang Schaller Texte für ihn, die er dann vertonte. 1981 erhielt er einen Preis bei den Chansontagen in Frankfurt (Oder). 1984 erschien bei Litera seine erste LP *Ich weiß nicht, warum ihr lacht.* 1984 – 92 trat er gemeinsam mit W. Schaller und dem Kabarettisten Wolfgang Stumph auf (als LP *Kritik muß man üben* 1989 bei Litera). Mit Schaller steht er bis heute auf der Bühne. R. S. führte in seiner Buchhandlung Chansonabende, Schriftstellerlesungen und Grafikausstellungen durch. 1987 drehte die DEFA über ihn den Dokumentarfilm

Das Zünglein an der Wahrheit. Seit 1981 engagierte sich R. S. im Rahmen des Kulturbundes für den Denkmalschutz und wurde 1990 Vorsitzender des neu gegründeten Wernigeröder Kunst- und Kulturvereins, der ein baufälliges Gebäude in der Marktstraße sanierte und es heute für Ausstellungen, Kabarett, Konzerte und andere Veranstaltungen nutzt. 2006 gründete R. S. die Kulturstiftung Wernigerode, die heute das Museum Schiefes Haus betreibt und 2018 auch die Liebfrauenkirche erworben hat. Seit 2012 ist er Vorstandsvorsitzender der Stiftung Kloster Ilsenburg. R. S. gibt seit 1989 die 14-tägig erscheinende Zeitschrift *Neue Wernigeröder Zeitung* heraus. Seit 1994 ist er für die SPD im Wernigeröder Stadtrat und war von 1998 bis 2016 ihr Fraktionsvorsitzender. 1994 erhielt er den Kultur- und Kunstpreis der Stadt Wernigerode, 2009 das Bundesverdienstkreuz am Bande. Er lebt in Wernigerode.

Jörg Sobiella

Geboren 1954 in Wernigerode (Harz), studierte er Journalistik in Leipzig sowie extern Geschichte und Literatur und war danach beschäftigt in den Nationalen Forschungs- und Gedenkstätten der klassischen deutschen Literatur in Weimar (heute: Klassik-Stiftung Weimar).

1984–91 arbeitete er als Dramaturg und 1989–91 zusätzlich als Leiter des Berufskabaretts Fettnäppchen in Gera. Nach dessen Privatisierung 1991 wurde J. S. freiberuflicher Journalist für Radio und Presse und ist seit 1992 fest angestellt als Redakteur beim Kulturradio MDR Kultur des Mitteldeutschen Rundfunks. Er lebt in Erfurt.

Bianca Tänzer

Geboren 1947 in Wernigerode (Harz), besuchte sie dort 1962–66 die erweiterte Oberschule und war Mitglied im Chor der EOS Gerhart Hauptmann (heute Rundfunkjugendchor Wernigerode).

Sie studierte 1966–73 Musikerziehung, Germanistik und Musikwissenschaft an der Martin-Luther-Universität Halle (Saale) inklusive Forschungsstudium und Promotion zu Analyse- und Vermittlungsmethoden zeitgenössischer Instrumentalmusik aus der DDR. Ab 1974 war sie als Musikwissenschaftlerin an der Friedrich-Schiller-Universität Jena tätig, Spezialgebiet Kulturelle Bildung für Studierende. 1978 zog sie nach Berlin, wurde Musikredakteurin im zweiten Programm von Radio DDR und arbeitete ehrenamtlich mit beim Festival des politischen Liedes. Ab 1980 war sie Mitarbeiterin des Verbandes der Komponisten und Musikwissenschaftler der DDR (Spezialgebiet Pop- und Rockmusik, Tanz- und Unterhaltungsmusik), u. a. Mitherausgeberin des Liederbuchs *Lieder auf unserem Weg* (1988) und 1989–90 Entwicklungsdramaturgin am Palast der Republik. Ab 1992 arbeitete sie an verschiedenen Musikprojekten in der Berliner Kulturbrauerei mit, 1997–2017 am Theater RambaZamba. Seit 1990 übernahm sie auch verschiedene Lehraufträge u. a. an der Alice Salomon Hochschule für Sozialarbeit und im Bereich Musikpädagogik der Universität Potsdam. 1993–2014 trat sie mit dem Kabarettduo Caspar und Bianca auf. B. T. lebt in Berlin.

Jürgen Walter

Geboren 1943 in Fraureuth (Thüringen), wuchs er dort auf, sang im Kinderchor und besuchte die Schule. Nach dem Abitur und einer Berufsausbildung zum Landwirtschaftskaufmann studierte er an der Humboldt-Universität zu Berlin Germanistik und Romanistik. 1966–68 war er Mitglied des Hootenanny-Klubs (1967 umbenannt in Oktoberklub). Seit dieser Zeit ist er mit der Schriftstellerin Gisela Steineckert befreundet, die bis heute Liedtexte für ihn schreibt. 1967 erschien seine erste Single bei Amiga. Nach dem Besuch eines Lehrgangs am Zentralen Studio für Unterhaltungskunst wurde er 1969 freiberuflicher Chanson- und Schlagersänger, sang zunächst in Nachtbars und hatte dann nicht zuletzt dank einiger Kompositionen von Arndt Bause (»Schallala, Schallali«) zunehmend Erfolg mit seinen chansonhaften Schlagern. Er veröffentlichte vier Langspielplatten bei Amiga, darunter *Jürgen Walter* (1978) und *Ich bin* (1986) mit Auflagenhöhen bis zu 250 000 Stück. 1980 erhielt er den Kunstpreis der DDR. Im Palast der Republik hatte er 1980, 1985 und 1990 eigene Shows mit Gästen (jeweils eine Woche lang). 1988/89 übernahm er Schauspielrollen in den Filmen *Mensch, mein Papa …!* (mit Erwin Geschonnek) und *Der Bruch* (mit Götz George und Rolf Hoppe). Um seinem künstlerischen Profil treu bleiben zu können, gründete er 1992 eine eigene Plattenfirma JPM – Jürgen-Pippig-Musikproduktion in

Berlin und brachte dort mittlerweile acht Alben heraus, darunter *Auch Männer sind schön* (1992) und *Alles kehrt wieder* (2016). J. W. lebt in Falkensee (bei Berlin).

Bettina Wegner

Geboren 1947 in West-Berlin, zog sie 1949 mit ihren Eltern nach Ost-Berlin. In der Schulzeit begann sie, Lieder zur Gitarre zu singen und selbst zu schreiben. 1964–66 absolvierte sie eine Lehre als Bibliotheksfacharbeiterin. Sie nahm an Wettbewerben junger Talente teil, hatte einen ersten Fernsehauftritt, war Mitglied des Lyrikklubs Pankow und 1966–67 des Hootenanny-Klubs (1967 umbenannt in Oktoberklub). 1966–68 studierte sie an der Staatlichen Schauspielschule Berlin. Nach einer Flugblattaktion gegen den Einmarsch der Warschauer Vertragsstaaten in die ČSSR 1968 wurde sie exmatrikuliert, zu 16 Monaten Haft auf Bewährung verurteilt und war 1968–70 als Siebdruckerin zur »Bewährung in der Produktion«. 1970–72 arbeitete sie als Bibliotheksfacharbeiterin und legte ihr Abitur an der Abendschule ab. 1972–73 absolvierte sie einen Lehrgang am Zentralen Studio für Unterhaltungskunst, erhielt danach einen Berufsausweis als Sängerin und wurde 1973 freischaffend. Sie moderierte die Veranstaltungsreihen »Eintopp« im Berliner Haus der jungen Talente (1973–75) und »Kramladen« in Berlin-Weißensee (1975–76), die beide verboten wurden. 1976 wurden erstmals zwei Titel von ihr auf einer Amiga-LP veröffentlicht. Im selben Jahr unterzeichnete sie die Protesterklärung gegen die Ausbürgerung Wolf Biermanns und hatte danach zunehmend weniger Auftrittsmöglichkeiten. Sie trat fast nur noch in Kirchen auf, 1978 auch erstmals in West-Berlin. Der Mitschnitt dieses Konzerts erschien im Westen 1979 als LP *Sind so kleine Hände* (Goldene Schallplatte), im selben Jahr auch die Textsammlung *Wenn meine Lieder nicht mehr stimmen*. 1980 erhielt sie einen Reisepass, 1981 ein 3-Jahres-Visum, siedelte 1983 aber nach Androhung eines Ermittlungsverfahrens wegen Zoll- und Devisenvergehens nach West-Berlin über. Sie war nun ein Star im Westen, trat mit Joan Baez, Angelo Branduardi, Konstantin Wecker u. a. auf, produzierte mehrere LPs und war in Rundfunk und Fernsehen gefragt. Der Verlust der Heimat und der kommunistischen Ideale wurde zum wichtigsten Thema ihrer Lieder. Am 2.12.1989 konnte sie mit anderen ausgebürgerten Liedermachern zum ersten Mal wieder in der DDR im Berliner Haus der jungen Talente auftreten. Es folgten zahlreiche Auftritte in Ostdeutschland, oft mit Karsten Troyke, und mehrere CD-Produktionen. 2007 verabschiedete sich B. W. mit einer Abschiedstournee von ihrem Publikum. Zu ihrem 70. Geburtstag erschien 2017 im Eigenverlag die 5-CD-Box *WAS ICH ZU SAGEN HATTE. 120 Lieder aus 50 Jahren.*

Hans-Eckardt Wenzel

Geboren 1955 in Kropstädt (bei Wittenberg), absolvierte er nach dem Abitur 1974–76 seinen Wehrdienst und studierte 1976–81 Kulturwissenschaften an der Humboldt-Universität zu Berlin. 1981 wurde er freischaffend. 1976–85 war er Textautor, Komponist, Regisseur, Sänger, Musiker und Schauspieler des Liedertheaters Karls Enkel und führte mit diesem zahlreiche Programme auf (u.a. »Von meiner Hoffnung laß ich nicht – oder der Pilger Mühsam«, 1980 und »Hammer=Rehwü«, 1982). 1983 veröffentlichte er seinen ersten Gedichtband in der Reihe Poesiealbum und 1986 seine erste Langspielplatte *Stirb mit mir ein Stück.* Mit dem Schriftsteller und Schauspieler Steffen Mensching trat er ab 1982 als Clownsduo Wenzel & Mensching auf (»Neues aus der Da Da eR«). Im September 1989 war H.-E. W. Mitautor der Resolution der Rockmusiker und Liedermacher für Demokratie und Medienfreiheit und trat mit Mensching bei der Demonstration am 4.11. auf dem Berliner Alexanderplatz auf. Über die Wende hinweg spielten Wenzel & Mensching an die hundertmal ihr Programm »Letztes aus der Da Da eR«, 1990 wurde es verfilmt. Wenzel & Mensching traten bis 1999 als Clownsduo auf (u.a. »Der Abschied der Matrosen vom Kommunismus«,1992). Ab 1999 arbeitete H.-E. W. verstärkt musikalisch, trat solistisch und mit Band auf. Auslandsgastspiele führten ihn u.a. in die USA, die Türkei und nach Nikaragua. Er veröffentlichte zahlreiche Alben, darunter 2003 *Ticky Tock – W. singt Woody Guthrie* und 2018 *Wo liegt das Ende dieser Welt,* und erhielt mehrmals den Preis der Deutschen Schallplattenkritik und den Jahrespreis der Liederbestenliste. Er lebt in Berlin.

Abkürzungsverzeichnis

APO	Außerparlamentarische Opposition
BBC	British Broadcasting Corporation
CDU	Christlich Demokratische Union
ČSSR	Tschechoslowakische Sozialistische Republik
DEFA	Deutsche Film AG
DGB	Deutscher Gewerkschaftsbund
DJD	Deutsche Jungdemokraten
DKP	Deutsche Kommunistische Partei
DSU	Deutsche Soziale Union
EOS	Erweiterte Oberschule (Abiturstufe in der DDR)
FCKW	Fluorchlorkohlenwasserstoffe
FDJ	Freie Deutsche Jugend
FDP	Freie Demokratische Partei
IM	Inoffizieller Mitarbeiter (des MfS)
KP	Kommunistische Partei
KPD	Kommunistische Partei Deutschlands
KZ	Konzentrationslager
MfS	Ministerium für Staatssicherheit
NVA	Nationale Volksarmee
PDS	Partei des Demokratischen Sozialismus
SED	Sozialistische Einheitspartei Deutschlands
SPD	Sozialdemokratische Partei Deutschlands
ZDF	Zweites Deutsches Fernsehen

Herausgeber und Mitarbeiter

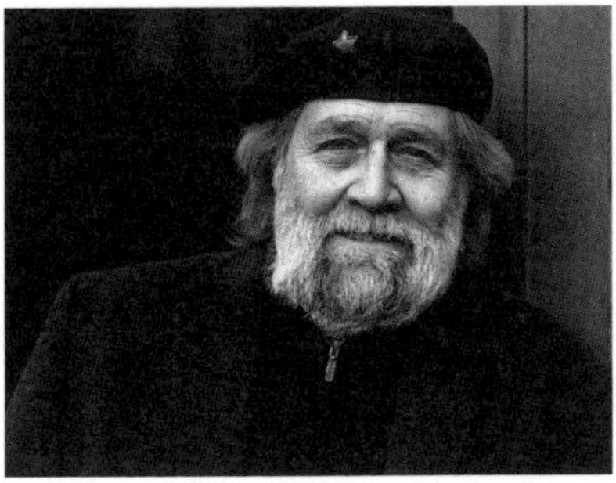

Michael Kleff

Jahrgang 1952, Journalist, Autor zahlreicher Radiofeatures zu politischen und musikalischen Themen, von 1998 bis 2014 Chefredakteur der Musikzeitschrift *Folker;* lebt und arbeitet in Bonn und New York, mehrere Veröffentlichungen.

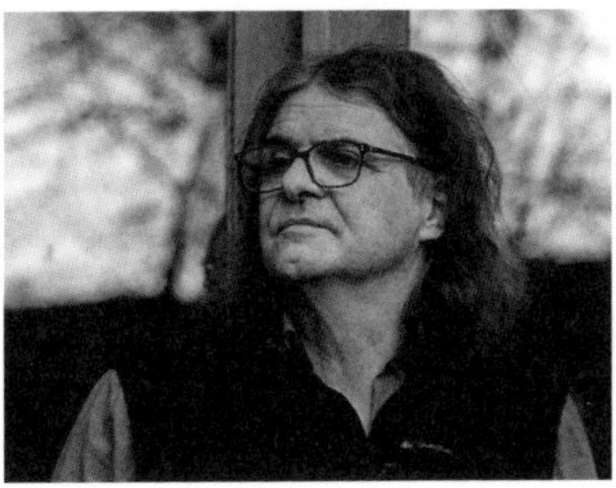

Hans-Eckardt Wenzel

Jahrgang 1955, seit 1981 freischaffender Musiker, Autor, Komponist, Clown, Regisseur und Sänger, lebt und arbeitet in Berlin; Veröffentlichung mehrerer Gedichtbände sowie von mehr als 40 CDs, zahlreiche Auszeichnungen.

Lutz Kirchenwitz

Jahrgang 1945, Studium der Kulturwissenschaften in Ost-Berlin, Tätigkeiten im Haus der jungen Talente, in der Generaldirektion beim Komitee für Unterhaltungskunst der DDR und an der Hochschule für Musik Hanns Eisler, ehrenamtlich im Oktoberklub und beim Festival des politischen Liedes aktiv, 1991 bis 2018 Vorsitzender des Vereins Lied und soziale Bewegungen und 2000 bis 2012 Leiter des Festivals Musik und Politik.